SYLVIA LOCH
Reitkunst im Wandel

SYLVIA LOCH

Reitkunst im Wandel

VON DER KLASSISCHEN LEHRE
ZUM DRESSURSPORT

Mit einem
Geleitwort von
Brigadier
Kurt Albrecht

FRANCKH-KOSMOS

Aus dem Englischen von Dorothea Heaton
Titel der Originalausgabe: Dressage – The Art of Classical Riding
erschienen 1990 bei The Sportsman's Press, London
© Sylvia Loch 1990

Mit zahlreichen Schwarzweißabbildungen und 16 Farbtafeln

Umschlaggestaltung von Atelier Reichert, Stuttgart,
unter Verwendung von Farbfotos von Gabriele Boiselle
und Edgar Schöpal.

Die Deutsche Bibliothek – CIP-Einheitsaufnahme

Loch, Sylvia:
Reitkunst im Wandel : von der klassischen Lehre
zum Dressursport / Sylvia Loch. Mit einem Geleitw. von
Kurt Albrecht. [Aus dem Engl. von Dorothea Heaton].
– Stuttgart : Franckh-Kosmos, 1995
Einheitssacht.: Dressage <dt.>
ISBN 3-440-06914-1

 Bücher · Videos · CDs · Kalender · Seminare
zu den Themen: ● Natur ● Garten und Zimmerpflanzen ● Astronomie ● Heimtiere ● Pferde & Reiten ● Kinder- und Jugendbücher ● Eisenbahn/Nutzfahrzeuge

Nähere Informationen sendet Ihnen gerne
Franckh-Kosmos · Postfach 10 60 11 · 70049 Stuttgart

Für die deutsprachige Ausgabe:
© 1995, Franckh-Kosmos Verlags-GmbH & Co., Stuttgart
Alle Rechte vorbehalten
ISBN 3-440-06914-1
Lektorat: Sigrid Eicher
Herstellung: Heiderose Stetter
Printed in Germany / Imprimé en Allemagne
Satz: Steffen Hahn GmbH, Kornwestheim
Druck und buchbinderische Verarbeitung: Westermann Druck Zwickau GmbH

Reitkunst im Wandel

Vielen Dank!	7
Verzeichnis der Bildtafeln	9
Vorwort von Brigadier Kurt Albrecht	11
Einführung	15
1 Was bedeutet „Klassische Reitkunst"?	17
2 Xenophon und die Wiege der klassischen Reiterei	26
3 Die historische Bedeutung des Reitens in der Versammlung	32
4 Die akademische Reiterei: Die romanischen Schulen von Neapel, Portugal und Spanien	38
5 Die akademische Reiterei in Österreich und Deutschland	46
Das Zeitalter des Barock	46
Nachbarocke und militärische Einflüsse	54
6 Das ruhmreiche Frankreich und die Schule von Versailles	60
7 Die klassische Schule	67
Sieur de la Guérinière	67
Der Marquis von Marialva	76
8 England und der Duke of Newcastle	81
9 Eine Zeit des Wandels und der Kontroversen	90
10 Saumur und der Beitrag von Baucher	100
11 Fillis – das vergessene englische Genie	107
12 Caprilli und der leichte Sitz	113
13 Die natürliche Dressur in der Neuen Welt	121
14 Die Gebrauchsreiterei – eine Verwässerung der Prinzipien der Dressur?	130
15 Drei große Meister	138
Wynmalen und Decarpentry	138
Oberst Podhajsky	144
16 Deutsche Erfolge im Wettkampf	150
Die Geschichte eines immerwährenden Bemühens	150
Autoren und Ausbilder im heutigen Deutschland	157
17 Die Spanische Reitschule heute	166

18 Nuno Oliveira und die moderne portugiesische Schule — 176
Eine klassische Erziehung — 176
Ein bleibender Beitrag — 182

19 Das Streben nach olympischem Gold und andere Einflüsse — 189
Persönlichkeiten und Einflüsse unserer Zeit — 196

20 Gedanken zum heutigen Stand der Reitkunst — 206
Wesentliche Punkte — 206
Prioritäten — 213

Glossar — 220

Literaturverzeichnis — 222

Register — 226

Vielen Dank!

Das einen Autor erfüllende Hochgefühl bei der Abgabe seines fertiggestellten Manuskriptes läßt sich nur mit dem ersten zaghaften Blick auf das beendete Werk vergleichen. Doch zuvor habe ich mich noch einer angenehmen Pflicht zu entledigen. Das ist mein von Herzen kommender Dank an alle, die in den letzten beiden Jahren meine Einseitigkeit und meine Unansprechbarkeit zu ertragen hatten. Im besonderen gehören dazu Liz McCurley, Samantha Hullah und Nuala Garnsey sowie mein ebenso verständnisvoller wie ideenreicher Mann, von Beruf Anwalt. Auch meiner großzügigen Mutter und meiner nachsichtigen Tochter sei hiermit nochmals von Herzen gedankt.

Dem Thema der klassischen Dressur in einem Buch gerecht zu werden, mit allem, was dazu gehört: recherchieren, schreiben, wiederholt zu ändern, zu bebildern und zusammenzustellen, ist zwar sehr lehrreich, macht einen aber auch bescheiden. Je mehr ich mich in die Veröffentlichungen alter und neuer, bekannter und weniger bekannter Reitmeister vertieft hatte, desto größer wurden meine Hochachtung und mein Staunen über ihre Leistungen. Darum ist es vor allem ihre Geschichte und nicht meine, die ich in den folgenden Seiten zur Sprache bringe. Ich empfinde es als großes Privileg, ihre Gedanken, die ich teile, dem heutigen Leser in Buchform nahebringen zu dürfen.

Allen Pferdebuchautoren, auf deren Bücher ich mich in meiner Bibliographie stütze, auch wenn sie nicht mehr am Leben sind, schulde ich tiefen Dank. Mit besonderem Dank möchte ich nennen: Brigadier Kurt Albrecht, der nach mit Freundlichkeit und Geduld erfolgter Übersetzung und Durchsicht des Textes ein so wohlwollendes Vorwort schrieb, Dr. Oulehla, den derzeitigen Direktor der Spanischen Reitschule und des österreichischen Gestüts Piber für seine großartige praktische Hilfestellung, Anthony J. Fox für seinen redaktionellen Rat und seine gewissenhaften Übersetzungen aus dem alten und modernen Französisch sowie Arsenio Raposo Cordeiro aus Lissabon für die Bereitstellung so vieler schöner Fotos aus seiner eigenen Veröffentlichung von 1989. Von vielen anderen Seiten, wie Austrian Airways in London, dem österreichischen Fremdenverkehrsverband in London und Wien und besonders von Marion Telsnig und Traudl Lisey erfuhr ich ebenso wichtige Unterstützung und großzügige Hilfe. Dr. Zundritsch, der österreichische Kulturattaché, sowie Dr. Walter Foster von der Anglo-österreichischen Gesellschaft in London haben mich ebenfalls sehr freundlich unterstützt; besonderer Zuspruch kam von Madame Eva Podhajsky. In Frankreich wurde ich von M. Michel Henriquet aus Versailles sowie von der École Nationale d'Equitation in Saumur unterstützt. In London war mir David Fuller von der Agentur Arthur Ackermann in der Bond Street bei meiner Bilderauswahl sehr behilflich, das gleiche trifft für die Paul-Mellon-Stiftung in Amerika zu. Was die Iberische Halbinsel anbetrifft, so waren die historischen Nachforschungen und Übersetzungen von Dr. Fernando d'Andrade und Alfredo Baptista Coelho von unschätzbarem Wert.

Unzählige weitere Personen haben ebenso ihre verschiedenen Beiträge geleistet, einige seien nachfolgend genannt: Bente Branderup aus Dänemark, Ivan Bezugloff aus den Vereinigten Staaten, Jimmy Carvalho e Silva und

Janet Fragoso aus Portugal, Eleanor Duval aus Belgien, Joy Howley aus Australien, Dr. Reiner Klimke aus Deutschland, Arthur Kottas und Johann Riegler aus Wien, Els Wyler aus Holland sowie viele Freunde und Kollegen zu Hause, zu denen Colonel Jamie Crawford, Colonel Richard Felton und Frau Marga, Joan Gold, Pat Grover, Elwyn Hartley-Edwards, Jane Kidd, Daphne Machin-Goodall, Julia Wynmalen, Lady John Fitzgerald, der Antiquar Gregory Way aus Borrough Green, Newmarket, Irene Benjamin, Veronica Quarm aus Wilton, Bruce Irving von der National Portrait Gallery und der Bücherfreund John Woods zählen. Abschließend möchte ich noch Bob Rowland für seine ausgezeichneten Zeichnungen und Alan O'Neill von Charles Hodge Photography für seinen umsichtigen Beitrag zur Bebilderung meines Buches danken.

Aus dem Verwaltungs- und Verlagsbereich waren das British Horse Society Dressage Office, English Heritage, zusammen mit den Verlegern A. J. Allen aus London und Howley & Russell aus Australien und den Zeitschriften *Horse and Hound, Horse and Rider, Dressage, Riding, Equestrian World, Dressage and CT* (Vereinigte Staaten) sowie *The Horse* (Australien) alle außerordentlich zuvorkommend, sowohl was die Herausgabe von Informationen als auch die Erlaubnis zur Wiedergabe von Material anbelangte.

Abschließend möchte ich noch Madeleine McCurley dafür danken, daß sie mich und meine Pferde für den Buchumschlag an einem der wohl kältesten Tage dieses Jahres photographiert hat. Abschließend danke ich nochmals ganz besonders meiner unermüdlichen Verlegerin, Sue Coley, die mich, ohne bis jetzt selbst Reiterin zu sein, nachhaltig mit viel Verständnis für mein Thema unterstützt hat.

Verzeichnis der Bildtafeln

1. Ein Gemälde von Meytens, *Das Damenkarussell*, aufgeführt am 2. Januar 1743 in der Winterreitschule in Wien.

2. Zwei schöne Portraits spanischer Barockpferde von George Hamilton (1672–1737)

3. Das Reiterportrait Kaiser Karls VI. von George Hamilton beherrscht den Innenraum der Winterreitschule.

4. Königin Marie-Antoinette in ihrem Jagdkostüm, 1783 gemalt von Louis-August Brun

5. Monsieur de Nestier (1684–1754), königlicher *écuyer*, auf Le Florido
   Kopfstudie eines frühen Lipizzaners von George Hamilton

6. Moriers Gemälde von Henry Herbert, 10. Earl of Pembroke; er unterrichtete die klassischen Gangarten der Hohen Schule.
   Portrait eines unbekannten Engländers in einer Reithalle, 1766 von Thomas Parkinson gemalt.

7. *Groom auf einem Braunen,* von Alfred de Dreux (1810–1860)
   Eine Ölstudie von 1868 zeigt den Stallmeister am schwedischen Hof, Waloddi Fischerstrom auf einem mächtigen schwedischen Kavalleriepferd.

8. Ein Reiter des *Cadre Noir* in Saumur bei der Ausführung der Courbette

9. Die Piaffe, ausgeführt von einem Reiter der Portugiesischen Schule der Reitkunst, auf einem Lusitanohengst des königlichen Alter-Gestüts.
   Reiter der Portugiesischen Schule der Reitkunst.

10. Nuno Oliveira, weltweit als „der Meister" bekannt.
    Autor und Meister der Reitkunst, Don Diogo Bragança (Lafoes)

11. Reiter der Spanischen Reitschule in Wien beim Einritt in die Winterreitschule
    Bereiter Johann Riegler begrüßt seinen Lipizzaner im Wembley Stadion 1989.

12. Granat, geritten von Christine Stückelberger, im starken Trab in Goodwood 1978.
    Der Weltmeister Granat mit Christine Stückelberger in der Trabtraversale.

13. Jennie Loriston-Clarke in der Aufwärmphase vor einem Wettkampf mit Masterlock Recruitments Dutch Bid
    Ahlerich, geritten von Dr. Reiner Klimke bei den Olympischen Spielen in Los Angeles 1984.

14. Dutch Courage und Jennie Loriston-Clarke genießen einen Ausritt im *New Forest*.
    Nicole Uphoff auf Rembrandt bei den Olympischen Spielen von Seoul

10 | Verzeichnis der Bildtafeln

15 Monica Theodorescu auf Ganimedes, Olympische Spiele 1988
    Dusan Mavec aus Jugoslawien auf Pluto Canissa IV bei den Europameisterschaften 1989

16 Cynthia Ishoy aus Kanada auf Dynasty, Olympische Spiele, Seoul
    Margit Otto-Crépin auf Corlandus vor ihrem Start für Frankreich in Goodwood House

Vorwort
von Brigadier Kurt Albrecht

Wer ein Werk derartigen Umfanges und Inhalts über die Klassische Reitkunst schafft, das in 20 Kapiteln in das Innerste dieser Kunst hineinführt, der muß nicht nur mit der Materie auf das engste vertraut sein, sondern er muß von ihr geradezu besessen sein. Und dieses Prädikat darf man der Verfasserin ruhigen Gewissens verleihen. Sie hat diese Verbundenheit bisher bereits in vielen Publikationen nachgewiesen, und man konnte darin immer das suchende Verlangen feststellen, die echten Werte dieser Kunst aufzuspüren, um sie auch anderen Menschen zugängig zu machen.

Nunmehr hat sie in 20 Kapiteln zusammengefaßt, was auf dieser jahrelangen Suche an Erkenntnissen gewonnen wurde. Beginnend bei den Quellen, von denen für uns ohne Zweifel das Werk Xenophons zu den bedeutendsten zählt, weil er in einer bis heute unübertroffenen Klarheit den Kern aufzeigt, über die große Zeit portugiesischer, spanischer, französischer und englischer Einflüsse bis herauf in die jüngste Vergangenheit der großen Klassiker im deutschsprachigen Raum und schließlich in die Gegenwart, in der die klassischen Lehren im Kleid der „Dressur" auch den Sprung über das große Wasser gemacht haben und dort eine unerwartet kräftige Ausstrahlung erfahren.

Gerade weil heute die große Begeisterung für die Dressur deren wichtigste Komponente, nämlich die Kunst, vielfach etwas in den Hintergrund treten läßt und ihr nicht den wünschenswerten Stellenwert zumißt, ist ein Werk, das diese Werte, die sie über Jahrtausende am Leben erhielt, ganz besonders aufzeigt, von besonderer Bedeutung.

Es wurde keine wichtige Epoche übergangen und damit das Lebenswerk vieler für die Reiterei bedeutender Persönlichkeiten in die Gegenwart zurückgerufen. Daß dabei auch Werke von zu ihrer Zeit nicht immer Erkannten und Anerkannten die gebührende Aufnahme gefunden haben, spricht nur einmal mehr für die Objektivität des Werkes.

Weil mir das vorliegende Werk seine wichtigste Aufgabe darin zu sehen scheint, die Grundelemente der klassischen Lehren herauszuschälen und uns Heutigen ein weiteres Mal aufzuzeigen, daß die wichtigste Forderung des Menschen für seinen Umgang mit dem Pferd immer bleiben muß, seine gesamte Kreativität dafür aufzuwenden, das Pferd nicht zum unterdrückten Knecht, sondern zum mitarbeitsbereiten Freund werden zu lassen, kann ihm nur aufrichtig gewünscht werden, die gebührende Aufnahme in der Reiterei von heute zu finden.

Brigadier Kurt Albrecht
(Leiter der Spanischen Reitschule von 1974–1985), Wien

'Alle Menschen lieben Pferde. Ich glaube, jeder ist dankbar für die mancherlei Dienste, die das Pferd uns willig leistet, und die Freude, die für uns daraus resultiert. Ein Reiter, der sein Pferd nicht liebt, wird sich letztlich nur selbst in Gefahr bringen. Und wenn von Stärke und Mut die Rede ist, so meine ich nicht gefühllose und waghalsige Reiter, vielmehr den entspannten und souveränen Reiter, der es dem Pferd ermöglicht, sich in einer natürlicheren, eleganteren Art im Gleichgewicht zu bewegen. Dies weist einen guten Reiter auf dem Weg zur Perfektion aus.

Schwierigkeiten müssen gelöst werden, indem man der Muskulatur des Pferdes genügend Zeit gibt, sich zu kräftigen. Deshalb halten viele die Dressurreiterei für Zeitverschwendung. Die gymnastizierenden Übungen, die wichtig sind, um Losgelassenheit, Gleichgewicht, Gehorsam und Versammlung zu erreichen, sollten nicht vernachlässigt werden. Ohne diese Übungen wird kein Pferd gute, freie Bewegungen zeigen und den Reiter bequem sitzen lassen, ungeachtet dessen, wozu das Pferd dem Reiter dienen soll – für Fuchsjagden, Springen, das Reiten komplizierter Bahnfiguren oder für all diese Zwecke zusammen. Daher hat es keinen Sinn, über diese nicht zu rechtfertigenden Ansichten zu streiten. Die Kunst spricht für sich selbst.'

La Guérinière, Paris 1733

François Robichon de la Guérinière (1688–1751). (Mit freundlicher Genehmigung des Musée de Versailles)

Frontispiz der Übersetzung Richard Berengers von Bourgelat (1754) und seines eigenen Buches, "A History and Art of Horsemanship" (1771)

Einführung

Dieses Buch über die Entwicklung der klassischen Reitkunst umfaßt einen Zeitraum von mehr als zwei Jahrtausenden. Was heute Turnierteilnehmer, Trainer und Richter gleichermaßen unter gutem Dressurreiten verstehen, ist das Ergebnis dieser Entwicklung.

Wenn auch die heutigen Methoden und Maßstäbe der nationalen und internationalen Dressurreiter sich erheblich von denen der Reiter unterscheiden, denen es einfach Freude bereitet, sich durch die Ausbildung ihrer Pferde selbst zu verwirklichen, so fußen doch beide auf der langen und vielfältigen Geschichte der Reiterei.

Tatsächlich ist vielen in der englischsprachigen Welt unbekannt, daß England noch bis vor zweihundertfünfzig Jahren ein wichtiges Zentrum für die Entwicklung der klassischen Reiterei war. Eine Anzahl seiner Meister genossen und genießen immer noch größtes Ansehen im Ausland. Wie wir später erkennen werden, hat England bedauerlicherweise seine Prinzipien und die Praxis des schulmäßigen Reitens zum Zeitpunkt religiöser und politischer Unruhen aufgegeben. Daraus folgt, daß die heutigen Dressurreiter der englischsprachigen Welt allgemein der Meinung sind, den Lehren einer der großen romanischen oder germanischen Schulen, über die in diesem Buch noch ausführlich berichtet wird, zu folgen. Ihre Grundsätze haben eine wichtige und formende Rolle bei der Definition und den Maßstäben des modernen Dressursports gespielt. Das gesamte Spektrum der klassischen Reiterei ist jedoch viel älter und umfassender; das notwendige Bewußtsein hierfür kann nur dann aufkommen, wenn man sich die Lehren der Vergangenheit vergegenwärtigt.

Es ist durchaus möglich, daß diese Lehren schon bekannt waren, als die erste schriftlich festgehaltene Dressurprüfung 1873 in Preßburg (damals Teil des Österreichischen Reiches, heute Bratislava in der Tschechischen Republik) stattfand. Sie haben vielleicht auch auf das Reiten und Richten beim ersten internationalen Reitturnier, zu dem auch eine Dressurprüfung gehörte, 1902 in Turin, Italien, abgefärbt (diese wurde von den Österreichern vor den Franzosen und Deutschen gewonnen). Nachdem Dressurprüfungen an Popularität gewannen, eine Tatsache, die zur Aufnahme der ersten Pferdesportprüfungen bei Olympischen Spielen, 1912 in Stockholm, führte, wurde es immer wichtiger, feste Richtlinien zugrunde zu legen. Wie wurde das nun in die Tat umgesetzt?

Um internationale Maßstäbe für die Zukunft der wettkampfmäßigen Dressurreiterei festzulegen, wurde die FEI (Fédération Equestre International) im Mai 1921 offiziell in Paris gegründet. Dieses Gremium, das aus führenden internationalen Reitsportpersönlichkeiten gebildet wurde, fing sofort damit an, einen vollständigen Satz Richtlinien und Regeln für internationale Wettkämpfe zu erarbeiten, sowie *'die Grundprinzipien zur Ausschreibung von Prüfungen für alle internationalen Wettbewerbe zu vereinheitlichen'*.[1] 1930 wurden die folgenden Grundsätze veröffentlicht: *'Die FEI legte 1929 eine internationale Dressurprüfung fest, um die Reitkunst vor eventuellem Miß-*

---

[1] Entnommen aus „Die Geschichte der F.E.I." von E. A. Saracin

brauch zu schützen und um die Reinheit ihrer Grundsätze zu erhalten, damit diese unbeschadet an die nächsten Reitergenerationen weitergegeben werden können.'

Die Regeln für das Dressurreiten (Ziele und allgemeine Richtlinien), die in die Grundsätze jeder nationalen reiterlichen Vereinigung eingegliedert wurden, lauten wie folgt:

'Ziel des Dressurreitens ist die harmonische Entwicklung des Körpers und der Möglichkeiten des Pferdes. Das Ergebnis ist ein ruhiges, geschmeidiges, lockeres und biegsames, jedoch auch ein selbstbewußtes, aufmerksames und gehfreudiges Pferd, das sich in völliger Übereinstimmung mit dem Reiter bewegt.

Diese Eigenschaften zeigen sich in
- *dem Raumgriff und der Gleichmäßigkeit der Gänge,*
- *der Harmonie, Eleganz und Leichtigkeit der Bewegungen,*
- *einer leicht werdenden Vorhand und einer aktiven Hinterhand, woraus sich eine schwungvolle Vorwärtsbewegung entwickelt,*
- *einer konstanten Anlehnung an das Gebiß, ohne Spannungen oder Widersetzlichkeiten.*

Somit vermittelt das Pferd den Eindruck, die von ihm geforderten Übungen von sich aus willig auszuführen. Selbstbewußt und aufmerksam fügt es sich den Hilfen des Reiters, wobei es bei allen Übungen auf einer geraden Linie absolut gerade bleibt und sich bei Übungen auf gebogenen Linien entsprechend biegt.

Der Schritt ist taktrein, zwanglos und nicht gebunden. Der Trab ist zwanglos, geschmeidig, taktrein, gleichmäßig und aktiv. Im Galopp bewegt es sich elastisch und rhythmisch, ohne auseinanderzufallen. Die Hinterhand wird zu keinem Zeitpunkt inaktiv oder träge. Sie reagiert auf die kleinsten Reiterhilfen und überträgt somit Energie und Schwung auf den gesamten Pferdekörper.

Durch die energische Schwungentfaltung und die Geschmeidigkeit seiner Gelenke, ungehindert von der lähmenden Wirkung evtl. Widersetzlichkeiten, gehorcht das Pferd willig und ohne zu zögern. Es reagiert auf die verschiedenen Hilfen gelassen und akkurat, wobei sich seine natürliche und harmonische physische und psychische Ausgeglichenheit entfaltet.

Bei allen Übungen, sogar im Halten, muß das Pferd 'am Zügel stehen'. Man kann von einem Pferd sagen, daß es 'am Zügel steht', wenn es bei korrekt unter den Pferdekörper fußenden Hinterbeinen mit der jeweils erforderlichen Halsbiegung das Gebiß mit einer leichten und feinen, konstanten Anlehnung annimmt.

Der Kopf sollte seine Haltung nicht verändern, in der Regel sollte er etwas vor der Senkrechten getragen werden, wobei das Pferd im Genick, welches der höchste Punkt des Halses sein sollte, locker sein muß, ohne sich hier dem Reiter zu widersetzen.

Der Bewegungsablauf des Pferdes soll ausgeprägt, rhythmisch und harmonisch sein.'

Die Richtlinien der FEI spiegeln im Grunde den Geist der großen Philosophen der Reiterei wider. Es besteht eine bemerkenswerte Gemeinsamkeit zwischen den FEI-Richtlinien und den Idealen aller Meister von Xenophon bis Oliveira. Dennoch besteht eine Tendenz zu immer unterschiedlicheren Interpretationen dieser Ideale, die vielen Sorgen bereitet.

Lassen Sie uns daher nun die Geschichte der Reiterei zurückverfolgen und versuchen, mit Hilfe der großen Autoren zu den wahren Grundlagen zurückzufinden. Dies sind wir unseren Pferden schuldig, denn durch die Liebe zu ihnen muß es einen gemeinsamen, klar definierten Weg in die Zukunft geben – leicht gangbar nicht unbedingt für uns, aber für die Pferde.

Kapitel 1
Was bedeutet „Klassische Reitkunst"?

Viele Jahrhunderte hindurch, lange noch vor Gründung der FEI und ihrer Regeln zum Schutz der Reitkunst, hat es anhaltende Diskussionen um die Kunst des Reitens gegeben. Es waren die alten Griechen, die als erste diese Kunst, hauptsächlich für die Kriegsvorbereitung, erforscht haben; dies trifft gleichermaßen für die Römer in bezug auf ihre Feldzüge zu Pferde in Afrika und Spanien zu. Nach der Renaissance[1] in Italien wurde dieses Konzept von allen zivilisierten Ländern der Welt übernommen, so daß plötzlich ganze Schulen und Reitakademien entstanden, um diese Kunst fortdauern zu lassen.

Heute ist der Ausdruck „Klassische Kunst" in Verbindung mit dem Reitsport wieder in Mode gekommen, vor allem in den Ländern, die bis vor nicht allzulanger Zeit wenig von der Ästhetik des Reitens hielten. Dort ging es vor allem darum, ausdauernd und schnell zu reiten. Für ausgefallene Vorstellungen in bezug auf das, was viele auch heute noch als aufgeputztes Getue abstempeln, hatten sie keinen Sinn. In den abgeschiedenen Gebieten, in denen die künstlerischen Grundlagen des Reitens erhalten geblieben sind, hat sich jedoch wenig verändert. Heute wird der Ausdruck „Reitkunst" vielleicht nicht im vollen Wortsinn verstanden, aber er spricht den Durchschnittsreiter an, da durch ihn die Reiterei auf ein höheres Niveau im Vergleich zu anderen Reitsportarten gehoben wird.

Wie der Begriff zustande kommt

Ästhetische Gedanken sind allzuoft in geheimnisvolles Dunkel gehüllt. Die Ziele der klassischen Reitkunst haben jedoch nichts Mystisches an sich und die zu diesem Ziel führenden Methoden noch weniger.

'Das Ziel der Reitkunst ist es, das Pferd so auszubilden, daß es nicht nur in den Bewegungen und Übungen der Hohen Schule brilliert, sondern außerdem auch noch ruhig, elastisch und gehorsam ist und durch seine weichen Bewegungen das Reiten zur wahren Freude werden läßt.' (Alois Podhajsky, 1967)

'Reiten bereitet Freude und kann zur Kunst werden. Wer möchte nicht gerne ein Künstler sein? Es dürfen jedoch nur diejenigen mit Recht als Künstler bezeichnet werden, die sich von ganzem Herzen darum bemühen, das Gemüt des Pferdes zu verstehen und mit Gefühl statt mit rohem Zwang nach völliger Harmonie streben ...'
(W. Müseler, 1937)

'Das Ideal ist ein Pferd, das so ausgebildet ist, daß in allen Bewegungen Harmonie und Perfektion zwischen Reiter und Pferd herrschen, so daß sie zu einer Einheit verschmelzen.' (R. Wätjen, 1958)

Die obigen Zitate stammen alle aus diesem Jahrhundert; sie entspringen der

---

[1] Das große Zeitalter des Humanismus und der Kunst, welches sich auf den klassischen Realismus, der in Italien seinen Ursprung hatte, gründete und das Europa des 15. und 16. Jahrhunderts bestimmte. Inspiriert wurde diese Epoche durch das, was die Griechen und Römer erreicht hatten.

österreichisch-deutschen Schule, welche, seit dem Beginn von Dressurprüfungen, die Wettkampfszene beherrscht. Die nachstehend aufgeführten Gedanken, die genauso ansprechend sind, stammen aus der englischsprachigen Welt und sind ein Jahrhundert früher entstanden.

'Die Reiterei ist zugegebenermaßen eine Wissenschaft; jede Wissenschaft gründet sich auf Prinzipien, Lehrsätze sind unerläßlich, denn was wirklich richtig und schön ist, kann nicht auf Zufällen basieren.' (Earl of Pembroke, London 1778)

'Wann kann man von einem Pferd behaupten, daß es sich im richtigen Gleichgewicht bewegt? Wenn es leicht in der Hand ist ... ohne sich auf die Hand des Reiters zu legen und sich diese als Stütze zu nehmen – wenn es seinen Kopf sogar bei lockerer Zügelhaltung in eleganter Selbsthaltung trägt, die Bewegungen der Vorhand nichts von ihrem Ausdruck einbüßen und es durch die leiseste Zügelhilfe angehalten werden kann.' (J. G. Peters, London 1835)

'Ein gutes Reitpferd zeichnet sich dadurch aus, daß es immer dem Willen seines Herrn folgt; dem man, sollte man dies wünschen, die Zügel auf den Hals werfen kann ... aber das ebenso auf den kleinsten Befehl seine Gänge am vorteilhaftesten präsentiert.' (Oberst T. A. Dodge, New York 1894)

Dies läßt den Schluß zu, daß es heute weniger Diskrepanzen zwischen den verschiedenen Lehrmethoden und ein höheres gemeinsames Niveau im Dressursport weltweit gäbe, hätten damals mehr Menschen auf ihre eigenen, damals vielleicht unmodernen Lehrmeister gehört.

Die alten Griechen haben uns gelehrt, daß man nichts auf richtige oder harmonische Weise erreichen kann, ohne sich strikt an die natürlichen Gesetze zu halten, welche den Unterschied zwischen dem Klassischen und dem Nichtklassischen ausmachen.

Ziehen wir all dies in Betracht, können wir nun den Begriff Klassische Reitkunst wie folgt definieren: Die Fähigkeit, das Pferd durch Güte und logisch aufgebaute Übungen, die auf den Naturgesetzen von Gleichgewicht und Harmonie basieren, so auszubilden, daß es sich zufrieden und selbstbewußt dem Willen des Reiters unterwirft, ohne daß sein natürlicher Bewegungsablauf auf irgendeine Art darunter leidet.

Im Namen der Kunst

Bevor wir die Bedeutung des Wortes „Dressur" näher untersuchen, sollten wir uns zuerst etwas eingehender mit dem Begriff „Kunst" beschäftigen. Wo sind die Grenzen zwischen Kunst und Sport?

Zu einer Zeit, da die Öffentlichkeit selbst in ihren wildesten Phantasien niemals eine Leinwand mit riesigen Farbklecksen, gemischt mit Schnörkeln und Flecken, als Kunst anerkannt hätte, war die Definition von Kunst ohne Zweifel wesentlich einfacher.

Für unsere Vorväter spiegelte sich in der Kunst das Konkrete und Klassische wider. Dies bedeutete, daß die Kunst einen Bezug zur Wirklichkeit hatte, sich in ihr die Schönheit und Ordnung der Natur widerspiegelte, und daß sie immer von den Gesetzen des Gleichgewichts und des Lichts bestimmt wurde. Es herrschten immer Logik und Symmetrie vor. Das Gegenteil des Klassizismus war Chaos, Verwirrung, Dunkelheit.

Heute hat sich der öffentliche Geschmack geändert. Revolutionäre Gedanken haben sich der Kunst bemächtigt. Der Modernismus ist jedoch oft weit davon entfernt, Freiheit zu bringen, wirkt oft eher unterdrückend. Die Anhänger des Klassizismus behaupten, daß dort, wo der Modernismus vorherrscht, die Naturgesetze ausgeklammert wurden. Man hat das Gefühl,

Was bedeutet „Klassische Reitkunst"? | 19

Leichtigkeit in der Anlehnung und das Rundwerden des Pferdes unter dem Sattel ... Dieser écuyer en chef aus Saumur (zur Zeit der Jahrhundertwende) verkörpert auf seinem Vollblüter alle klassischen Ideale. (Veröffentlichung des Photos mit freundlicher Genehmigung der Ecole Nationale d'Equitation de Saumur)

daß moderne Gemälde, Möbel und Architektur mit der Zeit unansehnlich werden, klassische Werke jedoch schöner und wertvoller.

Wie also paßt all dies in unsere Vorstellung von Dressurreiten, dem Thema dieses Buches, das die FEI als klassische Kunst bezeichnet?

Was heißt „Dressur"?

Der Begriff Dressur ist zu einem etwas gefühlsbetonten Wort geworden, da es für verschiedene Personengruppen verschiedene Bedeutungen hat. In anderen Sprachen ist seine Bedeutung jedoch genau definiert. Es gibt verschiedene Theorien über seine Herkunft. Die auf die Reiterei bezogene Ableitung kommt von dem französischen Wort *dresser*. Während das englische Verb *to dress* geschichtlich in Verbindung mit Pferden Verwendung fand, wurde das Hauptwort *dressage* erst um die Jahrhundertwende populär. Vielleicht würden auf der unteren Ebene mehr Reiter diese Disziplin attraktiv finden, wenn man das Wort „Dressur" durch „Ausbildung" ersetzen würde.

Das Oxford-Wörterbuch für geschichtliche Ausdrücke erklärt uns *to dress* genauer: Im 16. Jahrhundert hatte es die Bedeutung, etwas in eine bestimmte Position, in eine gerade Linie zu bringen oder etwas nach bestimmten Richtlinien vorzubereiten. Später bekam dieses Wort auch noch die Bedeutung „sich anziehen" (in diesem Sinn wird es vor allem heute gebraucht). Gegen Ende des 16. Jahrhunderts beinhaltete es jedoch wesentlich mehr, nämlich ausstaffieren, ausstatten oder schmücken. Das erste Mal wurde das englische Wort *dressing* in Verbindung mit Pferden in Shakespeares „Richard II."[2] erwähnt. Sein Zeitgenosse Gervase Markham benutzte es ebenfalls für Pferde, die er ausgebildet oder „dressiert" hatte.

Das dressierte Pferd

Die französische Übersetzung ist sogar noch genauer. Zu Ende des 17. Jahrhunderts bedeutete das Wort *dresser* nicht nur, etwas an den richtigen Platz zu bringen, sondern es hatte auch die Bedeutung des Hochhaltens von Kopf und Hals bei Pferden. Dies kann nicht auf natürliche Weise stattfinden, wenn das Pferd nicht bis zur Versammlung ausgebildet ist. Auch in England vertrat man die Ansicht, daß ein Pferd „nicht dressiert" sei, wenn es nicht in völliger Versammlung, mit weit untertretender Hinterhand, aufgerichtetem Hals und senkrechter Kopfhaltung gehen konnte. Da sich vor dem 19. Jahrhundert kein europäischer König, Prinz, Rittmeister oder Herrenreiter auf einem Pferd, das sich nicht auf die oben beschriebene Weise versammeln ließ, sehen lassen wollte, wurden alle guten Pferde auf diese Weise „dres-

[2] Erschienen 1597–98

20 | Reitkunst im Wandel

siert". Aus diesem Grunde wuchsen damals überall in der zivilisierten Welt nicht nur Züchter, sondern auch eine große Anzahl von Pferde*dresseuren*, Pferdefachleuten oder Reitmeistern heran, deren Lebensunterhalt von der klassischen Reitkunst abhing.

Der moderne Gebrauch

In der heutigen Zeit wird das Wort „Dressur" für beinahe alle Arten der Bahn- oder Schulreiterei gebraucht. Im Französischen wird es jedoch in seinem ursprünglichsten Sinn verwendet und jeweils entsprechend modifiziert. Daher besteht ein riesengroßer Unterschied zwischen *dressage d'obstacles* (der Ausbildung über Hindernisse), *dressage de manège* (allgemeinem Reiten in der Bahn) und *dressage académique*, welches sich auf eine schon ziemlich fortgeschrittene Arbeit in der Bahn, mit Übergang zur *haute école* oder Hohen Schule bezieht.

Einer der tiefgründigsten Gedankengänge über die Philosophie der Ausbildung oder der Dressurarbeit mit Pferden kommt aus der Feder des verstorbenen Franz Mairinger (1915–1978), einem ehemaligen Bereiter der Spanischen Reitschule. Die folgenden Worte spiegeln den Idealismus der alten Griechen wider.[3]

Eine Skulptur von G. Coustou (1677–1746) auf der Place de la Concorde in Paris. Kraftvoll und frei! Dieses Bild des Pferdes inspiriert Bildhauer, Künstler und Reiter seit Beginn der Zivilisation.

'Wenn du wissen möchtest, wie ein Pferd geritten werden sollte, dann schaue dir an, wie es sich selbst frei bewegt, wie es schreitet, trabt und galoppiert ... Schau genau hin und erkenne die Schönheit, den Rhythmus und die Harmonie seiner Bewegungen. Dann setze dich hin, schließe die Augen und versuche, dieses Bild von müheloser Eleganz, Schönheit und Harmonie fest in deinem Gedächtnis und deinem Herzen einzuprägen. Vergiß es niemals. Denn so sollst du dein Pferd reiten.'
'Erhalte seine natürlichen Bewegungen. Erhalte seine Persönlichkeit. Erhalte seinen Vorwärtsdrang. So wirst du Erfolge haben, denn du respektierst die Natur'.
'Gib ihm sein natürliches Gleichgewicht, auch mit deinem zusätzlichen Reitergewicht, zurück. Dies ist der Kern der Ausbildung, des Trainings oder der Dressur. ...'

Es war diese Vision eines schönen, sich schwungvoll bewegenden Pferdes, das Geschenk der Schöpfung an die Menschen, welches die alten Griechen zu einer Philosophie über das Reiten inspirierte. Auch heute noch sollten wir diesen Gedanken immer im Herzen tragen; sonst verliert sich der Geist der Reitkunst.

In diesem Buch wird das Wort Dressur angewandt, wo immer relevant. Für die meisten von uns bedeutet es jedoch traditionsgemäß das Arbeiten in der Bahn auf höherem Niveau, wenn sich das Pferd also bereits versammeln läßt und somit in der Lage ist, freie, natürliche Bewegungen, trotz unseres Reitergewichtes, auszuführen.

'Der Begriff Dressur sollte eigentlich in den Kl. A und L besser überhaupt nicht ver-

---

[3] Auszug aus seinem in Australien erschienenen Buch *Horses are Made to be Horses*

Was bedeutet „Klassische Reitkunst"? | 21

wendet werden, weil er dazu beiträgt, daß eine für jedes Pferd notwendige Grundausbildung mit einer Spezialausbildung gleichgesetzt wird, von der man aber erst von Kl. M aufwärts sprechen sollte.' Dies schrieb Brigadier Albrecht.[4]

Nicht sehr englisch

Der Begriff „Dressur" sorgte in England bei den Spring- und Jagdreitern sowie den Polospielern oftmals für Spott, da er eine separate Sparte der Reiterei beschrieb. Während das Dressurreiten von manchen als Gefahr für das sportliche Reiten angesehen wurde, taten andere es als etwas Affektiertes und, was in britischen Augen noch viel schlimmer ist, als etwas *Fremdartiges* ab.

Mit dem Verschwinden des herkömmlichen *training groom* geriet bald in Vergessenheit, daß alle Pferde und Reiter von den Grundlagen der Dressurarbeit profitiert hatten. Daher war zwischen den Weltkriegen mit dem Ausdruck „er reitet Dressur" in England eigentlich weniger jemand gemeint, der sich ernsthaft mit der Ausbildung des Pferdes zum Zwecke der Gymnastizierung und des Gehorsams beschäftigte, als vielmehr ein Reiter, der für andere Sparten der Reiterei nicht genügend Mut besaß.

Reiten bei Hofe

Wie wir entdecken werden, spielte bis zum Zerfall des alten Europa durch die Napoleonischen Kriege in Italien, Portugal, Frankreich, Preußen, Österreich, Böhmen, Dänemark, Schweden, Spanien, Holland usw. das Reiten in einer Halle oder einer Bahn eine wesentliche und wichtige Rolle im Leben bei Hofe. Diese großen *écuyers* oder Reitmeister, die im Dienste des Königs oder Kaisers standen, wurden durchaus als Künstler anerkannt; sie dienten

Dieser englische Stich, Nr. 1 einer Reihe von Zeichnungen von John Vanderbank (1694–1739), die von John Sympson gedruckt und unter dem Namen „Fünfundzwanzig Haltungen des Schulpferdes" veröffentlicht wurden, trägt den Titel 'Der Schüler wird ohne Steigbügel im Sattel plaziert'.

[4] Auszug aus *Dressurlehre für Reiter und Turnierrichter*

in gleichem Maße dem Ansehen des Monarchen wie auch der Hofmaler oder der Hofmusikant, oftmals hatten sie unter allen Bediensteten am Hofe den höchsten Rang inne.

In England kam der Untergang der Hohen Schule früher. Unter den katholischen Königshäusern der Tudors und Stuarts hatte die Reiterei jedoch genauso ihre Glanzzeit wie an jedem anderen europäischen Hof. Italienisch und Französisch waren die Sprachen des englischen und schottischen Adels. Heute ist Italienisch immer noch die Sprache der Musik und der Oper, während uns das Französische die Ausdrücke für die Reiterei, wie zum Beispiel *manège, renvers, travers, piaffe, levade* usw. bescherte.

Der Einfluß des Pferdes
Jane Kidd, die als Journalistin über Reiterreisen und für den *Horse and Hound* über die Dressurszene berichtet, hat einmal gesagt: „Nachdem ich durch ganz Europa gereist bin, bin ich zu dem Schluß gekommen, daß die Menschen ihren Reitstil den Pferden ihres Landes anpassen."[5] Diese Betrachtung gilt wohl für die ganze Welt, durch alle Epochen. Sie erklärt auch, warum sich England von der klassischen Reitkunst trennte. Mit dem Entstehen des brillanten Englischen Vollbluts wurde die Nation vom Fieber des sportlichen Reitens gepackt. Um sich den weit ausholenden Gangarten des langhalsigen Vollblüters anzupassen, entstand ein völlig neuer Reitstil. Nach der Restauration in England siegten Flach- und Hindernisrennen schnell in der Beliebtheit über das versammelte Reiten in der Bahn, während das Jagdreiten – einst der Sport der Könige – für alle Reiter zugänglich wurde.

Der Geist des Wettkampfs
Allen englischsprachigen Nationen ist die Wettleidenschaft zu eigen. Daher war es nur natürlich, daß mit dem Rennen auch die Wetten aufkamen. Selbst im Jagdfeld gab es Wetten darüber, welches Pferd zwischen zwei Landmarken oder Kirchtürmen *(steeples)* am schnellsten galoppieren konnte; daher rühren auch die Amateursportarten *steeplechasing* oder *point-to-pointing* her. Während sich diese wettkampfmäßigen Sportarten entwickelten und zusammen mit dem Polospiel, einer anderen schneidigen Sportart, die Welt eroberten, widerstrebte der Gedanke des versammelten Reitens der Reiterwelt in England nicht nur, sondern es wurde von vielen sogar als schädlich für das freie Reiten im Gelände angesehen.

Es ist sehr wahrscheinlich, daß das Dressurreiten von den Engländern, Nordamerikanern, Kanadiern und Australiern, die traditionell so tief mit dem Reiten im Gelände verbunden waren, weiterhin nicht akzeptiert worden wäre, hätte es nicht die Einführung von Reiterwettbewerben bei den Olympischen Spielen 1912 gegeben.[6] Das Dressurreiten, das sich so lange in den privaten Reitbahnen der Adligen und Begüterten und hinter den verschlossenen Türen der illustren Reitakademien und Militärschulen vor den Augen der Öffentlichkeit versteckt hielt, wurde nun für alle sichtbar. Die Haltung der englischsprachigen Welt dieser einst verpönten Sparte des Reitsports gegenüber änderte sich drastisch. Durch den Wettkampf gewann das Dressurreiten plötzlich neues Ansehen.

---

[5] Zitat aus einer persönlichen Unterhaltung während eines Interviews mit der Autorin im November 1987
[6] Es wird allgemein angenommen, daß die erste Olympiade 776 v. Chr. im alten Griechenland stattfand. Dort gab es Wagenrennen, jedoch keine Reiterwettbewerbe.

Während einige wenige das Dressurreiten um seiner selbst willen ausüben, haben in den letzten Jahrzehnten immer mehr Reiter Gefallen daran gefunden, bei Dressurprüfungen den Ausbildungsstand ihrer Pferde untereinander zu messen.

Nur auf allerhöchster Ebene lohnen sich Zeit, Einsatz und Ausgaben auch finanziell. Die Mehrzahl der heutigen Dressurreiter liebt einfach die Herausforderung und akzeptiert diese Tatsache. Ihr Ziel ist es, Woche für Woche, im Frühjahr, Sommer und Herbst, von Turnier zu Turnier zu fahren, um ihr Pferd durch bessere Plazierungen immer höher zu qualifizieren.

Die Anhänger der frühen englischen Jagdreiterei waren nicht nur kühn, sondern oftmals von ausgesprochenem Ehrgeiz im Gelände besessen. Ein Stich von Henry Alken (1785–1851).

Eine Frage, die wir uns stellen sollten

Lassen Sie uns angesichts dieses Wandels von der Virtuosität zum Wettkampf zur Frage der Kunst zurückkehren. Entspricht das heutige turniermäßige Dressurreiten wirklich noch der klassischen Kunst, wie sie von der FEI 1921 beschrieben wurde, oder hat es sich mit seinem neuen Gesicht unmerklich einfach in eine weitere Sparte des Reitsports verwandelt? Diese Frage beschäftigt all diejenigen, die in der Welt herumgereist sind und Dressurreiten in all seinen Formen gesehen haben ... Eleganz kontra Kraft, Privatreiter kontra öffentliche Institutionen, leichte Pferde kontra schwere. Sollte man noch die Frage des klassischen kontra das turniermäßige Reiten hinzufügen?

Für eine wirklich objektive Meinungsbildung sollten wir uns von einer persönlichen Betrachtungsweise loslösen und ebenso von den Pferderassen und Trainingsmethoden unseres eigenen Landes absehen.

Dieses Buch zeigt die Geschichte der klassischen Reitkunst auf. Der Leser kann sich mit den Einflüssen der unterschiedlichen Kulturen, verschiedenen Ideale und verschiedenen Zielsetzungen, die alle vor dem Hintergrund verschiedener Epochen und Persönlichkeiten aufgezeigt sind, vertraut machen.

Ein noch weit wichtigerer Aspekt ist der Einfluß verschiedener Pferde. Zum Beispiel war das Pferd der Bourbonenkönige nicht das Pferd des heutigen Olympiastars. Allein durch diesen Aspekt kann sich die gesamte Interpretation ändern.

Viele sind heute der Meinung, daß sich die Dressurreiterei in zwei Richtungen entwickelt hat – die eine entstammt der klassischen oder traditionellen Schule, die andere liegt näher an dem, was die Franzosen vielleicht mit dem Ausdruck *dressage sportif* bezeichnen würden. Nun liegt es am Leser selbst, sich eine Meinung zu bilden. Halten wir an den Richtlinien der Satzungen der FEI fest oder besteht die Gefahr, daß sich deren Geist verliert?

Es ist vielleicht der Zeitpunkt gekommen, die wahre Bedeutung des Begriffs „klassische Kunst" zu überdenken. Das Wort „klassisch" bedeutet nicht nur das Zugrundelegen fester, bewährter Regeln, die sich von den Naturgesetzen ableiten lassen. Bezüglich der Reiterei bedeutet es noch viel mehr; es setzt den gütigen und ruhigen Umgang mit dem Pferd voraus, damit dieses trotz seines Gehorsams immer auch selbst zufrieden und ausgeglichen bleibt.

Die Spanische Reitschule in Wien, die einzige Schule der Dressurreiterei, die während ihrer illustren, vierhundertjährigen Geschichte ihrer Wesensart treu geblieben ist, dient der heutigen Welt als Hüterin der klassischen Reitkunst. Die Reiter der Spanischen Reitschule sehen es als ihre wichtigste Aufgabe an, das Pferd auf den Höhepunkt seines physischen Könnens zu bringen, ohne ihm dabei seine Lebensfreude zu nehmen.

Belohnung

Daher folgt man in Wien streng dem von Xenophon in Athen vor über zweitausend Jahren geschriebenen Lehrsatz: *'Die Reitkunst basiert auf Belohnung und Strafe.'* Daraus lassen sich die Regeln für die klassische Schule klar ableiten. Belohnt wird ständig, und Strafe wird nicht im Sinne eines unsanften Absatzes oder Sporens angewandt, sondern bedeutet vielmehr einfach die Einstellung des Lobens. In weniger fähigen Händen wird dies jedoch nicht immer richtig umgesetzt. Wo Zwang vorherrscht, hört die klassische Dressurreiterei auf. Ein Pferd kann vielleicht mittels unangenehmer Erfahrungen oder Schmerzen ausgebildet werden, wird dann aber niemals im klassischen Sinn des Wortes dressurmäßig geritten sein.

Strafe

Unter den italienischen Meistern des 16. Jahrhunderts hatte das Wiederaufleben der Dressur sicherlich wenig mit Kunst zu tun. Obwohl Grisone (siehe Kapitel 4), der von Zeitgenossen als „Vater der Reitkunst" bezeichnet wurde, die Lehren Xenophons beinahe wörtlich wiederholte, wissen wir aus Auszügen und Illustrationen, daß er das Thema Strafe allzu wörtlich nahm und auch wenig Verständnis für die Psyche des Pferdes hatte. Durch Unwissenheit verfälschte sich so die sogenannte Kunst zu einem Zerrbild.

Grausame Praktiken beschränken sich jedoch leider durchaus nicht nur auf die Vergangenheit. In unserer heutigen Welt, in der der Materialismus und das Streben nach Berühmtheit und Erfolg vorherrschen, bleibt es nicht aus, daß die Methoden zur Ausbildung von Pferden von den Idealen Xenophons und des Wiens des 20. Jahrhunderts immer wieder abweichen. Unbewußt konzentrieren sich die Trainer bei der Ausbildung mehr auf die Bestrafung und vergessen dabei völlig, was für eine wichtige Rolle die Belohnung spielt.

Der französische Graf Montigny[7], der sich an der Spanischen Hofreitschule ausbilden ließ und später dort auch lehrte, schrieb in seiner *L'Equitation des Dames*: '... *Der Mißbrauch übertriebener und steter Kraftanwendung zeigt keine Wirkung; er lähmt und macht alle Anstrengung zunichte; mit anderen Worten, diese Kraftanwendung führt nur zu Abgestumpftheit und völliger Gleichgültigkeit den Hilfen gegenüber.*'

Diese aufgeklärte französische Denkweise veranlaßte den großen de la Guérinière (1688–1751) im 18. Jahrhundert dazu, darauf zu bestehen, daß auf jede treibende Schenkelhilfe ein Nachgeben der Hand zu erfolgen hat und daß bei jedem Tritt, jeder Bewegung ein kurzer Moment der Belohnung durch die Hand und das Bein erfolgen sollte – d. h. Unterbrechung der Hilfengebung: ... '*descente de main et de jambes ...*'. All dies wird im Laufe dieses Buches verständlicher werden. Gehorsam ist wichtig, die klassische Reitkunst kann jedoch aufgrund der Sensibilität des Pferdes nur mit Feingefühl und Takt erreicht werden.

Heutige Zwänge

Heutzutage haben sowohl die Teilnehmer als auch die Richter bei den internationalen Dressurprüfungen keine leichte Aufgabe. Leider nimmt oftmals die Exaktheit einen wichtigeren Stellenwert ein als Bewegungsfluß und Reitstil. Das akkurate Reiten zwischen den einzelnen Bahnpunkten läßt wenig Spielraum für eigene Kreativität, läßt nicht zu, daß die Hilfengebung genau zu dem für das Pferd richtigen Zeitpunkt erfolgt. Dies kann zu einem abrupten Bewegungsablauf führen. Das künstlerische Element geht dadurch verloren.

Der kritische Richter wird weiche, fließende Bewegungen gegenüber akkuraten, aber offensichtlich mechanischen Tritten abzuwägen wissen. Ob diese Kombination jedoch auch die Medaillen gewinnen wird, bleibt zweifelhaft. Die Richter haben keine leichte Aufgabe.

Die Menschen haben sich schon immer von Äußerlichkeiten beeindrucken lassen; es bedarf schon eines im wahrsten Sinne des Wortes echten Pferdemenschen, um den Unterschied zwischen einem wirklich fröhlich arbeitenden Pferd und einer künstlichen Spritzigkeit, die oft einfach durch Verspanntheit zustande kommt, zu erkennen. Das wichtigste Kriterium, welches die klassische Kunst ausmacht, unabhängig von Rasse, Größe oder Typ, muß der phyische und psychische Zustand des Pferdes am Ende seiner Ausbildung sein. Es gibt in diesem Sinne kein besseres Zitat als das von Oberst Handler, der in seinem wunderschönen Œuvre *Die Spanische Reitschule in Wien* den folgenden Absatz verfaßte:

'*Ein Pferd, das durch die Ausbildung nicht schöner in seinen Körperformen, stolzer in seiner Haltung, aufmerksamer in seinem Gehaben wird, ein Pferd, dem man nicht die Freude über sein eigenes Können am Spiel der Ohren und im Ausdruck der Augen ansieht, wurde dressiert und nicht im klassischen Sinne ausgebildet.*'

---

[7]Er war Generalinspekteur aller französischen Kavallerieschulen im 19. Jahrhundert, außerdem von 1842–1845 Oberbereiter an der Spanischen Hofreitschule in Wien und diente in einem ungarischen Kavallerieregiment.

Kapitel 2
Xenophon und die Wiege der klassischen Reiterei

Leichtigkeit! Beweglichkeit! Balance! Diese Eigenschaften des klassisch ausgebildeten Pferdes waren schon vor zweieinhalbtausend Jahren genauso wichtig wie heute. Aus zeitgenössischen Kunstgegenständen ist ersichtlich, daß nicht alle Kavalleristen der Antike eine richtige Ausbildung genossen. Da es über dieses Thema wenig, vielleicht sogar gar keine Literatur gab, wurden die Techniken des Nahkampfes sowie die Ausbildung des Pferdes, um es im Kampf gehorsam und wendig zu machen, von den Reiterobersten mündlich weitergegeben.

Zweckgebundene Ausbildung

Der griechische Befehlshaber Xenophon, der ungefähr 430 v. Chr. geboren wurde, diente selbst aktiv im letzten der Peloponnesischen Kriege wie auch in vielen anderen Feldzügen. Er hat uns die erste überlieferte Abhandlung über die Reiterei hinterlassen, zusammen mit einer Anzahl von Ausbildungsprinzipien, die heute noch anerkannt werden. In seinen Werken erwähnt er einen früheren Autor seiner Zeit, Simon von Athen. Leider ist von dessen Werk jedoch so gut wie nichts mehr erhalten.[1] Xenophons wertvolles Buch *Peri Hippikes*, deutsche Übersetzung „Über die Reitkunst"[2], sowie weitere Werke[3] dieses talentierten Schriftstellers lieferten die klassischen Grundlagen für alle zukünftigen Pferdeleute.

Es gab wahrscheinlich schon 1500 v. Chr. eine Form des Schul- oder Ringreitens. Dies geht aus Xenophons Berichten über die Vorbereitung der Pferde auf das Scharmützel des Kampfes hervor. Dies beinhaltete Lockerungs- und Versammlungsübungen auf dem Zirkel, Volten sowie den Handwechsel mittels Kehrtvolte, um das Pferd auf beiden Seiten gleichermaßen rittig zu machen. Eine der traditionellen Kampffiguren, die zur damaligen Zeit eingeübt werden mußten, war ein sehr schneller, schwungvoller Galopp, wonach das Pferd scharf auf die Hinterhand gesetzt und sofort in eine andere Richtung gewendet wurde. Versammlung und Biegung waren für diese Übung erforderlich, und gemäß Xenophon müssen die besten Pferde bei absoluter Durchlässigkeit locker durchs Genick gehen.

Es gab jedoch auch Schwierigkeiten, denn obwohl die Kandarenstange damals schon in Persien existierte, sind die Historiker davon überzeugt, daß die Griechen nur eine einfache Trense benutzten. Die griechische Kavallerie hatte weder Steigbügel noch einen richtigen Sattel. (Daher kommt auch die Vorliebe für bequeme Pferde „mit doppeltem Rücken"[4]). Ohne diese künst-

---

[1] Es ist nur noch eine Abhandlung über den Körperbau des Pferdes überliefert.
[2] Xenophon, *Über die Reitkunst*, Heidenheim 1962
[3] U. a. *Anabasis* (379–371 v. Chr.); *Cyropaedia*; *Hellenika* (nach 362 v. Chr.); *Memorabilien*; *Oeconoma*; *Cynegetica* (ein Aufsatz über das Jagdreiten); *Hipparchikon/Der Reiterführer* (über einen guten Reiteroberst); *Hieron*; *Agesilaos*; *Symposion* und vielleicht auch *Apologia*.
[4] Siehe auch „*The Art of Horsemanship*", Kapitel 1, Seite 17. Xenophon meinte mit diesem Ausdruck Pferde mit gut entwickelter Rückenmuskulatur, die im Vergleich zu denjenigen mit herausragender Wirbelsäule bequem zu reiten waren.

Xenophon und die Wiege der klassischen Reiterei | 27

lichen Hilfsmittel zur Kontrolle war die Ausbildung des Pferdes, bis die Versammlung zu seiner zweiten Natur wurde, unerläßliche Bedingung.

Attacke!

Stellen Sie sich die Szene vor! Sobald das Schlachtfeld feststand, führten fähige Offiziere das Heer vorsichtig nach vorne, die Pferde waren versammelt und „gut an der Hand", wie von Xenophon empfohlen[5], um eine geordnete Formation einhalten zu können. Bald waren jedes Pferd und jeder Reiter auf drei Seiten von ihren Mitkämpfern eingeschlossen. Vor ihnen lagen entweder Tod oder Sieg. Stellen Sie sich die Lautstärke dieser blutigen Konfrontationen vor! Ein Kavallerist brauchte schon ein sehr selbstbewußtes Pferd mit genügend Feuer, um in ihm einen Partner zu haben, der willig mitkämpfte und es ihm gleichtat an Mut und Geschicklichkeit.

Je besser das Pferd gymnastiziert und je rittiger es war, desto größer war die Chance für seinen Reiter, aus dem darauffolgenden Handgemenge unversehrt davonzukommen. Anders als bei den Nomadenstämmen in Asien, welche mit Stuten und Wallachen beritten waren, ritten Xenophon und seine Männer auf Hengsten, da diese mutiger waren und sich besser für die verschiedenen Übungen wie Pirouetten, Sprünge, Wendungen, Seitwärtsgänge und die Courbette, einen Sprung von der feindlichen Linie hinweg oder auch in sie hinein, eigneten.

Absolute Wendigkeit des Pferdes war daher die erste Priorität. Die Hände des Reiters waren mit Schutzschild und Schwert beschäftigt, daher mußte das ideale Kriegspferd problemlos im Gleichgewicht gehen, dem Reiter vertrauen und absolut gehorsam sein.

Wie schon in Kapitel 1 bemerkt, hätte vor 1800 kein Herrenreiter oder Offizier auch nur in Erwägung gezogen, sich auf etwas anderes als auf ein dressiertes Pferd (d. h. ein Pferd, das bis zur Versammlung ausgebildet war) zu setzen. Zu Xenophons Zeiten war die Bedeutung der Versammlung noch größer, da damals nur plumpe Waffen für Attacken auf rauhestem Untergrund, welcher keine Fehler verzieh, zur Verfügung standen.

Xenophon, der Begründer der klassischen Reiterei, abgebildet auf einem französischen Stich von Charles Aubrey, Paris, 1833 (Histoire Pittoresque de L'Equitation Ancienne et Moderne). Frühgeschichtlichen Abbildungen kann man entnehmen, daß diese Impression des Künstlers von Xenophons Reitstil, seiner Rüstung, Kleidung und der anstelle eines Sattels verwendeten Felle ziemlich genau ist (Steigbügel wurden erst nach der Zeit der Römer verwendet).

Ein tiefer, ausbalancierter Sitz

Bei allen Kämpfen auf Leben und Tod, die auf dem Pferderücken ausgetragen wurden, bestand Xenophon auf einem inzwischen als klassisch bezeichneten Sitz, mit dem der Reiter sein Pferd versammeln kann. Die Wirksamkeit dieses klassischen Sitzes trifft auch heute noch zu, wo und wann immer exaktes Reiten verlangt wird.

'Ich billige keinen Sitz, der dem eines Mannes auf einem Stuhl gleichkommt', schrieb Xenophon. Dabei bezog er sich auf den Jagdsitz der Nomaden.

[5] *Ebenda, Kapitel 8, Seite 47*

Xenophon verlangte, daß sich der Reiter auf dem Pferd genauso im Gleichgewicht befand wie auf dem Boden, '... *beinahe so, wie wenn er mit gespreizten Beinen aufrecht stehen würde.*' Xenophon erklärte, daß der Reiter das Pferd nur mit diesem Gleichgewicht *für Wendungen versammeln* könne. Der von Xenophon definierte Sitz überdauerte die Zeiten.

Der leichte Sitz

Aus zeitgenössischen Abbildungen wissen wir, daß neben dem von Xenophon definierten Sitz auch der leichte oder Jagdsitz existierte. Selbst einige griechische Reiter sind mit einem alles andere als klassischen Sitz, nämlich mit hochgezogenen Knien und horizontalen Schenkeln, manchmal zu weit nach hinten, manchmal über den Widerrist gebeugt, abgebildet. Die Pferde selbst gehen frei und ohne Versammlung an einem losen Zügel.

Diese Reitweise war Xenophon offensichtlich durchaus bekannt. Sie rührte von den wilden mongolischen Kriegern her, von den etruskischen und den skythischen Völkergruppen[6], die die riesigen Grassteppen des Kuban und der Ukraine, weit im Norden und Osten Griechenlands, bewohnten. Die ponyähnlichen Pferde dieser nomadischen Völkergruppen waren handlich, mit langem Rücken und kurzen Gliedmaßen, und bewegten sich am besten in einem flachen Galopp auf der Vorhand vorwärts. Ähnlich dem Stil der heutigen Jagdreiter klammerten sich die nomadischen Stämme mit den Knien fest und neigten den Körper nach vorne.

Dies war der natürliche Ursprung des leichten Sitzes, und die Skythen bezwangen damit im Krieg beachtliche Gegner. Brillante Kampfmanöver auf heißblütigen Streitrössern, wie sie Xenophon bevorzugte, waren jedoch nicht ihre Sache. Ihre Taktik bestand darin, auf ihren kleinen, schnellen Ponys wagemutige Angriffe zu reiten, Beute zu machen und dann wieder davonzugaloppieren. Dieser Reitstil beeinflußte in gewissem Maße auch die südlichen Landesteile. Xenophon wußte mit Sicherheit von der Anwendung des leichten Sitzes im Gelände. 401 verbündete er sich mit einer Gruppe griechischer Söldner, um König Kyros in einem erbitterten Machtkampf beizustehen, der zu einem waghalsigen Feldzug nach Persien führte. Diese Abenteuer werden in seinem berühmten Buch *Anabasis* erzählt. Darin berichtet er über den langen Marsch nach Hause, der durch die wilden Gegenden Kurdistans und Armeniens führte, wo er und seine 10 000 Männer ständigen Angriffen ausgesetzt waren.

Während er im Kampf immer für eine versammelte Reitweise eintritt, vernachlässigt er dennoch das Galoppieren im Gelände nicht, wobei er empfiehlt, das Pferd sich strecken zu lassen und den Schwerpunkt von Pferd und Reiter etwas nach vorne zu verlagern. Selbst das Springen über Gräben und das Bergauf- und Bergabreiten werden erläutert, insbesondere die verschiedenen Kopfhaltungen des Pferdes.

Das griechische Streitroß

Der amerikanische Historiker M. H. Morgan berichtet, daß Blutpferde in Griechenland ein Wertobjekt darstellten, deren Status im damaligen athenischen Leben durch ihre eindrucksvolle Darstellung auf dem Fries des Parthenon-Tempels[7] verdeutlicht wurde.

---

[6] Siehe auch *Geschichte der Reitkunst* von Charles Chenevix Trench, ferner *The Horse through Fifty Centuries of Civilisation* von Anthony Dent

[7] Ein Teil dieses Reliefs wurde (zwischen 1802–12 von Lord Elgin) nach England gebracht und als Elgin Marbles bekannt. Der Parthenon-Fries entstand zwischen 447–432 v. Chr.

Xenophon und die Wiege der klassischen Reiterei | 29

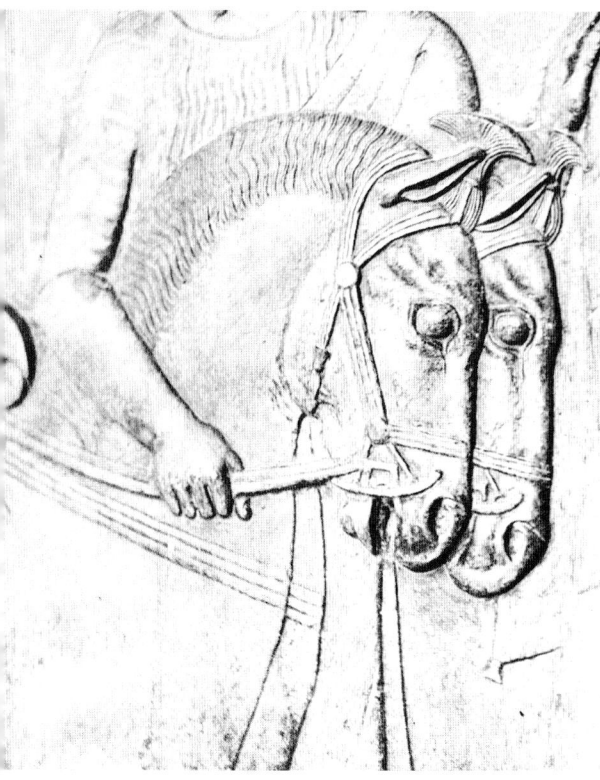

Persische Pferde auf einem steinernen Flachrelief ca. 600 v. Chr. Sie zeigen eine schöne Halswölbung und Biegung im Genick, was mittels einer primitiven Kandarenstange erreicht wird. Diese Biegung und das daraus folgende Nachgeben des Pferdemauls erlangte später für die Weiterentwicklung der versammelten Reitweise, sowohl für den Krieg wie auch später zum Vergnügen, eine eminente Bedeutung. Xenophon lehrte, daß die Hand immer leicht sein müsse.

Man erfährt, daß die großen thessalonischen und makedonischen Pferde ihres Mutes wegen großes Ansehen genossen, während die Perser ebenfalls herrliche Streitrosse besaßen. Es ist belegt, daß sehr wohlhabende griechische Reiterkreise ebenfalls über iberische und Berberpferde verfügten.

Aus dem Buch *Hellenika* wissen wir, daß die Griechen nach der Kolonisation Spaniens und Portugals ca. 700 v. Chr. wohl die iberische Art des Angriffs und Abzugs übernahmen. Diese Art der Kriegführung wurde in den Peloponnesischen Kriegen (431–404 v. Chr.) angewendet. Die Spartaner, mit denen sich Xenophon später verbündete, wurden von iberischen Söldnern, die ihre eigenen Streitrosse an den südlichen Meeresküsten an Land brachten, unterstützt. Viele dieser Pferde sind wohl geblieben und eingekreuzt worden.

Durch sein makedonisches, thessalonisches, persisches, spanisches und Berberblut unterschied sich das ideale griechische Streitroß wohl nur geringfügig von den Pferden späterer klassischer Meister des 16., 17. und 18. Jahrhunderts. Darauf weisen nicht nur Bilder, sondern auch der folgende Auszug aus *Peri Hippikes* hin, der sich mit dem Ideal des Streitrosses befaßt: *'Je breiter die Brust, desto ansehnlicher und stärker ist das Pferd und desto natürlicher seine Eignung, die Beine weit auseinander zu halten und sich nicht zu streifen oder zu treten. Der Hals sollte nicht wie bei einem Eber aus der Brust herauskommen, sondern wie bei einem Hahn zum Genick aufsteigen und in der Biegung schlank sein, während der Kopf, obwohl mit guten Knochen versehen, nur schmale Ganaschen haben sollte. Somit wird der Reiter durch den Hals geschützt, und die Augen sehen, was vor den Füßen liegt.'*

Xenophon sprach auch von Paradepferden mit hoher Knieaktion und von Pferden mit geschmeidigen Lenden und Schenkeln. *'Ein solches Pferd wird in der Lage sein, die Hinterbeine weit unter die Vorhand zu schieben. ... Wenn es sie nun weit untergeschoben hat und du es vorne aufnimmst, wird es hinten tiefer und vorne höher, so daß man seinen Bauch und seinen Schlauch von vorne sehen kann.'*

Aus dieser und anderen Beschreibungen wird deutlich, daß diese Streitrosse bis zur Levade, Pesade und wahrscheinlich zur Courbette und in den Trabtouren, die zur Passage und wahrscheinlich zur Piaffe führten, ausgebildet waren. Da Xenophon die längste Zeit seiner Jugend damit verbrachte, entweder in Persien oder mit den Spartanern gegen Athen[8] oder Theben zu kämpfen, wurde er von der Reiterei verschiedener Kulturen stark beeinflußt.

Das Goldene Zeitalter

Für wen schrieb Xenophon sein Buch über die Reitkunst? Nach Morgan entstammte Xenophon einer reichen Adelsfamilie; aus seinen Schriften geht hervor, daß er ein glühender Verehrer von Sokrates war. *Peri Hippikes* diente wohl als Vorbild für gebildete junge Männer aus ähnlichen gesellschaftlichen Verhältnissen, die vielleicht eine der athenischen Universitäten oder Land-

---

[8] Dies endete mit der Niederlage von Athen, wo die Spartaner bis 371 v. Chr. herrschten.

wirtschaftsschulen vor Beginn ihrer Militärzeit besuchten. In diesem Zeitalter der attischen Aufklärung mit seinem hohen moralischen Geist, seinen ethischen Idealen und der genauen Erforschung der Geheimnisse des Universums atmete selbst ein Buch über Pferde und die Reiterei diesen Geist. Darum finden wir in *Peri Hippikes* nichts, das den Naturgesetzen widersprechen würde. Jedes Kapitel, sei es über Pferdepflege oder Reiterei, ist klar, verständlich und logisch aufgebaut. Was Xenophons Werk von anderen unterscheidet, ist der psychologische Aspekt bei der Ausbildung von Pferden.

Von diesem Zeitpunkt an wurde die gesamte Musik, Kunst, Dichtung, Drama, Philosophie und Literatur, die mit dieser bewegten Zeit der Entwicklung und Entdeckung im alten Griechenland in Verbindung gebracht werden konnte, von späteren Geisteswissenschaftlern als klassisch bezeichnet. Hätte es nicht diesen überaus gebildeten, weitgereisten und gedankenvollen Mann gegeben, wäre die Reitkunst vielleicht unberücksichtigt geblieben. Xenophon konnte sich, trotz seiner Kampflust, diesen neuen Idealismus zu eigen machen und ihn auf die Reiterei übertragen. Somit wurde der Begriff der klassischen Reitkunst geboren.

Xenophons psychologische Methode

Lassen Sie uns nun Xenophons Ansichten näher untersuchen. Zweifellos läßt sich der Kern seiner Philosophie in dem folgenden Satz zusammenfassen: *'Die Reitkunst stützt sich auf Belohnung und Strafe.'* Hierauf wurde schon im vorangegangenen Kapitel kurz eingegangen. Wie Xenophon selbst schreibt, wurde diese grundlegende Aussage bereits vor ihm von Simon von Athen gemacht.

Daraus abgeleitet ergeben sich fünf Grundprinzipien für die Ausbildung des Pferdes: Feingefühl, Selbstdisziplin, ein ständiges Bestreben nach Schönheit und Perfektion, Freiheit des Pferdes und Leichtigkeit. Da eine Eigenschaft aus der anderen erwächst, ergibt sich hieraus eine gewisse Folgerichtigkeit; Xenophon gibt uns hierfür eine Fülle von Beispielen. Diese dienten Jahrhunderte später, während der Spätrenaissance, den Meistern Europas als Quelle der Inspiration.

Feingefühl: Dies wurde von Xenophon immer zusammen mit Güte gefordert. *'Sollte dein Pferd vor einem Gegenstand scheuen und sich weigern, daran vorbeizugehen, dann zeige ihm, daß daran nichts Gefährliches ist, besonders nicht für ein so mutiges Pferd. Wenn das nicht hilft, berühre den furchterregenden Gegenstand selbst und führe dein Pferd mit Güte an ihn heran.'*

Selbstdisziplin: Xenophon betonte, daß wir uns *'nie einem Pferd in zorniger Stimmung nähern sollten, denn Zorn macht blind und führt oft zu Handlungen, die wir später bereuen'.*

Schönheit: Xenophon verabscheut die Anwendung von Gewalt und erinnert uns daran, daß *'das, was ein Pferd unter Zwang ausführt ... ohne Verstehen geschieht; gleichermaßen ist ein Tänzer, der mit Peitsche und Stachel zum Umherspringen gezwungen wird, auch nicht schöner als ein Pferd, das ebenso behandelt wird'.*

Freiheit des Pferdes: Xenophon glaubte an die freiwillige Unterordnung des Pferdes, sonst ginge der edle Charakter des Pferdes verloren. *'Wenn man bestrebt ist, sein Pferd so vorzustellen, daß es unter dem Reiter durch prachtvolle Erscheinung auffällt, muß man sich gänzlich davon freimachen, mit dem Zaum an seinem Maul herumzuzerren ... Die meisten Menschen glauben, dies sei der richtige Weg; sie erreichen damit jedoch nur genau das Gegenteil.'*

Um wirkliche Perfektion zu erreichen, muß man das Pferd immer es selbst sein lassen. *'Wenn man das Pferd in die Haltung bringt, die es selbst annimmt, wenn*

Xenophon und die Wiege der klassischen Reiterei | 31

Ein portugiesisches Mosaik, ungefähr aus der Zeit, als die Griechen die Iberische Halbinsel besiedelten, von wo sie später auch Kavalleriepferde für die Peloponnesischen Kriege bezogen. Man beachte den kurzen, kräftigen Körper, die feinen Gliedmaßen und den muskulösen aufgerichteten Hals – Merkmale, die von Xenophon und anderen Schriftstellern jener Epoche sehr geschätzt wurden. Das Pferd ist außerdem mit einem Federbusch geschmückt.

es sich das schönste Aussehen geben will, so erreicht man, daß das Pferd des Reitens froh, prächtig, stolz und sehenswert erscheint.'

Leichtigkeit: 'Lehrt man das Pferd, bei leichter Zügelanlehnung vorwärtszugehen, dabei den Hals aufzurichten und vom Genick an zu wölben [Versammlung], so wird man bewirken, daß das Pferd etwas tut, woran es selbst Freude hat und womit es prangt.'

Die Technik des Nachgebens mit der Hand oder „den Zügel hinzugeben" diente weniger dazu, andere zu beeindrucken, als dem Pferd eine Belohnung und eine Pause zu gönnen und es somit zu ermuntern, die schwierigsten Übungen wieder und wieder auszuführen. Wie beeindruckend beschreibt der nachfolgende Satz dieses Prinzip: *'Gibst du dem Pferd, nachdem du es in Feuer versetzt hast, den Zügel nach, so trägt es sich in edler Haltung, weil es bei dieser weichen Führung vom Gebiß befreit zu sein glaubt. Es ist für jedermann zu erkennen, daß ein solches Pferd frei, willig und mit Eifer und Brillanz unter dem Reiter geht und zugleich schön und feurig anzusehen ist.'*

Es gibt wohl einige, denen der Kern von Xenophons Abhandlungen gänzlich entgangen ist. Erschiene nur eines dieser Zitate auf den Protokollen der höheren Dressurprüfungen, könnte dies für die Ausbildung von vielen tausend Pferden Wunder wirken. Es war vor allem dieses psychologische Element, welches die Anhänger der Reiterei in der Spätrenaissance inspirierte und welches zum Leitfaden der Philosophie von de la Guérinière und der gesamten klassischen Schule wurde.

Die Liebe zum Pferd

Die Grundregel, die in Xenophons Buch zum Ausdruck kommt, ist die, daß Güte die Ausbildung des Pferdes positiv beeinflußt. Xenophon erkannte, daß es sich auszahlt, der Zufriedenheit des Pferdes größte Aufmerksamkeit zu widmen. Dies ist der Grund, warum er in all seinen Werken ständig die Leichtigkeit der Hand, die Feinfühligkeit des Reiters in den Vordergrund stellt. Denen, die sich nur zögernd bekehren lassen, sei empfohlen, die Passage in *Hipparchikon* über die Pflichten eines Reiteroberstes zu lesen. Zusammen mit *Anabasis* läßt dies ohne Zweifel darauf schließen, daß Xenophon ein Mann von eisernem Willen und Selbstdisziplin war. Wie alle großen Führer besaß er jedoch auch so wertvolle Eigenschaften wie Vorstellungskraft und Einsicht.

Alle Grundregeln der Reiterei sind in seinem Buch *Über die Reitkunst* zusammengefaßt und erscheinen so modern, daß sie zur Pflichtlektüre bei Prüfungsvorbereitungen gehören sollten. Wie man ein Pferd aus dem Trab im Rechts- oder Linksgalopp anspringen läßt, ist ebenso ausführlich beschrieben wie das Verhalten über dem Sprung oder die Grundlage zu einer vertrauensvollen Partnerschaft mit dem Pferd, wozu auch der liebevolle Umgang im Stall gehört.

Xenophon hat uns die Reitkunst vermittelt. Es sollte uns heute allen zu denken geben, daß ein Mann des Krieges, der vor zweieinhalbtausend Jahren geboren wurde, eine solch enge und befriedigende Beziehung mit seinen Pferden aufbauen konnte.

Kapitel 3
Die historische Bedeutung des Reitens in der Versammlung

Es ist historisch anerkannt, daß die Philosophie der klassischen Reiterei nach Xenophon mehr als eintausend Jahre unterbrochen war. Erst nach der Wiederentdeckung alter Schriften im Italien der Renaissance wurden Xenophons Ideale der Leichtigkeit und Zufriedenheit des Pferdes wieder in die Reiterei aufgenommen. Dies erreichte seinen Höhepunkt in der Mitte des 17. und 18. Jahrhunderts.

Makedonien
Dazwischen ist die Geschichte von Alexander dem Großen von Makedonien (356–323 v. Chr.) mit seinem Hengst Bukephalos von Bedeutung, da sich auch in ihr eine humanitäre Einstellung in der Reiterei widerspiegelt. Makedonien war bekannt für seine schönen Pferde. 333 v. Chr. versammelte Alexander, der Sohn König Philipps II., 5000 Reiter und 20 000 Fußsoldaten, um in einer Reihe von erfolgreichen Feldzügen gegen das mächtige Perserreich zu kämpfen. Als Schüler des griechischen Philosophen Aristoteles hatte Alexander, wie auch Xenophon, eine kultivierte und auf vernünftiger Logik aufgebaute Erziehung genossen. Er war gelehrt worden, daß Kunst Natur verkörpern sollte, nur in perfekterer Form, und daß Ordnung und Symmetrie wesentlicher Bestandteil der Schönheit seien. Als Mann von großer Konsequenz bemühte er sich, diese Ideale auch auf seine Reiterei zu beziehen.

Die Geschichte des feurigen Bukephalos, der von Alexander als Junge gezähmt wurde, nachdem alle anderen versagt hatten, ist bedeutend, da in ihr Einfühlungsvermögen anstatt Zwang aufgezeigt wird. Bukephalos fürchtete sich vor seinem eigenen Schatten; von allen Reitern im Königreich Makedonien gelang es jedoch nur Alexander, dies herauszufinden.

Zeitgenössische Schriftsteller des 1. Jahrhunderts n. Chr.[1] erwähnen die numidischen und mauretanischen Stämme Nordafrikas, die ihre Wüstenpferde ohne Trense, nur mit kleinen Ruten ritten. Es findet sich hier jedoch kein Anhaltspunkt für klassische Reiterei, daher müssen wir uns, um an Xenophon anzuknüpfen, der römischen Epoche zuwenden.

Die römische Reiterei
Die römische Epoche wird von Wissenschaftlern der Reiterei im allgemeinen übergangen, da keine einzige Abhandlung über die Reitkunst überliefert ist. Es finden sich jedoch in der römischen Literatur häufig Bemerkungen über die Eignung verschiedener Rassen für die Reiterei, Körperbau und tiermedizinische Belange. Ferner gibt es archäologische Beweisstücke für Innen- und Außenreitbahnen.

Obwohl mit den kleinen, flinken Pferden der Ebenen[2] schon seit langem

---

[1] Titus Livius, 59 v. Chr.–17 n. Chr., Plinius d. Ä. (Gaius Plinius Secundus), 23–79 n. Chr.
[2] Es sind wahrscheinlich die Tarpane aus den Steppen nördlich des Schwarzen Meeres gemeint. Siehe auch *A History of Horse Breeding* von Daphne Machin Goodall

Das Reiten in der Versammlung | 33

Diese römische Skulptur zeigt das Fehlen von Steigbügeln, das den Reiter zwang, sich für die versammelten Kampfmanöver so gut wie möglich auszubalancieren und in den kräftigsten Teil des Rückens einzusitzen. Man beachte die damalige Art, die Zügel in der linken Hand zu halten, um die rechte Hand für eine Waffe frei zu haben. Das Pferd zeigt ein erkennbares Nachgeben im Genick.

kultivierte Formen von Streitwagenrennen[3] in den sonnenüberfluteten Amphitheatern von Rom und Neapel stattfanden, begannen die Römer erst nach den Kriegen mit den Karthagern, wo sie den wesentlich größeren Pferden der Iberischen Halbinsel begegneten, Pferde für die Reiterei zu nutzen.

Als Hannibal im Zweiten Punischen Krieg (218–201 v. Chr.) an der Spitze von 6000 Elitereitern in Norditalien einritt, mußten die römischen Legionen zu Fuß große Verluste hinnehmen. In seinem Buch *A Short History of the Spanish Horse and of the Iberian Gineta Horsemanship for which This Horse is Adapted* beschreibt der Historiker Fernando d'Andrade die Kampfmanöver der einmarschierenden iberischen Reiter und deren Wirkung auf die Römer. Daraufhin begannen die Römer, beeindruckt von der Beweglichkeit und Geschicklichkeit der iberischen Pferde, ihre Taktiken zu überdenken.

Anthony Dent schreibt in seinem Buch *The Horse Through Fifty Centuries of Civilisation*, daß die nordafrikanischen Pferde zwar weniger imponierend als die spanischen waren, jedoch '... *mit tödlicher Wirkung eingesetzt werden konnten*'. Wie die meisten in der Wüste gezogenen Tiere galoppierten sie '*mit vorgestrecktem Kopf*'.

Dies stand im Gegensatz zu dem versammelten Reiten der iberischen Kelten, die schon die Kandarenstange[4] entdeckt hatten und leichte Rüstung, wie eiserne Schutzschilde, benutzten. Auch beschlugen sie ihre Pferde mit Hufeisen, die den heutigen erstaunlich ähnlich waren.

Nach zwölf Jahren erbitterter Kämpfe trieben die Römer Hannibal schließlich nach Afrika zurück. Nachdem sie die Iberische Halbinsel für Rom errungen und die aufständischen Stämme bezwungen hatten, wurden viele der Fußsoldaten zu Kavalleristen. Polybius (145 v. Chr., Buch XXXC) beschrieb, wie die Römer nicht nur die iberischen Kampfmethoden, sondern auch deren Waffen übernahmen, wie die kurze, zweispitzige Lanze, das *pillum* der portugiesischen und spanischen Reiter, sowie den starken ovalen Schutzschild.

Am Ende des 1. Jahrhunderts n. Chr. waren die Römer beritten, und von diesem Zeitpunkt an war das Pferd nicht mehr wegzudenken. So wurden die bei den Gegnern einst so gefürchteten Pferde nun von den Römern selbst zum eigenen Vorteil eingesetzt. Das iberische Pferd genoß als Streitroß so großes Ansehen, daß seine charakteristische konvexe Kopfform, die Rams-

---

[3] Siehe auch *The Horse Through Fifty Centuries of Civilisation*
[4] Überreste von Gebissen, die in Andrades Buch abgebildet sind, gehen auf die iberischen Kelten ungefähr 400 v. Chr. zurück.

nase, in der englischen Sprache als *Roman nose*, „Römernase", bekannt wurde, ein Ausdruck der auch heute noch verwendet wird.

Scipio (der 202 v. Chr. in Afrika einmarschierte) und Marcus Aurelius, römischer Kaiser von 161–180 n. Chr., waren zwei große Reiterführer, die die Macht Roms zum Zeitpunkt des Wandels von der Infanterie zur Kavallerie verkörperten. Sie ritten immer spanische Pferde.

Reiten in der Manege bei den Römern
Zu Beginn des 1. Jahrhunderts n. Chr. begann man damit, ein Netz großer Landgüter um Lissabon herum und in Andalusien aufzubauen. Dort konnte die Pferdezucht unter idealen Bedingungen betrieben werden, um die wachsende Nachfrage im Römischen Reich[5] zu decken. Remontendepots wurden angelegt. Ausgrabungen des 20. Jahrhunderts im Tejo-Tal haben die Überreste sorgfältig angelegter Gestüte und Reitbahnen zutage gebracht. Römische Ruinen, die etwas früher in diesem Jahrhundert in Mirobriga, nahe der portugiesischen Stadt Santiago do Cacem, freigelegt wurden, haben erst in diesem Jahrzehnt zu einer aufregenden Entdeckung geführt. Von Archäologen aus Lissabon als *circo-hipodromo* bezeichnet, wurde eine Arena von 76 Metern Durchmesser, mit Sitzplätzen für bis zu 25 000 Zuschauer, ausgegraben. Sachverständige bestätigen, daß diese Arena für Wagenrennen und zum Üben des Speerwurfes genutzt wurde. Außerdem diente sie der Ausbildung von Lusitanos.[6] Anderenorts wurden ganze Teile von Mosaikböden gefunden, auf denen einheimische Lieblingspferde zusammen mit ihren lateinischen Namen abgebildet sind.

Plinius d. Ä. schrieb: *'Die Klugheit der Pferde ist unbeschreiblich. Berittene Speerwerfer entdecken ihre Gelehrigkeit, wie sie durch Herumwerfen des Körpers schwierige Manöver unterstützen ...'* Wie die Griechen ritten auch die Römer ohne Steigbügel; sie benutzten Gewichtshilfen, um das Pferd auszubalancieren. Abbildungen von Reitern auf zeitgenössischen Münzen und Keramiken, die auf der Halbinsel gefunden wurden, zeigen einen Sitz, den auch Xenophon kaum hätte bemängeln können. Beinahe immer wird ein ziemlich einheitlicher *klassischer* Sitz gezeigt, wobei das Pferd mit untergeschobener Hinterhand am Zügel geht. Der Oberkörper des Reiters ist aufgerichtet, der Sitz tief, mit einem relativ tiefen, leicht angewinkelten Knie. Der Unterschenkel hängt locker nach unten. Auf dem steinigen, unebenen Gelände wurde Versammlung zur Notwendigkeit.

Die Schriften von Columella im 1. Jahrhundert n. Chr., von Oppian und Nemesian im 3. Jahrhundert sowie von Pelagonius und Palladius im 4. Jahrhundert bestätigen alle, daß ein ordentlicher Reitunterricht stattfand. Plinius bestätigt in seinen anderen Werken, daß er das Buch *De Iaculatione Equestri* (23–79 n. Chr.) geschrieben hatte, dies ging jedoch leider verloren.

Von Vergil, Nemesian, Apsyrtus und Palladius[7] existieren lange Passagen über den Körperbau des geeigneten Streitrosses. Sie stimmen weitgehend mit Xenophon überein, die Betonung liegt immer auf der Stärke, Breite und Geschmeidigkeit des Rückens und der Fähigkeit des Pferdes, schnell auf die Hilfen zu reagieren, leicht in der Hand zu sein und mit der Hinterhand weit unterzutreten.

---

[5] Siehe auch *The Royal Horse of Europe* von Sylvia Loch
[6] Entnommen aus Artikeln, die im *Jornal de Beja* vom 26. Juni 1984, *Correio de Mantia*, vom 29. Oktober 1984, *O Seculo* vom 27. August 1986 erschienen sind.
[7] Vergil in *Georgica*, erschienen ungefähr 29 v. Chr.; Nemesian in *Cynegetica* (3. Jh.); Apsyrtus, ein Tierarzt unter Konstantin (4. Jh.), in seinem Buch *Geoponis;* Palladius in *De Re Rustica* (4. Jh.)

Das versammelte Reiten spielte auch im Zirkus eine Rolle, einer wichtigen Facette überall im sich ausdehnenden römischen Reich. Kampffiguren entwickelten sich zu pompösen Bewegungen zur Unterhaltung der Menschen. Eine davon war ein stakkatoartiges Hufgetrappel, *Tripidium* genannt, aus dem wahrscheinlich die Piaffe hervorging. Den asturischen Pferden brachten sie den Paßgang bei '*… wobei abwechselnd das rechte und das linke Vorderbein gestreckt wurde*'. Ferner gibt es Berichte von Plinius über Pferde, denen beigebracht wurde, Waffen mit dem Maul vom Boden aufzuheben, um dem Reiter das Absteigen zu ersparen.

Andere antike Völkergruppen, die ihre Pferde lehrten, nach Musik zu tanzen, waren die luxusliebenden Sybariten[8] von Magna Graecia, die den Höhepunkt ihrer Kultur ungefähr 200 Jahre vor Xenophon erreichten. Die berühmtesten römischen Reiter traten in den Amphitheatern auf. Es gab Kunstreiten, Voltigieren und eine Form der Hohen Schule sowie Wagenrennen. Konstantin der Große (Kaiser von Rom zwischen 306–337) war ein großer Liebhaber des Zirkus, daher wurde Konstantinopel für viele Jahre zum Zentrum des zirzensischen Reitens.[9]

Die Kultur der Römer

Denkt man an die Ordnungsliebe und Disziplin der Römer, die sich in ihrer Architektur, ihrer Städteplanung und ihrem Ingenieurwesen widerspiegelte, ist es bedauerlich, daß nicht mehr bezüglich ihrer Pferdeausbildung bekannt ist. Geschichten von grausamen, vernichtenden Siegen, Verfolgung und gewaltsamer Ausdehnung ihres Reiches lassen oft die zivilisierte, kulturelle Seite des römischen Charakters vergessen. Die Römer eroberten 146 v. Chr. Griechenland und übernahmen weitgehend die ästhetische Liebe der Griechen für Schönheit und Symmetrie. Dies zeigt sich in den zartgetönten Mosaiken, Täfelungen und Keramiken, die sie hinterließen, sowie in der sichtbaren Pracht ihrer Reiterstatuen, Brücken, Säulen und Aquädukte.

Eine besondere Rolle spielten die südlichen Länder Europas, besonders die im Mittelmeerraum, wie Sizilien und Italien, von Baetica (dem heutigen Andalusien) und Lusitanien (dem heutigen Portugal) bis nach Saumur in Frankreich. Dort, wo der römische Einfluß am stärksten war, gab es lange, nachdem die Römer abgezogen waren, eine sehr spezielle Art des versammelten Reitens, die auf Leichtigkeit und Wendigkeit basierte. Dies stand in scharfem Gegensatz zu der späteren, wesentlich steiferen Form der Versammlung, wie sie von den fränkischen Rittern und gotischen Völkern nördlich der Donau und des Rheins praktiziert wurde.

Der romanische Stil

Der Ausdruck „romanisch" ist bis heute in bezug auf die Reiterei erhalten geblieben. Reitmeister verbanden über die Jahrhunderte diesen Ausdruck mit einer sehr versammelten, geschmeidigen Art des Reitens, die auf der Leichtigkeit der Hand basierte. Allmählich wurde von der romanischen Schule gesprochen, wobei von nun an zwischen diesem Stil und dem schwerfälligeren, germanisch oder preußisch beeinflußten Stil unterschieden wurde. Diese nationalen Unterschiede entstanden in frühester Zeit; selbst im 20. Jahrhundert wird der Ausdruck „romanisch" noch von Autoren wie

---

[8] Daher das Wort sybaritisch = genußsüchtig, hedonistisch
[9] Aus *The Story of Riding* von E. M. Kellock

36 | Reitkunst im Wandel

Podhajsky, Decarpentry[10] und Oliveira in ähnlichem Zusammenhang verwendet.

Erkennt man die Bedeutung und den Einfluß der romanischen Epoche, wird verständlich, warum Italien zum Zentrum der kulturellen Wiedergeburt der Reiterei wurde. Wieder dehnte sich dieser Einfluß nach Westen und Norden bis in das Herz Frankreichs aus. Dort bemüht man sich in der Schule von Versailles bis heute darum, diesen Einfluß zu erhalten.

Als Rom 410 n. Chr. durch die Barbaren fiel, wurden mit dem Zentrum der Zivilisation auch die philosophischen und moralischen Einflüsse auf die Reiterei zerstört.

Das dunkle Zeitalter

Aus den vielen hervorragenden Büchern über die Geschichte der Reiterei, die sich mit dem dunklen Zeitalter des Mittelalters[11] befassen, geht hervor, daß die Reiterei wiederum durch Kriegsmethoden und die hierfür eingesetzten Pferde beeinflußt wurde. Die Goten, Vandalen, Hunnen und Franken stürmten aus dem Norden auf ihren schweren kaltblutähnlichen Cobs und stämmigen Ponys heran, die ohne großes Feingefühl und mit allen möglichen Eisenkonstruktionen im Maul geritten wurden. Allmählich kreuzten sich die kräftigen, kurzbeinigen teutonischen Rassen mit den Heißblütern des Südens. Es entstanden größere Schlachtrosse wie die der Lombarden, die im 6. Jahrhundert nach Italien kamen, und die kleineren, aber temperamentvollen Pferde der Normannen, die im 10. Jahrhundert, den Lombarden südwärts folgend, in Frankreich die Oberhand gewannen. Italien, Jugoslawien, Österreich und die osteuropäischen Länder wurden ferner von den Sarazenen und später von den Türken mit ihren flinken, feingebauten orientalischen Rassen beeinflußt.

Zu einem Zeitpunkt, da verschiedene Völker stark gegensätzlicher Kulturen von Skandinavien bis Armenien alle nach Macht strebten, verblieb wenig Gelegenheit, die Reiterei als Kunst zu betreiben. Später, unter Karl dem Großen (gestorben 814 n. Chr.) und zum Zeitpunkt der Kreuzzüge (1096–1292), kehrte wieder ein Element der Ritterlichkeit bei Hofe ein. Mit der Einführung des Plattenpanzers auf dem Schlachtfeld hatte das Züchten eines wirklich großen kaltblütigen Gewichtsträgers jedoch Vorrang vor allen anderen Aspekten der Reiterei.

Im 14. und 15. Jahrhundert ging die Manövrierbarkeit auf dem Schlachtfeld beinahe ganz verloren. Ein Kavalleriesoldat in voller Rüstung wog zwischen 150 und 180 kg, daher konnte sich sein Pferd dem Gegner nur schwerfällig nähern. Die griechische und römische Taktik des Einzelkampfes auf dem Rücken eines feurigen Streitrosses war völlig undenkbar. Erhalten blieb sie ironischerweise nur durch das Aufkommen der kleinen Schußwaffen.

Die Renaissance

Von Italien ausgehend breitete sich die Renaissance allmählich nach Westeuropa aus. Frankreich, Preußen, Österreich, Spanien, Portugal und England erlebten eine späte Blütezeit dieser Epoche, wobei auch die Reiterei wieder

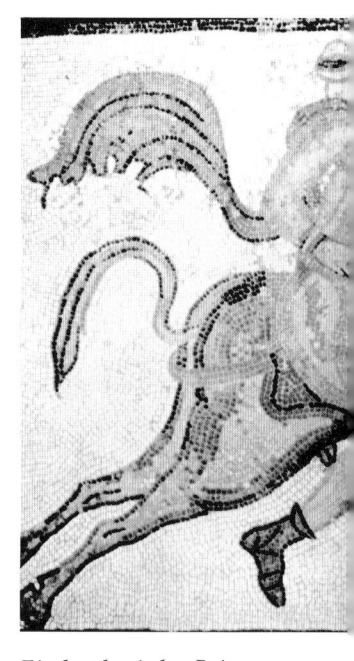

Ein karthagischer Reiter auf einem iberischen Schlachtroß mit Berberblut. Der Sprung nach vorne in eine halbe Kapriole erscheint vielleicht ein wenig stilisiert, Pferde dieser Abstammung zeigen jedoch auch heute noch ähnliche Bewegungen bei der Arbeit mit dem Stier.

---

[10] In *Academic Equitation* von General Decarpentry, erstmals bei J. A. Allen 1971 erschienen. In einer Fußnote zur 2. Auflage steht: 'Man muß leider feststellen, daß 1964 kein Unterschied zwischen der romanischen und der germanischen Reiterei gemacht wird, zumindest nicht bei internationalen Dressurprüfungen.'
[11] Siehe auch *The Foals of Epona* von Anthony Dent und Daphne Machin Goodall, zitiert in *A History of Horsemanship*.

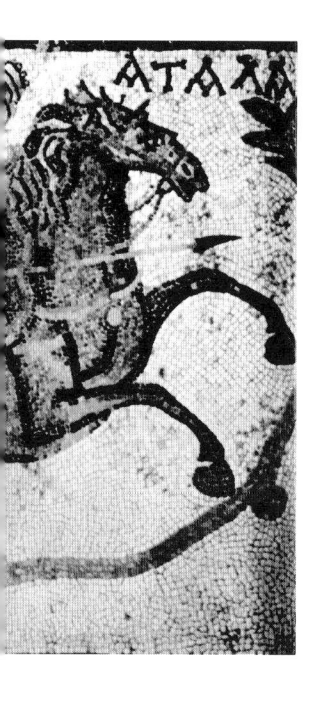

den Rang einer Kunst erlangte. Die nächsten fünf Kapitel sind den Reitakademien gewidmet, die überall rasch aufkamen, um dem Neubeginn der klassischen Reiterei Rechnung zu tragen.

Es war kein Zufall, daß die Feinheiten einer fortgeschrittenen Reiterei wieder lebendig wurden. Die Reiterei diente einem praktischen Zweck. Mit der Erfindung kleiner, handlicher Schußwaffen kehrte auch das leichte, handliche Pferd auf das Schlachtfeld zurück. Den schweren Kaltblutpferden der kettengepanzerten Ritter kamen bald nur noch logistische Aufgaben abseits der Front zu. Die Rolle der Kavallerie war neu definiert worden.

Schon die alten Griechen hatten wendige Manöver für den Nahkampf mit dem Speer entwickelt; gleichermaßen entdeckten auch die europäischen Kavallerieoffiziere, daß absolute Kontrolle über die Pferde Voraussetzung war, um ihre kleinen Pistolen, Revolver und Säbel entsprechend einsetzen zu können. So wurde klar, daß eine wesentlich präzisere Form des versammelten Reitens vonnöten war.

Die klassischen Gangarten

Einige moderne Autoren verneinen, daß die Bewegungen der Hohen Schule eine ernsthafte Rolle bei Angriff und Verteidigung spielten; sie haben unrecht. Der Nahkampf zu Pferde, ob mit einem Schwert oder einer Feuerwaffe, erfordert ein hohes Maß an reiterlichem Können; Taktik wird bei gleichen Bedingungen immer über Muskelkraft siegen. Wie schon Xenophon und Simon erkannten, muß der Reiter verstehen und lernen, das Pferd für die Arbeit ins richtige Gleichgewicht zu bringen.

Das Wiederaufleben der wissenschaftlichen oder akademischen Reiterei hatte daher einen ernsthaften Hintergrund. Spezielle Bewegungen wie Piaffe, Levade und die Pirouette wurden wiederum für den Kampf entwickelt. Von diesen war vielleicht die Piaffe am nützlichsten. Dabei wurde das Pferd wie eine Feder gespannt, bereit zum plötzlichen Angriff. Die Levade wurde von den Griechen aus hoher Versammlung mit einer halben Parade entwickelt. Sie brachte den Reiter in eine übersichtliche Position, von der aus er mit dem Schwert zuschlagen oder mit der Pistole zielen konnte. Sie schützte den Reiter auch vor einer tiefen Kugel oder einem stürzenden Pferd. Mit der Pirouette konnte man das Pferd sofort in die oder aus der Schußlinie bringen.

Bei der Courbette richtet sich das Pferd auf über 2,50 m auf und führt mehrere Sprünge nach vorne aus. Dies muß für die Fußsoldaten ein furchterregender Anblick gewesen sein und ließ sie auseinanderlaufen. Bedenkt man, daß Polizeipferde auch heute noch bei ihren Einsätzen Respekt einflößen, kann man verstehen, um wieviel größer damals die Wirkung all dieser Kampfsprünge war.

Der fliegende Galoppwechsel war in einer Attacke, bei der von allen Seiten Gefahr drohte, lebensnotwendig. Ein Pferd, das sich nicht blitzschnell ausbalancieren und wenden ließ, bot eine Zielscheibe für Gewehre, Säbel oder Lanzen. Die Reiter konnten sich nur mit ständigen Richtungswechseln um den Feind herumbewegen, wollten sie nicht direkt mit ihm zusammenstoßen. Schließlich gab es noch die Kapriole, durch die man sich über die Köpfe der Fußsoldaten zur Flucht verhelfen konnte. Sie erfolgte aus dem Stand, bedurfte jedoch eines durch und durch gymnastizierten Pferdes mit entsprechendem Temperament. Durch ihr natürliches Talent hierfür breiteten sich die Lieblingspferde der Römer, das spanische, das Berberpferd und der Lusitano, im Europa des 16. Jahrhunderts aus, was zu einem Wiederaufleben der klassischen Reiterei führte.

Kapitel 4
Die akademische Reiterei: Die romanischen Schulen von Neapel, Portugal und Spanien

Neapel galt immer als Zentrum der Wiedergeburt der Reiterei. Schon im 13. Jahrhundert schrieben gelehrte, vom Geist der bevorstehenden Renaissance erfaßte Männer Abhandlungen über das Pferd. Mit der Wiederentdeckung Xenophons kannte die Begeisterung für die Antike keine Grenzen, und sein Werk wurde ohne Scheu beinahe wörtlich von den großen neapolitanischen Reitmeistern des 16. Jahrhunderts wiedergegeben. Durch den Einfluß Leonardo da Vincis (1452–1519) und anderer großer Künstler, Philosophen und Humanisten schaute die Welt, was ihre kulturelle Inspiration in bezug auf alle Künste wie Skulpturen, Literatur, Landschaftsbau, Architektur, Musik und die Reiterei betraf, auf Italien.

Vor der Renaissance wurde das Wissen von den Vätern an ihre Söhne von den Meistern an ihre Schüler weitergegeben. Nachforschungen ergaben, daß es davor an einschlägiger Literatur mangelte, womöglich bedingt durch die Kriegswirren, da Italien viele Invasionen erdulden mußte. Die schweren Reitpferde der gotischen Stämme und des germanischen Völkerstamms der Lombarden verdrängten in diesen südlichen Landstrichen, mit Ausnahme des äußersten Südens, nach und nach den Einfluß der Griechen und Römer.

Die heißblütigen Streitrosse wichen dem wachsenden Einfluß der Teutonen, Gallier und Kelten mit ihren stämmigeren Pferden. Daraus resultierte ein sehr steifer Reitstil, der lange Kandarenstangen, scharfe Sporen und einen großen Kraftaufwand erforderte, um diese schwerfälligeren Tiere vorwärtszureiten. Somit glich die Reiterei in Nord- und Mittelitalien sehr der deutschen, niederländischen, gaskonischen und der in der Normandie. Ein anschauliches Beispiel hierfür boten die Kreuzritter; Feingefühl wurde durch bloße Kraft und Masse ersetzt.

Eine mediterrane Kultur
Nach 1200 gliederte sich Italien in fünf eigenständige Republiken, zu denen die Kirchenstaaten und, etwas isoliert, das Königreich von Neapel und die Insel Sizilien gehörten. Hier im Süden, nahe dem Mittelmeer, hatte sich ein erkennbarer romanischer Einfluß durchgesetzt. Vor diesem Hintergrund entstanden eine Anzahl früher Schriften über die Reiterei. Zu den bedeutendsten gehörte *Hippatria*, ca. 1250 von Giordano Ruffo in Sizilien geschrieben, sowie das detaillierte Werk eines Schmiedes namens Lorenzo Rusio mit dem Titel *Hippatria Sive Marescalia*. Später schrieb der italienische Humanist Leone Alberti (1404–72) *De Quo Animante*, mit dem er neue Maßstäbe für die Lehren der Reiterei setzte.

Die stark kontrastierenden Reitkulturen in Nord- und Süditalien hatten ihr Gegenstück in Frankreich. Während Zentralfrankreich von den mächtigen normannischen Rittern auf ihren Feldzügen in Richtung Pyrenäen beeinflußt wurde, entzog sich ein kleiner Gebietsteil im Süden diesem Einfluß. In

Marseille, wo sich die Rhône teilt und ins Meer fließt, blieb der mediterrane Einfluß, der von den Griechen und Römern ausging, beinahe uneingeschränkt erhalten. Auch heute noch blüht in dieser relativ unerforschten Region im Rhônedelta, der Camargue, die von den Römern entwickelte Pferde- und Stierkampfkultur. Hier gibt es noch freilebende Herden weißer Pferde, die auf die alte Vilano-Rasse[1] sowie iberische und keltische Stämme zurückgehen. Nahe den einst großen römischen Städten wie Arles und Nîmes wird die jahrhundertealte Tradition des Stiertreibens und des Stierkampfes gepflegt.

Auch in Portugal und Spanien blieb die Kultur der vorrömischen und römischen Zeiten weitgehend erhalten. Die Tatsache, daß die *Gineta*[2]-Reiterei schon Jahrhunderte vor der Landung der Berber 711 n. Chr. existierte, widerspricht dem Mythos von den arabischen Reitern, die den Iberern angeblich ihre atemberaubende Reiterei beibrachten. So blieb die altromanische Reitkultur trotz und nicht wegen der maurischen Invasion bestehen, wobei sich auch ein gewisser arabischer Einfluß geltend machte. Heute besteht ein gewaltiger Unterschied zwischen der Reiterei in arabischen Ländern und dem heutigen Portugal und Spanien.[3]

Durch das Bestreben der Iberer, sich von der maurischen Vorherrschaft zu befreien, blieben Traditionen, die sonst vielleicht untergegangen wären, erhalten. Die portugiesische Sprache lehnt sich oft stärker an das alte Lateinisch an als das moderne Italienisch; je weiter man jedoch in den Osten Spaniens vordringt, desto größer ist der maurische Einfluß. Nirgendwo in der Welt ist der romanische Einfluß bezüglich der Reiterei so stark wie in diesen beiden Ländern. Hierfür gibt es wahrscheinlich zwei Gründe.

Die Besetzung durch die Mauren

In ihren anfänglichen Kämpfen gegen die Mauren (die in manchen Gebieten über sieben Jahrhunderte anhielten, eine Zeitspanne, die man sich nur schwer vorstellen kann) führten die Portugiesen und Spanier einen bedachtsamen und sehr defensiven Krieg. Durch ihre geographische Lage war die Iberische Halbinsel vom Rest Europas weitgehend abgeschnitten. Es gab daher wenig äußere Einflüsse, die ihre Reitweise, welche kontrolliert, versammelt und völlig auf ihre eigene Umgebung zugeschnitten war, stören konnten. In den sich scheinbar endlos hinziehenden Feldzügen konnte sich die Kavallerie in einem Gelände, wie es schwieriger und zerklüfteter kaum irgendwo anders anzutreffen ist, am besten behaupten. So führten diese christlichen Ritter die *Gineta*-Tradition ihrer Vorväter fort, die damit schon die Griechen und Römer so beeindruckt hatten, daß diese sie übernahmen.

El Cid und der legendäre Santiago von Compostela waren typische Vertreter dieses robusten Ritterstandes. Die Namen ihrer kompakten, heißblütigen, mit viel Knieaktion ausgestatteten iberischen Pferde sind immer noch bekannt, und ihr Reitstil ist in vielen Bildern überliefert. Dieser lehnte sich an den *Gineta*-Stil, mit angewinkeltem Knie, geradem Oberkörper und ausbalanciertem Sitz, an. Deutlich ist der Unterschied zwischen der iberischen Reitweise und der englischer und normanischer Kreuzritter mit ihren

---

[1] Ein aus den Pyrenäen stammendes schweres Pferd, das von den Spaniern nicht als reinrassig anerkannt wurde, welches jedoch oft in alten Büchern erwähnt wird.
[2] Ein auf der Iberischen Halbinsel heute noch gebräuchliches portugiesisches und spanisches Wort, das eine spezielle Art der antiken Kampfreiterei beschreibt und mit dem alten griechischen Wort *zenete* (= leicht bewaffneter Kavallerist) verwandt ist.
[3] Siehe auch *The Royal Horse of Europe*

durchgestreckten Beinen in der zeitgenössischen Kunst zu sehen. Letztere machten auf ihrem Weg ins Heilige Land in den Häfen von Lissabon oder Cadiz Station.

Der Stierkult

Ein zweiter, allerdings ethisch anfechtbarer Grund, warum die Reiterei in Neapel, Südfrankreich und der Iberischen Halbinsel weiterhin dem romanischen Vorbild folgte, sehen manche Betrachter im Stierkampf. In Portugal[4] und Spanien ist dieser Grund noch offensichtlich. Von den Römern übernommen, war er, trotz zeitweisen Verbotes durch Kirche und Regierungen, insbesondere in den südlichen Landesteilen nicht auszumerzen. Der Stierkampf, ursprünglich eine Stierhetze, schloß schließlich verschiedene Formen der Auseinandersetzung mit dem Stier ein, die alle bis auf eine zu Pferde ausgeführt wurden. (Der Kampf zu Fuß mit einem Tuch wurde erst Mitte des 18. Jahrhunderts in Spanien eingeführt.)

Abweichend von der ursprünglich römischen Methode, einem für alle offenen Kampf, wurden feste Regeln eingeführt. Es wurde ein feuriges Streitroß[5] eingesetzt, auf dessen Mut, Wendigkeit und Gehorsam man sich im Angesicht der Gefahr verlassen konnte. Obwohl dem Stierkampf in jenen Tagen das ritterliche Element späterer Zeiten abging, bedurfte es eines überdurchschnittlichen Reiters, wollten er und sein Pferd nicht aufgespießt werden.

Kampfstiere mit ungeschützten Hörnern sind tödlich, und Blutpferde waren teuer; daher war kontrollierte Versammlung ein absolutes Muß. Es kamen genaue Bahn- und Arenafiguren rund um den Stierkampf auf und wurden zu einem festen Bestandteil der dortigen Reiterei.

In Italien erreichte der Stierkampf unter dem berüchtigten Cesare Borgia im 16. Jahrhundert so große Beliebtheit, daß unerfahrene junge Edelleute diesen Sport aufnahmen, einfach um eine schneidige Figur abzugeben und sich in der Gesellschaft zu etablieren. Diese verantwortungslose Einstellung, verbunden mit einem Mangel an Können, kostete viele junge Neapolitaner der höchsten Kreise das Leben. Dies führte dazu, daß sich 1558 Papst Paul IV. einmischte und den Stierkampf in Italien verbot. Er konnte sich in Italien nie wieder behaupten; damit zerbrach auch die Kunst der

Donatellos große Reiterstatue des Erasmo de Narni in Padua, fertiggestellt 1446, zeigt das stämmige italienische Kriegspferd. Es wurde innerhalb eines Jahrhunderts durch Zufuhr spanischen Blutes stark veredelt. Besonders auffällig sind die scharfen, langschenkligen Sporen des Reiters.

---

[4] In Portugal wird der Stier nicht getötet, sondern von acht Männern mit bloßen Händen zum Stehen gebracht.
[5] Ganz verschieden vom traurigen Pferd des nicht kämpfenden *Picadors*, dem sogar die Augen verbunden werden.

Die akademische Reiterei: Neapel, Portugal, Spanien | 41

Hohen Schule in diesem Teil Europas, während sie auf der Iberischen Halbinsel fortlebte.

Wo rohe Kräfte aufeinanderprallen

Als sich Italien in der Renaissance am intensivsten mit der Wiederbelebung der akademischen Reiterei beschäftigte, trug zweifellos der Stierkampf dazu bei, daß viele dieser Manöver und die Notwendigkeit für eine oft übertriebene Versammlung und die Vorbereitung für die *sorties*, Wendungen und Rückzüge, die auch mit dem Kampf zu Pferde verbunden waren, erhalten blieben. Dieser gefährliche Sport verhinderte ein Umdenken bezüglich der scharfen Gebisse, einem Überbleibsel des Mittelalters.

Ferner spielte auch die Masse der italienischen Streitrosse des 14., 15. und anfänglichen 16. Jahrhunderts eine Rolle. Diese werden in den hervorragenden Reiterbildern von Uccello, Piero della Francesca, Gozzoli und anderen Künstlern der Frührenaissance akkurat abgebildet. Selbst die berühmten Pferde auf dem Markusplatz wirken sehr massig und muskulös. Auch wissen wir aus frühen italienischen Abhandlungen, daß das italienische Streitroß in der Tat massig und oft ungebärdig war, was häufig Probleme bei der Ausbildung zur Folge hatte. Somit wird auch verständlicher, daß die Italiener anfänglich mehr die Bestrafung in den Vordergrund stellten.

Der Einfluß der reinrassigen Iberer führte zu einer drastischen Veränderung der italienischen Pferde des Südens, vorwiegend in der Gegend von Neapel. Besonders zu beachten sind die längeren Beine und der kurze Rücken, wodurch die Pferde viel wendiger wurden.

Der Geist der Aufklärung

Ungefähr zu dem Zeitpunkt, da in Italien das Reiten mit Zwangsmethoden, wie scharfen Gebissen und übertriebene Versammlung, gelehrt wurde, publizierte ein portugiesischer Mönch namens Mestre Giraldo 1381 eine feinere Reitweise. Darauf folgten zwei wichtige Abhandlungen von König Duarte I. von Portugal (1401–1438), der Feinfühligkeit und Güte sowie die Leichtigkeit der Hand in den Vordergrund stellte. Diese Bücher, *Da Arte de Domar os Cavallos* und *O Livro da Ensynanca de Bem Cavalgar – Toda a Sella*, ebneten den Weg zur Aufklärung. André Monteilhet, ein französischer Schriftsteller des 20. Jahrhunderts, ordnete König Duarte in seiner Bedeutung zwischen Xenophon und Pluvinel ein.[6]

Spanische Oberherrschaft

Die Pferdezucht in Italien tat einen gewaltigen Schritt nach vorne, nachdem sich die spanische Krone 1502 offiziell die Königreiche von Neapel, Sizilien und Sardinien aneignete. Tausende spanischer Truppen landeten auf nea-

---

[6] *Les Maitres de l'Œuvre Équestre* von André Monteilhet, Odège, Paris, 1979.

politanischem Boden, und in weniger als fünf Jahrzehnten war das italienische Pferd nicht wiederzuerkennen. Der neue Neapolitaner, mit seiner charakteristischen langen, konvexen Kopfform, leichterem Gebäude und feineren Beinen, wurde zum begehrten Streitroß. Er war größer als der Andalusier und hatte eine stolze, edle Ausstrahlung. Der zeitgenössische englische Schriftsteller Thomas Blundeville beschrieb 1565 die Rasse als *'sowohl anmutig wie auch stark, von großer Güte, sanfter Natur und großer Tapferkeit'*. Das sardische Pferd wurde ebenfalls populär.

Die Spanier brachten nicht nur ihre heißblütigen Pferde, sondern auch eine verfeinerte Reitweise mit. Im 16. Jahrhundert kam eine Fülle spanischer Reitliteratur auf, die sich gänzlich mit der *Gineta*-Reitweise beschäftigte. Zu den bekanntesten Werken gehören *Lo Cavaller* von Ponz de Menaguer, *Tractado de la Cavalleria de la Gineta* von Pedro Aguilar, *Libro de la Gineta en España* von Pedro Fernandez de Andrade und das auch heute noch oft zitierte *Teoria y Exercicios de la Gineta* von Vargas Machuca.

Der moderne Schriftsteller Don Diogo de Bragança von Lissabon (siehe Kapitel 18) schrieb in seiner *L'Equitation de Tradition Française*[7]: *'Zu diesem Zeitpunkt entdeckte das Italien der Renaissance die von der Iberischen Halbinsel eingeführten Pferde. Da sie mit ihren eigenen Pferden nicht das erreichen konnten, was bei den Spaniern so leicht aussah, wurden Grundregeln geschaffen, damit ihre Pferde ebenso konzentriert zu reiten waren wie die iberischen, die sich so ausbalanciert und mit größter Leichtigkeit bewegten.'* Zwar gewöhnten sich die Italiener schnell an die spanischen Pferde, an die *Gineta*-Reitweise jedoch nur langsam.

Grisone und Fiaschi

In dieser Zeit des Wandels gründete Frederico Grisone, ein neapolitanischer Edelmann, 1532 in Neapel die erste nicht-militärische Reitakademie, die außerhalb Italiens Anerkennung fand. Man nimmt an, daß Grisone ein Kollege von Graf Cesare Fiaschi aus Ferrara war, der 1556 eine wichtige Abhandlung, *Tratto dell' imbrigliare, maneggiare e ferrare cavalli (Eine Abhandlung über das Zäumen, die Ausbildung und das Beschlagen von Pferden)*, schrieb. Auf der reiterlichen Seite beschäftigte sich Fiaschis Werk mit Übungen in der Bahn, besonders mit dem Lockermachen des Pferdes auf dem Zirkel. Es wurde auch die Bedeutung des Sitzes zur Erreichung des korrekten Gleichgewichts sowie die unsichtbare Hilfengebung hervorgehoben. Aus Fiaschis Anmerkungen über die Ausbildung der Pferde zu Musik geht auch ein gewisses Verständnis für Takt und Rhythmus hervor.

Während seine italienischen Landsleute nach Neapel strömten, um sich diesem neuen, eleganten Zeitvertreib, der sowohl den Geist als auch den Körper förderte, zu widmen, wurde Grisones Ruf auch im Ausland durch sein Buch *Gli Ordini di Cavalcare (Reitvorschriften)* für alle Zeiten ein Begriff. Das Buch verschaffte ihm den Titel 'Vater der Reitkunst', den eigentlich auch Fiaschi hätte tragen können, wäre sein Werk nicht sechs Jahre später erschienen. 1559 er-

Graf Cesare Fiaschi auf einem Neapolitaner, der die typischen Merkmale seiner Rasse, nämlich lange Beine, einen kräftigen Körperbau und eine konvexe Kopfform, aufweist. Diese Rasse erfreute sich im 16. und 17. Jahrhundert in ganz Europa großer Beliebtheit.

[7] *L'Equitation de Tradition Française*, Le Livre de Paris 1975

schien eine französische Übersetzung von Grisones Buch in Paris. In weniger als einem Jahrhundert erreichte dieses Buch sechzehn italienische und vierzehn spanische, portugiesische, deutsche, englische und französische Auflagen.

Grisones Methoden, insbesondere in bezug auf Bestrafung, sind viel kritisiert worden. Obwohl seine Zäumungen furchterregend aussahen, waren sie vielleicht nicht so grausam, wie sie schienen, da sie das Pferd zum Spielen und Kauen anregen sollten (ähnlich den Anhängseln an einem modernen Spielgebiß). Während die langen Anzüge in den falschen Händen großes Unheil anrichten konnten, lehrte Grisone seine Schüler eine feinfühlige Zügelführung, '... *Die Grundlage der Lehre liegt in einer guten, weichen Verbindung zum Maul ... so wie die Belohnung des Pferdes nach erfolgtem Gehorsam, ... lobe und streichle das Pferd jedes Mal, wenn es willig deinen Wünschen folgt.*'

Es findet sich bereits ein erstaunliches Verständnis für die Wechselwirkung zwischen Gleichgewicht und Schubkraft sowie die treibenden und gegenhaltenden Hilfen. Die folgenden Bemerkungen scheinen auch heute noch zuzutreffen: '*Glaube nicht, daß sich das Pferd, so gut es auch von Natur aus gebaut sein möge, ohne die Unterstützung des Reiters und einer richtigen Ausbildung von allein in allen Gangarten richtig bewegen kann ...*

Um dir vor dem Ausritt klar zu machen, wie du dem Pferd die richtigen Hilfen mit den Sporen gibst, sei gesagt, daß du es bei einer Rechtswendung auf der entgegengesetzten Seite mit dem linken Sporn unterstützen mußt; der rechte wird verstärkt eingesetzt, um die Wendung rund werden zu lassen, damit das Pferd genau in seine Hufspuren tritt ...'

Das oben Gesagte wird leider durch eine spätere Abhandlung über Strafen beeinträchtigt. Grisone weicht allzuoft weit von Xenophon ab, und es besteht ein eigentümlicher Mangel an Verständnis für die Psyche des Pferdes: '*Wenn sich ein Pferd, sei es aus Furcht vor der Arbeit oder aus Sturheit, nicht der Aufsteigtreppe nähern will, so schlage es mit einer Rute zwischen die Ohren auf den Kopf (unter Schonung der Augen) und auf alle Körperteile, die du für richtig hältst, und drohe ihm mit einer harten und furchterregenden Stimme. So wird es erkennen, daß du genauso stur bist und dich von da an wie ein Lamm aufsitzen lassen ...*'

Während heutzutage kein Dressurreiter Grisones Methoden mehr folgen würde, sollten wir uns die Denkweise im Italien des 16. Jahrhunderts vor Augen halten, die genauso auf die große Illusion wie auf Wahrheitsfindung ausgerichtet war. Dichtung, Literatur, Kunst und Politik waren von Rhetorik und Schauspiel geprägt. Solange man nur zu einem großartigen Endergebnis kam, heiligte der Zweck die Mittel. So gab Grisone die klassische Philosophie Xenophons ohne Gewissensbisse wieder. Und das gewünschte Ergebnis? Das Pferd soll '... *im Schritt kadenziert, im Trab locker und elegant, im Galopp schwungvoll und kraftvoll gehen, elastisch springen, außerdem müssen seine Bewegungen leicht und fließend wirken.*'

Die Ära der italienischen Reitmeister

Zwei Jahre, nachdem Grisone seine Reitakademie in Neapel eröffnet hatte, wurden in Rom und Ferrara ähnliche Schulen gegründet. 1573 veröffentlichte Claudio Corte ein bedeutendes Buch mit dem Titel *Il Cavallerizzo*, welches dem Earl of Leicester gewidmet war. Dieser veranlaßte unter der Regierung Elisabeths I. Cortes Besuch in England, zur Unterstützung „dieser höfischen Ausbildung". Zu dieser Zeit war es in ganz Europa modern, nicht nur italienische Reitmeister, sondern auch Tanz-, Musik- und Zeichenlehrer zu verpflichten. Leicester, ein Günstling der Königin, interessierte sich besonders für das Schulreiten. Durch seinen Einfluß kam der englische Hof

44 | Reitkunst im Wandel

in den Genuß eines anderen neapolitanischen Lehrers, eines gewissen Prospero d'Osma, eines Kollegen Pignatellis.

Pignatellis Bedeutung liegt darin, daß er die Franzosen Pluvinel, La Broue, Saint-Antoine, den Spanier Vargas sowie wahrscheinlich den Deutschen von Löhneysen unterrichtete. Über Pignatellis Vorbildung wissen wir nichts Verläßliches. Die eine Version nennt Fiaschi, eine andere Grisone als Lehrer. Doch wer es auch war, seine überragende Bedeutung war die Weitergabe seiner Kenntnisse an spätere Meister.

Gemäß E. M. Kellocks Nachforschungen in Neapel für ihr Buch *History of Riding* wurde Pignatelli zuerst von den Zirkusreitern beeinflußt, die, aus Konstantinopel kommend, in Neapel landeten und deren Methoden auf Gewichts- und Stimmhilfen und ständiger Belohnung basierten. Auch lehnten sie scharfe Gebisse und Sporen ab. Pignatelli soll in den alten Kavalleriebaracken oder in ihrer Nähe gelehrt haben, wo heute das Museum von Neapel steht. *'Berufssoldaten saßen im Sattel, ruhig, mit dem Schwert in der Hand; eine winzige Bewegung der Hand oder des Absatzes veranlaßte das Pferd, ohne einen Anflug von Widersetzlichkeit seitwärts zu gehen, zu steigen, anzugaloppieren, anzuhalten, zu wenden, zu pirouettieren.'* Man vermutet, daß Pignatelli die Seitengänge und die Arbeit auf zwei Hufschlägen eingeführt hatte.

Pignatelli wird auch die Einführung der Pilaren, die von Pluvinel mit Begeisterung benutzt wurden, zugeschrieben. Er brachte die Aufklärung voran, und seine Schüler trugen die Kunst der Italiener in die Welt hinaus. Allmählich lösten Ende des 16. Jahrhunderts der Barock und eine sanftere Form des Klassizismus die Epoche der Renaissance ab. Die barocke Schule, der wir von jetzt ab folgen werden, zeichnete sich, besonders was Kunst und Architektur anbetraf, durch reiche Verzierungen und überschäumende Pracht aus.

Die Entstehung des Barock
Man nimmt an, daß das Wort Barock von dem spanischen Wort *barrueco* stammt, das soviel wie „unregelmäßig geformte Perle" bedeutet. Daraus wurde später auch das Wort Rokoko für üppige Verzierungen abgeleitet. Bis 1707 verblieb der Süden Italiens beinahe zweihundert Jahre lang unter spanischer Herrschaft. Der Reichtum und das fremde Gold, das von dem gerade eroberten amerikanischen Kontinent und den Westindischen Inseln in das spanisch-habsburgische Reich floß, waren zumindest teilweise für die verschwenderische Pracht, die das Zeitalter des Barock einleitete, verantwortlich. Dieser Glanz durchdrang alle Formen der Kunst wie Architektur, Bildhauerei, Literatur und schließlich auch die Reiterei.

Frederigo Grisone von Neapel ist heute vor allem wegen seiner groben Ausbildungsmethoden bekannt. Ohne seinen Einfluß wäre die italienische Schule der Reiterei im 16. Jahrhundert jedoch wohl niemals so aufgeblüht und hätte den Gedanken der Reitkunst nicht nach Frankreich, England und Deutschland tragen können.

Die akademische Reiterei: Neapel, Portugal, Spanien | 45

Die edle Kunst

Unter diesem Einfluß erlebte die Reiterei ihre glanzvollste Zeit. Zum besseren Verständnis sei daran erinnert, daß damals das Reiten guter Pferde dem König oder seinen adeligen Höflingen vorbehalten war. Mit dieser neuen kultivierten Ära kam auch ein gewisses Zeremoniell auf. Bald wurden die Artigkeiten und Regeln des Bahnreitens zu einer eigenen Kunst. Aus den einfachen Kampffiguren entstanden kunstvolle, genau geregelte Bahnfiguren. Ein Sprung war nicht mehr länger ein Zufallsprodukt, es gab von dort an eine vorgeschriebene Höhe, wobei der Pferdekörper einen bestimmten Winkel einnehmen mußte; die vorausgehende notwendige Biegung wurde in einer logischen und wissenschaftlichen Weise erarbeitet.

Da die Reitkunst zu einer edlen Betätigung geworden war, kam auch der Gedanke eines edlen Pferdes auf. (Leider spiegelte der Adel des Pferdes nicht unbedingt die Achtung des Menschen vor dem Charakter des Tieres wider; man nahm vielmehr an, daß das Pferd durch den Reiter geadelt würde.)

Jeder Hof hatte seinen königlichen *écuyer* (Stallmeister), dem wiederum weitere *écuyers* unterstellt waren. Das Zeitalter des Barock war neben dem Streben nach Wissen durch eine prunkvolle Zurschaustellung der höfischen Macht und ihrer Repräsentanten gekennzeichnet, was im starken Kontrast

Gregorio de Tapia y Salzedos Buch (Anfang 17. Jahrhundert) erschien, stellt die von den Spaniern in Süditalien eingeführte Gineta-Reitweise dar, bei der die Beine angewinkelt und die Steigbügel kürzer sind.

zu der außerhalb der Palastmauern herrschenden Armut stand. Die Kunst des Schulreitens erreichte ihren Höhepunkt unter Ludwig XIV. am Hof von Versailles. Darauf wird in Kapitel 6 näher eingegangen.

Wären aber die Italiener nicht von einer romantischen Liebe zur Vergangenheit, gepaart mit der spanischen Leidenschaft für Pomp und Zeremoniell, erfüllt gewesen, hätte sich die Reiterei nie in dieser Weise entwickelt, und wir wären heute alle um einiges ärmer.

Kapitel 5
Die akademische Reiterei in Österreich und Deutschland

Das Zeitalter des Barock

Die unmittelbare und weitere Zukunft der klassischen Reiterei und des klassischen Pferdes wurde durch eine sehr mächtige österreichische Familie, deren Oberhaupt der Erzherzog von Habsburg war, gesichert. Diese Familie kam im 16. Jahrhundert zu großer Macht und vereinigte ihre riesigen zentraleuropäischen Ländereien durch Heirat mit denen der spanischen Krone. Welche Bedeutung die Verschmelzung verschiedener Kulturen auf die Reiterei hatte, wird später noch Gegenstand unserer Betrachtung sein; zuerst wollen wir uns aber zum besseren Verständnis dem riesigen Territorium des Habsburger Reiches zuwenden.

Das Heilige Römische Reich unter den Habsburgern
Für Generationen waren die Ländereien des Habsburger Geschlechts, zu denen die Niederlande, Burgund, Artois, ein Teil des Elsaß, Böhmen, Ungarn, und das Kronjuwel Österreich – alle mit eigener Nationalität – gehörten, verbunden mit dem Heiligen Römischen Reich, welches einen

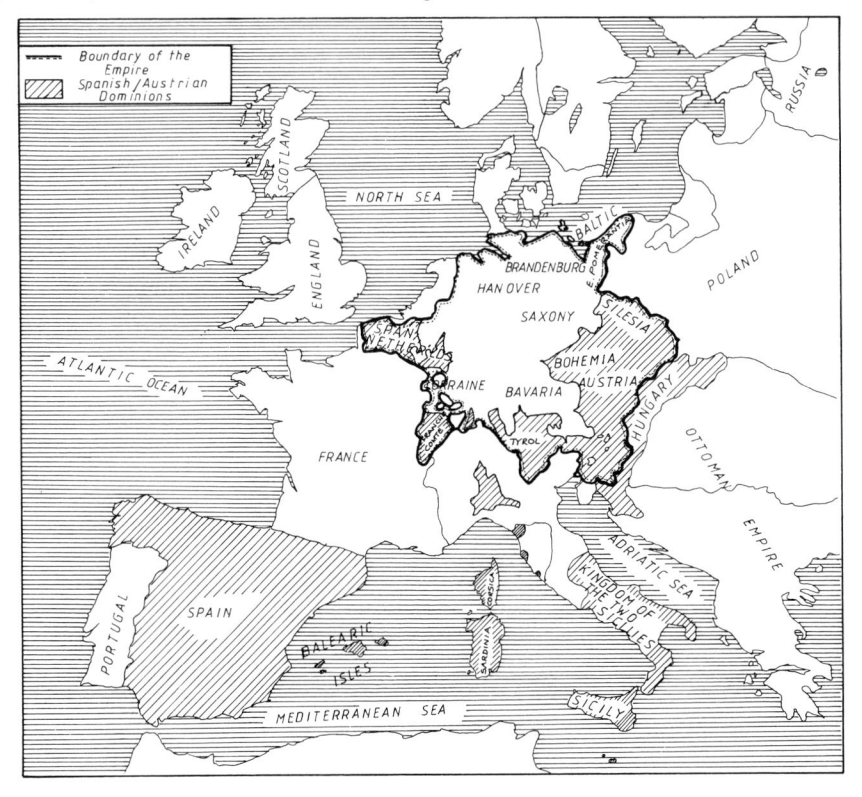

Die Karte zeigt Österreich, Deutschland und die kaiserlichen Fürstentümer auf dem Höhepunkt des Heiligen Römischen Reiches Deutscher Nation um 1650. Die schattiert eingezeichneten Gebiete zeigen das spanische Festland sowie spanische Besitzungen.

Deutsche Schlachtrosse im 15. Jahrhundert vor der Einkreuzung reinrassiger Spanier und Neapolitaner. Man beachte den eher rechteckigen Körperbau und die kurzen, stämmigen Beine, woraus sich allmählich ein größeres, kompakteres und eleganteres Kavalleriepferd entwickelte.

Großteil des heutigen Deutschlands[1] und darüber hinaus noch weitere Ländereien umfaßte. Der Titel „Heiliger Römischer Kaiser" war seit dem Zeitpunkt, da der erste Kaiser, Karl der Große (742–814), am Weihnachtstag 800 n. Chr. diese Würde aus der Hand des Papstes erhielt, an nachfolgende fränkische Anwärter verliehen worden. Aber nun war die Zeit der österreichischen Anwärter, der Erzherzöge von Habsburg, gekommen. Ihr Name leitet sich von ihrem Stammsitz ab, der 1028 an der Ahr erbauten Burg Habsburg.

Die spanische Verbindung

1516 fiel Karl V. durch seine Mutter das spanische Erbe zu. Somit waren König Carlos I. von Spanien und der Kaiser des Heiligen Römischen Reiches, Karl V. von Österreich, ein und derselbe. Die Vereinigung dieser zwei mächtigen königlichen Familien gründete die Dynastie der spanischen Habsburger (welche viel später wieder zerfiel und Mitte des 19. Jahrhunderts der österreichisch-ungarischen Dynastie, der Donaumonarchie, wich), ein Reich von riesigem Ausmaß und Reichtum. In Europa gehörten letztendlich Neapel, Sizilien, Mailand, Sardinien, die spanischen Niederlande und natürlich Spanien selbst zur spanischen Oberherrschaft, während in Übersee die unermeßlichen spanischen Besitztümer auf den Westindischen Inseln und in Amerika durch ihre Rohstoffe und ihr Gold die Schatzkammern des Reiches füllten.

Durch die enge Verflechtung von Spanien mit Österreich wurde auch das spanische Pferd in der zivilisierten Welt bekannt. Ausgehend von Neapel erfreute sich diese Rasse, welche sich sowohl für militärische Zwecke als auch für die Hohe Schule eignete, schnell großer Beliebtheit und gelangte schließlich bis zu den Herrscherhäusern in Dresden, Sachsen, Hannover und Braunschweig. Löhneysen, der Stallmeister des Herzogs von Braunschweig, schrieb 1588: *'Es ist noch über diß zu wissen / daß unter allen Pferden in der Welt / die Spanischen die allerklügsten / hertzhafftesten und großmüthigsten seyn …'* Ihre physische und psychische Eignung für die nun überall aufkommenden komplizierten Kampfmanöver war so groß, daß andere Länder diesem Beispiel folgten. Spanische Pferde wurden von König Frederick IV. von Dänemark (1562), König Heinrich VIII. von England (1491–1547) sowie von Ludwig XII. (1462–1516) importiert. Die Einfuhr spanischer Pferde hielt bis Mitte des 18. Jahrhunderts an, von dort an beeinflußte oder übertraf das Englische Vollblut alle anderen Rassen.

Der Ursprung des Lipizzaners

Das Ansehen der spanischen Pferde nahm einen weiteren Aufschwung, als 1580 eine große Schiffsladung reinrassiger Andalusier zur Gründung einer Zuchtbasis von Reit- und Kutschpferden in das kaiserliche österreichische Gestüt gebracht wurde. Vierundzwanzig spanische Stuten, drei Hengste und sechs Hengstfohlen kamen auf das Karstplateau nach Lipizza (heute Teil Jugoslawiens). Schon die Römer kannten die Vorteile dieser kargen und kalk-

---

[1] Drei Jahrhunderte lang, bis 1806, trugen Habsburger die deutsche Kaiserkrone.

48 | Reitkunst im Wandel

haltigen Landschaft für die Pferdezucht. Obwohl dort ein kälteres Klima als in ihrem Heimatland herrschte, gediehen die genügsamen iberischen Pferde auf den rauhen Hügeln dieser entfernten Ecke des Reiches, und eine erfolgreiche Zuchtphase begann.

Weiter im Norden wurde mit der Einführung spanischer Pferde 1572 in das kaiserliche Kladruber Gestüt (in der jetzigen Tschechischen Republik) der Kladruber, eine spezielle Kutschpferderasse, gezüchtet. Der Kaiser wollte für seine Kutschen nur pechschwarze oder schneeweiße Pferde.

Die Hofburg erhielt ihre Pferde, damals noch Schimmel, Rappen, Falben, Schecken und Tiger – die damaligen Modefarben –, jedoch aus Lipizza. Diese Vorläufer des Lipizzaners hatten elegante Bewegungen, eine edle Ausstrahlung und eigneten sich physisch und psychisch für die Touren der Hohen Schule. Mit Federn und juwelenverzierten Geschirren geschmückt repräsentierten diese Pferde die ganze Pracht des kaiserlichen Hofes. Auch der heutige Lipizzaner, oft noch etwas ramsnasig und von muskulösem Körperbau, weicht nur wenig von seinen Vorfahren ab. Der verstorbene Oberst Podhajsky behauptete immer, daß unter seinen Lipizzanern noch einige dieser alten Rasse seien, die eher dem spanischen Pferd des 16. Jahrhunderts als dem modernen Spanier ähnelten. Dieser frühe Typ ist heute noch in Teilen Andalusiens und Portugals zu finden.

Die Spanische Hofreitschule

Die Spanische Hofreitschule wurde erstmals 1572 mit dem Namen *Spanischer Reithstall* dokumentarisch erwähnt. Schon vor diesem Zeitpunkt wurden Pferde des kaiserlichen Wiens in einem offenen, von Ziergärten umsäumten Hof nahe der Hofburg geritten. Als sich die Reiterei dann zu einer hochkomplizierten Form der Kunst weiterentwickelte, entwarf man Pläne für eine geeignete Reithalle. Als Kaiser Leopold I. 1658 den österreichischen Thron bestieg, war bereits ein Holzgebäude errichtet worden.

Dies war eine schwierige Zeit für die Österreicher, die sich gegen türkische Eindringlinge, die ihre Hauptstadt wiederholt belagerten, zur Wehr setzen mußten. Der letzte Überfall fand 1683 unter der Regierung Leopolds statt. Trotz heftiger Angriffe auf seine Befestigungen konnte Wien gerettet werden. Zusammen mit seiner spanischen Frau, der Infantin Margareta Theresa,

Diese Stiche aus dem 18. Jahrhundert stammen aus dem seltenen Buch "Remarks on Cavalry" vom preußischen Generalmajor der Kavallerie. Sie zeigen (links) einen für diese Zeit typischen österreichischen Husaren und (rechts) einen bayerischen Husaren. Man beachte die angewinkelten Knie im Gegensatz zu der auf Seite 47 gezeigten starren Haltung früherer Zeiten.

Die akademische Reiterei: Österreich, Deutschland | 49

ließ Leopold, ein großer Kunstliebhaber, das Barockzeitalter in Wien wiederaufleben. Trotz der durch die Türken angerichteten Schäden wies Leopold 1685 seine Architekten an, *'die kaiserliche Reitschule so wiederaufzubauen, daß Seine Kaiserliche Majestät darin den ganzen Winter hindurch reiten kann …'.*

Anfang des 18. Jahrhunderts war Wien Symbol für Schönheit und Romantik. Diese Epoche prägte gleichermaßen Architektur, Musik und Kunst. Es gab Roßballetts nach italienischem Vorbild. Ein Zeitgenosse berichtet über ein derartiges Pferdeballett anläßlich der Hochzeitsfeierlichkeiten des Kaisers. *'Der Kaiser, festlich gekleidet, mit Krone und Zepter ausgestattet, ritt an der Spitze der Prozession auf einem dunkelbraunen spanischen Pferd ein. Die Trense seines Pferdes war mit goldenen Schnallen und Diamanten verziert, es trug einen blau-weißen Federbusch auf dem Kopf, und in die Satteldecke waren Perlen und wertvolle Steine eingearbeitet.'*

Karl VI. (1697–1745), der seinem Vater nach dessen Tod auf den Thron folgte, war, wie schon sein Vorfahre Karl V., ein begnadeter Reiter. Unter dem neuen Kaiser begann die unter Leopold begonnene und zwischenzeitlich zum Stillstand gekommene Arbeit in der kaiserlichen Reitbahn wiederaufzuleben und Früchte zu tragen.[2] Neben den Meisterwerken des Hochbarock, dem Schwarzenberg-Palais und dem Lustschloß Belvedere, wurde 1735 die Winterreitschule von dem brillanten Baumeister Josef Emanuel Fischer von Erlach fertiggestellt. Dieses wunderschöne neo-klassische Gebäude war ein Bauwerk seiner Zeit, es war jedoch auch mit der notwendigen Nüchternheit ausgestattet, um nicht von Pferd und Reiter abzulenken. Mit seinen vier Galerien und seinen imposanten korinthischen Säulen strahlte dieses palastartige Bauwerk sowohl Disziplin als auch Anmut aus. Heute erinnert die – lateinische – Inschrift oberhalb der Vorderbühne noch an ihren ursprünglichen Zweck: *'Diese kaiserliche Reitschule wurde im Jahr 1735 zum Unterricht und zur Übung der adeligen Jugend wie auch zur Ausbildung der Pferde zu Kunstritt und Krieg erbaut.'*

Es gibt viele hervorragende und sehr schön bebilderte Bücher über die Geschichte der Spanischen Hofreitschule. Wir wollen uns hier jedoch mehr mit der Reitkunst und den Vorfahren der Lipizzaner, den ursprünglichen spanischen Linienbegründern, befassen.

Das Barockpferd

Der heutige Lipizzaner ist das Produkt einer sorgfältigen Zuchtauslese, die über Jahrhunderte nach Kriterien des Bewegungsablaufs, eines geduldigen, willigen Temperaments und einer natürlichen Veranlagung stattgefunden hat. Das ursprüngliche iberische Blut blieb über viele Jahre unvermischt erhalten. Geschichtliche Ereignisse und Importe sorgten ab 1765 für eine

Kaiser Leopold I. von Österreich, unter dessen Herrschaft mit der Arbeit an der Winterreitschule begonnen wurde. Er war berühmt für seine Liebe zum Zeremoniell und verkörperte die elegante und extravagante Lebensart des Barock.

---

[2] Der Architekt war Lukas von Hildebrandt. Schloß Belvedere wurde für den schneidigen Kavalleriebefehlshaber Prinz Eugen von Savoyen gebaut.

lebenswichtige Blutauffrischung durch neapolitanische (siehe Kapitel 4) und arabische Pferde. Mit Ausnahme der Siglavy-Linie, die 1810 begründet wurde, waren die Stammväter der sechs Hauptlinien entweder reine Spanier oder Neapolitaner. Die Stammhengste, deren Namen heute als Vornamen verwendet werden, heißen – in der Reihenfolge ihrer Geburt – wie folgt: Pluto (1765), Conversano (1767), Favory (1779), Neapolitano (1790), Siglavy (1810) und Maestoso (1819). Obwohl heute alle Lipizzaner Schimmel sind, waren die Stammhengste Conversano ein Rappe, Favory ein Falbe und Neapolitano ein Brauner.

Bestimmte Unterschiede innerhalb der Zucht sind auch durch Klima und Umwelt in den Gestüten Lipizza und später auch Piber bedingt. Im Hinblick auf Körperbau und Temperament ist der heutige Lipizzaner seinem Vorfahren aus dem 16. Jahrhundert jedoch noch sehr ähnlich; aus diesem Grund wurde auch der Ausdruck *Spanische* Reitschule noch nach Ende der spanischen Verbindung beibehalten.

Was waren neben seiner Wendigkeit und seiner Eignung für den Kampf die Gründe für die Beliebtheit des Barockpferdes, des kaiserlichen Pferdes, des klassischen Pferdes, und wie konnte sich ein Pferd wie dieses ausgerechnet in Wien, dieser vielumkämpften mitteleuropäischen Stadt, bis heute behaupten? Zuerst müssen wir bedenken, daß das spanische und das Berberpferd zu diesem Zeitpunkt die einzigen verfügbaren reinrassigen Pferde waren. Die Einfuhr arabischer Pferde nach Europa war, bedingt durch die Türkenkriege[3], beinahe unmöglich. Die Entwicklung des englischen Vollblüters war bis Mitte des 18. Jahrhunderts noch nicht vollständig abgeschlossen, und es dauerte nochmals ca. zwanzig Jahre, bevor Vertreter dieser Rasse in großer Anzahl auf den Kontinent exportiert wurden.

Zum zweiten paßte das Barockpferd zur kaiserlichen Pracht dieser Epoche. Anthony Dent faßt dies folgendermaßen zusammen: *'Immer wieder wurde der Andalusier als Thron für Reiterportraits königlicher Modelle gemalt – so von Velazquez in Spanien, Van Dyck in England und den Clouets in Frankreich. Er war das einzige reinrassige europäische Pferd, kompakt, von großer Ausstrahlung, um 150 cm hoch, mit einer kräftigen, abgerundeten Kruppe und einem herrlich gebogenen Hals.'* (Siehe Bildtafeln 2 und 3).

Zum dritten waren die iberischen Pferde und ihre Nachkommen, die Lipizzaner, äußerst genügsam. An die kargen Weiden der Halbinsel gewöhnt, gediehen sie auf Böden, auf denen sonst nichts wuchs. Dies wird in einem zeitgenössischen Dokument gegen Ende des 16. Jahrhunderts an den Kaiser in Wien bestätigt: *'Sie sind die robustesten Pferde, die man finden kann; sie weiden dort, wo praktisch nur Fels und kaum Futter zu finden ist.'*

In der Tat schien das spanische Pferd für das Kaiserhaus der Habsburger maßgeschneidert. Der Glanz des österreichischen Kaiserreiches reichte bis Anfang des 20. Jahrhunderts und bot einen Schauplatz für das lebendige Kunstwerk, das diese Pferde darstellten.

Die frühe deutsche Schule
Historisch war die Entwicklung der preußischen oder deutschen Schule untrennbar mit der von Wien und Ungarn verbunden, da sie die meiste Zeit zur gleichen Kaiserkrone gehörten. Selbst der Dreißigjährige Krieg konnte die Kontinuität dieser beiden frühen Schulen nicht zerstören. Ihre Ideale von

---

[3] Oliver Cromwell lieferte 1655 ein gutes Beispiel dafür, wie schwierig es war, auch nur ein arabisches Pferd nach England zu bringen (siehe *The Royal Horse of Europe*).

Die akademische Reiterei: Österreich, Deutschland

Schönheit, Kunst, Ritterlichkeit und Glanz verhüteten den Verlust der frühen Grundlagen. Der erste bedeutende deutsche Reitmeister, Engelhart von Löhneysen, war zu früh geboren, um in Wien zu studieren. Als Stallmeister des Kurfürsten von Sachsen studierte er in Neapel und schätzte Pignatelli als großen Meister. Sein 1588 erschienenes Buch *Die neu eröffnete Hof-, Kriegs- und Reitschul* befaßte sich mit dem Reiten bei Hofe, dem Turnierreiten sowie der Korrektur schwieriger Pferde. Es enthielt eine detaillierte Zäumungslehre, die sich an die der Italiener anlehnte. Obwohl dies noch das Zeitalter war, in dem die Sprünge über der Erde oft mit barbarischen Mitteln erzielt wurden, ließ von Löhneysen mehr Milde walten als Grisone, dessen Gedanken er jedoch weitgehend übernahm. Hintergrund war der Tatbestand, daß die Deutschen, wie die Italiener, immer noch regionale Kaltblutrassen ritten. Als die Pferde jedoch leichter wurden, zuerst durch reinrassige Spanier, später durch Araber und englische Vollblüter, veränderte das auch die Reiterei vollständig. Schon in diesen Tagen war ein Aufleuchten der Aufklärung zu spüren. Von Löhneysen erinnert mit der folgenden Aussage an Sokrates: *'Es ist eine der Hauptregeln, daß die Reitkunst nie wider die Natur ausgeführt werden sollte, im Gegenteil, man sollte versuchen, die Natur nachzuahmen und ihr zu folgen, sie sogar wo immer möglich, noch verbessern.'*

Eine Bemerkung dieses Autors über den Sattel: *'Es ist nicht zu wiedersprechen / daß an guten wohlgemachten tieffen Sätteln viel gelegen ist ... Es soll aber ein Reuter sich nicht so viel / oder gar zu lang / an solch tieffe und eng-geschlossene Sättel gewöhnen; widrigenfalls er ausser dergleichen Sättel kein Pferd würde reiten können ...'* zeigt ein Abweichen von dem steifen Sitz, der von den alten fränkischen Rittern übernommen wurde. Diese hatten tiefe Sättel, auf denen die Reiter mit vorgestreckten Unterschenkeln ohne Beugung des Knies saßen.

Auf von Löhneysen folgte Johann Wallhausen, der im Dienst des Prinzen Moritz von Nassau des Hauses Oranien stand. Er schrieb 1616 *Die Kunst des Rittertums* und später eine Abhandlung mit dem Titel *Militärische Kunst*. Beide Bücher wurden im 16. Jahrhundert zu wichtigen Meilensteinen, als Deutschland vom Dreißigjährigen Krieg (1618–48) verwüstet wurde. Dieser hatte als Aufstand in Böhmen gegen Habsburg begonnen. Deutschland wurde zuerst von den Schweden überfallen, später von den Franzosen, die einen erbitterten Krieg gegen die spanischen Verbündeten des Kaisers führten. Die Schaffung eines wirklich vielseitigen deutschen Kavalleriepferdes wurde unumgänglich.

Eine künstlerische Einstellung

Mit der Einfuhr von immer mehr hoch im Blut stehenden Pferden begannen die deutschen Rassen aufzublühen. Die deutsche Übersetzung von Pluvinels *L'Instruction du Roy* 1628 leitete einen Wandel in der Reittechnik ein. Die deutsche Schule konnte sich jedoch erst 1699, nach Wiederherstellung des Friedens,

Pferde der königlich dänischen Reitbahn in Schloß Frederiksborg; die Gemälde entstanden ungefähr 1680. Zu dieser Zeit gab es an den europäischen Höfen einen ständigen Austausch von Schulpferden.

52 | Reitkunst im Wandel

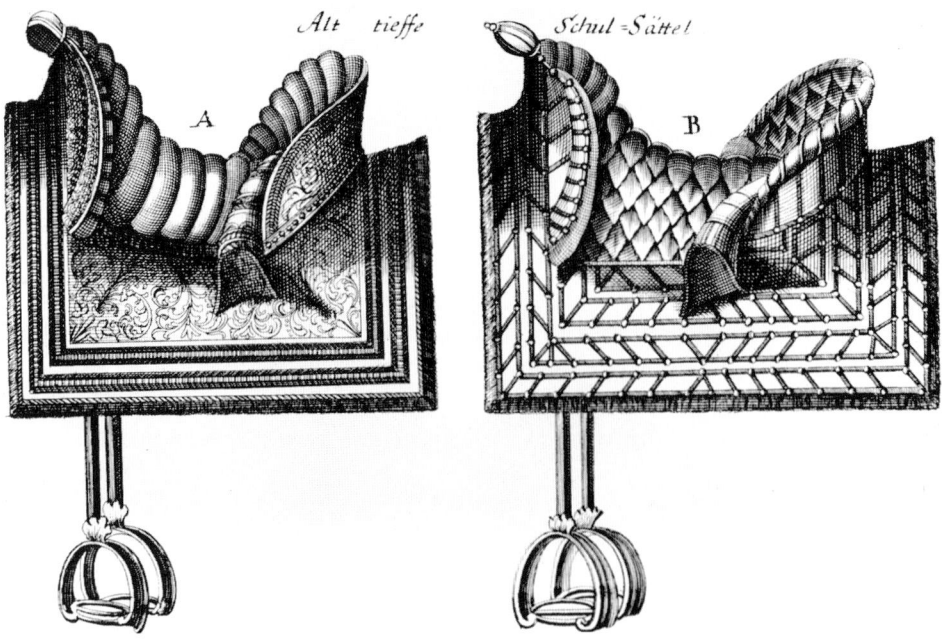

Schulsättel der deutschen Schule des 16. Jahrhunderts. Zu beachten sind die extrem tiefe Sitzfläche, wodurch der Reiter in eine sehr starre Haltung gezwängt wurde, und die nach vorne fallenden Steigbügel. Dies sollte sich später unter dem Einfluß de la Guérinières ändern.

voll entfalten.[4] Unter Karl VI. erlebten die Künste einen Aufschwung. Fünfzehn Jahre später wurde der Kurfürst von Hannover als Georg I. König von England. Somit wurde Hannover zum Mittelpunkt Deutschlands. André Monteilhet schrieb in seiner *Geschichte der akademischen Reiterei*: '*Wien und Hannover waren die zwei großen Säulen des reiterlichen Aufschwunges in Deutschland und sind dies, trotz Krieg und Revolutionen, bis zum heutigen Tag geblieben.*'

Die Ära des Barock stand Mitte des 18. Jahrhunderts in Deutschland dem Prunk des Klassizismus in Frankreich um nichts nach. Das preußische System hatte jedoch mehr etwas Grandioses an sich. Während die Franzosen hauptsächlich Leichtigkeit und das künstlerische Element in den Vordergrund stellten, legten die Preußen Wert auf Disziplin und Genauigkeit. 1729 brachte Valentin Trichter, erster Lehrer an der Universitätsreitschule von Göttingen, ein hervorragend illustriertes Buch mit dem Titel *Die höfische und militärische Reitschule* heraus. Hier lieferten die prachtvoll herausgeputzten Schulpferde den Beweis für die vollständige Verwandlung des herkömmlichen Militärpferds der gepanzerten Ritter.

1727 reiste Baron von Eisenberg, ein deutscher Stallmeister am Hof der Habsburger, nach England und veröffentlichte 1747 in London ein aufwendiges Buch mit dem Titel *Description du Manège Royal*. Eine Ausgabe dieses Buches war König Georg II. gewidmet. Eine vollständige Sammlung der Originalillustrationen dieses talentierten deutschen Reitmeisters ist immer noch im Besitz der Familie Herbert in Wilton House. In fünfundfünfzig hervorragenden Bildern wird die preußische Leidenschaft für die verschiedenen Figuren, die Sprünge und Touren, Kapriolen und Courbetten der kaiserlichen Hohen Schule veranschaulicht. Von Eisenberg, ein ehemaliger Schüler Regenthals von der Spanischen Hofreitschule, reiste viel in Europa umher und dokumentierte in seinen Büchern die verschiedenen Pferderassen, die ihm dabei begegneten.

---

[4] Mit dem Vertrag von Karlowitz

Tafel 1

Dieses Gemälde von Meytens mit dem Titel „Damenkarussell" – aufgeführt am 2. Januar 1743 – veranschaulicht auf lebendige Weise die klassischen Linien der Winterreitschule in Wien und die ganze Pracht des kaiserlichen Hofes. Im Vordergrund ist in der Mitte Kaiserin Maria Theresia zu erkennen, die die Reiterquadrille anführt, umgeben von Damen hohen Ranges. Man beachte ihre stolze Haltung und ihre kunstvolle goldverzierte Kleidung. Erzherzogin Marianne führt die erste Kutschenquadrille an, gefolgt von der Fürstin Lobkowitz. Über der Kaiserloge hängt bis heute das berühmte Portrait Kaiser Karls VI. (siehe Bildtafel 3). (Mit freundlicher Genehmigung des Kunsthistorischen Museums Wien)

Tafel 2

Die Portraits des englischen Künstlers George Hamilton (1672–1737) von spanischen Barockpferden werden oft als stilisiert angesehen. Dies ist jedoch nicht der Fall; diese uralten Blutpferde sind wahrheitsgetreu portraitiert. Zu sehen ist ihr tiefer, kompakter Körper mit den langen, feinen Gliedmaßen und dem stolzen, muskulösen Hals sowie dem aristokratischen Ausdruck – ein Gebäude, das sich für die stark versammelten Touren der kaiserlichen Reitbahn eignete (im Gegensatz zu jenen anderen Vollblütern, den schnellen, horizontal gebauten Wüstenarabern). Diese iberischen Vorfahren des edlen Lipizzaners waren im allgemeinen Rappen, Falben, Braune, Tiger und vor allem Schimmel. Unter der Schirmherrschaft Kaiser Karls VI. entstand eine ganze Sammlung von Pferdestudien. Die schönsten hängen in Schloß Schönbrunn und in der Winterreitschule. (Mit freundlicher Genehmigung der Spanischen Reitschule)

Johann Heinrich Ayrer (1732–1817) war ein weiterer Göttinger Reitmeister, der seine Ausbildung in Wien vervollständigte. Da er sich für die Physiologie und Anatomie interessierte, gründete er 1784 eine berühmte deutsche Veterinärschule. Ungefähr zu diesem Zeitpunkt begannen viele wichtige Reiterpersönlichkeiten sich vermehrt mit dem Bewegungsablauf des Pferdes[5] und mit der Auswirkung einer korrekten Ausbildung auf die Muskulatur zu beschäftigen. Diese Erkenntnis führte zu dem Ausdruck 'wissenschaftliche Reiterei' und erhielt durch das 1729 in Frankreich veröffentlichte Buch de la Guérinières, *Ecole de Cavalerie*, weiteren Rückhalt.

Der Einfluß de la Guérinières

Dieses wichtige Buch, in deutsch, italienisch, portugiesisch und spanisch übersetzt, wurde bald zum Inbegriff der Aufklärung, insbesondere in Wien und Hannover. Es eröffnete den Weg für die wahre klassische Schule, und seine Ideale und Lehren fesseln bis zum heutigen Tag die Kenner der Dressur.

In der zweiten Hälfte des 18. Jahrhunderts befand sich ein einflußreicher deutscher Reitmeister im Dienst des Kurfürsten von Köln: Freiherr J. B. von Sind (1709–76), ein Schüler de la Guérinières in Frankreich und Regenthals in Wien. Er veröffentlichte, zuerst in Deutschland, später in Paris, *Art du Manège*. In seinem Werk finden sich viele fortschrittliche Gedanken, insbesondere in bezug auf die Arbeit mit den Pilaren und das Schulterherein. Er sagt in seinen Schriften jedoch auch, daß manche Pferde, sobald sie eine besonders schwere Übung beherrschten, nur für diese Figur ausgebildet werden sollten. *'Pferde, die nur für öffentliche Auftritte vorgesehen sind, sollten nur in der Passage und der Courbette ausgebildet werden, damit sie sie nicht mit anderen Figuren durcheinanderbringen.'* Wie sehr unterscheidet sich doch dieser Gedanke von dem heutigen Ideal einer vielseitigen Ausbildung!

Der wahrscheinlich letzte große deutsche Barockmeister seiner Zeit war Ludwig Hünersdorf, der manchmal auch als der erste deutsche Klassizist bezeichnet wurde. Zuerst Stallmeister des Hauses von Hessen, trat er später in den Dienst des württembergischen Königs, der ihn in den Ritterstand erhob. Die Militärreiterei in Deutschland war wieder einem enormen Wandel unterworfen, als die Preußen, verbündet mit Frankreich, im österreichischen Erbfolgekrieg (1740–48) um die Macht gegen die mit Großbritannien verbündeten Österreicher kämpften. Überzeugt vom Sinn der klassischen Figuren, wie Piaffe und Levade, konnte Hünersdorf die auf de la Guérinières Prinzipien beruhende Kunst der Dressurreiterei auf die Ausbildung der Kavalleriepferde anwenden. In seiner 1791 erschienenen *Anleitung zu der natürlichsten und leichtesten Art, Pferde abzurichten* beschreibt er den heutigen, auf Gleichgewicht basierenden Sitz, die Selbsthaltung des Pferdes sowie das Leichtwerden der Vorhand.

Maria Theresia

Währenddessen überwand in Österreich Maria Theresia (1717–80) nach einem kräftezehrenden Krieg[6] die politische Opposition und wurde schließlich in Wien als Erzherzogin von Österreich und Königin von Ungarn und Böhmen anerkannt. Die Verbindung mit Spanien war nach dem Tod ihres

---

[5] Zu den zeitgenössischen englischen Büchern, die sich mit Veterinärmedizin, Anatomie und Bewegungsablauf beschäftigen, gehören William Gibsons *A New Treatise on Diseases of Horses*, 1751, George Stubbs *The Anatomy of the Horse*, 1766, Strickland Freemans *Mechanism of the Horse's Foot*, 1796.
[6] Auf den österreichischen Erbfolgekrieg folgte der Siebenjährige Krieg (1756–63).

Ritterspiele forderten von Reiter und Pferd genausoviel Kontrolle und Präzision wie der Nahkampf.

Vaters, Kaisers Karls VI., zwar verlorengegangen, dennoch war das Ansehen Österreichs gestiegen. Unter dieser von den Wienern geliebten starken Persönlichkeit entwickelten sich die Künste zu üppiger Prachtentfaltung. Unter Maria Theresia war jeder Aspekt des höfischen Lebens von Zeremoniell und Prunk geprägt. Was Architektur und Kunst anbelangte, erlebte Österreich seinen Höhepunkt.

Die Pferdekarussells Maria Theresias – einer Kennerin der Reiterei – in der Winterreitschule wurden in ganz Europa berühmt. Das glanzvollste war wahrscheinlich das *Damenkarussell*, mit dem sie die Befreiung Prags von den Franzosen feierte. Es wurde für die hochwohlgeborenen Gattinnen der Prinzen und Edelleute ausgerichtet. Sie erhielten für ihre Teilnahme an den Reit- und Fahrquadrillen zur Erinnerung an dieses Ereignis kostbare Geschenke und Juwelen (siehe Bildtafel 1).

Bei anderen Galafestivitäten wurden komplizierte Reiterspiele veranstaltet. Dazu gehörte auch das Herunterstoßen hölzerner „Mohrenköpfe" von einem Pfahl, zum Gedenken an den Sieg über die Türken. Ferner gab es Lanzenquadrillen und Vorführungen der Hohen Schule; die kunstvolleren klassischen Touren „brachten Pferd und Reiter dem Himmel näher".[7] Nach Maria Theresia wurden die klassischen Touren in Wien weitergepflegt, allmählich jedoch, bedingt durch militärische Einflüsse, wurde der Reittechnik gegenüber der reinen Schönheit der Vorrang eingeräumt.

[7] Ein Gedanke, der von Pluvinel in seinem Werk *Manège Royal* ausgesprochen wurde.

Nachbarocke und militärische Einflüsse

Bis 1804, als der Titel des Heiligen Römischen Kaisers endgültig erlosch und Franz I. statt dessen den Erbtitel des Kaisers von Österreich annahm, hatte es an der Spanischen Hofreitschule eine Reihe von Bereitern gegeben, die tief in der Tradition der klassischen Reitkunst verwurzelt waren. Der bei weitem einflußreichste war Oberbereiter Johann von Regenthal; er starb 1730.

Eine weitere bedeutende Persönlichkeit war Adam von Weyrother, dem 1733 unter Karl VI. der Titel 'Ritter des Kaiserreiches' verliehen wurde.

Starken und bleibenden Einfluß übte sein Nachfahr Maximilian von Weyrother aus, der 1825 die Position des Oberbereiters einnahm, nachdem er zuvor in einer der angesehenen österreichischen Kavallerieschulen gedient hatte. Als Purist beschäftigte sich Weyrother mehr mit dem Unterricht und der Organisation der Reitschule als mit dem Bücherschreiben. Er hinterließ trotzdem eine sehr nützliche Abhandlung über Zäumungen. Nach seinem Tod wurden seine Notizen unter dem Titel *Bruchstücke aus den hinterlassenen Schriften* – auch heute in Wien noch hochgeschätzt – veröffentlicht.

Die Festsetzung bestimmter Richtlinien ist das wichtigste Vermächtnis, das uns von Weyrother hinterließ. Er betonte die Reinheit der Gänge und daß das junge Pferd vor der weiteren Ausbildung zuerst in allen drei Gangarten gefestigt sein müsse. Ein Beispiel hierfür war der Schritt, wobei das Pferd 'erhaben schreiten' und den Viertakt erhalten muß. Er darf nicht zu einer diagonalen oder Paßgangart werden. Weyrothers Notizen, zusammen mit den späteren Werken von Meixner und Holbeinsberg, bilden immer noch die Grundlage für die heutigen *Direktiven*, denen alle Reiter der Schule folgen müssen.

Von Weyrother war ein begeisterter Anhänger de la Guérinières. Seine Aufgabe in Wien war es, die Methoden, Prinzipien und Ideale des großen französischen Meisters zu festigen und den Verhältnissen in Wien anzupassen. Dies gelang ihm mit großem Erfolg, und er bewahrte somit das Gedankengut der Aufklärung für die kaiserliche Spanische Reitschule.

Die Entwicklung in Deutschland

Seinen größten Beitrag zur modernen Dressurreiterei leistete Deutschland gegen Ende des 18. Jahrhunderts. Das große Zeitalter des Barock mit all seinem Glanz war mit dem kometenhaften Aufstieg Napoleons vorbei. Die Feinheiten und Rituale der Schulreiterei – so bezeichnend für den Höhepunkt des Heiligen Römischen Reiches – verblaßten schnell. Überall kündigte sich ein Wandel an. Während sich England völlig abkehrte vom künstlerischen Aspekt der Reiterei, versuchten die deutschen Militärkommandeure sie zu modernisieren und zu verbessern. Dies resultierte in einer vielseitigen Reiterei, die ihren Pferden und ihren militärischen Bedürfnissen entsprach. Versammlung war immer noch wichtig, um dem Pferd Exaktheit beizubringen, zu Ende der Regierungszeit von Friedrich dem Großen von Preußen (1712–1786) lag der Schwerpunkt jedoch auf der Campagnereiterei[8], die sich durch drei Merkmale auszeichnete:

Schnelligkeit: Angriffe im Galopp

Gehorsam: völlige Versammlung und Wendigkeit für den Kampf Mann gegen Mann

Sicherheit im Gelände: die Fähigkeit, jede Art von Gelände und jedes Hindernis zu überwinden.

Friedrichs bedeutendste Generäle, Ziethen und Friedrich von Seydlitz (1771–73), bildeten ihre Männer im Truppenverband im Gelände aus. Ein Großteil der leichten Kavallerie kam aus Polen. Sie mußte schnell, wendig, effektiv und sicher sein und immer als Teil des riesigen Militärapparates in Übereinstimmung mit Artillerie und Infanterie arbeiten.

Das deutsche Kavalleriepferd war inzwischen groß und elegant, mit kräftigen Knochen und klaren Beinen. Die Kaltblutpferde erhielten logistische oder landwirtschaftliche Aufgaben, und die kleineren Barockpferde, die

[8] Dies wird in den *Richtlinien für Reiten und Fahren, Band II*, genau definiert.

früher einen so großen Beitrag zur Zucht geleistet hatten, wichen dem rechteckigeren Format des modernen Vielseitigkeitspferdes. Der Ostpreuße (der heutige Trakehner) war das beliebteste Reit- oder Kavalleriepferd, da er nicht nur schnell und vielseitig war, sondern auch Mut und Härte im Kampf bewies[9]. Die Gestüte in Westfalen, Mecklenburg und Pommern züchteten kräftige, ausdauernde Artilleriepferde für Hannover. Die Zucht in Deutschland hatte durch die Einfuhr von arabischem und englischem Vollblut große Fortschritte gemacht. Die Tatsache, daß ein Hannoveraner König auf dem englischen Thron saß, hatte sicher diesen Wandel zu Ende des 18. Jahrhunderts beschleunigt.

Die österreichisch-ungarische Epoche

Überall in Österreich und Ungarn wandte sich die Kavallerie der *Campagnereiterei* zu. In den elitären Kavallerieschulen von Budapest, Salzburg, Wiener-Neustadt, Schloßhof und Wien standen Kavalleriepferde im Vollbluttyp. Die Dressur wurde praktischer und weniger künstlerisch, von den Pferden wurde jedoch immer noch erwartet, daß sie eine Pirouette 'auf dem Teller'[10] ausführen konnten. Das Barockpferd wurde in kleiner Anzahl in kaiserlichen Einrichtungen, wo die Elite der Kavallerie die Touren der Hohen Schule erlernte, beibehalten.

Durch den Lipizzaner wurde der Geist des Imperialismus aufrecht erhalten. Durch die Neuordnung Europas, in deren Gefolge Fürstentümer und Staatsgebiete ihre Eigenständigkeit verloren, kam der Spanischen Hofreitschule mehr und mehr die Funktion einer Brücke zu Österreichs glanzvoller Vergangenheit zu.

Während sich Europa auf den Krieg vorbereitete, ging Österreich eine Verbindung mit Napoleon durch dessen Heirat mit der Tochter des Kaisers ein. 1813 erklärte Österreich, zusammen mit Preußen, Frankreich den Krieg. Nach dem Sieg bei Leipzig wurde Napoleon nach Belgien zurückgeschlagen. Während dieser Zeit war Österreich immer noch mit Ungarn verbunden. Diese Verbindung festigte sich später in der Donaumonarchie von 1867–1918. Österreichs Vorherrschaft in Deutschland war jedoch für immer verloren. Diese Epoche traf mit dem Ende des Barock zusammen. Österreichs großes Kaiserreich begann zu zerbröckeln. Wie auch in Ungarn[11] ging jedoch die Liebe zu Pracht, Zeremoniell und Romantik, die man auch heute noch in Wien und Teilen Budapests spüren kann, kaum verloren. Als das letzte kaiserliche Pferdekarussell 1894 in der Winterreitschule nochmals den Glanz früherer Tage aufleben ließ, blieb niemand unberührt.

Die Arbeit an der Spanischen Hofreitschule wurde fortgesetzt. Vorzügliches leisteten zur Zeit der Donaumonarchie die Oberbereiter von Nadosy, Niedermayer und Meixner. Der vortreffliche Leiter Holbein von Holbeinsberg (1898–1901) schrieb zusammen mit Meixner seine *Direktiven*. Wie auch Weyrother beschrieb er exakt die durch die Reitkunst geregelten Gänge des Pferdes, wobei er größten Wert auf Reinheit und Takt legte. Durch die genaue Bestimmung von Durchlässigkeit, Schwung, Leichtigkeit und Harmonie legte er logische und verständliche Ausbildungsgrundsätze für die Zukunft fest.

---

[9] Siehe auch *The Flight of the East Prussian Horse* von Daphne Machin Goodall.
[10] Dies waren die Worte König Friedrichs II. von Preußen.
[11] In Ungarn werden, in Anerkennung ihrer kulturellen Bedeutung, heute immer noch Lipizzaner gezüchtet. Deckhengste sind in den alten Stallungen von Schloß Szilvasvarad untergebracht.

Eine weitere Persönlichkeit aus Wien, nicht von der Spanischen Hofreitschule, sondern aus dem militärischen Bereich, war Freiherr Borries von Oeynhausen (1812–75), der 1844 erster Reitlehrer an der kaiserlichen Kavallerieschule in Salzburg war. Sein *Gang des Pferdes und Sitz des Reiters* basierte auf seinen Beobachtungen in Wien und gilt heute noch als wichtiges Nachschlagewerk. Auch General Sigmund von Josipovich (1869–1945) entstammte dem Kaiserreich. Er war ein großartiger Reiter und Lehrer Waldemar Seunigs (siehe Kapitel 16). Er war Reitlehrer am Militär-Reitlehrer-Institut von Wien, später am Militärischen Reitinstitut in Budapest. Als vielgereister Mann, der wie Seunig in Amerika lehrte, erreichte er den Höhepunkt seiner Karriere in Orkeny, wo er beinahe 15 Jahre lang, bis zu seinem tragischen Tod während eines Bombenangriffs 1945 in Wien, tätig war.

Wie ihn gab es unzählige gebildete und distinguierte Offiziere tschechischer, polnischer, rumänischer und ungarischer Abstammung, deren Können in jeder Sparte der Reiterei zu diesem Zeitpunkt einzigartig in der Welt war. Das Militär-Reitlehrer-Institut in Schloßhof war die letzte bedeutende Kavallerieschule des Kaiserreiches und bot, bis zum Ende der glorreichen österreichischen Kavallerie mit dem Anschluß 1938, die glänzende Ausgangsbasis für alle Disziplinen. Die Wiener Kavallerieschule, das Reitlehrer-Institut, das getrennt von der Spanischen Hofreitschule existierte, war 1919 geschlossen worden.

Drei große Persönlichkeiten
In der Zwischenzeit übten in Deutschland Ludwig Seeger (1794–1865), Seidler (1798–1865) und Gustav Steinbrecht (1808–85) den größten Einfluß auf Mitteleuropa aus. 1817 wurde in Berlin eine Einrichtung gegründet, welche *'Die Ausbildung von Pferd und Reiter nach einheitlichen Richtlinien'* lehren sollte. Anfänglich war sie in der Militärschule in Schwedt zu Hause; ab 1867 gehörte sie zur Kavallerieschule in Hannover und verlieh dem Kavallerieunterricht überall im Reich Kraft und Solidarität.

Seeger, dessen Motto es war *'Vergeßt nie, daß die Fortbewegung (das Vorwärts) die Seele der Reitkunst ist und der Impuls dazu von der Hinterhand des Pferdes ausgeht'*, war in Wien ein glühender Verehrer Weyrothers gewesen. In seinem 1844 erschienenen Buch *System der Reitkunst* deutete er an, daß die natürliche Schiefe des Pferdes auf seine im Vergleich zu den Hüften schmäleren Schultern zurückzuführen sei. Später stimmte Oberst Podhajsky dieser Theorie zu. Seeger – der Lehrer Steinbrechts – war ein hervorragender Reiter, verzettelte sich jedoch zu sehr in Schmähschriften gegen Baucher, der der französischen Schule entstammte. Er prägte auch den Ausspruch, der heute noch in Wien, jedoch nicht in Saumur zu hören ist, Baucher sei *'der Totengräber der französischen Reiterei'*.

Seidler wiederum war ein glühender Anhänger Bauchers, obwohl er einige der Zirkusfiguren, wie das Rückwärtsgaloppieren, ablehnte. Es gelang ihm jedoch, die besseren Methoden Bauchers auf die Ausbildung des Kavalleriepferdes zu übertragen. Als Leiter der Militärschule von Schwedt schrieb er die folgenden Bücher: *Die Dressur diffiziler Pferde* (1846) und *Leitfaden zur gymnastischen Bearbeitung des Campagne- und Gebrauchspferdes* (1837).

Als Bester der „drei S" gilt Steinbrecht. Sein Werk *Das Gymnasium des Pferdes* ist zum Standardwerk des klassischen Reiters in Deutschland geworden. Es gibt wenig, was im Gegensatz zu Wien steht, und aus seinen Zitaten wird deutlich, daß er geradeheraus und praktisch veranlagt war und außerdem viel Wert auf Schwung legte.

'Reite dein Pferd vorwärts und richte es gerade ...' Dies ist die erste Anweisung zu Beginn seines Buches, ein Satz, den Oberst Podhajsky zum Leitmotiv der Spanischen Reitschule machte. Danach folgte er Xenophons Theorie der Belohnung und Bestrafung, wobei die Belohnung oftmals aus dem Einstellen der Hilfe besteht.

'Je nach Stärke der Einwirkungen unterscheiden wir feinere und stärkere Hilfen, steigern sich diese bis zur Erzeugung von Schmerz, so hören sie auf, Hilfen zu sein und werden zu Strafen.' Wie traurig wäre Steinbrecht wohl über den heute so häufigen ständigen Einsatz der Sporen. Für ihn wäre dies ungerechtfertigt und unklassisch; der Sporn sollte nur als kurzer Stich zur akkuraten Ausführung einer bestimmten Bewegung und niemals ständig eingesetzt werden.

'Die Biegung des Genicks, nämlich seine Durchlässigkeit, kann jedoch wiederum nur durch den von der Hinterhand erzeugten und durch den ganzen Pferdekörper hindurchflutenden Schwung erzielt werden. Beides, Hergabe des Genicks und Biegsammachen der Hinterhand, geht also Hand in Hand ...' Dies, wie auch der folgende Satz über den Contregalopp, unterstreicht sein Verständnis für Bewegungsablauf und Zusammenspiel der Muskeln: *'... daß wir hierein ein höchst nachdrückliches Mittel besitzen, das Pferd in sich zusammenzuschieben.'* So ist es auch nicht weiter erstaunlich, daß Steinbrecht, bevor er Reitlehrer wurde, Student der Veterinärmedizin war. Um dem Pferd die Piaffe beizubringen[12], riet Steinbrecht, immer wieder aus dem Halten anzutraben, wobei die Trabtritte zwischen dem Halten so lange verringert werden, bis das Pferd zu piaffieren beginnt.

Oft wird vergessen, daß sich Steinbrecht, wie auch Baucher und Fillis, mit der Zirkusreiterei beschäftigte. Eine Zeitlang hatte er seine eigene Schule in Dessau und verkaufte von dort viele Pferde für die Hohe Schule an den großen russischen Zirkus.

Wie Baucher, bewunderte auch er das englische Vollblut und hielt es für durchaus geeignet für die fortgeschrittenen Lektionen. Wenn der englische Züchter, als einer der besten in Europa, seine Reiterei und Ausbildungsmethoden auf den gleichen Standard bringen könnte, wäre er unschlagbar, meinte er. Der gleichen Meinung war auch der deutsche Züchter Baron G. Biel: *'Die Reitkunst ist eine überaus wichtige und wertvolle Verbündete des Züchters. Ich würde mich sehr glücklich schätzen, wenn ich Pferde für eine Institution züchten könnte, die den Richtlinien der Spanischen Hofreitschule folgt. Niemand würde dann zu behaupten wagen, das edle englische Pferd sei nicht für die Reitkunst geeignet.'*[13]

Für Steinbrecht durfte Leichtigkeit niemals zu Lasten von Geradheit oder Schwung gehen. *'Der Bereiter hat seine Aufgabe erfüllt und sein Pferd vollkommen ausgebildet, wenn er die beiden in der Hinterhand ruhenden Kräfte, die Schieb- und Tragkraft, letztere in Verbindung mit der Federkraft, zur höchsten Entfaltung gebracht hat und in ihren Wirkungen wie ihrem Verhältnis zueinander beliebig und genau abzuwägen vermag.'* Diese idealistische Einstellung bildet seitdem die Grundlage für die deutsche Dressurreiterei.

Zum Abschluß

Steinbrecht und Holbeinsberg begleiten die Reiterei in Deutschland und Österreich ins 20. Jahrhundert. Die Bedeutung der traditionellen deutschen

---

[12] Dies wird auch von Nuno Oliveira, einem portugiesischen Reitmeister des 20. Jahrhunderts, empfohlen.
[13] Auszug aus *Das edle Pferd*, 1830 in Dresden erschienen.

Schule wird oft von der französischen überschattet, und viele sehen nur noch das moderne Deutschland, seine Brillanz in allen drei Sparten bei den Olympischen Spielen. Es war sicherlich der französische Einfluß, der die Reitmeister in ganz Europa und damit von Wien und Preußen zu ihren literarischen Beiträgen inspirierte. Es wäre jedoch falsch anzunehmen, daß die Prinzipien von Leichtigkeit und Versammlung sowie die Bedeutung der Biegung und der Geschmeidigkeit nicht von allen Experten dieser Zeit, ob germanisch oder romanisch, anerkannt wurden.

Obschon heute manche die Ideale der klassischen Schule dem schnellen Erfolg im Viereck opfern, gibt es glücklicherweise auch noch andere, die weiterhin den großen klassischen Meistern folgen. Die Deutschen sind traditionsgemäß große Anwender und außerdem Perfektionisten. Ihre enge geschichtliche Verbindung mit Wien hat genügend engagierte Anhänger hinterlassen, die sich weiterhin mit dem klassischen Erbe der Vergangenheit beschäftigen.

Kapitel 6
Das ruhmreiche Frankreich und die Schule von Versailles

Der Geist des französischen Klassizismus, der seinen Höhepunkt am Hof von Versailles unter Ludwig XIV. erreichte, begründete die akademische Reiterei in diesem Land. Der italienischen Renaissance entstammend, basierte er auf genau festgelegten Ordnungsprinzipien, Symmetrie und überlieferten Schönheitsidealen. Während in Italien zwar die reiterlichen Ideale diesem Geist entsprachen, nicht jedoch die Methoden, wurde Frankreich in allem vom Klassizismus beherrscht, wie an der Kunst, Architektur, Bildhauerei, Musik, Landschaftsgärtnerei und der Reiterei abzulesen ist. Hier konnten die verschnörkelten Barockverzierungen niemals wirklich Wurzeln fassen. Statt dessen war die klassische französische Schule des 17. Jahrhunderts von einer Geradlinigkeit durchzogen, die man am besten als Kunst in ihrer reinsten Form beschreiben kann.

Das Zeitalter der Reitakademien
Unter Heinrich IV. (1533–1610) entstanden überall in Zentralfrankreich repräsentative Gebäude, so der Louvre, das Rathaus, das Palais Royal, der Pont Neuf und die Tuilerien. Seine Liebe zu den Pferden führte, verbunden mit seinem Interesse für Architektur, im ganzen Land zum Neubau von Reitakademien; die älteste ist in Toulouse. Ziel war eine regionale Förderung des Reitunterrichts, vom König unterstützt, dessen Stallmeister die Finanzen verwaltete. Somit wurde die edle Kunst an den Akademien der Provinz auch den Söhnen des Landadels zugänglich und war nicht mehr nur der Hocharistokratie vorbehalten.

Der Hof des Sonnenkönigs
Unter Ludwig XIV. (1638–1715) erlebte der französische Klassizismus seine glanzvollste Ära. Als Liebhaber edler Pferde erwarb Ludwig für seine Stallungen die kostbarsten Pferde, die er finden konnte. Bis 1682 hatte er den gesamten königlichen Hof von Paris nach Versailles verlegt, wo er ein Rekonstruktions- und Landschaftsarchitekturprogramm von einzigartigen Ausmaßen durchführte. Während Le Nôtre die herrlichen terrassenförmigen Gärten mit ihren Springbrunnen, Bronzeskulpturen und weiten Boulevards anlegte, schuf Mansart (1598 geboren) die Orangerie, das Trianon und den königlichen Marstall. Dieser prächtige Doppelbau teilte sich in die *Petite Ecurie* für die Wagen-, Kutsch-, Post- und Jagdpferde und die *Grande Ecurie* für die Schul- und Paradepferde, wo auch die Pagenschule untergebracht war. Unter der Aufsicht des *Premier-Ecuyer,* der über 100 *écuyers* unter sich hatte, standen dem französischen Hof für jeden Zweck die besten Pferderassen zur Verfügung. Für die königliche Manège wurden spanische und italienische Pferde, für die Kutschen deutsches und österreichisches Warmblut und für den Sport im Wald die leichteren englischen und französischen Reitpferde bevorzugt. Die *crème de la crème* der Schulpferde erhielt als erste Auszeichnung eine silberne und als höchste Ehrung eine goldene Trense.

Frankreich und Versailles | 61

Um den Zeitgeist von Versailles, das einen Markstein in der Geschichte der Reiterei bildete, zu verstehen, wollen wir uns in jene Tage zurückversetzen. Sein Pferd erwartete man in einem großen, reich geschmückten Hof. Das Zischen der Eisen in der Schmiede, das Klappern der Pferdehufe auf den Pflastersteinen, das Wiehern und Stampfen der Pferde und das Rufen der Pfleger erfüllten die Szene. Das Pferd mit einem speziell in Paris angefertigten hirschledernen Sattel und glänzenden silbernen Beschlägen wurde dem Reiter von einem Bediensteten in Livree übergeben. Noch etwas Staub von der Manschette entfernt und nun aufgesessen mit Hilfe einer Treppe. Nach dem sorgfältigen Ordnen der Reitkleidung bewegte sich die elegant gekleidete Gruppe in Richtung Reitbahn. Auf der sandigen Allee zwischen den Springbrunnen und den riesigen Versailler Bäumen konnte man seinen mit hoher Knieaktion ausgestatteten, golden glänzenden Hengst etwas mehr versammeln. Hier, vor einer Statue aus der griechischen Mythologie und unter den Blicken geringerer Sterblicher, setzte man das edle Roß zur lässigen Ausführung einer Piaffe oder Levade auf die Hinterhand, bevor man die stolzen Portale durchritt, um seinen Platz – nach Abnehmen des Hutes – in der königlichen Bahn einzunehmen.

Ludwig XIV., der Sonnenkönig, portraitiert in seiner Jugend von Simon Vouet (1590–1649) vor dem Schloß von Versailles. Dieses mit sehr viel Liebe zum Detail – man beachte das Gebiß, die Steigbügel und die Sporen – gemalte Portrait spiegelt den Geist des französischen Klassizismus wider.

Nun ist man eingestimmt, den strengen Regeln der morgendlichen Stunde zu folgen. Von frühester Kindheit an hat man gelernt, dies als den edelsten Zeitvertreib zu betrachten. Adel und Schönheit des Pferdes, die überwältigende Pracht der Gärten, die perfekte Anordnung der Statuen, die Strenge der Reithalle – dies alles erregt und inspiriert die Sinne, so daß man frohen Herzens den Anordnungen und Lehren des weisen *écuyers*, dem man zugeteilt wurde, Folge leistet. Können Sie es sehen …?

Die klassische Methode

Die Franzosen fanden großen Gefallen an der akademischen Reiterei. Das Verdienst der Italiener mit ihrem Sinn für die Antike und den Idealen der Griechen und Römer war es, den damaligen Prinzipien wieder Geltung zu verschaffen. Dazu bildeten spanische und österreichische Einflüsse des Heiligen Römischen Reiches eine eigenartige Symbiose, die zu einem Triumph der künstlerischen Kultur jener Epoche führte, was aber mitunter in einem übertriebenen Pomp und Prunk gipfelte. Die Franzosen entdeckten als Freunde der Vernunft, daß die Reiterei durch das Zugrundelegen einfacher Regeln gereinigt und verfeinert würde. Damit verhalfen sie der Reitakademie zu einem neuen Maß an Leichtigkeit und Freiheit und schufen die Grundlage für die Kunst.

Wie man in der Architektur sehen kann, überließen die Franzosen Schönheit und Harmonie nicht dem Zufall. Nichts konnte ohne Planung und Ordnung erreicht werden. So legte die französische Schule bestimmte Richtlinien fest, die jede Art von Gewalt ablehnten und die positive Seite der Ausbildung hervorhoben. Man glaubte, daß das Pferd durch Gleichgewicht, Leichtigkeit der Bewegungen und Freude zur Mitarbeit angeregt werden könne. Wahre Schönheit könne nur durch Harmonie, indem Reiter und Pferd zu einer Einheit verschmelzen, erreicht werden.

Die Franzosen waren bereit, für dieses Ziel hart zu arbeiten. In jenen Tagen lustbetonter Ausschweifungen bildete die harte und ehrliche Arbeit in der Reitbahn einen erfrischenden Gegensatz. Abgesehen vom Fechten und Jagen gab es in jenen Tagen kaum Gelegenheit für körperliche Betätigung. Die Reiterei war eine Herausforderung, bot sie doch die Möglichkeit physischer und psychischer Betätigung, die von den Franzosen mit Begeisterung angenommen wurde.

Literatur

Verglichen mit den vorerwähnten Ländern besitzt Frankreich bei weitem die umfassendste Reitliteratur. Und doch beklagt ein französischer Schriftsteller des 20. Jahrhunderts, daß dieses goldene Zeitalter nicht mehr Bücher hervorgebracht hat. Michel Henriquet schreibt in *L'Equitation*: *'Es ist einem kultivierten und neugierigen Mann zu verdanken, daß uns beinahe alle Reitbuchautoren bekannt sind. J. Huzard (1755–1838), Tierarzt und Bücherfreund, widmete sein Leben dem Aufspüren aller handschriftlichen oder gedruckten Bücher über die Reiterei. Es steht fest, daß er alles über dieses Thema besaß, was vor 1837 veröffentlicht wurde. Der Katalog seiner Sammlung (1842) ist eine unersetzliche Quelle.*[1]

Man nimmt an, daß während dieser glanzvollsten Periode der Reiterei Kenntnisse vor allem durch praktische Erfahrungen gewonnen wurden. Für ernsthafte Schüler der Reitkunst gab es im damaligen Europa die Möglichkeit, zu einem Meister oder an eine der großen Akademien zu gehen und dort in ein paar Jahren das Schulreiten zu erlernen. Nur die wirklich großen *écuyers* trugen sich mit dem Gedanken, ein Buch zu schreiben. Diese Werke mit ihrer Vielzahl von Stichen, in denen jede Ausbildungsphase des Pferdes gezeigt wurde, waren außerordentlich teuer und wurden normalerweise über Subskriptionen finanziert.

Dies war für die Reiterei zweifellos von unschätzbarem Wert, wurde doch die Irreführung späterer Generationen durch mittelmäßige oder gar unwissenschaftliche Druckerzeugnisse vermieden. So sagt auch Henriquet: *'Paradoxerweise fallen heute eine Fülle von Veröffentlichungen mit einer weltweiten Armut in der Reiterei zusammen.'*

Daher werden wir uns nun auf diejenigen französischen Autoren und Lehrer konzentrieren, die die klassische Reiterei am meisten beeinflußt haben. Zunächst beschäftigen wir uns mit den Jahren zwischen 1590 und 1790, als der Erbadel und die Erbtitel in Frankreich abgeschafft wurden. Auch wenn dieses Kapitel der Geschichte überschattet wird von der finanziellen Ausbeutung des einfachen Volkes, so profitieren wir heute von der Hinterlassenschaft jener bourbonischen Herrscher in Form von Gemälden, Skulpturen, Gebäuden, herrlichen Gärten und Parks. Aus der Verschwendungssucht ist etwas Bleibendes für die Allgemeinheit geworden. Die Gedanken, Philosophien und Regeln auf dem Gebiet der Reiterei haben unzähligen Pferden

---
[1] *L'Equitation* von Michel Henriquet und Alain Prevost, Editions du Seuil, Paris 1972

zu einem besseren Leben und den Reitern unter uns zu einem wahren und wertvollen Ziel verholfen.

Der große Meister: Salomon de la Broue

Der Titel 'Vater der französischen Reiterei' wird stets Antoine Pluvinel (1555–1620) zuerkannt, das erste wichtige französische Buch über die Reiterei, *Le Cavalerice François*, wurde jedoch 1593 von Salomon de la Broue (1530–1610) veröffentlicht. Es brachte einen frischen Wind in die Bahnreiterei, wich es doch erheblich von der Härte der italienischen Schule ab, die de la Broue ursprünglich unter Pignatelli studiert hatte.

De la Broues Ziel war es, die Mühelosigkeit und Leichtigkeit in der Schulreiterei zu erhalten. Er schrieb: *'Die Leichtigkeit im Maul geht der Leichtigkeit des ganzen Pferdes voraus ...'* und beklagte *'... die Mittel, die in Ermangelung von Können eingesetzt werden'.* – Damit verwies er auf die bereits erwähnten barbarischen Methoden.

De la Broue war der erste seiner Generation, der erkannte, daß das junge Pferd nicht aus Sturheit und Launenhaftigkeit Fehler macht, sondern aus einer wirklichen Angst heraus und in Ermangelung der richtigen Vorbereitung. Er betonte die Notwendigkeit der Mäßigung und Güte. Das hervorragende Merkmal seines Werkes war seine progressive Vorgehensweise bei der Ausbildung.

Diese gliedert sich in drei Abschnitte, bevor das Pferd voll aufgezäumt gearbeitet wurde. Im ersten Abschnitt wurde nur ein Kappzaum verwendet; im zweiten wurde der Gebrauch der Trense (mit oder ohne Schlaufzügel) empfohlen; im dritten wurde die Kandarenstange mit der Trense, jedoch ohne die Kinnkette, erlaubt. Erst wenn das Pferd in allen drei Stadien das Gebiß zufrieden akzeptierte, konnte es *'normal mit einer Kinnkette aufgezäumt werden'.* Dann würde es sich, so de la Broue, *'schön, frei und ohne Schwierigkeiten zu bereiten bewegen'.*

De la Broue führte ferner das Nachgeben im Genick und Unterkiefer ein, damit das Pferd dem Reiter geschmeidig gehorchen konnte. Dies war nur mit einer guten Hand zu erreichen, der wichtigsten Voraussetzung für einen wirklich guten Reiter. Der folgende Halbsatz könnte aus unserer Zeit stammen: *'Diejenigen, die im richtigen Moment annehmen und nachgeben und die mit den Beinen erzeugte Energie genau kontrollieren können ...'*

Wie die österreichische und preußische Schule war er gegen den zu starken Gebrauch der Sporen. *'Die Reiter sollten bedenken, daß große, scharfe Sporen nicht zur Ausbildung junger Tiere geeignet sind. Sie können ein Pferd in Angst versetzen und es mißtrauisch, furchtsam und demzufolge noch nervöser machen, während heißblütige oder cholerische Pferde leicht zur Verzweiflung anstatt zur Folgsamkeit gebracht werden könnten.'*

War ein Pferd in der Bahn triebig oder leistete es gar Widerstand, so empfahl de la Broue das Reiten im Gelände ohne Sporen; er

Antoine Pluvinel wird allgemein als Vater der französischen Reiterei bezeichnet. Er erforschte den Gebrauch der Pilaren und ist hier rechts im Bild zu sehen, wie er den 26jährigen Ludwig XIII., im Vordergrund mit einer Gerte in der Hand, unterrichtet.

betonte, wie wichtig es sei, daß das Pferd zu jeder Zeit zufrieden und ausgeglichen sei. Es ist vielleicht interessant zu hören, daß die britische Spitzendressurreiterin Jennie Loriston-Clarke ihre Grand-Prix-Pferde oftmals ins Gelände und in den Wald reitet[2], während andere internationale Reiter der Auffassung sind, daß sich das Reiten des Dressurpferdes nur in der Bahn abspielen sollte. Vielleicht sollten sich letztere einmal genauer mit de la Broue beschäftigen.

[2] Jennie Loriston-Clarke (Auszug aus einem Interview mit der Autorin, 1988)

Eigentlich hätte de la Broue eine illustre Karriere bestimmt sein müssen, die er als Page des Grafen von Aubijoux begann. Nach fünfjähriger Lehrzeit in Italien kehrte er als *écuyer* des Herzogs von Epernon nach Frankreich zurück. Wie bei so vielen großen Reitmeistern seiner Zeit war seine Existenz jedoch oftmals gefährdet, da sie zu sehr von der Großzügigkeit seines königlichen Gönners und einer ausreichenden Anzahl begüterter Schüler abhing. Betrüblicherweise beendete er seine Tage zuerst im Gefängnis (wegen eines Verbrechens, von dem er nichts wußte) und schließlich in völliger Armut.

Pluvinel

Antoine Pluvinel erging es besser. Aus einer Quelle wissen wir[3], daß er sechs Jahre bei Pignatelli in Italien studierte und ritt, bevor ihn M. de Sourdis, der königliche *écuyer* Karls IX., nach Frankreich zurückbrachte. Er trat sofort in den Dienst des Herzogs von Anjou, der später seinem Bruder als König Heinrich IV. auf den Thron folgte. Unter seinem königlichen Meister wurde er Kammerherr und Lehrer des jungen Dauphin, der später als Ludwig XIII. herrschen sollte.

[3] Michel Henriquet

Pluvinels bedeutendes, nach seinem Tode erschienenes Buch *L'Instruction du roy en l'exercise de monter a cheval* wurde 1625 in Paris mit großem Beifall aufgenommen. Die Stiche stammen von dem flämischen Künstler Crispian de Pas. Die bekanntesten zeigen Pluvinel zu Fuß, wie er dem jungen Ludwig auf seinem herrlichen spanischen Pferd Unterricht erteilt. Eine frühere, jedoch unvollständige Ausgabe des gleichen Werkes erschien 1623 unter dem Titel *Manège Royale*, dies war jedoch das Ergebnis einiger Mißverständnisse zwischen dem Künstler und Pluvinels großem Freund Menou de Chernizay. Menou hatte die Aufgabe, die Schriften zu veröffentlichen, de Pas war ihm jedoch zuvorgekommen. Leider sind die früheren Stiche des unvollständigen Buches den späteren überlegen. Es ist auch unklar, ob das zweite Buch nicht teilweise von Menou überarbeitet wurde.

Pluvinels Buch ist ein Dialog zwischen ihm und seinem königlichen Schüler. Sein Werk legt den Grundstein für eine sanfte Ausbildung und weckt das Verständnis für die Natur des Pferdes. Insbesondere weist er auf das hervorragende Gedächtnis des Pferdes hin, welches durch schlechte Erfahrungen für immer verdorben werden kann. *'Hüten wir uns sehr, das junge Pferd zu verdrießen und seine Anmut zu ersticken. Denn diese gleicht dem Blütenduft, welcher, einmal verflogen, niemals wiederkehrt.'*

Wie de la Broue war auch Pluvinel ein Verfechter der humanen Methoden. Er bemühte sich, den Gebrauch der oft knebelnden Kandaren – die damals überall in Europa verwendet wurden – zu verbessern. Trotzdem hielt er die Kandare für wichtig, *'denn das Pferd kann schneller lernen, das Gebiß und die Kinnkette zu akzeptieren und wird somit leichter'.*

Er wird auch als der Erfinder der Pilaren betrachtet, die er gern zu Hilfe nahm, um Temperament und Bewegung des Pferdes ohne das Reitergewicht beurteilen zu können. *'Dies fällt mir an einer Stelle, wo das Pferd eingegrenzt ist,*

Am Hofe Ludwigs XIV. erlangten die prunkvollen Reiterkarussells, die in Italien ihren Ursprung hatten, große Popularität. Dieser Stich von Chauveau (1670) zeigt den König in einem römischen Kostüm, einem 'Korsett aus silbernem, mit Gold verziertem Brokat'.

viel leichter, denn man hat dann den Vorteil, all seine Bewegungen viel besser sehen zu können, als wenn es einen Reiter trüge ...'

Pluvinel war davon überzeugt, daß die Einseitigkeit oder Schiefe des Pferdes auf die Position (normalerweise links) zurückzuführen war, die es als Fohlen in der Gebärmutter einnahm. Um dem entgegenzuwirken, empfahl er ebenfalls die Arbeit an den Pilaren, um nicht nur das Genick, sondern auch die Hinterhand geschmeidig zu machen – ein Faktor, der von der italienischen Schule im allgemeinen übersehen wurde. *'Das Pferd lernt mit diesen Mitteln zu schreiten, zu traben, zu galoppieren, auf einem Hufschlag und vorwärts und rückwärts zu gehen. Durch den Kappzaum bestraft[4] es sich selbst mehr, als es der Reiter tun würde, sollte es vom Hufschlag abweichen.'* Mit der Pilarenarbeit werden drei wichtige Dinge erreicht: '... *zum ersten nehmen sie [die Pferde] einem nicht die Hand, zum zweiten sind sie niemals unruhig, und zum dritten werden sie kaum stur oder eigenwillig oder widerspenstig und weichen weder nach rechts noch nach links aus, einer der häufigsten Fehler bei rohen Pferden.'*

Obwohl der Sattel zu Pluvinels Zeit schon eine wesentliche Verbesserung seit den Tagen der Ritterturniere erfahren hatte, tendierte er dennoch dazu, den Reiter zwischen einem sehr hohen Vorderzwiesel und einem (etwas weniger) hohen Hinterzwiesel einzuzwängen. Dadurch wurde das Bein zu gerade, obwohl Pluvinel empfahl, den Bauch nach vorne und die Hüfte vorzuschieben, womit er sich in Einklang mit Guérinière und anderen klassischen Meistern befand. Ferner sollte das Pferd den Rücken rund machen *'... dies verleiht sowohl dem Pferd als auch dem Reiter Anmut und führt dazu, daß das Pferd mit der Hinterhand unter den Bauch tritt.'*

Innerhalb von fünfundsechzig Jahren erlebte Pluvinel vier französische Monarchen, von denen er dreien diente. Ihre Wertschätzung brachte ihm viele Stiftungen und Lehen, die es ihm erlaubten, seine Reiterei in dem einem großen Meister angemessenen Stil zu praktizieren.

1593 eröffnete er seine eigene Akademie in der Rue de Faubourg Saint-Honoré in Paris, wo neben der Reiterei auch Kunst und Literatur gelehrt wurde. Er unterrichtete wahrscheinlich auch an einer der Akademien in der Provinz. Davon gab es in Frankreich zwanzig, die Besucher aus England,

[4] Der Gedanke, das Pferd für sein Tun verantwortlich zu machen, entspricht in etwa den Ausbildungsmethoden des heutigen amerikanischen Pferdetrainers Monty Roberts.

Deutschland, Österreich, Portugal, Italien und Spanien anzogen. Wir wissen, daß der junge zukünftige Herzog von Wellington später an der Akademie von Angers studierte, während Reiter aus dem Mittelmeerraum die Akademie in Marseille besuchten.

Die Schule von Versailles
Dieser Name steht für die gesamte Philosophie der höfischen Reiterei in Frankreich. Bis 1685 gab es in Paris und Versailles zehn Akademien, in denen professionelle Lehrer die Arbeit der Manège Royale durch ihr aufgeklärtes Gedankengut und ihre Hingabe verfeinerten.

Die Perfektion des *rassembler* (der Versammlung) kennzeichnete die Versailler Schule. Die konstante, langsame, kadenzierte Arbeit, wobei das Pferd leicht in der Hand und absolut gehorsam am Bein war, wurde (wie wir gesehen haben) auch von den Schulen in Deutschland und Österreich als die einzige Arbeitsmethode für ein fertig ausgebildetes Pferd übernommen. Pluvinels Beschreibung der Versammlung war einfach und klar. *'Diese Lektion, richtig ausgeführt, macht das Pferd leichter und erhebt es, setzt es auf die Hinterhand und schiebt es zusammen, verleiht seinem Rhythmus Sicherheit und läßt es die Hilfen der Hand und des Beines willig annehmen. Dadurch wird es die von ihm verlangten Übungen besser ausführen können, was die ganze Sache wesentlich erleichtert.'*

Weitere hervorstechende Persönlichkeiten
Bevor wir uns im nächsten Kapitel mit den Methoden des berühmtesten französischen Meisters, François Robichon de la Guérinière, befassen, sollten auch die nachstehend aufgeführten Meister dieser Ära nicht unerwähnt bleiben: Menou de Charnizay (1578–1651), Pierre de La Noue (Anfang des 17. Jahrhunderts), Delcampe (Ende des 17. Jahrhunderts), Jacques de Solleysel (1617–1680), Imbotti de Beaumount (Mitte des 17. Jahrhunderts), Gaspard de Saunier (1663–1748) und François Alexandre de Garsault (1692–1778). All diese *écuyers*, die entweder ihre eigenen Akademien hatten oder einem königlichen Herrn dienten, hinterließen Bücher, die die revolutionäre Arbeit von de la Broue und Pluvinel wiedergeben, immer mit der Betonung auf Leichtigkeit und Feinheit.

Solleysels 1664 erschienenes Buch *Le Parfait Maréchal*[5] wurde besonders geschätzt, da es sein veterinärmedizinisches Wissen über Pferde darlegte. Allein am königlichen Hof von Versailles waren ihm 5000 Pferde unterstellt, und er schrieb begeistert über die verschiedenen Rassen und ihre Eignung für die Schulreiterei. Garsault, Leiter aller französischen Gestüte, veröffentlichte 1741 ein ähnliches Buch mit dem Titel *Le Nouveau Parfait Maréchal*. Wie Solleysel hegte auch er eine Vorliebe für das spanische Pferd.

Nun war die französische Bühne für den größten Meister der klassischen Epoche frei. Es war Neuerern wie de la Broue und Pluvinel zu verdanken, daß Zwang und Gewalt für immer abgeschafft wurden. Der Geist des Klassizismus bot den perfekten Hintergrund für das Aufblühen der Kunst. Kurzum, Guérinière war der richtige Mann zur richtigen Zeit. So groß war seine Bedeutung, daß wir ihm den Großteil des nächsten Kapitels widmen wollen.

---

[5] Dies wurde von Sir William Hope ins Englische übersetzt und erschien 1717 unter dem Titel *The Compleat Horseman*.

Kapitel 7
Die klassische Schule

Sieur de la Guérinière

Wollte man nur einem der Meister, über deren Werke in diesem Buch berichtet wird, das Attribut Größe zuerkennen, müßte François Robichon de la Guérinière (ca. 1688–1751) diese Auszeichnung zuteil werden. Dieser passionierte Reitkünstler inspirierte die Welt der klassischen Dressurreiterei; vor ihm haben sich die großen Schulen von Wien, Saumur und Hannover jahrhundertelang verbeugt. Sein wunderschön bebildertes, erstmals 1729 in Paris erschienenes Buch *Ecole de Cavalerie* gilt als maßgebend für die Dressurwelt[1]. Es ist eine elegant geschriebene, klar verständliche Sammlung der Methoden und Prinzipien aller französischen Meister bis zu diesem Zeitpunkt. Es wird auch heute noch häufig zitiert und ist für beinahe alle reiterlichen Fragen richtungsweisend. Vor der Jahrhundertwende waren zumindest teilweise Übersetzungen dieses Werkes und eines späteren Bandes, *Elements de Cavalerie* (1768), überall in Europa erhältlich.

Das Frontispiz von Guérinières „Ecole de Cavalerie" (1729–30). Dieses großartige Werk erschien 1736, 1751, 1756, 1766 und 1769 in verschiedenen Auflagen und wurde in weniger als einem Jahrhundert in beinahe jede europäische Sprache übersetzt. (Entnommen aus der Sammlung Paul Mellon, Upperville, Virginia)

Obwohl Guérinière die klassische Schule von Versailles personifizierte, war er dort nie zu Hause. In Essay als Sohn eines Rechtsgelehrten geboren, lernte er unter M. Geneval Monpoint Vendeuil. Seinen Lebensunterhalt mußte er durch Unterrichtserteilung bestreiten. 1715 beförderte ihn der Graf von Armagnac zum Stallmeister; er unterhielt seine eigene Akademie in der Rue de Vaugirand. Als sich sein Können herumsprach, wurde er zum *Ecuyer-Royal* ernannt; 1730 übertrug man ihm die Leitung der Reitbahn in den Tuilerien, was ihm noch zu Lebzeiten weltweite Anerkennung einbrachte.

Der eigentliche Wert seiner Schriften liegt darin, daß er in verständlicher Form das Positive der Vergangenheit wiedergab, während er alles Rohe und Künstliche kompromißlos verwarf. Zwei von ihm sehr geschätzte Autoren waren de la Broue und Newcastle, die er als wahre „Kenner" der Schulreiterei (siehe Kapitel 8) bezeichnete. Vieles übernahm er im Einklang mit dem Versailler Geist des Klassizismus von den Griechen, den Italienern und seinen französischen Vorgängern[2].

Guérinières Interpretation von Xenophons Theorie über Lob und Strafe ist eindeutig: *'Lobe soviel wie möglich, strafe sofort und nur soviel wie nötig: Das Strafmaß muß dem Temperament des Pferdes angeglichen sein. Eine leichte Ermahnung zum richtigen Zeitpunkt wird oft ausreichen, um den Gehorsam wiederherzustellen. Ein Pferd, das so behandelt wird, wird seine Aufgabe, anstatt Widerstand zu*

[1] Übersetzungen aus *Ecole de Cavalerie* (weitere Auszüge erschienen 1733, 1736, 1751, 1756, 1766 und 1769) entstammen drei verschiedenen Quellen: A. J. Fox, 1989–90 (Auszüge); G. Gibson, 1986 (Auszüge) und Captain William Frazers vollständiger Übersetzung des Teiles über die Reiterei, welche dem Viscount Wellesley gewidmet ist und 1801 in Kalkutta veröffentlicht wurde.
[2] Erstaunlicherweise bezieht er sich nur selten auf Pluvinel.

leisten und zu resignieren, willig, schwungvoll und mit Brillanz ausführen; außerdem bleibt es länger auf dem Zenit seiner Leistungsfähigkeit. Wenn ein Pferd ungehorsam ist, ist das im allgemeinen darauf zurückzuführen, daß es einfach nicht verstanden hat, was der Reiter will, oder es liegt ein körperlicher Mangel vor.' Guérinières Name wird heute vor allem mit der Übung des 'Schulterherein' und der 'halben Parade' verbunden. Vor ihm hatten viele Meister ruckartiges Anhalten und Anreiten praktiziert, was von ihm als viel zu roh verurteilt wurde. *'Dies trifft nicht für die halbe Parade zu. Sie verursacht keine Furcht wie vor dem Halten ... Sie schafft eine leichte Verbindung zum Pferdemaul; sie kann häufig, ohne Unterbrechung des Rhythmus, wiederholt werden, und da das Pferd durch diese Hilfe wieder ins Gleichgewicht und von der Vorhand gebracht wird, wird es veranlaßt, die Hinterhand unterzuschieben, womit wir genau das erreichen, was wir wollen.'* Später plädiert Guérinière dafür, daß auf eine korrekte halbe Parade ein kurzes Nachgeben der Reiterhand folgen muß.

Längsbiegung und Geschmeidigkeit sind ebenfalls von allergrößter Bedeutung. Er betonte, daß, was immer seine spätere Aufgabe sei *'... ein Pferd, welches nicht absolut durchlässig, losgelassen und elastisch ist, niemals dem Willen des Reiters mit Leichtigkeit und in Selbsthaltung folgen kann.'* Dies wurde mittels Volten und Seitengängen auf gerader Linie erreicht.

Schulterherein

Guérinière erkannte als erster an, daß es der „große Meister", der englische Duke of Newcastle, war, der das Schulterherein auf dem Zirkel erfunden und die Vorarbeit hierfür geleistet hatte. Hier bestand jedoch die Tendenz, daß zuviel Gewicht auf die Schultern des Pferdes verlagert wurde, darum entwickelte Guérinière daraus die heutige Übung am Hufschlag entlang und durch die Ecken. Dies sollte das ganze Pferd geschmeidig machen und indirekt auch der Schiefe entgegenwirken. *'Diese Übung bewirkt auch, daß das Pferd dem Schenkel weichen lernt, da es bei jeder Bewegung, mit den Vorder- und Hinterbeinen gleichermaßen, übertreten muß. Dadurch lernt es auf jeder Hand mit den Vorder- und Hinterbeinen überzutreten, was für die leichte Erlernung der Seitengänge notwendig ist.'*

Aus der obigen Beschreibung ersehen wir, daß Guérinières Schulterherein auf vier Hufschlägen ausgeführt wurde (wie auch bei Newcastle), obwohl der Winkel zwischen Pferd und Bande relativ spitz war.

Obgleich die Anzahl der Hufschläge von der FEI nicht definiert wird, ist heute ein Winkel von ungefähr 30 Grad in den Richtlinien festgelegt. Einem sehr geschmeidigen Pferd würde dies erlauben, Guérinières Schulterherein auf vier Hufschlägen auszuführen, wie es auch an der Spanischen Reitschule und in der portugiesischen Schule[3] praktiziert wird. Der Großteil der Dressurreiter interpretiert die modernen Regeln jedoch als Übung auf drei Hufschlägen.

Aufgrund dieser Differenzen argumentieren einige Theoretiker, daß der Originaltext von Guérinière nicht mit den hervorragenden Stichen von Charles Perrocel übereinstimmt. In seinem hochwissenschaftlichen Artikel *'The Shoulder-in Yesterday and Today'*[4] widerlegt der Autor Jean-Claude Racinet diese Behauptung und warnt vor der Sinnlosigkeit dieser Streitfrage, da so viel von Größe, Körperbau und natürlich der Längsbiegung des Pferdes abhängt. *'Es besteht die Wahrscheinlichkeit, daß das ursprüngliche Schulterherein*

---

[3] Obwohl Nuno Oliveira einen spitzeren Winkel von 45 Grad vorschreibt.
[4] Im Oktober 1986 in *Dressage*, C. T., USA erschienen.

Tafel 3

Dieses imposante Reiterportrait Kaiser Karls VI. von George Hamilton beherrscht den Innenraum der Winterreitschule. Auch heute noch gilt der Gruß eines jeden Reiters, der die Bahn betritt, dem Kaiser, als Reverenz an Österreichs große imperiale Vergangenheit und an jenen Mann, der für die Fertigstellung der Spanischen Hofreitschule 1735 verantwortlich war. (Mit freundlicher Genehmigung des Kunsthistorischen Museums Wien)

Tafel 4

Dieses kühne Reiterportrait, das die unglückliche französische Königin Marie Antoinette im Jagdkostüm zeigt, wurde 1783 von Louis-August Brun in Versailles gemalt. Die Königin hatte das Reiten im Herrensitz in der damaligen klassischen Weise erlernt und macht eine gute Figur auf ihrem feurigen Vollblüter von wahrscheinlich türkischer oder arabischer Abstammung. Interessanterweise trägt das Pferd den Zaum der kaiserlich-ungarischen Garde am österreichischen Hof. (Mit freundlicher Genehmigung des Musée de Versailles)

Die klassische Schule | 69

auf vier Hufschlägen stattfand ... Man sollte dieser Frage jedoch nicht zuviel Bedeutung beimessen, da die Anzahl der Hufschläge hauptsächlich vom Ausmaß des Rechtecks, welches durch die vier Beine des Pferdes gebildet wird, abhängt.'

Die wirkliche Bedeutung von Guérinières Schulterherein zeigt sich in einem gut ausbalancierten Pferd, das im Rücken geschmeidig ist und eine gute Hankenbiegung zeigt. Wie Guérinière ausführt, fördert diese Übung *'die Geschmeidigkeit des ganzen Pferdes und die Freiheit all seiner Bewegungen'.*

Man vergleiche Guérinières Beschreibung mit der der FEI über den Nutzen des Schulterhereins für das Pferd! Die FEI lehnt sich beinahe vollständig an Guérinière an.

Guérinière: *'... Das Schulterherein bereitet das Pferd auf die Hankenbiegung vor, da es bei jedem Tritt das innere Hinterbein unter seinen Körper und vor das äußere Hinterbein bringt, was nicht ohne Senkung der inneren Hüfte ausgeführt werden kann.'*

FEI: *'Das korrekt ausgeführte Schulterherein dient nicht nur der Geschmeidigkeit, sondern auch der Versammlung, da das Pferd bei jedem Tritt sein inneres Hinterbein unter seinen Körper und vor sein äußeres Hinterbein bringen muß, was nicht ohne Senkung der inneren Hüfte geschehen kann.'*

Auch definierte Guérinière klar die Rolle des äußeren Zügels, was von der deutschen und österreichischen Schule vertieft wurde und seiner Theorie, das Pferd mit dem inneren Schenkel an den äußeren Zügel zu reiten, Nachdruck verleiht.

'Epaule en dedans', oder Schulterherein, ein Bild von Charles Parrocel aus „Ecole de Cavalerie". Guérinière ist rechts im Bild zu sehen. Man beachte die Handhaltung des Reiters und den lockeren, nachgebenden inneren Zügel, eine wichtige Voraussetzung für die Längsbiegung in der traditionellen klassischen Schule.

Pesade, Piaffe und Passage

Lassen Sie uns nun die schwierigeren Lektionen, so wie Guérinière sie sah, näher betrachten. Seine Definitionen gelten in Wien heute noch: *'In der Pesade erhebt das Pferd die Vorhand. Die Hinterhand bleibt unbeweglich mit tief gesenkten Hanken ... das Pferd ist nun daran gewöhnt, sein ganzes Gewicht auf die Hinterhand zu übertragen, sich elegant zu erheben und seine Vorderbeine anmutig zu beugen. Aus dieser Übung werden alle weiteren Sprünge entwickelt.'* An späterer Stelle erinnert er den Leser daran, die Pesade nicht mit dem Steigen zu verwechseln: *'Es bestehen gewaltige Unterschiede; in der Pesade steht das Pferd in völligem Gehorsam am Zügel und beugt die Hanken.'*

Etwas praxisbezogener für die heutige Dressurreiterei sind seine Erklärungen der Passage und Piaffe, die in moderner Sprache in den „Richtlinien für Reiten und Fahren", Band 2, festgehalten sind. Der einzige Unterschied zu den heutigen Regeln besteht darin, daß Guérinière ein höheres Anheben der Vorderbeine verlangt.

Guérinière: *'Die Piaffe sollte als Passage auf der Stelle betrachtet werden, wobei das Pferd nicht vor- oder zurücktreten darf ... In der Piaffe sollte das Vorderfußwurzelgelenk des angehobenen Vorderbeines auf gleicher Höhe mit dem Ellbogen des gleichen Beines sein. Es sollte so gebeugt sein, daß die Vorderseite des Eisens auf Höhe des Vorderfußwurzelgelenkes des am Boden befindlichen Beines angehoben wird. Die Hinterbeine sollten nicht ganz so hoch angehoben werden, da das Pferd sonst keine Hankenbiegung hat. Die Vorderseite des in der Luft befindlichen Eisens wird auf die Höhe der Mitte der Hinterröhre des anderen Beines angehoben.'*

FN-Definition: *'Die Piaffe ist eine taktmäßige, erhabene Bewegung fast auf der Stelle. Die diagonalen Beinpaare fußen trabartig, jedoch ohne Schwebemoment, abwechselnd ab und wieder auf. Den größten Teil der Gesamtlast tragen die sich in den Hanken beugenden Hinterbeine, die Vorderbeine stützen nur leicht.*

In der Piaffe erhebt das Pferd den Vorarm des Vorderbeines etwa bis zur Waagerechten und setzt dann das Bein senkrecht nieder, während der diagonale Hinterhuf sich deutlich bis über die Höhe des Fesselgelenkes des stehenden Hinterbeines hebt.'

Sieht man von der Frage der Höhe sowie den Bemerkungen in den Richtlinien über Rücken und Hankenbiegung ab, worauf Guérinière in seinem Buch an anderer Stelle genau eingeht, so sind beide Definitionen beinahe identisch. Dies trifft auch für die Anforderungen der Passage (hier nicht aufgeführt) zu.

Heute, da weniger Wert auf diese langsamen, erhabenen Bewegungen gelegt wird, gibt es selbst auf Grand-Prix-Niveau wenig Pferde, die die Passage und Piaffe gemäß dem FEI-Standard ausführen können. Damals war dies Teil der Ausbildung des Reitpferdes.

Englische Pferde

Ein Merkmal der Schriften Guérinières ist sein großer Pferdeverstand. So führte er aus, daß nicht alle Arten und Rassen das gleiche Ausbildungsniveau erreichen können und unterschiedliche Pferde auch Unterschiedliches leisten. Er kannte offensichtlich die englischen Pferde und bewunderte ihre Fähigkeit, den ganzen Tag Jagden gehen zu können (siehe Kapitel 9). Er plädierte dafür, daß der Galopp des Jagdpferdes *'weniger erhaben und dafür raumgreifender'* sein sollte. Dabei erkannte er, daß ein Pferd in schnellem Tempo den Hals strecken und mehr Kopffreiheit haben muß, um seinen Rahmen zu erweitern und besser atmen zu können.

Kritik übte er an der mangelhaften Ausbildung der englischen Jagdpferde. Er schrieb, daß die damit verbundene Gymnastizierung ihre Vorderbeine geschont hätte. Es ist durchaus bekannt, daß die damaligen Jagdpferde nach zwei bis drei Jahren einen Niederbruch erlitten. Er erklärte, daß *'der Grund für diese Schwäche im ständigen Gebrauch der Trense liegt, die nur zu Beginn der Ausbildung verwendet werden sollte. Dieses Instrument dient weder der Gymnastizierung der Vorhand noch dem „appui" und kann das Pferd beim Galoppieren nicht richtig unterstützen. Das junge Jagdpferd sollte anfangs noch nicht in vollem Galopp geritten werden, da es sich sonst auf die Hand legt und sein Gleichgewicht verliert.'*

Für die englischsprachige Welt ist es ausgesprochen tragisch, daß keine moderne Übersetzung von Guérinières Werk erhältlich ist. Während man seine Definitionen verschiedener Lektionen, die ja auch in den FEI-Richtlinien festgehalten sind, im Gedächtnis behält, wird doch manches, wie das Prinzip der Leichtigkeit und der psychologische Aspekt bei der Ausbildung, heute übersehen.

Eine seiner klügsten Aussagen, die man den heutigen Verfassern von Dressuraufgaben nur empfehlen kann, lautet: *'Diejenigen Reiter, die Exaktheit und absolute Präzision erreichen möchten, zerstören den Mut eines tapferen Pferdes und*

Dieser Stich von J. E. Ridinger, der ein Pferd in der Croupade zeigt, veranschaulicht die ausgeprägt gerade und starre Beinhaltung des französischen Schulreiters, die sich unter dem Einfluß von Guérinière und Marialva veränderte.

Die klassische Schule | 71

seine natürliche Anmut.' Dies sollte uns zu denken geben, da es von einem Mann kommt, der von Schülern und Pferden gleichermaßen allerhöchste Disziplin forderte.

Descente de Main

Von Guérinière stammt das bereits erwähnte Gebot der *descente de main et des jambes* (ungefähr als „Nachgeben mit der Hand und dem Bein" übersetzt). Als Weiterführung der Konzeption des Lobens und Bestrafens glaubte Guérinière, daß man einem Pferd, sobald es ein Ausbildungsniveau erreicht hatte, auf dem es sich leicht versammeln ließ, weich im Maul und im Rücken losgelassen war sowie Hankenbiegung zeigte, wie General Detroyat[5] von Saumur es einmal ausdrückte, „Bewährung" angedeihen lassen könne. Sobald sich das Pferd auf diese angenehme Weise reiten ließ, ließen Schenkel- und Zügeldruck vollständig nach, während sich das Pferd weiterhin mit der gleichen Biegung und Versammlung, ohne Einbuße von Schwung, Rhythmus und Takt, weiterbewegte. Indem man während einer bestimmten Lektion für einen Moment oder – im Fall eines wirklich außergewöhnlichen Meisters – für einen längeren Zeitraum mit der Hand und dem Bein „losließ", dankte man dem Pferd und spornte es so zu noch größerer Leistung an.

Guérinières Beschreibung dieses Nachgebens ist relativ lang und kompliziert. Wir wollen uns daher auf bestimmte Zitate in *Ecole de Cavelerie* beschränken. Das erste Zitat ist die einzige adäquate Definition, die ich im Englischen gefunden habe, die die genaue Bedeutung der *descente de main* wiedergibt. Es stammt von Henry Wynmalen und steht in seinem 1953 erschienenen Buch *Dressage*. Im Interesse der Wissenschaft sollte dies in vollem Umfang von jedem verständigen Reiter gelesen werden. Nachstehend die wichtigsten Auszüge:

'*Das Einstellen der Zügelhilfen (La descente de main) …'*

Dies kann nur auf einem sehr gut ausgebildeten Pferd erfolgen, welches sich in jeder Gangart so sicher im Gleichgewicht befindet, daß es sich weiterhin unverändert in bester Haltung, zeitweise jeder ersichtlicher Kontrolle enthoben, bewegen kann.

Die descente de main … ist ein hervorragendes Mittel, um das Pferd zu beruhigen und seine Maultätigkeit anzuregen, sowie bei der Überwindung bestimmter Schwierigkeiten im Maul. Schon die kleinste Irritation im Maul kann dazu führen, daß das Pferd den Kiefer anspannt; das völlige Loslassen mit der Hand stellt für gewöhnlich die vollständige Harmonie wieder her; das Pferd wird sofort zufrieden nachgeben und auf dem Gebiß kauen. Das Wesentliche dabei ist, daß das Pferd weder seine Kopfhaltung noch sein Tempo auch nur im geringsten verändert.'

Der letzte Teil verdient besondere Beachtung, da das der Punkt ist, der von vielen, die nicht mit den Lehren Guérinières vertraut sind, oft mißverstanden wird. Er beinhaltet jedoch eines der wichtigsten Prinzipien der französischen Schule, das die Methoden von Versailles in bezug auf Sanftheit und Feingefühl auf eine höhere Ebene brachte. Wer zu differenzieren weiß, kann bei der fortgeschritteneren Reiterei einen deutlichen Unterschied zwischen einem konventionell ausgebildeten und einem brillant ausgebildeten Dressurpferd erkennen.

Beim ersteren wird Präzision durch die ständige Wechselwirkung aktiver Hilfen erreicht; das Pferd wird – je nach dem als williger oder unwilliger Partner – konstant zwischen Hand und Bein gehalten. Mit den letzteren sind die

---

[5] Ein hervorragender Dressurreiter (und später auch Richter), welcher 1914 die Leitung von Saumur als Nachfolger von Oberst Blacque-Belair übernahm.

72 | Reitkunst im Wandel

Pferde gemeint, die sich, völlig im Gleichgewicht und ohne Verlust an Exaktheit, dem Reiter hingeben und auf die kleinsten Gewichtshilfen reagieren.

Nach Definierung dieser wichtigsten Grundregel wenden wir uns nun wieder den Ausführungen Guérinières zu: *'Es ist darauf zu achten, daß das Nachgeben mit der Hand oder die descente nicht erfolgt, wenn das Pferd auf der Vorhand geht; beides muß nach einer halben Parade und dann erfolgen, wenn der Reiter fühlt, daß das Pferd mit der Hinterhand untertritt. Dann muß er vorsichtig mit dem Zügel nachgeben oder die descente de main ausführen. Die Schwierigkeit, hierfür den genauen Zeitpunkt zu finden, läßt diese Hilfe zu einer der feinsten und nützlichsten in der Reiterei werden; ... wenn die Anlehnung in dem Moment, in dem das Pferd untertritt, unterbrochen wird, muß es zwangsläufig leicht in der Hand werden, da es keine Stütze mehr für den Kopf hat.'*

Dieser Gedanke wurde zuerst von Xenophon, in etwas grundlegenderer Form, zum Ausdruck gebracht und war daher nicht neu. Es bedurfte jedoch eines Meisters wie Guérinière, um dies zu erklären und auf die komplizierten Lektionen der Versailler Schule zu übertragen.

Wie schon an anderer Stelle erwähnt ist die Lehre der *descente de main* (oder *de jambes*) heute nicht weit verbreitet (außer in Frankreich und Portugal). Daher findet dieses Thema auch keine Erwähnung in den FEI-Richtlinien.

Der klassische Sitz

Diese Weiterentwicklung wäre nicht möglich gewesen, hätte sich Guérinière nicht für einen ausbalancierteren Sitz im Sattel eingesetzt. Wie schon erwähnt, ließen die alten Sättel dem Reiter wenig Bewegungsfreiheit und machten feine Gewichtshilfen – so wichtig, um mit dem Pferd in allen Bewegungen im Gleichgewicht zu bleiben – unmöglich. So nahm Guérinière einige Verbesserungen an den Schulsätteln vor. Sie wurden vorne flacher, damit der Reiter näher am Schwerpunkt des Pferdes sitzen konnte, und verloren die dicken Pauschen, ein Überbleibsel aus den Tagen der Ritterturniere. Da er sich nunmehr im Gleichgewicht befand, konnte der Reiter, bei leicht angewinkeltem Knie, das Bein etwas weiter zurücknehmen. Dadurch, daß der Unterschenkel näher am Pferdekörper lag, wurden die Hilfen effektiver, und die monströsen Sporen aus Grisones Zeiten konnten entfallen.

Captain William Frazers 1801 erschienenes Buch *A Treatise of Horsemanship – translated from the original French of Monsieur de la Guérinière* enthält eine klare Definition des idealen Sitzes im Sattel. Diese Beschreibung wurde von den zeitgenössischen Autoren Claude Bourgelat, dem Engländer Richard Berenger[6] und teilweise von dem portugiesischen Marquis von Marialva übernommen. Für Guérinière war es wichtig, daß die Grundlagen des korrekten Sitzes für alle Reiter die gleichen sein sollten.

Der klassische Sitz des 18. Jahrhunderts. Man beachte die zurückgenommenen, abfallenden Schultern und das leichte Hohlkreuz. Hüfte und Bauch werden nach vorne-unten geschoben, wodurch ein enger Kontakt zum Sattel gewährleistet ist. Die Oberschenkel sind gestreckt, das Knie ist abgewinkelt und das ganze Bein locker. (Aus „Arte de Cavallaria", Sammlung der Autorin)

[6] Die Übersetzung Frazers erschien auch in Berengers 1771 veröffentlichtem Buch.

Die klassische Schule | 73

'Die Italiener, Spanier, Franzosen, kurz jedes Land, in dem die Reiterei Ansehen genießt, haben alle eine ihnen eigene Haltung; die Grundlagen hierfür sind, wenn ich so sagen darf, die gleichen ...

Der Körper des Menschen gliedert sich in drei Teile, zwei davon sind beweglich, der andere unbeweglich. Der erste der zwei beweglichen Teile ist der Rumpf bis zur Taille, der zweite ist der zwischen Knien und Füßen, so daß der unbewegliche Teil der zwischen der Taille und den Knien ist.

Die Teile, die unbeweglich sein sollten, sind der Spalt und die Oberschenkel des Reiters; da diese Teile absolut ruhig gehalten werden sollten, sollten sie einen bestimmten Halt und eine Stütze bieten, die durch keine Bewegung des Pferdes gestört wird.

Dieser Schwerpunkt ist die Grundlage für den Einfluß, den der Reiter auf sein Pferd hat, und wird als Sitz bezeichnet; wenn nun der Sitz nichts anderes als dieser Schwerpunkt ist, folgt zwangsläufig daraus, daß nicht nur Anmut, sondern auch Symmetrie und Harmonie der ganzen Haltung von jenen unbeweglichen Körperteilen abhängen.

Nun setze sich der Reiter auf dem Spalt genau in die Mitte des Sattels. Er möge diese Haltung, in der allein der Spalt das gesamte Körpergewicht zu tragen scheint, dadurch stützen, daß er sich etwas auf seine Gesäßknochen zurücklehnt. Dabei sind seine Oberschenkel aus der Hüfte heraus nach innen gedreht und liegen flach an der Seite des Sattels. Er möge weder Gewalt noch Kraft anwenden, um sich im Sattel zu halten, sondern vielmehr einfach auf Körpergewicht und Schenkel vertrauen.

Somit wird das exakte Gleichgewicht erreicht. Darauf beruht die Stabilität der gesamten Struktur, derer sich Anfänger noch nicht bewußt sind, die jedoch durch Übung erreicht werden kann. Ich verlange nur geringen Druck auf die Gesäßknochen, denn wenn man sich voll auf sie setzt, können die Schenkel nicht mehr flach am Sattel liegen. Sie müssen jedoch flach anliegen, denn bedingt durch den unsensiblen fleischigen Teil des Schenkels könnte der Reiter sonst die Bewegungen des Pferdes nicht erfühlen.

Der Reiter sollte die Brust vorstrecken; dadurch streckt sich der gesamte Oberkörper. Er sollte einen geringgradigen Hohlrücken machen und die Taille nach vorne in Richtung Vorderzwiesel des Sattels schieben, denn in dieser Haltung kann er mit allen Bewegungen des Pferdes mitgehen. Das Zurücknehmen der Schultern hat all dies zur Folge ...

Die Arme sollten an den Ellbogen angewinkelt sein, die Ellbogen sollten gleichmäßig an der Hüfte anliegen. Würden die Arme gerade gehalten, hätte dies zur Folge, daß die Hände entweder zu niedrig oder in einem zu großen Abstand zum Körper gehalten würden. Lägen die Ellbogen nicht ruhig an, würde dies zu einer unruhigen und unbeständigen Hand führen, wodurch sie für immer ruiniert werden könnte.'

Dieser Sitz wurde später auch von Baucher und den wichtigsten Anhängern der romanischen Schule angestrebt. Man kann ihn heute noch in Wien, Portugal, Spanien und bei bestimmten, jedoch längst nicht allen Dressurreitern in Frankreich und Deutschland sehen.

Guérinière warnte seine Schüler vor sich einschleichender Nachlässigkeit. Die folgende Passage über das Nachgeben und Loslassen hört sich wiederum sehr aktuell an:

'Anmut ist eine große Zierde des Reiters ...

Unter Anmut verstehe ich einen Hauch von Leichtigkeit und Freiheit. Dies muß sich in einer korrekten und geschmeidigen Haltung, sei es zur notwendigen Kontrolle des Pferdes oder auch während des Loslassens, unter Beibehaltung des exakten Gleichgewichts – in allen Gangarten des Pferdes –, welches durch einen festen Sitz im Sattel erreicht wird, ausdrücken. Ferner sollte jede Bewegung des Reiters geschmeidig sein, so daß sie zur Vervollkommnung seines Sitzes und seiner Hilfen beiträgt. Da dieser Gedanke vernachlässigt worden ist und der Reiter, welcher sich früher bemüht hatte, diesen schönen Sitz zu erlangen und beizubehalten, sich nun von einer gewissen Nonchalance leiten läßt ..., ist es nicht im geringsten erstaunlich, daß die Reiterei viel von ihrem Glanz eingebüßt hat.'

Hieraus ersehen wir, daß selbst zu Guérinières Zeiten die Reitkunst einer ständigen Bedrohung ausgesetzt war. Eine nachlässige Haltung, Mangel an Disziplin und das Streben nach schnellen Resultaten sind nicht allein dem 20. Jahrhundert vorbehalten. All dies hat schon seit Xenophons Zeiten um Perfektion bemühten Meistern Kummer bereitet.

Weitere große Meister

Die Anhänger und Kollegen von Guérinière in der Schule von Versailles sind zu zahlreich, um sie im einzelnen aufzuführen. Von einem der bekanntesten, M. de Nestier (gest. 1754), Stallmeister Ludwigs XV., weiß man, daß er ein wortkarger und strenger Lehrer war, der außer mit seinem Monarchen mit kaum jemandem redete, daher auch der Name *'Le Grand Silencieux'*. Eine zeitgenössische Beschreibung seiner Reitkunst, die er bei Jagden mit dem König in Versailles praktizierte, lautet wie folgt: *'Seine Schenkel und Beine formten einen Schraubstock, der keinen Ungehorsam des Pferdes zuließ; er ritt à la française, mied die englische Reitweise. Ich habe oft bewundert, wie er ohne Kraftanwendung, die Zügel auf dem Pferdehals, davongaloppierte; man hätte meinen können, Reiter und Pferd wären eins. Er ließ sein Pferd losgaloppieren, um es dann wiederum wie in der Bahn passagieren zu lassen.'*[7] Auch heute noch gibt es den Ausdruck 'ein wahrhafter Nestier' für einen wirklich guten Reiter. (Siehe Bildtafel 5)

Claude Bourgelat (1712–1760) leitete die Reitbahn in Lyon und veröffentlichte später zahlreiche veterinärmedizinische Bücher sowie seine berühmte Überarbeitung der Methoden des englischen Duke of Newcastle, die 1744 unter dem Titel *Le Nouveau Newcastle* erschien[8]. Es gelang Bourgelat, das Wesentliche ohne die langatmigen und oft selbstgefälligen Nebenbemerkungen wiederzugeben. Seiner Zeit voraus entwickelte er, lange vor dem Comte d'Aure, dem für gewöhnlich in Frankreich die Entwicklung des starken Trabs zugeschrieben wird, das Konzept der drei Trabtempi (siehe Kapitel 9). Seine Beschreibung des Sitzes übernimmt Bourgelat ohne Scheu wörtlich von Guérinière. Der Engländer Richard Berenger, Stallmeister König Georgs III., wurde deutlich von Bourgelats Betrachtungsweise Newcastles und Guérinières beeinflußt, da auch sein 1771 veröffentlichtes Buch viele dieser Beschreibungen enthält.

Auf Montfaucon de Rogles (1717–1760), 1751 *écuyer* des Dauphin und Autor eines Handbuchs, dessen darin enthaltene Richtlinien auch heute noch in Saumur Beachtung finden, folgte Dupaty de Clam (1744–1782), ein weiterer königlicher *écuyer* und Autor dreier bedeutender Bücher. In seinem letzten, *La Science et l'Art de l'Equitation*, beschreibt er die Technik der Reiterei. Andere einflußreiche Persönlichkeiten sind der Prinz von Lambesc, der letzte *Grand Ecuyer*, M. de Neuilly, Lubersac, der Marquis de la Bigne und schließlich der Vicomte d'Abzac, der im Alter von neunzehn Jahren königlicher *écuyer* wurde.

Ironischerweise wurde die Reiterei genau zu dem Zeitpunkt in eine andere

---

[7] Aus den Memoiren des Comte de Chevernay, zitiert in einem Artikel von Lily Powell, *Equi*, Jan./Feb. 1984
[8] Berenger fertigte 1754 eine englische Übersetzung von Bourgelats Buch mit dem Titel *A New System of Horsemanship from the French of Monsieur Bourgelat* an, bevor er sein eigenes Buch zu diesem Thema veröffentlichte.

Die klassische Schule | 75

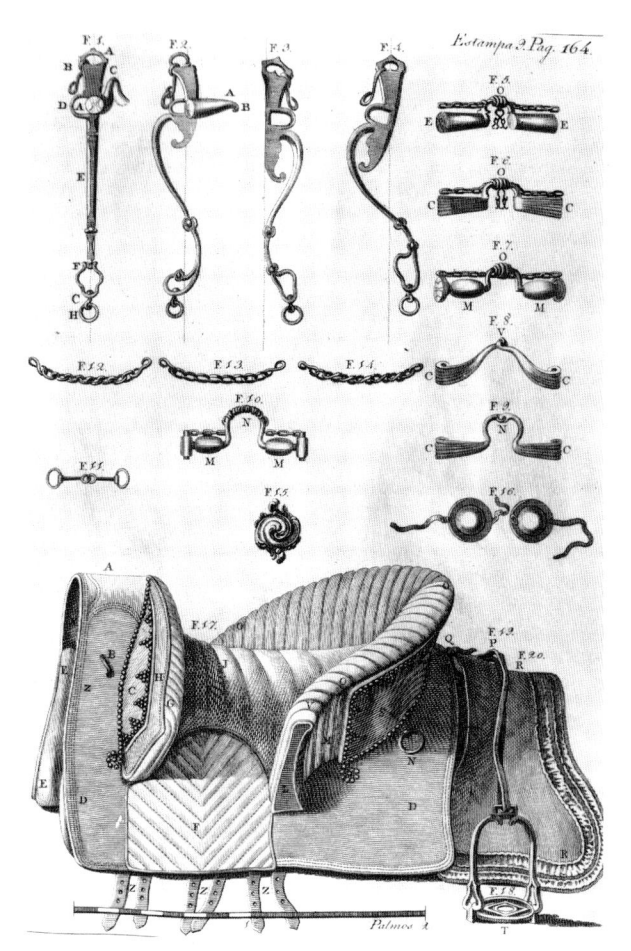

Ein portugiesischer Schulsattel aus dem 18. Jahrhundert, der dem von Guérinière ähnelt. Die breite, relativ flache Sitzfläche erlaubte dem Reiter einen tiefen Sitz, der das ganze Gesäß in Kontakt zum Sattel und das Reitergewicht so nahe wie möglich an den Schwerpunkt des Pferdes brachte. Solche Sättel werden auch heute noch in Portugal verwendet. Sättel, die in Saumur und in Wien für feierliche Anlässe benutzt werden, sind ähnlich gebaut, haben jedoch über die Jahre die schützenden Pauschen des Kampfsattels verloren. (Aus „Arte de Cavallaria", Sammlung der Autorin)

Richtung gedrängt, als Frankreich seine talentiertesten Reitmeister hervorbrachte, die alle die Ideale von Güte und Leichtigkeit vertraten und erfolgreich eine hochversammelte Reitweise anstrebten, die sich so sehr von den Zwangsmethoden früherer Zeiten abhob.

Erstens gab es die von den Franzosen als *Anglomanie* bezeichnete Bedrohung (siehe Kapitel 9), die Versuchung, alle alten Prinzipien wegzuwerfen und aufs Geratewohl durchs Gelände zu galoppieren. Zum zweiten gab es die Herausforderung von seiten des Militärs, die in Deutschland ihren Ursprung nahm und schnell auf alle europäischen Armeen übergriff. Selbst in Frankreich kam der Punkt, wo man die Schulreiterei nicht länger als eine nützliche Angelegenheit, sondern eher als unpraktische Extravaganz betrachtete. Diese Auffassung teilten bis zu einem gewissen Grad selbst die *chevauxlegers*, adlige Kavallerieoffiziere wie der Comte d'Auvergne und 1750 Drummond de Melfort[9], die mit der Schulreiterei vertraut waren.

Selbst Guérinière war gezwungen, seine Liebe zur Hohen Schule zu verteidigen. Er bestand darauf, daß sie immer noch die beste Methode sei, ein Pferd für den Krieg vorzubereiten, anstatt zuzugeben, daß die Kunst um ihrer selbst willen erhalten werden sollte. Wie wir aus Grisones Zeiten wissen, ergab die Ausbildung in der Hohen Schule von Pferd und Reiter für den Nahkampf und den Kampf mit Feuerwaffen kurzer Schußweite einen praktischen Sinn. Bis Mitte des 18. Jahrhunderts hatte sich die Rolle der Kavallerie mit der Einführung von Gewehren mit langer Schußweite jedoch drastisch gewandelt. Anstelle kleiner, oftmals halb privater Armeen, die von adligen Offizieren angeführt wurden, kamen die Rekruten der Großmächte – für einen systematischen Aufbau der Miliz – vor den Napoleonischen Kriegen aus allen Schichten. Die eleganten Methoden Guérinières waren daher für die bevorstehenden Militäraktionen wenig hilfreich.

Es ist in der Tat beinahe ein Wunder, daß die klassische Reitkunst nicht für immer in einem von Bonapartes proletarischen Revolutionären zerrissenen Europa unterging. Der Fall der Bastille 1789 und die darauf folgenden Ereignisse haben sicherlich zu einem Umschwung in der Geschichte der französischen Reiterei geführt. Glücklicherweise haben die Lehren der aufgelösten Schule von Versailles[10] eine feste und beständige Heimat in der Spanischen Reitschule in Wien gefunden. Sie sind auch die Basis der schulmäßigen Reiterei in Portugal und in Teilen Spaniens.

---

[9] Ein Offizier schottisch-jakobitischer Abstammung, welcher 1776 schrieb, daß es für ein Turnierpferd ausreichend sei, vorwärts und rückwärts zu gehen, anzuhalten, zu wenden, zu traben und zu galoppieren.
[10] Die Schule von Versailles wurde teilweise 1814 unter Ludwig XVIII. wiederaufgebaut, verlor jedoch durch die Anlehnung an das Militärische ihre Verbindung zur Vergangenheit und wurde 1830 aufgelöst. Vicomte d'Abzac war der letzte Leiter.

Der Marquis von Marialva

Während Guérinière in der französischen, österreichischen und größtenteils auch in der preußischen, dänischen und schwedischen Schule einen bleibenden Eindruck hinterließ, hatte ein anderer großer Meister des 18. Jahrhunderts auf die lateinisch sprechenden Nationen Portugal und Spanien einen ähnlichen Einfluß, der sich bis nach Mexiko und Südamerika durchsetzte.

Von manchen als „Guérinière der Iberischen Halbinsel" bezeichnet, wurde Dom Pedro de Alcantara e Meneses, 4. Marquis von Marialva, 1713 in der Nähe von Lissabon geboren und trat unter der Gönnerschaft des Herzogs von Cadaval, Stallmeister unter König Jóao V. (1706–1750), als *écuyer* in den portugiesischen königlichen Hofstaat ein.

König Jóao, der 1748 das bedeutende Alter Real-Gestüt auf der Grundlage spanischer Pferde aufbaute, welche von der Familie Bragança importiert worden waren, wurde 1770 von seinem Sohn Dom José I abgelöst. Beide Monarchen waren begeisterte Reiter, und da Portugal nun von Spanien losgelöst war, benötigte man eine starke Kavallerie zur Verteidigung.

Terra à terra nach rechts (siehe Glossar). Der Marquis von Marialva demonstriert die extreme Biegung der Hinterhand des Pferdes, die, obwohl nur schwer vorstellbar, für den Schwung, den diese wichtige Kampffigur erfordert, notwendig ist. (Aus „Arte de Cavallaria", Sammlung der Autorin)

Durch eine jahrhundertealte Tradition in der Ausbildung von Pferden für den Krieg erlebte die Lusitanozucht im 18. und 19. Jahrhundert eine neue Blütezeit. Auf Veranlassung des Königs sollte die selektive Zucht, basierend auf Leistung und Mut in der Bahn und in der Arena, vor allen anderen Arten des Reitsports Vorrang haben. Als ersten Schritt in diese Richtung ernannte König José Marialva zum königlichen Stallmeister.

Die Kunst von Marialva

Wie auch Guérinière entwickelte Marialva eine Methode, in der das Positive der Vergangenheit vereint war, die jedoch jegliche Härte und alles, was für die Psyche des Pferdes sowie seinen Bewegungsablauf schädlich und unnatürlich war, ausschloß. Über die Anfänge seiner Ausbildung ist wenig bekannt, zur damaligen Zeit bestanden jedoch durch Heiraten und diplomatische Kanäle enge Verbindungen zwischen der Aristokratie Portugals und Österreichs. Es ist möglich, daß Marialva Wien besucht und an der Spanischen Hofreitschule gelernt hatte.

Im Gegensatz zu Guérinière hatte er das Glück, aus einer reichen Familie zu stammen. Auch hatte er gleich zu Beginn seiner Tätigkeit am königlichen Hof Zugang zu den Pferden des königlichen Gestüts; vor allem aber stand ihm genügend Zeit zur Verfügung. Wie in portugiesischen Archiven festgehalten ist, saß er noch bis zu seinem sechsundsiebzigsten Lebensjahr bis zu zehn Stunden am Tag im Sattel, wobei er oftmals auch schwierigste Hengste erfolgreich ritt, bei denen jüngere Männer versagt hatten.

Marialva setzte sich die Leichtigkeit der Bewegung zum Ziel, wobei das Pferd rund und mit geschmeidiger Hinterhand gehen sollte, was er mittels eines abgestuften Trainingssystems – seine Schüler immer wieder ermahnend, mit kleinen Fortschritten zufrieden zu sein – erreichen wollte. Zeitgenössische Bilder zeigen eine beinahe übertrieben untertretende Hinterhand, was jedoch den iberischen Pferderassen keine Schwierigkeit bereitete.

Marialva legte feste Regeln für den Stierkampf zu Pferde fest, die heute noch Geltung haben. Diese bezogen sich nicht nur auf die Ausbildungsmethoden und den korrekten Angriff und Rückzug, sondern hoben auch den ritterlichen Aspekt hervor, indem dem Stier eine faire Chance eingeräumt werden mußte. Seine Verfeinerung dieser Kunst ist heute noch als „die Kunst von Marialva" bekannt, für die Portugiesen gleichbedeutend mit der Hohen Schule.

Im Gegensatz zu heute kämpften die *cavaleiros* im 18. Jahrhundert mit einem Stier, dessen Hörner nicht gepolstert waren. Wurde ein Pferd vom Stier berührt, wurde dies als große Schande empfunden. Unfälle gab es jedoch trotzdem, und so wurde Marialvas Sohn, Graf dos Arcos, 1762 in der kleinen, ehemals römischen Stadt Salvaterra de Magos in der Provinz Ribatejo getötet. Dort befindet sich eine der ältesten heute noch benutzten Stierkampfarenen Portugals.

Luz da Liberal e Nobre Arte

Marialvas bleibender Beitrag zur modernen klassischen Reiterei findet sich in einem berühmten Buch, in dem seine Methoden von seinem eigenen *écuyer* Manuel Carlos Andrade dargestellt werden. Dieses beeindruckende Werk, 1790 in Lissabon mit dem Titel *Luz da Liberal e Nobre Arte de Cavallaria* erschienen, ist in 10 Bände aufgeteilt und beschäftigt sich mit allen Aspekten der Pferdekunde. Von besonderem Interesse ist der Teil, der den Sinnen, der Anatomie und den Muskelfunktionen des Pferdes sowie der Wirkung, die der Sitz des Reiters auf das Rückgrat hat, gewidmet ist. Es wird erklärt, wie man durch komplizierte Übungen die Bahn am sinnvollsten nutzt; ferner legt Marialva viel Wert auf Etikette beim Eintritt in dieses „Heiligtum".

In dem sieben Bände umfassenden Teil über die Reiterei werden alle Figuren, von der Pirouette bis zur Ballotade, Kapriole und Courbette, erklärt. Auf herrlichen Kupferstichen sind Reiter und Pferd in jeder Haltung sowie bei der Handarbeit zwischen den Pilaren abgebildet. Insgesamt gibt es dreiundneunzig hauptsächlich ganzseitige (dem heutigen A4-Format entsprechend) oder herausklappbare doppelseitige Stiche, die ganze Abteilungen von Pferden bei der Arbeit zeigen.

Wie schon Guérinière erkannten auch Marialva und Andrade, daß es wichtig war, dem Pferd beim Geländereiten eine gewisse Kopffreiheit zu geben. Es wird betont, daß das Jagdpferd im Gleichgewicht, mit steter Verbindung zur Reiterhand und gehorsam am Schenkel gehen muß.

Für die versammelten Übungen muß sich das Gewicht jedoch auf die Hinterhand verlagern, wodurch das Pferd immer leichter in der Hand wird, bis die Zügel zu seidenen Fäden in der Hand des Reiters werden. Zur Erreichung der Versammlung werden Volten, halbe Paraden, Schulterherein und Kruppeherein auf dem Zirkel und auf gerader Linie empfohlen.

78 | Reitkunst im Wandel

Es folgt eine detaillierte Beschreibung des Sitzes, die der von Guérinière gleicht. Der Autor warnt vor einem unruhigen Sitz und strebt immer eine elegante Haltung an.

'... Der Reiter sollte den Kopf hochhalten und immer zwischen den Pferdeohren hindurchschauen, ob sich das Pferd nun auf gerader Linie oder in einer Wendung befindet. Wenn das Pferd gebogen ist, muß sich der Reiter der Biegung anpassen und weiterhin zwischen den Pferdeohren hindurchschauen ... Der Meister sollte seinen Schülern empfehlen, die Schultern gerade nach hinten zu nehmen und fallenzulassen, da durch sie die Bewegungen der Brust, der Nierenpartie und der Taille kontrolliert werden. Der Reiter sollte seine Brust – nicht übertrieben – nach vorne strecken, und auch die Nierenpartie sollte nach vorn geschoben werden, da der Reiter dadurch am besten ins richtige Gleichgewicht kommt.'

Leichtigkeit der Hand und des Beines sind für den klassischen Reiter Voraussetzung. Er versucht dem Leser zu vermitteln, wie eines vom anderen abhängt und daß ein sicherer und harmonischer Sitz nicht ohne korrekte Haltung der einzelnen Körperteile erreicht werden kann.

Pirouette nach rechts. Man beachte den Fuß, der als Angelpunkt dient, um den sich die anderen Beine drehen müssen. Pferd und Reiter blicken in die Bewegungsrichtung. (Aus „Arte de Cavallaria", Sammlung der Autorin)

Der Picadeiro Real do Palacio de Belem

Marialva hatte nicht nur die Aufsicht über das königliche Gestüt in Alter, sondern auch über die Arbeit in der neu errichteten königlichen Reitbahn von Lissabon. Dieses schöne Gebäude im Palast von Belem am Ufer des Tejo war von dem Italiener Giacomo Azzolini im neoklassizistischen Stil errichtet und von ansässigen Handwerkern 1777 unter Francisco de Setubal reich verziert worden. Durch die erbitterten Peninsularkriege konnte die Reiterei in dem neuen Gebäude nie richtig Fuß fassen, und bald darauf kehrte die Hohe Schule wieder in die Provinzen zurück, wo sie auch heute noch in privaten *picadeiros* praktiziert wird. Heute ist in Belem das nationale, touristisch bedeutende Kutschenmuseum mit einer Kollektion privater Kutschen und Staatskarossen aus aller Welt untergebracht. Kürzlich ließ die portugiesische Regierung verlauten, daß sie sich dem Druck der Öffentlichkeit beugen und den Picadeiro Real, der bezüglich architektonischer Schönheit wohl nur von der Spanischen Reitschule übertroffen wird, in naher Zukunft wieder seinem ursprünglichen Zweck zuführen wolle.

Portugals letzter königlicher Stallmeister, Mestre Joaquim Gonçalves de Miranda, der selbst nach der Ermordung des regierenden Königs und des Kronprinzen 1910 seine Kunst noch praktizieren konnte, gab die klassischen Ideale Marialvas an zahlreiche Schüler weiter. Sein außerhalb Portugals berühmtester Schüler war Mestre Nuno Oliveira (siehe Kapitel 18), durch dessen Kollegen und Schüler die Kunst von Marialva weiterlebt.

Marialvas Gestüt „königlicher Pferde", der Alter Lusitanos, besteht in Alter do Chao, trotz einiger besorgniserregender Unruhen im Verlauf seiner Geschichte, weiterhin fort und bildet heute die Zuchtbasis für die neu errichtete portugiesische Schule der Reitkunst. Noch bis vor kurzem wurde diese klassische Schule mit ihren einheitlich dunkelbraunen Hengsten unentgeltlich hauptsächlich im Campo Grande und der Außenreitbahn des Queluz-Palastes, Portugals offizieller königlicher Residenz am Rande von Lissabon, praktiziert und vorgeführt. (Siehe Bildtafel 9)

Unter der Leitung des nationalen *chef d'equipe*, Dr. Guilherme Borba, hat diese Schule auch hervorragende Vorstellungen in Frankreich und England gegeben. Die letzteren fanden 1986 in Osterley Park, Windsor und Goodwood House, nahe Chichester, statt, um den historischen Vertrag von Windsor (1386) und somit sechshundert Jahre Freundschaft zwischen den „ältesten Verbündeten der Welt", Großbritannien und Portugal, zu feiern.

Die Schulquadrille besteht aus acht Reitern und Pferden und ähnelt der von Wien. Sie zeichnet sich jedoch durch die Farbenpracht ihrer glänzenden braunen Alters und der zinnoberroten, aus dem 18. Jahrhundert stammenden Röcke der Reiter mit ihren goldumrandeten Hüten aus. Beeindruckend sind die Schulen über der Erde, die Courbette, die Kapriole, beide am kurzen und am langen Zügel ausgeführt, sowie die Übungen zwischen den Pilaren. Hier zeigen die besten Hengste mit Rhythmus und Leichtigkeit ausgeführte Piaffen, gefolgt von der Levade, dem Glanzstück der barocken Pferde Portugals und Spaniens.

Die Kunst von Marialva, oder die klassische Reitweise des Barock, ist nun auch wieder nach Spanien zurückgekehrt. Dies steht in krassem Gegensatz zu der schnelleren, weniger eleganten *doma vaquera*[11], die an Beliebtheit zunahm, als Philippe d'Anjou den spanischen Thron bestieg und den Stierkampf zu Pferde in Spanien verbot. Als sich viele spanische *hidalgos,* die mehr der klassischeren Reitweise zugetan waren, mit ihren Pferden nach Portugal ins Exil begaben, wurde die *Vaquero*-Reitweise zur nationalen Reitweise. Die „Dressur" der *Vaquero*-Reiter ist heute noch auf Veranstaltungen in Südspanien zu sehen. Versteht man sie nicht, mag einem diese alte Form der *Gineta*-Reiterei (siehe Kapitel 2 und 4) primitiv erscheinen, erinnert sie doch an die uralten Stierkampfrituale. Die *Vaquero*-Reitweise erfordert jedoch auf ihre Art genausoviel Gefühl und Präzision wie die moderne Dressurreiterei.

Trotz ihrer Unterschiede ist der klassischen und der *Vaquero*-Schule der Iberischen Halbinsel eines gemeinsam: Pferde, die sich leicht versammeln lassen, leicht in der Hand und außerordentlich geschmeidig sind. Die Grundlage für die Andalusische Reitschule wurde 1973 gelegt, als Alvaro Domecq, das Oberhaupt einer Linie der berühmten Sherry-Familie, eine bedeutende Einrichtung

Die Ballotade. Bei dieser Kampffigur zeigt das Pferd die Eisen, ohne dabei jedoch wie bei der Kapriole, dem wohl perfektesten Schulsprung, auszuschlagen. (Aus „Arte de Cavallaria", Sammlung der Autorin)

---

[11] Wörtlich übersetzt bedeutet dies „Dressur für das Hirten- oder Cowboy-Pferd".

zur Ergänzung seines prächtigen Gestütes spanischer und hispano-arabischer Pferde schuf. Der Portugiese Dr. Borba übernahm die Ausbildung von Pferden und Reitern im Stil von Marialva, und heute zeigt die Schule elegante Vorstellungen klassischer Reitkunst auf den berühmten Domecq-Schimmeln.

1982 erhielt die Schule eine prächtige Anlage auf dem Gelände eines spanischen Barockpalastes in der Avenida Duque de Abrantes im Zentrum von Jerez. Von der Regierung unterstützt finden im Frühjahr und Sommer wöchentliche Vorstellungen statt. Nach der glanzvollen Einweihung 1987 im Beisein von König Juan Carlos und Königin Sofia darf die Schule das Präfix „königlich" tragen. Somit bemüht man sich hier, wie auch in der portugiesischen Schule der Reitkunst, nicht nur um die Erhaltung des Barockpferdes, sondern auch um den Fortbestand des Kerns der traditionellen Schulreiterei.

Anmerkung
Obwohl viele Dressureinrichtungen in Europa den Anspruch erheben, sich an Guérinière anzulehnen, und auch ein Teil seiner Richtlinien in die heutigen Dressurbestimmungen übernommen wurde, ist der Geist von Versailles, außer in Wien und Saumur, heute kaum noch zu spüren. Im Gegensatz hierzu wird die Kunst von Marialva nicht nur in den o.g. Schulen praktiziert, sondern ebenso von beinahe jedem gebildeten Reiter auf der Iberischen Halbinsel studiert und erfaßt. Somit sind die Lehren der Schulreiterei des 17. und 18. Jahrhunderts (heutzutage kaum noch bekannt) in jenen Ländern in der alltäglichen Reiterei immer noch zu finden.

Kapitel 8
England und der Duke of Newcastle

Man hört oft, daß die schulmäßige Reiterei im Europa der Nachrenaissance nie eine Chance hatte, in England Fuß zu fassen. Dies ist wohl in dem individuellen, unabhängigen Charakter der Engländer sowie in ihrer Freiheitsliebe und ihrer Liebe zur Natur begründet. Am besten kommt dies in dem Satz *'Nebel über dem Kanal, Europa isoliert'* zum Ausdruck.

Es gab jedoch auch eine Zeit, in der sich die Engländer etwas mehr an die europäische Lebensweise anlehnten, in der dann auch das Fundament für die Reitkunst gelegt wurde. Die Hohe Schule wurde erst dann als Lebensart des Hofes verworfen, als das Parlament die katholische Monarchie 1688 vertrieb und den *Old Pretender*, den Sohn James' II., aus England verbannte. Somit brachen auch die Beziehungen ab, die der englische Hof mit der französischen und italienischen Monarchie unterhalten hatte. Mit dem Hause Stuart verschwanden auch weitgehend das Künstlertum, die Liebe zur Extravaganz und ebenso die bis dato am Hof gebräuchlichen Sprachen Französisch und Italienisch.

Eine Persönlichkeit überlebte jedoch diesen Wandel in England. Unter den unglücklichen Stuarts leistete William Cavendish, Duke of Newcastle (1592–1676), Englands größter Repräsentant der Hohen Schule, seinen Beitrag zur Reiterei. Er schrieb sein großartiges Buch – heute unter dem Titel *A General System of Horsemanship* bekannt –, als er sich während des Krieges der Royalisten gegen die Parlamentarier (1642–1652) im Exil aufhielt.

Die ersten Anfänge der höfischen Reiterei
Schon lange vor Newcastle kamen die Gänge und Touren der Hohen Schule unter den Tudors und Elisabethanern in Mode und gehörten zur Erziehung der britischen Aristokratie. Als Heinrich VIII. 1509 den Thron bestieg, entwickelte sich seine Leidenschaft für Musik, Dichtung und Kunst. Zu dieser Zeit erschienen auch eine Anzahl Bücher über die Jagd. Obwohl Heinrich leidenschaftlich der Jagd hinter den Hunden frönte, wurde er ebenso von der Schönheit der Schulreiterei angezogen. Einer seiner Ratgeber, Sir Thomas Elyot[1], sagte 1531, daß die Schulreiterei für Könige und Prinzen *'die würdigste Körperertüchtigung'* sei. Heinrich übernahm Robert Alexander, einen Reitmeister direkt aus der neapolitanischen Schule von Grisone, in den königlichen Haushalt von Hampton Court. Dort befand sich eines seiner drei größten Gestüte[2]. Heinrichs Verdienste um die englische Pferdezucht werden nicht genügend anerkannt. Obwohl es nicht allen gefiel, daß durch ihn das durchschnittliche Reitpferd größer wurde, war er der erste, der durch Einfuhr von Pferden und selektive Zucht der Notwendigkeit Rechnung trug, zwischen Jagd-, Parade- und Truppenpferden zu differenzieren.

---

[1] Siehe auch *A History of Horsemanship*
[2] Diese Gestüte befanden sich in Hampton Court, Tutbury Castle in Staffordshire und Malmesbury in Wiltshire. Siehe auch C. M. Priors *The Royal Studs of the Sixteenth and Seventeenth Centuries* und *The Royal Horse of Europe*

Die Elisabethaner

Nach Heinrich war es Elisabeth I. (1558–1603), die die Leidenschaft ihres Vaters für schöne Pferde teilte. Es war ihr Stallmeister, Robert Dudley, Earl of Leicester, der zwei italienische Reitmeister, Claudio Corte und Prospero d'Osma, nach London brachte. Der letztere widmete sein Buch *Il Cavallerizzo* dem Earl; hier werden auf wissenschaftliche und logische Art die Grundprinzipien für die Ausbildung des Streitrosses in der Bahn erklärt.

Inzwischen war Frederico Grisones Buch unter dem Titel *The Art of Riding and Breaking Great Horses* ins Englische übersetzt worden und erschien 1565 als Teil eines Buches von Thomas Blundeville in Norfolk mit dem Titel *Fowre Chiefest Ofyces Belonging to an Horseman*. Zwischen den Bildern grausamer Gebisse und Sporen gab es doch die ersten Anzeichen für eine feinere Reitweise. Blundeville sprach vom „Streicheln mit dem Sporn" und definierte die Hilfen als Mittel, um dem Pferd den Willen des Reiters verständlich zu machen.

Wie schon Xenophon erkannte auch er die Bedeutung einer starken Rücken- und Hinterhandmuskulatur, besonders für die versammelten Übungen, und es gibt einige interessante Anmerkungen, wie die Hinterhand durch Anhalten und schwungvolles Anreiten in hügeligem Gelände geschmeidig gemacht werden kann. Die Ausdrucksweise ist in manchen Passagen, darunter auch in dem Teil „Wie man ein Pferd vor einem Prinzen reitet" etwas altertümlich und seltsam: '*Reite zuerst schön und erhaben auf den Prinzen zu, um ihn zu grüßen; entferne dich danach in einem guten runden Trab ans äußerste Ende der Bahn, die Gerte nach oben gerichtet[3], zur rechten Schulter zeigend …*'.

Hieraus ergab sich eine schöne reiterliche Vorstellung. Blundeville betonte die Notwendigkeit eines guten Sitzes, wobei zwischen Pferd und Reiter Harmonie herrschen sollte. '*Achte darauf, daß du nicht nur mutig auf dem Pferd sitzt, sondern strebe danach, mit ihm zu einer Einheit zu werden. Ihr solltet beide einen Geist und einen Willen haben.*'

Diesem Buch folgten ähnliche Werke von John Astley, der 1584 *The Art of Riding* schrieb, und Christopher Clifford, dessen *Schoole of Horsemanship* ein Jahr später in London erschien. Ein weiterer Engländer, der sich mit der Falknerei, der Jagd und allen Aspekten der Reiterei, einschließlich der Schulreiterei beschäftigte, war Gervase Markham[4], dessen *A Discource of Horse-*

Das Frontispiz eines der verschiedenen Bücher über die Reitkunst, die der Engländer Gervase Markham verfaßte. Dieses Buch, „Markhams Maisterpiece", erschien 1688 als überarbeitete Auflage. Markham war für seine Zeit ein verhältnismäßig aufgeklärter Vertreter der Schulreiterei, obwohl er bald von Newcastle abgelöst wurde. (Aus der Sammlung Paul Mellon, Upperville, Virginia)

---

[3] Dies wird noch in manchen klassischen Schulen praktiziert, wobei die Kandarenzügel noch mit einer Hand gehalten werden.
[4] Berühmt dafür, daß er angeblich den ersten Araberhengst (den Markham Arabian) nach England brachte.

manshippe 1593 veröffentlicht wurde. 1607 schrieb der gleiche Autor *Cavalarice*, wobei der der Reiterei gewidmete Teil den folgenden Untertitel hat: *'Die Kunst und das Wissen des Reiters; wie man mit Pferden umgeht, sie reitet und für den Kriegsdienst oder zum Vergnügen ausbildet.'* Wie Blundeville lehrt uns Markham, wie man vor einem Prinzen reitet. Obwohl uns heute ein Großteil seiner Lehren primitiv erscheint, so stützen sich seine Bücher doch größtenteils auf gesunden Menschenverstand. Besondere Beachtung verdienen seine Bemerkungen über die Anwendung der Hilfen und Liebkosungen (Belohnungen): *'Was die Liebkosungen anbetrifft, so dürfen diese nur angewendet werden, wenn das Pferd gut gegangen ist und dich mit seiner Klugheit und Gefügigkeit zufriedengestellt hat. Obwohl dies nach Beendigung seiner Lektionen geschehen sollte, gibt es auch während den Lektionen ein unmerkliches Loben des Pferdes durch die Trense, hier gibt die Zügelhand ein klein wenig nach ... dies geschieht so unmerklich, daß es nur das Tier spürt.'*

Korrekturen wurden in einer für jene Tage milden Form ausgeführt. Sollte das Pferd an *'Vergeßlichkeit leiden'*, muß der Reiter *'etwas mit dem Zügel einwirken'*; die Gerte wurde wenig eingesetzt. Zur Erlernung des Rückwärtsrichtens sollte der Groom das Pferd etwas mit der Gerte an der Brust antippen; ein ordentlicher Schlag folgte nur, wenn sich das Pferd stark widersetzte. Es gab keine brutalen Schläge zwischen die Augen wie bei Grisone, ein Beweis für den Respekt, den die Engländer im allgemeinen ihren Pferden entgegenbrachten.

Markham empfahl für Geschmeidigkeitsübungen die Pilaren[5]. Er wußte auch um den Nutzen von Volten und halben Volten zur Förderung der Versammlung und des Gehorsams. Die Bezeichnungen für die Lektionen sind italienisch, zu den verschiedenen Wendungen gehören die *Terra Terra, Carragolo* und *Serpeigiare* (wahrscheinlich eine Schlangenlinie).

Unter den Stuarts

Als König James I. (1603-1625) regierte, war der italienische Einfluß zu den Höfen Frankreichs vorgedrungen, und ein Zeitgenosse de la Broues und Schüler Pignatellis, der Chevalier Saint-Antoine, wurde in England Reitmeister bei Hofe. Seine aufgeklärte Denkweise ebnete den Weg für Thomas de Grey, der 1639 sein König Karl I. (1625-49) gewidmetes Buch *The Compleat Horseman and Expert Farrier* schrieb. Darauf folgte Englands größter Reitmeister aller Zeiten, der Duke of Newcastle. Newcastles Werk, aus dem englischen Original ins Französische übersetzt und zuerst 1658 in Antwerpen erschienen, übertrifft an Bedeutung alle anderen jemals erschienenen Bücher englischer Autoren. Es erschien zuerst unter dem Titel *Methode et Invention Nouvelle de Dresser les Chevaux* und kam dann 1743 in englisch mit dem Titel *A General System of Horsemanship in All Its Branches*[6] heraus.

Als ergebener Royalist wurde er von Karl I. zum Lehrmeister dessen jungen Sohnes (dem späteren Karl II.) ernannt. Newcastle war ein echtes Kind der Renaissance. Als Mann von Bildung genoß er das Reisen und die Künste, sprach fließend italienisch, französisch und lateinisch. Er wurde deutlich von den Beziehungen beeinflußt, die er im 17. Jahrhundert als bedeutendes Mitglied des englischen Hofes mit dem übrigen Europa unterhielt. Der Lebensstil des Barock entsprach seinem leidenschaftlichen und über-

---
[5] Diese kamen über die italienische Schule nach England und wurden von Markham als „posts" bezeichnet.
[6] Diese Originalausgabe enthält neben Newcastles Text eine englische Übersetzung von Gaspard de Sauniers *La Parfaite Connaissance des Chevaux*.

schwenglichen Charakter. Er las viel, schrieb Gedichte und behauptete, unter allen großen Reitmeistern Europas studiert zu haben.

Seine Familie verschaffte ihm neben Macht, Ansehen und großen Reichtümern auch noch den perfekten idyllischen Rahmen für seine weitläufigen Gestüte, nämlich Welbeck Abbey in Nottinghamshire und Bolsover Castle in Derbyshire. Er betrieb mit großem Eifer die Einfuhr ausländischer Pferde, wobei sein Lieblingspferd das spanische Pferd gewesen sein soll, '... *das schönste, sanfteste Pferd ... seine Intelligenz ist weit größer als die der besten italienischen Pferde, daher läßt es sich auch am leichtesten dressieren.*' In seinem Buch sind neben Neapolitanern und Berbern auch einige türkische Pferde abgebildet.

Mit all diesen Vorzügen ausgestattet, konnte Newcastle der Reiterei in einer Weise frönen, die an Luxus den französischen, italienischen und kaiserlich-habsburgischen Höfen in nichts nachstand. In Welbeck baute er zusätzliche luxuriöse Stallungen (die inzwischen zerstört sind). Sein berühmtes Reithaus[7], das heute noch besichtigt werden kann, wurde 1623 von dem Baumeister John Smithson fertiggestellt. Als echter Neuerer erschien Newcastle früh genug, um sich einen festen Platz in der Geschichte der klassischen Reiterei zu sichern.

Obwohl sein Name im Ausland viel mehr als in seinem Heimatland bekannt ist, wird Newcastle heute kaum die ihm zustehende Anerkennung zuteil. Kritiker sahen zu oft nur seine zweifellos vorhandene Einbildung und verkannten darüber seine Fähigkeiten. Der Historiker Christopher Falkus berichtet jedoch, der Duke of Newcastle sei '*ein höflicher, gütiger, optimistischer*

William Cavendish, 1st Duke of Newcastle, zeigt die Ballotade auf einem spanischen Pferd vor der Kulisse von Bolsover Castle. Man beachte den von den späteren Lehren Guérinières und Marialvas abweichenden, relativ steifen Sitz und die gerade Beinhaltung (siehe Kapitel 7). (Aus der Sammlung der Autorin)

---

[7] Im Reithaus sind heute Bibliothek und Kapelle von Welbeck untergebracht. Im Ankleideraum für den Reiter kann man jedoch immer noch die Wandtäfelungen und steinernen Gewölbe mit dem Wappen der Cavendish aus Newcastles Zeit sehen.

Tafel 5

Monsieur de Nestier (1684–1754), königlicher „Ecuyer" auf Le Florido, einem spanischen Pferd, welches seinem Herrn, Ludwig XV., vom spanischen König geschenkt wurde. Man erinnert sich in Frankreich heute noch an sein reiterliches Können und bezeichnet einen wirklich außergewöhnlichen Schulreiter immer noch als „echten Nestier".

(Unten:) In diesem herrlichen, sich fein verjüngenden Kopf eines frühen Lipizzaners – eine Studie von George Hamilton – spiegeln sich Anmut und Adel des Pferdes. Man beachte das ausgeprägt konvexe Profil des Barockpferdes, welches ihm ein stolzes, habichtähnliches Aussehen verleiht (durch die spätere Zufuhr arabischen Blutes verschwand dieser Ausdruck wieder etwas). Das Auge hat einen schimmernden Glanz und drückt Güte und Intelligenz aus.

(Oben:) Henry Herbert, 10th Earl of Pembroke, lehrte nicht nur die klassischen Touren der Hohen Schule, sondern schrieb in seinem Werk Military Equitation auch über das Gelände- und Springreiten, Longieren, die Arbeit am langen Zügel, Biegungen und die Tempoverstärkungen. Er empfahl den starken Trab als Mittel, um triebige Pferde geradezurichten und vorwärtszureiten, den versammelten Trab zur Verbesserung der Geschmeidigkeit. (Mit freundlicher Genehmigung des 17th Earl of Pembroke, Wilton House, Salisbury, Wiltshire)

Tafel 6

(Links:) Eine schöne Piaffe. Dieses ungewöhnliche Ölgemälde aus dem Jahre 1766 von Thomas Parkinson, dessen Werke an der Royal Academy ausgestellt wurden, zeigt einen unbekannten englischen Reiter auf einem englischen Pferd. Die Reithalle mit den Pilaren ähnelt derjenigen, die Philip Astley zu jener Zeit in Lambeth in London unterhielt. (Mit freundlicher Genehmigung von Arthur Ackermann Sons)

Mann, der sich den Eigenschaften eines Gentleman wohl bewußt ist[8] und immer auf ausgezeichnete Manieren achte. Jedenfalls erkannte der gefeierte französische Meister Guérinière die Qualität und Größe Newcastles und berief sich für viele Gedanken, die er in seinem Buch *Ecole de Cavalerie* weiterverfolgte, auf ihn. 1733 schrieb er: '*Die Namen der großen Reitmeister sind zweifellos mit den glanzvollen Zeiten der Reiterei verbunden. Leider hinterließen nur wenige ihr Lebenswerk in gedruckter Form. Von vielen Autoren sind die zwei von mir am meisten geschätzten de la Broue und der Duke of Newcastle. Einige französische, italienische und deutsche Werke sind entweder zu kurz, um hilfreich zu sein, oder in einer so verwirrenden Weise geschrieben, daß dadurch Einfachheit und Wahrheit erstickt werden. Daher bleiben uns nur die zwei von mir erwähnten Autoren. Ich glaube an methodische und korrekte Richtlinien. Daher habe ich die lehrreichsten Gedanken dieser beiden Autoren in meinem Buch ausgeführt.*'

Guérinière gab die Lehren von La Broue und Newcastle in verständlicherer Form wieder. Bedauerlicherweise wird dies weitgehend übersehen, so daß heute Guérinière das ganze Verdienst für eine Arbeit zugeschrieben wird, die er selbst als die von Newcastle bezeichnet.

Leider gibt es selbst in England viele Reiter, die noch nie von Newcastle gehört und noch mehr, die noch nie auch nur einen kleinen Teil seines Werkes gelesen haben. Dies mag ein Zeichen für die Unfähigkeit der Briten sein, Genialität im eigenen Land zu erkennen.

Uneins mit seinen Landsleuten

Schon zu seinen Lebzeiten war sich Newcastle einer wachsenden Zurückhaltung der Engländer gegenüber der Kunst der Hohen Schule bewußt. Der Untertitel seines Buches verdeutlicht dies: '*Eine Wissenschaft, die überall in Europa notwendig ist und bis dato in England so stark vernachlässigt oder mißbilligt wurde, daß junge Gentlemen für diesen Teil ihrer Erziehung Zuflucht zu fremden Nationen nehmen mußten.*' Selbst Blundeville hatte begonnen, am Sinn der Schulreiterei zu zweifeln, und die Frage gestellt, wer denn ein Pferd benötigte, das '*auf der Stelle herumhüpft oder auf und ab tanzt*'?

Mit dem Aufkommen des Puritanismus, dessen größter Verfechter Oliver Cromwell war, ließ sich die neue Mittelklasse Englands von der Schulreiterei wenig beeindrucken und wandte sich schnell in eine neue Richtung. Trotz der Restauration 1660 hinterließ der soziale Wandel eine Kluft zwischen den Aristokraten der Reitbahn und jenen hartgesottenen Reitern, die mit ihren Pferden querbeet galoppierten. Newcastle war sich seiner Kritiker durchaus bewußt, befremdete sie jedoch mit Passagen seines Buches noch mehr: '*... Ich nehme an, daß jene großen Geister [die höhnischen Gentlemen] Königen, Prinzen und Standespersonen erlauben werden, das Reiten zum Vergnügen auszuüben, da es eine sehr edle Beschäftigung ist, die sie ihren Untertanen gegenüber am anmutigsten erscheinen läßt ...*'

Sieht man von seiner persönlichen Eitelkeit ab, ist Newcastles Werk präzise und durchdacht. Als mutiger Geländereiter benutzte er die Reitbahn und die fortgeschrittenen Übungen, um das Pferd konzentrierter, geschmeidiger und absolut gehorsam im Gelände zu machen. Sowohl Newcastle als auch sein späterer französischer Zeitgenosse Guérinière traten, wie früher schon de la Broue, für das Galoppieren und Springen des Kriegspferdes ein. Der Vorteil, die Schulgänge zuerst zu lehren, lag darin, das Pferd bekäme '*... mehr Kondition für das Galoppieren, Traben, Wenden oder alle anderen Übungen*'. Ferner

---

[8] Christopher Falkus, *The Life and Times of Charles II*

'... bringen Curvetten und andere Übungen das Pferd an die Hand, lassen es vorne leichter werden und setzen es auf die Hinterhand, was alles, besonders für einen Mann in Rüstung, sehr nützlich ist'.

Der Krieg zwischen den Royalisten und den Parlamentariern
Auf Grund seiner glühenden Sympathien für die Royalisten verlor der Herzog Welbeck Abbey und mußte zu Beginn des Bürgerkrieges auf den Kontinent fliehen. Unbeeindruckt eröffnete er im Exil in Antwerpen seine eigene Reitschule, die von Adligen aus ganz Europa besucht wurde. Einer seiner Schüler, Prinz Rupert, ein Neffe Karls I., wurde ein hervorragender Geländereiter, indem er einfach den Richtlinien seines Meisters folgte. Nach seiner Rückkehr nach England kämpfte er als Royalist gegen die Rundköpfe; er ritt seine Attacken im Galopp und verblüffte seine Feinde, indem er mühelos Hecken und Gräben überwand. Rupert verlor nur einen einzigen Kampf und lieferte so den Beweis für Newcastles Theorie, daß eine gute Dressur für ein Kavalleriepferd eine absolute Notwendigkeit ist.

Newcastles „Neue Methode"
Da Newcastle vielfach unvollständig zitiert und seine Achtung vor dem Pferd völlig ignoriert wird, wollen wir die Punkte seines Buches hier zur Sprache bringen, die ihn in einem klareren Licht erscheinen lassen und die auch heute für die Reiterei wesentliche Bedeutung haben.

Der Herzog war in erster Linie ein Mann, der Gewalt ablehnte und, wo immer möglich, eine sanfte psychologische Lösung anstrebte. Für ihn war ein Pferd nicht von Natur aus gut oder schlecht. Schlechte Pferde waren das Ergebnis schlechter Behandlung: *'Es ist nur die Unwissenheit des Reiters, nicht die Natur, die Schindmähren hervorbringt; würde der Reiter die Natur und die Veranlagungen seiner Pferde studieren, könnte er sie besser zu dem Zweck, zu dem sie geschaffen wurden, einsetzen, und folglich würden sie gute Pferde werden.'*

Über schwierige Pferde und Unarten
Anders als früher die Italiener erkannte er, daß Gewalt selbst bei den schwierigsten Tieren nichts nützte. Da Unarten das Ergebnis einer schlechten Ausbildung waren, mußte einfach wieder von vorn begonnen werden. *'Ich habe noch nie gesehen, daß man sich mit Gewalt und Wut beim Pferd durchsetzen kann ... Fängt der Reiter an zu schlagen und den Sporn zu gebrauchen, wird sich das Pferd widersetzen; nicht das Tier wird besiegt, sondern der Reiter, der von beiden der weitaus Rohere ist.'* Sein Rat, wie man mit einem Durchgänger umgeht, ist durchaus nützlich: *'Für einen Durchgänger darf kein scharfes Gebiß verwendet werden, dies verschlimmert die Situation, und er wird um so härter im Maul werden. Solch ein Pferd sollte nie sporniert werden ... dadurch würde sich die Unart verschlimmern.'* Statt dessen empfahl er, das Pferd vorwärtszureiten und für eine Weile nicht anzuhalten und *'... es sollte sehr behutsam und in Etappen zu einem langsamen Schritt durchpariert werden. Hier kann man sehen, wie gut es ist, eine weiche Hand zu haben (das beste Rezept, um das Pferd zu beherrschen) und manchmal sogar ganz nachzugeben'.* Die Verbindung zum Maul sollte *'leicht wie eine Feder'* sein, wobei die Kopfhaltung des Pferdes unverändert bleiben sollte.

Newcastle wird häufig angegriffen wegen seines Gebrauchs der Schlaufzügel und der Bilder, auf denen der Pferdehals oft zusammengezogen wirkt. Möglicherweise übertrieb er seine Methoden zur Geschmeidigmachung; er hatte jedoch eine Abneigung gegenüber anderen Hilfsmitteln und verurteilte den zu häufigen Gebrauch der Pilaren, was er als sehr strapaziös für das Pferd

England und Newcastle | 87

befand. Lobenswert ist sein Verständnis für das freie Vorwärtsreiten des Pferdes, wobei immer etwas mehr Schwung, als das Pferd von sich aus anbietet, gefordert wird, bis dieser Schwung sich spontan entfaltet.

Über Grisone
Er verurteilt Grisones ständiges Rückwärtsrichten und Halten zur Erreichung der Hankenbiegung. Newcastle verabscheute die grausamen Nasenriemen der italienischen Schule. Er bestand darauf, daß der Kappzaum aus weichem Leder sein sollte, und gab sich bei der Anpassung seiner Gebisse die allergrößte Mühe *'… denn ich werde alles tun, um weder sein Maul noch seine Nase noch irgend etwas anderes zu verletzen'.* Auch das Martingal war verpönt, denn nachdem es herausgeschnallt ist, *'geht das Pferd nicht besser als vorher'.*

Schulterherein
Newcastles Beitrag zum Schulterherein[9] ist stark unterschätzt worden. Es wird oft behauptet, daß Newcastle nur daran interessiert war, das Pferd in der Schulter zu biegen. Er wollte jedoch lediglich ausdrücken, daß das Geschmeidigmachen der Schultern schwieriger als das der Hinterhand sei. Er sagte immer, daß *'der ganze Pferdekörper von der Nase bis zum Schweif gebogen werden'* müsse. Er lehrte, daß einseitige Zügel- und Schenkelhilfen auf die Schulter wirken, das Pferd also um den inneren Schenkel gebogen ist, während diagonale Zügel- und Schenkelhilfen auf die Hinterhand wirken. Er empfiehlt viele Übungen auf der Volte, die die Hinterhand geschmeidig machen sollen, wobei die Fußfolge sorgfältig in Diagrammen wiedergegeben wird. Hieraus kann man schließen, daß Newcastle das Schulterherein auf dem Zirkel erfunden hatte, was von Guérinière auf gerader Linie weiterentwickelt wurde.

Newcastle erkannte auch, daß echte Versammlung nur durch weites Untertreten der Hinterhand erreicht werden kann.

Der Sitz
Newcastle achtete pedantisch auf den Sitz. Er bestand darauf, daß der Reiter so ruhig wie möglich im Sattel saß, obwohl die Sättel mit ihren Kniepauschen ein etwas unbewegliches, gerades Bein zur Folge hatten. Newcastle tadelt den Reiter, der nur auf den Gesäßknochen sitzt, auch wenn die meisten Leute glauben, *'dies wäre von der Natur so bestimmt',* und empfiehlt dem Reiter, *'auf dem Spalt zu sitzen … eine Handbreit Platz zwischen Gesäß und Hinterzwiesel ….'*

Er bestand darauf, daß Knie und Schenkel nach innen gedreht so dicht am Sattel liegen sollten, als wären sie „angeklebt"! Ferner schreibt er: *'Die Brust des Reiters sollte etwas vorgestreckt und sein Gesichtsausdruck angenehm und heiter*

Ein Druck aus „The Anatomy of a Horse", 1693 von Andrew Snape veröffentlicht. Dieser Stich sollte dem Leser die Position und die Funktion der Brust- und Halsmuskeln erklären. Diese Kenntnis war für das Lehren von Biegungen und zur Gymnastizierung der Vorhand wichtig. (Aus der Sammlung Paul Mellon, Upperville, Virginia)

---

[9] Nachdem ich dieses Kapitel beendet hatte, fand ich das folgende Zitat von Vladimir Littauer in *Commonsense Horsemanship* (überarbeitete Ausgabe), New York 1976: 'Die Erfindung des Schulterherein wird für gewöhnlich fälschlicherweise … de la Guérinière zugeschrieben … Im Kern wurde es jedoch schon gute 80 Jahre zuvor von dem Engländer Charles Cavendish, Herzog von Newcastle, beschrieben.'

sein ...', etwas, das heute allzuoft außer acht gelassen wird. *'Außerdem wage ich zu behaupten, daß wer nicht elegant zu Pferde sitzt, auch nie ein guter Reiter wird.'*

Die Zufriedenheit des Pferdes

Im Gegensatz zu einer weitverbreiteten Meinung trat Newcastle nie für eine übermäßige Versammlung ein. Newcastle war seiner Zeit um hundert Jahre voraus, indem er für mehr Freiheit für das Pferd plädierte. *'Wenn man ein Pferd ständig wie einen untertänigen Sklaven behandelt, wird es aus Verzweiflung widerspenstig werden. Gönne ihm daher ab und zu eine Abwechslung, gib ihm Freiheit, indem du es mit langem Hals im Schritt, Trab und Galopp geradeaus reitest und die Stunde ruhig beendest.'*

Sieht man von der blumigen und selbstgefälligen Sprache des 17. Jahrhunderts ab, ist Newcastles Werk im großen und ganzen gut verständlich und direkt. Gemäß dem französischen Chevalier von Solleysel, der Newcastles Buch ins Französische übersetzte, *'kann man den Duke of Newcastle zu Recht als den überragenden Pferdemann seiner Zeit bezeichnen'*.

Nach der Restauration

Während Newcastle im Exil sein Buch schrieb, bestand ein himmelweiter Unterschied zwischen der Reitweise der Engländer zu Hause und den Zielen solcher royalistischer Edelleute. England war dem Kontinent in der Entwicklung einer freien Gesellschaft, losgelöst von höfischer Etikette und königlicher Gunst, weit voraus. Nachdem die Rosenkriege die Macht der großen Adelsfamilien geschwächt hatten, kam eine neue Klasse des Landadels auf. Größtenteils politisch uninteressiert, genossen sie den Zeitvertreib auf dem Lande auf eine Art, die ihren in ein starres Klassensystem eingezwängten Zeitgenossen auf dem Kontinent nie vergönnt war. Jagden und

Innenansicht der Reithalle des Duke of Newcastle in Bolsover. Die Maße 30 m x 10 m boten für die damalige Arbeit der Hohen Schule genügend Platz.

Rennen wurden die große Mode. Gleichzeitig trug die Einführung arabischen Blutes zur Entstehung einer völlig neuen Pferderasse bei, die sich ganz und gar von den bis dahin beliebten und mit hoher Aktion trabenden Pferden spanischen und neapolitanischen Ursprunges unterschied. Das Englische Vollblut hatte die Szene betreten.

Mit dem Vollblut kam das Trensengebiß. Für dieses leichte, gehfreudige Pferd wurde keine Kandare gebraucht; Versammlung wurde für das Geländereiten, wobei es darum ging, eine bestimmte Strecke – mit Hindernissen oder ohne – so schnell wie möglich zurückzulegen, nicht mehr gebraucht – so behaupteten jedenfalls die leidenschaftlichen Anhänger dieses neuen Sports. Die Jagd auf Hirsche, einst der Sport der Könige, wurde von der Jagd auf Hasen und später auf Füchse abgelöst. Die großen Wälder wurden für den Ausbau der Marine abgeholzt und gaben Raum für landwirtschaftliche und sportliche Zwecke. Zwar ritt Karl II., ein beim Volk sehr beliebter König, unter Newcastle mit leichter Hand in der Bahn, seine eigentliche Passion war es jedoch, auf einem immer flacher werdenden Pferd über Newmarket Heath zu galoppieren – die Antithese des stolzen, tanzenden Schulpferdes.

Um die Entwicklung der modernen Reiterei, besonders hinsichtlich der Dressur, zu verstehen, verlassen wir nun die akademische Reiterei und wenden uns den anderen Sparten zu.

Kapitel 9
Eine Zeit des Wandels und der Kontroversen

Wenn man die Engländer als Wegbereiter für die radikale Veränderung des Reitstils in aller Welt bezeichnet, darf nicht übersehen werden, daß dies nur durch den gewaltigen Einfluß der arabischen und türkischen Pferde möglich war. Ohne das arabische Vollblut hätte es nie die dramatische genetische Umformung gegeben vom drallen, runden Pferd, wie es von Van Dyck, Velazquez und Wootton gemalt wurde, zum eleganten, stromlinienförmigen Pferd auf den Gemälden von Stubbs, Herring Vater und Sohn und Munnings.

Die Evolution des englischen Vollblüters, mit seinen drei Stammvätern Darley Arabian, Godolphin Barb und Byerley Turk[1], war für die Renn- und Jagdreiterei ein Geschenk des Himmels, mit dem die teuren Importe früherer Zeiten eingestellt werden konnten. Die dunklen Geschäfte an den Grenzen, die Bestechungsgelder an fremden Häfen und das oft beschämende Wissen, daß ausländische Pferde besser waren, fanden ein Ende. Adelige sowie Bürgerliche kamen in den Genuß ihrer eigenen Vollblutzucht. Kleine Provinzgestüte konnten neben den großen Gestüten des Landadels existieren. Was zählte, war die Verbreitung einer Rasse, in der sich Ausdauer und Schnelligkeit weitervererbten. Ausgestattet mit großer Schönheit, feinen Gliedmaßen und einem edlen Kopf, sensibel und aufregend zu reiten, feurig und mutig, behauptete das Vollblut für immer seinen Platz.

Leistung auf der Rennbahn und im Gelände führte zu einer selektiven Zucht. Namen wie Flying Childers, Eclipse und Gimcrack wurden zur Legende, und bald gab es eine etablierte Hierarchie von Züchtern, obwohl der erste Band des *General Stud Book* erst 1791 erschien. Pferde, die auf der Rennbahn erfolglos geblieben waren, konnten relativ billig erworben werden. Bis Mitte des 18. Jahrhunderts hatte jeder Gutsbesitzer sein englisches Jagdpferd, und die ersten englischen Vollblüter wurden in Amerika eingeführt[2].

„Anglomanie"
Mit dem Vollblüter änderte sich auch die Reitweise vollständig. Für akademische Studien war kein Platz im Leben der sportlichen Herrenreiter. Es gab jedoch immer noch eine Anzahl von Anhängern der klassischen Reitweise, besonders bei Hofe und unter denjenigen, die ins Ausland reisten. Die Mehrzahl aber löste sich von den alten Prinzipien des Gleichgewichts, der Versammlung und Beherrschung des Pferdes, da man meinte, sie stünden der Schnelligkeit und Freiheit im Wege.

Der englische Autor Philip Astley (geboren 1742), berühmt für seine Zirkusreiterei[3], war ein couragierter Reiter. In seinem Werk *System of Equestrian*

---
[1] Siehe *The Royal Horse of Europe*
[2] Die ersten berühmten Pferde waren Bull Rock, ein Sohn des Darley Arabian, der 1730 nach Amerika kam, und Jason, ein Enkel des Godolphin Barb, der um 1750 eingeführt wurde.
[3] Seine Manege befand sich im Londoner Bezirk Lambeth. Er trat jedoch überall in England auf und war als Reiter der Hohen Schule bekannt.

Teil des Indexes von Philip Astleys „System of Equestrian Education". Unter den technischen Ausdrücken verdienen Einträge wie 'Birnen oder Äpfel als Belohnung ...', 'Auseinandersetzungen mit schurkischen Pferden...', 'Belohnungen ...', 'Geräusche, die zur Erzielung des Gehorsams des Pferdes notwendig sind ...' besondere Beachtung. Hieraus geht eine für diese Zeit bemerkenswert aufgeklärte Denkweise hervor. (Aus der Sammlung der Autorin)

Education schrieb er, daß es absolut notwendig sei, die Technik des Reitens wieder in ordentlicher Form zu erlernen, da *'die vielen tödlichen Unfälle, die täglich passieren, sicherlich beweisen, wie notwendig eine reiterliche Ausbildung ist, zu der die Körperbeherrschung zu Pferd zählt'.* Weiterhin berichtet er über seine Erfahrungen mit den Gentlemen, die, *'nachdem sie sich eine Offiziersstelle in der Kavallerie erkauft haben, nur weil sie an einer Fuchsjagd oder einem Pferderennen teilnehmen können ...',* nach einer kurzen Zeit des aktiven Dienstes schnell erkennen, *'wie wichtig eine Ausbildung basierend auf reinen wissenschaftlichen Grundlagen und unter fähigen Lehrern ist. Dies trifft um so mehr für ein Land zu, das von ganz Europa wegen seiner Zucht hervorragender Pferde bewundert wird ...'.*

Die Franzosen schüttelten die Köpfe und nannten dieses Sträuben gegen Disziplin *Anglomanie,* am englischen Pferd konnten sie jedoch nichts Fehlerhaftes finden. Guérinière gab zu: '*... Die englischen Pferde besitzen vor allen anderen europäischen Pferden den Vorzug ..., daß sie oft den ganzen Tag, ohne abgesattelt zu werden, draußen sind. Dabei sind sie bei der Fuchsjagd den Hunden immer dicht auf den Fersen und überspringen Hecken und Gräben ...'*

Captain L. Picard, Mitglied der französischen Kavallerie, schrieb in *Origines de L'Ecole de Cavalerie:* '*Die englische Schule hat in der gesamten Reiterwelt eine vollständige Revolution hervorgerufen. Sie hat Schnelligkeitsprüfungen eingeführt und die Pferderassen regeneriert ...'* Ein moderner Autor, Etienne Saurel, schrieb in *Histoire de l'Equitation* (1971): '*Bis auf Newcastle schuldet die Reitkunst England wenig. Wegen der Erschaffung des Vollblüters, des Königs der Pferde, verdanken Zucht und Reitsport England jedoch alles.'*

Manchmal treffen verschiedene historische Begebenheiten zusammen, die dann große Änderungen auslösen. Zeitgleich mit der Bildung einer starken Mittelklasse in England, der Erschaffung des englischen Vollbluts und der Förderung des Rennsports durch einen englischen König[4] wurde vom britischen Parlament ein Gesetz verabschiedet, das riesige Flächen ehemals öffentlichen Landes in Privatbesitz überstellte. Darauf folgte die Errichtung von Zäunen und Wällen, Hecken und Gräben – alles hervorragende Jagdhindernisse.

Nun erschienen auch die ersten Bücher über das Reiten im Gelände. Zuvor hatten Bücher beinahe ausschließlich die Schulreiterei zum Thema. Zu den ersten Büchern über das Jagdreiten gehörten: *The Hunter* von Gerard Langbaine (1685), *The Gentleman's Recreation* von Nicholas Cox (1686) und ein beliebter Titel für eine Reihe von Büchern des 18. Jahrhunderts, *The Compleat Sportsman*[5].

---

[4] Karl II. war bei seinem Volk als 'Vater des Turfs' bekannt.
[5] Diesen Titel gebrauchten 1718 Giles Jacob und 1760 Thomas Fairfax, gefolgt von *The British Sportsman,* 1792 von William Osbaldiston und 1800 von Samuel Howitt verfaßt.

Vor der Restauration hatte man nur die Sprünge der Hohen Schule gekannt. Von nun an überwanden die jungen feinen Gentlemen mit so viel Eifer und Begeisterung die Geländehindernisse, als hätten sie nie etwas anderes getan. Man war stolz darauf, keinen formellen Reitstil zu haben, was durch eigenen Mut und Talent sowie die Qualität der Pferde ausgeglichen wurde. Für den Jagdreiter gab es nichts Schöneres, als den ganzen Tag hinter den Hunden in halsbrecherischer Geschwindigkeit jede Art von Hindernis und Gelände zu überwinden und den Tag schweiß- und schmutzbedeckt zu beenden.

'Before the Start', ein Stich von Samuel Alken aus dem 19. Jahrhundert. Mit dem englischen Vollblüter kam eine völlig neue Reitweise auf; der „rückwärtige Sitz", der ursprünglich von der Rennbahn herrührte, drang in die Jagdreiterei ein und beeinflußte schließlich beinahe jede Sparte der britischen Reiterei.

Der Jagdsitz

Diejenigen Reiter, die den Nutzen einer klassischen Ausbildung als Grundlage für das Geländereiten erkannten, wurden in England weitgehend ignoriert. Der ausbalancierte klassische Sitz der Reitbahn – so wichtig für das versammelte Reiten – kam bald aus der Mode. Die Sättel änderten sich drastisch, um einem neuen Sitz Rechnung zu tragen: Die Sitzfläche des englischen Jagdsattels wurde verlängert, so daß der Reiter mit kurzen Steigbügeln bequem im Schritt oder Stand sitzen konnte, ermöglichte jedoch auch genügend Bewegungsfreiheit für die schnelleren Gangarten.

Das Konzept hinter der Entwicklung des neuen Jagdsattels war im Grunde genommen richtig. 1805 erkannte John Adams, der in erster Linie der Schulreiterei zugetan war, daß für das Jagdreiten eine völlig andere Gleichgewichtsverteilung nötig war. Lange bevor Caprilli weltweit den leichten Sitz einführte, trat Adams für einen nach vorne ausbalancierten Sitz im englischen Jagd-

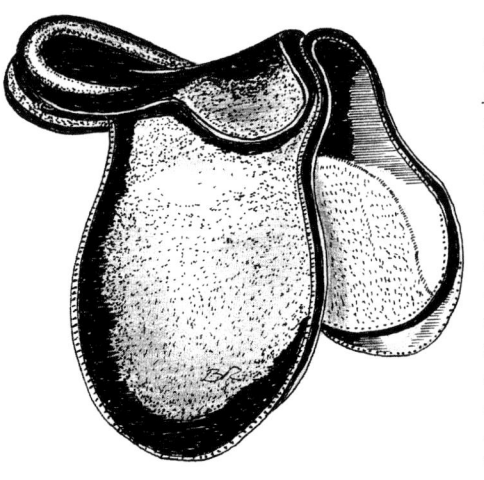

Ein Jagdsattel aus dem 19. Jahrhundert, der dem Knie eine gewisse Stütze bietet. Während einige Jagdsättel aus dieser Epoche hervorragend konzipiert waren, besaßen andere einen für den Reiter sehr unbequemen hohen und engen Vorderzwiesel. Dadurch wurde ein nach hinten verlagerter Sitz gefördert, wobei der Reiter zu nahe an der Nierenpartie des Pferdes saß und zu sehr auf Steigbügel und Zügel als Stütze angewiesen war.

feld ein. In seinem Buch *An Analysis of Horsemanship* schrieb er: *'Beim Jagdsitz steht man in den Bügeln. Der Zweck dieses Reitstils ist es, den Reiter von der Reibung und Hitze zu befreien, der das Gesäß durch schnelles und ausdauerndes Galoppieren ausgesetzt wäre, befände es sich dicht am Sattel.'* Mit diesen anschaulichen Worten weist er auf den wesentlich wichtigeren Umstand hin, daß somit auch der Pferderücken von Stößen, hervorgerufen durch das krampfhafte Bemühen, sich im Sattel zu halten, verschont bleibt.

Sehr zum Nachteil des Pferdes setzte sich der von Adams empfohlene leichte Sitz damals nicht durch. Oftmals führte der neue englische Sattel dazu, daß sich unerfahrene und unsportliche Reiter am Hinterzwiesel anlehnten und somit zu nahe an der Lendenpartie des Pferdes saßen. Auf zeitgenössischen Drucken ist zu sehen, wie sich die Jagdreiter nach hinten statt nach vorne lehnen, sich an den Zügeln festhalten und die Füße durch die Steigbügel stecken. Jahre später beschrieb Oberst M. F. McTaggart diesen Sitz als *'Altherrensitz – bei welchem der Körper im Galopp nach hinten lehnte und die Füße nach vorne gestreckt waren ... So angenehm dies für den Reiter auch sein mag, für das Pferd ist dies so ziemlich das Gegenteil. In der Tat ist dies ein Zerrbild der Reiterei und hat nichts mit „horsemanship" zu tun.'*

'Going to Cover' von Samuel Howitt (1756–1822). Dieser Stich zeigt die schlechte Haltung jener Engländer, die durch ihre Reitweise Autoren wie Astley und Adams so sehr verärgerten. Kontinentale Reiter sprachen spöttisch von der Anglomanie.

Ein weiterer Anlauf in Richtung eines leichten Sitzes fand statt, als man begann, im Trab aufzustehen, also leichtzutraben. Die schwungvollen, langen Trabtritte des Vollblüters ließen den Reiter nur schwer sitzen. Daher lernten die Reiter aus Selbsterhaltungstrieb das Leichttraben, wodurch die Pferde wiederum ermutigt wurden, noch freier und schneller zu traben. Als Folge verschwand der bis dato benutzte langsame, versammelte Trab beinahe vollständig, und die Pferde wurden mehr und mehr auf der Vorhand geritten.

Diese verschiedenen Abwandlungen des Reitstils führten auf dem Kontinent zu der Meinung, die Engländer würden ihre Bediensteten nachahmen. Selbst John Adams schrieb verzweifelt: *'... Sie [seine Landsleute] finden den*

94 | Reitkunst im Wandel

Gedanken, das Reiten in einer Schule zu erlernen, lächerlich, ahmen jedoch, oder versuchen dies zumindest, einen Jagdgroom oder einen Rennjockey nach.' Diese Verurteilung spiegelt sich auch in den Worten von Oberst Dodge im Amerika des 19. Jahrhunderts wider. Er schrieb, daß es zum damaligen Zeitpunkt wenig englische Geländereiter gab, die der natürlichen Reitweise des amerikanischen Cowboys „das Wasser reichen" konnten.

Die Mehrzahl der Engländer schien mit dem neuen Stil jedoch rundum zufrieden. Mit dem Katholizismus verschwanden Zeremoniell und Etikette, und mit den hannoverschen Königen kam eine puritanische Liebe zur freien Natur auf. Es dauerte nicht mehr lange, und es war ein ganz normales Bild, den Prinzen von Wales Kopf an Kopf mit dem ortsansässigen Metzger über ein Stoppelfeld jagen zu sehen; ja, es wurde sogar akzeptiert, daß die beiden Wetten abschlossen, wessen Pferd zuerst die nächste Hecke überwand.

Die Letzten der alten Schule

Trotz allem ging der Streit um den Reitstil weiter, denn die klassische Schule in England war noch nicht völlig untergegangen. Obwohl ihre Bedeutung und ihre Anzahl kleiner geworden waren, gab es auch noch Reitmeister, die dafür eintraten, daß die Pferde vor dem Jagdeinsatz zuerst vollständig ausgebildet werden sollten. Richard Berenger, der Stallmeister Georgs III., übersetzte 1754 Bourgelats großartiges Werk über Newcastle und schrieb 1771 sein eigenes Buch, *A History and Art of Horsemanship*, in dem er beinahe wörtlich Guérinières Definition des klassischen Sitzes wiederholte. Dieser war das genaue Gegenstück zum Jagdsitz.

1778 schrieb Berengers Zeitgenosse Henry Herbert, der 10. Earl of Pembroke[6], (siehe Bildtafel 6) *Military Equitation*, in dem neben den fortgeschrittenen Touren der Hohen Schule auch Geländereiten und Springen erwähnt werden. Mit Adams war er der Meinung, daß das Geheimnis des erfolgreichen Reitens das Gefühl für das richtige Gleichgewicht war. *'Niemand kann gut und sicher auf dem Pferderücken sitzen, wenn er seinen Körper nicht im Gleichgewicht halten kann.'* Der Schüler darf *'weder zu weit nach vorne, noch zu weit nach hinten sitzen. Die Brust muß leicht herausgedrückt und der untere Teil des Körpers ein wenig nach vorne genommen werden; die Schenkel und Beine müssen zwanglos eingedreht werden, und die Füße dürfen nicht nach innen oder außen zeigen. In dieser Haltung übt das natürliche Gewicht der Schenkel genügend Druck aus, die Beine sind in der richtigen Lage, um aktiv zu werden ... Sie müssen locker und natürlich herunterhängen. Sie müssen so plaziert sein, daß sie nicht hin- und herrutschen ..., müssen jedoch immer am Pferdekörper sein, um sofort einwirken zu können ...'* Eine Beschreibung, die man heute kaum bemängeln kann.

Von ihm stammt die weise Bemerkung, daß *'ein Anfänger wesentlich leichter unterrichtet werden kann als jemand, der schon lange nach den falschen Grundsätzen gelernt hat, da es viel schwieriger ist, diese zu verlernen als zu erlernen; das gleiche gilt auch für die Pferde.'*

'Sir Charles Blunt Boar Hunting' von James Ward RA (1769–1859). Diese erstaunlich moderne Zeichnung zeigt, daß einige Reiter den „leichten Sitz" lange vor Caprilli für sich entdeckt hatten. Sie wurden jedoch zahlenmäßig weit von denjenigen übertroffen, die sich weigerten, den Rücken des Pferdes beim Geländereiten zu entlasten.

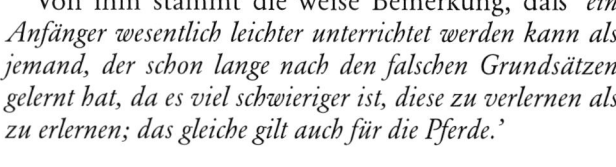

---

[6] In seinem Stammsitz Wilton House, in der Nähe von Salisbury, wird die berühmte Sammlung der von Eisenberg gemalten Gouachebilder aufbewahrt (siehe Kapitel 5).

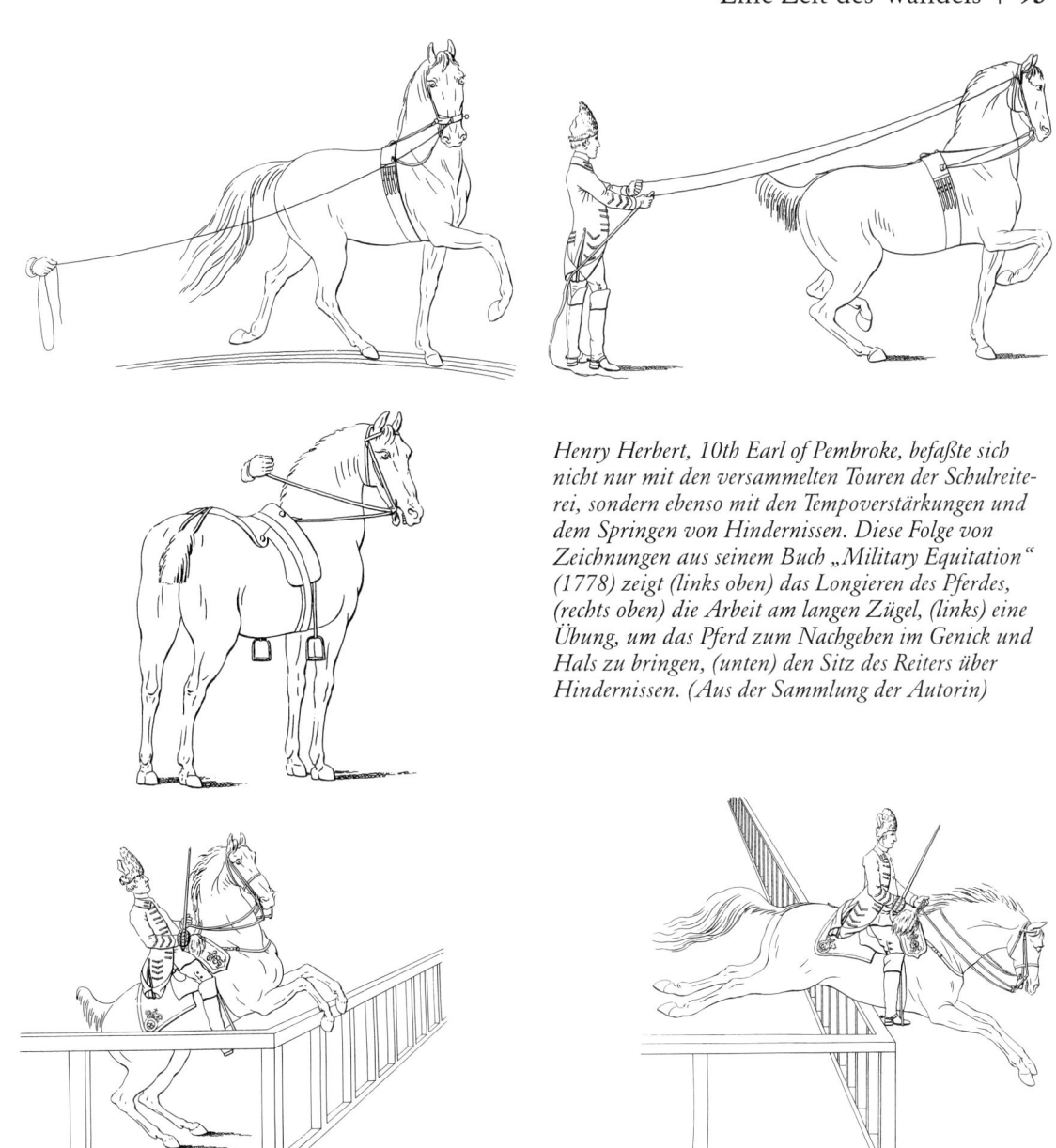

Henry Herbert, 10th Earl of Pembroke, befaßte sich nicht nur mit den versammelten Touren der Schulreiterei, sondern ebenso mit den Tempoverstärkungen und dem Springen von Hindernissen. Diese Folge von Zeichnungen aus seinem Buch „Military Equitation" (1778) zeigt (links oben) das Longieren des Pferdes, (rechts oben) die Arbeit am langen Zügel, (links) eine Übung, um das Pferd zum Nachgeben im Genick und Hals zu bringen, (unten) den Sitz des Reiters über Hindernissen. (Aus der Sammlung der Autorin)

Für junge Pferde empfahl er den Gebrauch des Trensengebisses, legte jedoch Wert darauf, *'dieses einfühlsam anzuwenden, da die Trense nicht die gleiche Kontrolle wie ein voller Zaum auf das Pferdemaul ausübt und die Reiter sich sonst Freiheiten herausnehmen, die ihre Hände ruinieren und außerdem dazu führen, daß die Pferde sich auf die Hand legen, tot im Maul werden und auf die Schulter fallen, wodurch der Gang völlig verloren geht.'*

Wie schon Berenger erwähnte Pembroke drei Trabtempi. Diese untersuchte zuerst Bourgelat in seinem *Nouveau Newcastle* und bezeichnete sie als ausgreifender, geschmeidiger und gleichmäßiger Trab, was heute ungefähr dem Mitteltrab, dem versammelten Trab und dem Arbeitstrab entspricht. Es wird oft vergessen, daß man damals schon in England diese Tempounterschiede kannte, und Pembroke bedauerte, daß immer weniger Kavalleriepferde zuerst in der Bahn diese Nuancen der Gangart erlernten.

Er schrieb, das Schulterherein sei der Prüfstein der Reiterei, sowohl für den Reiter als auch für das Pferd. Während es eine gute Geschmeidigkeitsübung sei, sollte es jedoch nie im Gelände geübt werden.

Ab dem Beginn des 18. Jahrhunderts lehnten Armeekommandeure überall in Europa die Arbeit der Hohen Schule als zu zeitaufwendig ab. Rittmeister Robert Hinde bemerkte in seinem Buch *Discipline of the Light Horse* (1778), daß es ausreichend sei, wenn jedem Soldaten das Wenden, Rückwärtsrichten, das Galoppieren von Schlangenlinien und die Wendung auf der Stelle beigebracht würde. Dies war verständlich, wenn man bedenkt, wie viele unerfahrene Rekruten in die Armee aufgenommen wurden. Anders als in Europa wurde jedoch die Erlernung eines guten Sitzes völlig vernachlässigt. Von diesem Zeitpunkt an schien der Jagdsitz der etablierte Sitz der englischen Armee zu sein.

Bis zum 19. Jahrhundert erhoben nur noch wenige, die selbst aktiv gedient hatten oder im Ausland waren, ihre Stimme. Oberst J. G. Peters, ein hervorragender Kavallerist und Oberbefehlshaber der britischen Streitkräfte, warnte kurz vor Veröffentlichung seines Buches *The Art of Horsemanship* (1835): *'Je weiter der Reiter seinen Körper von den obigen Linien [d. h. der Senkrechten] seines Gleichgewichts zurücknimmt, desto mehr wird er gezwungen, sich durch falsche Hilfen, mit den Knien oder den Händen zu stützen und dabei dem Pferd im Maul zu reißen … Somit geht jegliche Anmut, Leichtigkeit und Eleganz verloren.'*

F. Dwyer, der 1869 *Seats, Saddles, Bits and Bitting* veröffentlichte, kehrte, inspiriert von der Arbeit, die er in Wien gesehen hatte, nach England zurück, war dann aber sehr deprimiert über die dortigen Verhältnisse. Er warnte vor dem Jagdsattel, der bei so vielen Reitern dazu führte, daß sie *'beinahe auf den Lenden ihrer Pferde sitzen und somit die Antriebskraft stark beeinträchtigen. Daraus folgt, daß sie ihren Körper auf die ungünstigste und unansehnlichste Weise nach vorne werfen müssen.'* Er argumentierte zu Recht, daß der Bügelriemen des englischen Sattels im allgemeinen zu weit vor dem tiefsten Punkt des Sitzes herunterhing. Dies verhinderte, daß der Reiter über den Steigbügeln saß und *'die Elastizität seiner Beine'* ausnutzen konnte, … *'da das Gleichgewicht nicht richtig verteilt ist'.*

Dwyer war der Meinung, daß man einen ruhigen, ausbalancierten Sitz niemals erlernen könne, wenn einem das richtige Werkzeug fehlte. Daher läge die Verantwortung beim Sattler und nicht beim Reitlehrer. (Das trifft auch heute noch zu.) Aus Gründen der Genauigkeit *'… müssen die Steigbügel in der Mitte des Sattels, direkt unter dem Gesäß des Reiters, angebracht werden; dazu gibt es keine Alternative'.* Mit einem solchen Sitz könnte der Reiter mehr Kontrolle ausüben, und weit weniger Pferde erlitten einen Niederbruch.

Selbst spätere Sportjournalisten wie Nimrod erkannten die Grenzen des englischen Stils. In einer Reihe von Artikeln für *Horse and Hound* warnte er 1893 davor, daß die kurzen Steigbügel des englischen Jagdsitzes den Reiter zu weit nach hinten setzten, obwohl dieser Sitz ursprünglich im Hinblick auf das Wohl des Pferdes entwickelt worden war. McTaggart schrieb: *'… Je kürzer die Steigbügel, desto mehr Gewicht verteilt sich im Schritt und im Halten auf die Lenden des Pferdes, und um so mehr verkrampft sich der Reiter.'*

Im 18. und 19. Jahrhundert war die Begeisterung für das Gelände- und Jagdreiten jedoch so groß, daß es keinen alternativen Sitz gab. Es ist schade, daß die britischen Reiter Männern wie Newcastle, Berenger, Astley, Pembroke, Adams, Peters und Dwyer nicht mehr Beachtung schenkten. Ihr Einfluß hätte den Geländesitz nicht abgeschafft; er hätte vielmehr eine sichere Grundlage für alle Sparten der Reiterei geschaffen. Außerdem wäre den Dres-

Diese Bilder, die dem Buch des englischen Meisters Philip Astley entnommen sind, zeigen Figuren, die im allgemeinen nur mit der kontinentalen Schule in Verbindung gebracht werden. Hier sehen wir (links oben) die Kapriole, (rechts oben) die Pirouette und (unten) die Piaffe. (Aus der Sammlung der Autorin)

surreitern des 20. Jahrhunderts ein gewisser Zusammenhang mit der Vergangenheit erhalten geblieben.

Im Ausland wurde der Ruf des englischen Sitzes immer schlechter, was oft auch zu unfairen Kommentaren über die englischen Pferde führte. Indem er sie mit den spanischen, italienischen und hannoverschen Pferden verglich, schrieb selbst Berenger: *'Den englischen Pferden wird nicht zu Unrecht vorgeworfen, sie hätten ein eigensinniges Temperament, seien widerspenstig und steif in der Schulter; außerdem mangele es ihnen an Geschmeidigkeit, wodurch ihre Bewegungen steif würden und sie oft stolpern ließen. Daher seien sie für die Reitbahn ungeeignet.'* Dies führte er einzig und allein auf den Sitz des Reiters zurück.

Picard bewundert zwar die englischen Pferde, beklagt jedoch, daß die einstigen britischen Meister und ihre Methoden verschwunden seien. Er preist zwar die britische Leidenschaft und Liebe zum Pferd, schreibt aber: *'Ein guter Geschmack in allem, was Pferde angeht, hat sich im Lande zwar erhalten, ... aber alle Vorschriften der Reitkunst sind verschwunden. Die Reiter beweisen ohne Zweifel Mut, besitzen aber nicht die Spur einer Methode.'*

Frankreich und Deutschland

Wie wir schon gesehen haben, gab es auch in Europa einen Wandel, als preußische Kavallerieoffiziere wie Seydlitz (siehe Kapitel 5) begannen, ihre jungen Rekruten im Gelände auszubilden, da sie weder Zeit noch Platz für die Arbeit in der Bahn hatten. Eine der Maximen Friedrichs des Großen war: *'Ein Reiter, der nicht lange Zeit galoppieren kann, taugt nichts!'* Diese Weisheit bewahrheitete sich, als 38 preußische Schwadronen am 5. November 1757 bei Roßbach unter dem Kommando von Seydlitz im Galopp angriffen, die

98 | Reitkunst im Wandel

französischen Linien wie der Blitz durchbrachen und einen großartigen Sieg verzeichneten.

Da Schnelligkeit und Raumgriff nun auch auf dem Kontinent im Vordergrund standen, ging zwar ein Teil der Kunst und der Eleganz, jedoch nicht der ursprüngliche Sitz verloren. Der Militärsattel, im Gegensatz zum englischen Jagdsattel, wirkte sich nicht störend auf das Gleichgewicht des Reiters aus, und die Grundlagen des auf dem Gleichgewicht basierenden, geraden Sitzes wurden weiterhin gelehrt und geschätzt.

Die in der Kunst des Schulreitens zum Ausdruck kommende europäische Lebensart ging in den Napoleonischen Kriegen unter. Selbst in Frankreich, der Heimat der klassischen Reiterei, ließen Bonapartes Revolutionäre keinen Platz mehr für Artigkeiten in der Reitbahn. Ein aristokratischer *écuyer*, der das Land noch nicht verlassen hatte, war der Marquis de la Bigne aus der Schule von Versailles. In seinem Bemühen, die königlichen Schulpferde zu retten, überredete er die Behörden zur Errichtung einer nationalen Reitschule. 1798 wurde dies die *Ecole d'Instruction des Troupes à Cheval* (Reitschule der berittenen Truppen). Die Männer, die sie leiteten, hatten zwar großartige Vorstellungen, ihnen fehlte jedoch das notwendige Wissen. Innerhalb eines Jahrzehntes erlitt die französische Reiterei einen vollständigen Zusammenbruch. Die das hätten verhindern können waren entweder im Exil oder der Guillotine zum Opfer gefallen; unter den Konsequenzen hatten viele Pferde zu leiden. Laut dem großen französischen General Murat konnte sich die französische Kavallerie nur *'im Schritt vorwärtsbewegen'* oder bestenfalls *'im Angesicht des Feindes traben'*.

In England war zwar die klassische Ausbildung vernachlässigt worden, die Menschen dort waren jedoch immer für ihre Liebe und Sorge um das Wohlergehen ihrer Tiere bekannt. In gewisser Weise war die Jagd eine gute Vorbereitung für die Feldzüge durch Europa, da die Pferde wenigstens eine gute Kondition hatten. Der schludrige Reitstil war jedoch nicht jedermanns Sache. Auch Wellington[7], ein Schüler der klassischen Reitweise, bemerkte, daß die französische Kavallerie *'leichter zu führen und nützlicher als die englische'* sei, da sie *'immer diszipliniert'* sei und auf Kommando angehalten werden könne. Der französische General Excelmann erklärte: *'Eure Pferde sind die besten der Welt ... Der Schwachpunkt sind eure Offiziere – die davon überzeugt sind, daß sie über alles hinwegjagen können, als ob die Kriegskunst nichts anderes als eine Fuchsjagd wäre!'*

Die mangelhafte Ausbildung, die so viele unausbalancierte Reiter und Pferde zur Folge hatte, verdeutlichte gegen Kriegsende, daß eine ordentliche Kavallerieausbildung, wenn auch in vereinfachter Form, wieder eingeführt werden mußte, hatte es doch eine erschreckend hohe Zahl an Todesopfern – bei Menschen und Pferden – gegeben. Mangelnde Beweglichkeit im Kampf, vielfach aber auch Verletzungen während des Marsches waren die Ursachen. Unzureichendes Sattelzeug und Nachlässigkeit beim Reiten waren hierfür verantwortlich. Darum war es dringend geboten, sich wieder an der Vergangenheit zu orientieren.

Ein neuer Anfang

Mit dem Frieden kam – besonders in Frankreich und in abgeschwächter Form auch in Deutschland – so etwas wie eine zweite Renaissance der klassischen Reiterei auf. Persönlichkeiten kamen aus dem Exil zurück; alte Meister wie d'Auvergne und d'Abzac hinterließen eine Anzahl von Schülern, und es traten Namen wie Baucher, d'Aure, Fillis, von Holbein, Hohenlohe,

[7] Er ritt als junger Mann in der Reitbahn von Angers.

Eine Zeit des Wandels | 99

Steinbrecht, Plinzner, Raabe, Faverot de Kerbrech, Lenoble du Teil, Guerin, Gerhardt, L'Hotte, Saint-Phalle und Beudant hervor. Sie orientierten sich vorwiegend an den Grundsätzen der Versailler Schule, die in Wien weiterlebte. Trotzdem blieb aber auch Raum für moderne Interpretationen, zumal sich der Einfluß des Vollbluts bei den Pferden bemerkbar machte und daher gewisse Anpassungen notwendig wurden.

Der Abstand zwischen Vergangenheit und Gegenwart führte unweigerlich zu heftigen Kontroversen unter den herausragenden Persönlichkeiten, die alle um Anerkennung rangen – zu einer Zeit, in der sich nur Militäreinrichtungen ihre Dienste leisten konnten.

Eine der interessantesten Auseinandersetzungen, die zu einer großen persönlichen Rivalität führte, waren die anhaltenden Streitigkeiten zwischen François Baucher und dem Comte d'Aure, auf dessen Methoden wir im nächsten Kapitel eingehen werden. Zur gleichen Zeit wandte sich ein bedeutender Engländer, James Fillis, von dem inzwischen etablierten englischen Jagdsitz ab und kehrte zu den alten Prinzipien der klassischen Schule zurück.

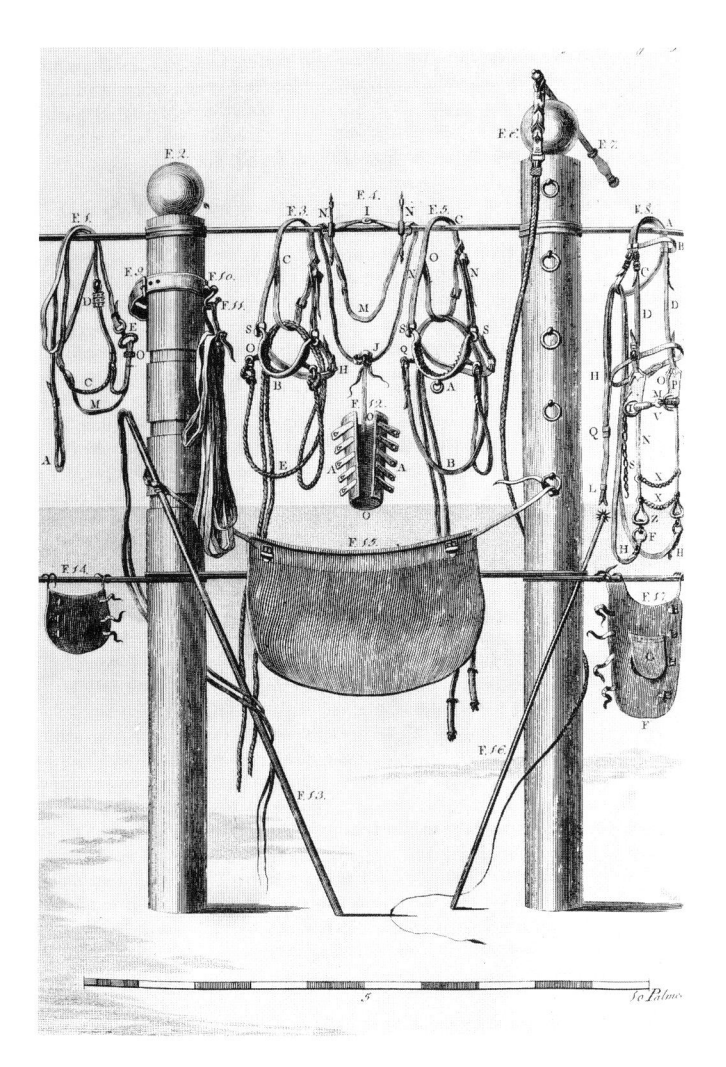

Die Pilaren und das Werkzeug des Reiters, das im 18. Jahrhundert für die Arbeit an der Hand benötigt wurde.

Gerade zu dem Zeitpunkt, als es schien, daß die verschiedenen Voraussetzungen der Reiterei schließlich in zwei klar definierte Kategorien eingeteilt werden konnten – die Schulreiterei oder Dressur basierend auf den klassischen Richtlinien und das sportliche Reiten im Gelände – verursachte der Italiener Caprilli eine weitere Revolution, diesmal im 20. Jahrhundert. Diese Revolution war für die sportliche Reiterei von unschätzbarem Wert. Heute profitieren alle Jagdreiter davon, wenn sie im Gleichgewicht den Pferderücken entlastend und somit eins mit ihrem Pferd über die noch immer wunderschönen Jagdgebiete der englisches Shires oder Virginias und Kentuckys in den Vereinigten Staaten reiten. Und doch hat auch die Revolution Caprillis die Dressurausbildung in ähnlicher Weise beeinflußt, wie es das Jagdreiten zwei Jahrhunderte früher getan hatte. Daher darf sie in unserer Geschichte über die klassische Reiterei nicht unberücksichtigt bleiben.

Kapitel 10
Saumur und der Beitrag von Baucher

Die berühmte französische Kavallerieschule von Saumur wurde 1771 vom Duc de Choiseul, dem französischen Kriegsminister, an einer einst von berittenen Legionen benutzten Stätte gegründet. Bedingt durch die Wirrnisse der Französischen Revolution konnte die Arbeit erst 1814 auf Erlaß Ludwigs XVIII. richtig aufgenommen werden. Die Neugründung der Schule brachte viele talentierte Persönlichkeiten hervor, darunter Schüler des *ancien régime* oder des Militärs d'Auvergne. Zu den letzteren gehörten der Marquis de Chabannes und sein Protegé M. Rousselat, beide später berühmte Kommandeure. Es gab jedoch einen ständigen Machtkampf zwischen den Anhängern von Versailles und denjenigen, die mehr der Zukunft zugewandt waren. Einer der einflußreichsten Chefreitlehrer (von 1847–1855), der die neue Generation der französischen *écuyers* vertrat, war der Comte d'Aure.

Der Comte D'Aure (1799–1863)

In der Geschichte der Dressur ist d'Aure, der den relativ neuen Gedanken der verstärkten Gangarten, besser geeignet für die Ausbildung im Freien, einbrachte, vor allem bekannt geworden durch seine heftigen Querelen mit seinem Rivalen, François Baucher (1796–1873), der sich nur für die versammelte Arbeit interessierte. Unter der Gönnerschaft des Duc d'Orleans[1] und mit Hilfe des Kommandanten de Novital stand Baucher kurz davor, eine begehrte Lehrstelle in Saumur zu erhalten. D'Aure verhinderte dies. Während Baucher danach mit leeren Händen dastand, herrschte d'Aure uneingeschränkt bis zu seinem Rücktritt 1857.

Es mutet seltsam an, daß gerade der Aristokrat d'Aure sich darum bemühte, die französische Reiterei von den Zwängen der höfischen Etikette zu befreien, während sich Baucher, der aus bescheidenen Verhältnissen stammte, nach Eleganz und Zeremoniell sehnte. Als Realist überraschte d'Aure in Saumur mit seiner Ansicht, die einstige Reiterei von Versailles sei überholt. Indem er sich von Traditionen löste, trachtete er danach, das Pferd *'wie von der Natur geschaffen'* zu reiten. In seinen Worten: *'Ein Pferd zum Gehorsam erziehen, seine Möglichkeiten unseren Notwendigkeiten anpassen und seine Eigenschaften erhalten und fördern.'*

In *Traite d'Equitation* (1834) erklärte d'Aure die neue Einstellung zur Reiterei: *'Die Reiterei litt stark unter der Revolution; von allen Künsten nahm sie am meisten Schaden. Ihr durch königliche Freigiebigkeit unterstütztes Refugium in Versailles verschwand mit der Monarchie. Auch die anderen Schulen lösten sich auf, und unsere Reiter gingen ins Exil oder fanden Zuflucht beim Militär.'* Er erkannte, daß nicht mehr genügend Zeit für die Ausbildung neuer Reiter zur Verfügung stand und daß nur sehr wenige die geistige Einstellung und Sensibilität für die alten

[1] Er fiel einem Unfall zum Opfer, als Baucher ihn am meisten gebraucht hätte, d. h. nachdem eine Reihe von erfolgreichen Experimenten mit Offizierspferden Bauchers Glaubwürdigkeit als Lehrer von Saumur bestätigt hatte.

Tafel 7

Dieses französische Gemälde von Alfred de Dreux (1810–1860), nach der Revolution entstanden, zeigt einen Vollblüter, von einem Groom geritten. Es veranschaulichte die Veränderungen an der (1825) neu gegründeten Königlichen Kavallerieschule von Saumur. General Oudinnot hatte 25 irische Pferde mit kompletter englischer Ausrüstung. (Mit freundlicher Genehmigung von Arthur Ackermann Sons)

Waloddi Fischerström war 1868 Oberstallmeister am schwedischen Hof. Hier ist er in der Piaffe auf seinem mächtigen schwedischen Kavalleriepferd zu sehen, dem Vorfahren des heute in der Dressur so erfolgreichen schwedischen Warmbluts.

Tafel 8

In Saumur bilden die Schulen über der Erde, les airs relevées, einen wichtigen Bestandteil der traditionellen Ausbildung. Im Gegensatz zu Wien kommen bei diesen Sprüngen, oder sauts, hauptsächlich Vollblüter zum Einsatz. Auf diesem Bild führt das Pferd eine Courbette aus, die sich durch lebhaften Schwung und eine gewisse Heftigkeit auszeichnet. Nach Meinung der Franzosen ist dies lediglich die Bestätigung für einen wirklich tiefen Sitz des Reiters und unterstreicht die Notwendigkeit der souple élégance.

Saumur und der Beitrag von Baucher | 101

Methoden mitbrachten. *'Damals bestand die Reiterei mit wenigen Ausnahmen darin, die Pferde frei gehen zu lassen ... die Zügel lang ... Da jene Reiter weder die Zeit noch die Fähigkeit hatten, ihre Pferde geschmeidig zu machen und auf die Hinterhand zu setzen, überließ man es weitgehend den Pferden selbst, so gut wie möglich im Gleichgewicht zu gehen.'*

Da er die Uhr nicht zurückstellen wollte oder konnte, lehrte d'Aure die Kavalleristen eine neue Methode, die den Pferden das freie Vorwärtsgehen erlaubte, wozu jedoch auch feste Grundregeln gehörten, um Steifheit, Schiefe und Unregelmäßigkeit der Gänge abzuschaffen. Er konzentrierte sich auf den Takt, wobei das Pferd *d'une seule pièce* (wie aus einem Stück) gehen sollte, und lehrte seine Schüler, die Tritte zu verkürzen oder zu verlängern, um die Pferde in schwierigem Gelände auszubalancieren. Auch Sprünge über Naturhindernisse gehörten zum Unterricht, wodurch man sich völlig von der versammelten Arbeit löste. D'Aures Beitrag zur modernen Dressur war die Definition des Arbeitstrabs. Seine Einführung des starken Trabs (damals wahrscheinlich eher ein Mitteltrab) führte zu dem extravaganten Gang, der heute den Leistungssport zu beherrschen scheint. Er betonte, daß der richtige Takt im verstärkten Trab nur auf gerader Linie und dort, wo *'man sichergehen kann, für eine bestimmte Zeit genau den gleichen Hufschlag einhalten zu können'* (wie heute bei Dressurprüfungen), entwickelt werden kann.

Er war selbst ein talentierter Reiter der Hohen Schule. Als großer Bewunderer des englischen Vollblüters bestand er darauf, daß diese Rasse *'genauso geschmeidig und leichtfüßig wie jedes spanische Pferd'* gehen könne. Man müsse nur *'den Kopf heben, anstatt den Hals lang werden zu lassen, es an die Hand bringen und die Hinterhand aktivieren ... Das erst so unbeholfen wirkende Pferd wird so eine außerordentlich lange Form annehmen, es wird außerdem die graziösesten und versammeltsten Gänge zeigen.'* Diese Worte sind für ein Genie leicht gesagt und unverständlich für den Anfänger. Sie unterscheiden sich inhaltlich kaum von denen seines großen Rivalen Baucher.

Monsieur le Comte d'Aure, écuyer en chef in Saumur (1847–1855), gilt allgemein als der Mann, dem die Entwicklung der Verstärkungen in den Gangarten zugeschrieben wird – obwohl der Earl of Pembroke über dieses Thema schon beinahe ein ganzes Jahrhundert vorher geschrieben hatte (siehe auch Kapitel 9). (Mit freundlicher Genehmigung der Ecole Nationale d'Equitation, Saumur)

Die Streitfrage der Balance

Wie d'Aure strebte auch Baucher nach dem klassischen Ideal der natürlichen Bewegung des Pferdes. Da das natürliche Gleichgewicht durch das Reitergewicht gestört wurde, bestand er darauf, daß das Gleichgewicht nur durch ein Wechselspiel der Krafteinwirkung wiederhergestellt werden konnte. Gemäß Baucher sollte der Reiter jeglichen Widerstand des Pferdes im Keim ersticken und somit zeitaufwendige Gegenmittel überflüssig machen. Dies beruht auf dem Prinzip von Ursache und Wirkung; Baucher wurde wegen dieser Theorie jedoch später viel kritisiert. Heute würde Baucher, der mit der Zeit etwas gemäßigter wurde, wahrscheinlich antworten, daß jeder, der versucht, das Pferd wieder ins Gleichgewicht zu bringen, dies mit Krafteinwirkung tut. Die obige Beschreibung von d'Aure bildet sicher keine Ausnahme.

Baucher und d'Aure hätten in ihren Lehren eine gewisse Übereinstimmung erreichen können, da beide einen Sinn für Schönheit, Harmonie und Gleichgewicht hatten. Seit der Zeit Xenophons wurde die klassische Reiterei für die einzig richtige gehalten, da sie vom Pferd nichts Unnatürliches verlangte – nicht einmal bei den schwierigen Touren über der Erde. Gleichzeitig hatte man die Notwendigkeit erkannt, den Schwerpunkt des Pferdes etwas nach hinten zu verlagern, damit es diese natürlichen Bewegungen auch mit einem Reiter auf seinem Rücken ausführen konnte. Ziel war, das Pferd wieder ins Gleichgewicht zu bringen, was durch Senkung und Aktivierung der Hinterhand erreicht wurde.

Über die Jahrhunderte entwickelte man verschiedene Geschmeidigkeitsübungen zur Stärkung der Muskulatur und Beweglichkeit der Gelenke als Vorbedingung zur Versammlung. Sobald das Pferd in der Lage war, mit den Beinen weiter unter den Körper zu treten, würde sich der Hals von selbst wölben und höher getragen werden, mit dem Kopf in der Senkrechten *(ramener)*. Dadurch würde das Pferd insgesamt runder, was zur Dehnung der Muskulatur ebenso wirkungsvoll war wie das freie Vorwärtsreiten für das Längerwerden und In-die-Tiefe-reiten. Während ersteres einen kürzeren, elastischeren und kadenzierteren Gang zur Folge hatte, mündete letzteres in einem rationelleren, fließenden Bewegungsablauf und erweitertem Raumgriff. Beides hatte seine Berechtigung, und beides hätte einem Pferd unter demselben Ausbilder möglich sein sollen.

Leider polarisierten Baucher und d'Aure ihre Methoden. Während Baucher im Gelände- oder Jagdreiten keinen Sinn sah, war es für d'Aure zukunftsweisend. Während Baucher zu seinen Lebzeiten vorwiegend die Anhänger der Hohen Schule und der französischen Reitweise beeindruckte, wirkte sich die freiere Arbeit von d'Aure eher prägend auf das wettkampfmäßige Dressurreiten aus. Manche strengen Gefolgsleute der Versailler Schule bedauerten den Einfluß d'Aures auf die französische Reiterei jedoch zutiefst.

Kommandant Jean Saint-Fort Paillard, ehemals Saumur, machte 1975 auf das große Mißverständnis aufmerksam, das sich aus einer von Comte d'Aure verfaßten Neudefinierung eines Satzes von Guérinière über die Verbindung zum Pferdemaul – oder *appui* – ergab. Leider fand sich diese Neudefinierung auch in dessen Buch wieder und wurde somit an ganze Reitergenerationen weitergegeben. So entstand in der modernen Dressurreiterei das Dogma vom Gewicht, das der Reiter in der Hand haben sollte. Manche Lehrer treiben dies so weit, daß sie sogar die genaue Pfund- oder Kilozahl festlegen wollen.

Guérinières ursprüngliches Prinzip hatte jedoch nichts mit Gewicht zu tun. Nur durch Fehlinterpretation kam dieser Gedanke auf. Paillard schrieb: *'Weil diese Theorie nur schwer zu beweisen war, was außerdem von niemandem versucht wurde, erhielt sie den Status eines Prinzips, einer Art Glaubensbekenntnis, eines Dogmas ... Muß man davon ausgehen, daß Reiter schwer von Begriff oder geistig behindert sind? Wenn nicht, stellt sich die Frage, warum sie weiterhin Theorien akzeptieren, denen keine logische Erklärung zugrunde liegt.'*

Dieser Exkurs ist wichtig, da d'Aure heute wohl einen wesentlich größeren Einfluß hat, als zuerst angenommen. Henriquet, ein *aficionado* der Versailler Schule, schrieb mit einiger Bitterkeit über d'Aure: *'Nicht einer seiner vielen Bewunderer oder Schüler erlangte auch nur die geringste Bedeutung. Mit ihm riß der seidene Faden, der die alte klassische Reiterei mit der zeitgenössischen verbunden hatte.'*

Dies mag unfair sein. Er war zweifellos ein Neuerer in der Welt der klassischen Reiterei, weit mehr als der nächste Meister, der dafür schon immer um so emotionellere Reaktionen hervorgerufen hat. Viele davon sind von Bewunderung, einige jedoch auch von strikter Ablehnung geprägt. Vielleicht lebt der Geist des Comte d'Aure fort.

François Baucher

Da Baucher die edlen Traditionen der höfischen Reiterei liebte und im Schatten von Versailles aufwuchs, war er entschlossen, zu den runden, versammelten Linien der barocken Reithallen zurückzukehren. Er erreichte dies in seiner Arbeit mit allen Pferderassen – wobei er wie d'Aure besonders den englischen Vollblüter bewunderte –, indem er dem Reiter einen so narrensicheren Sitz zuwies, daß dieser ihm völlige Kontrolle über die natürlichen Kräfte des Pferdes ermöglichte, und ihn sein Pferd biegen ließ, um Kiefer, Hals- und Rückenmuskulatur und Gelenke locker zu machen.

Versammlung wurde folgendermaßen definiert: *'Bei der echten Versammlung wird die ganze Energie des Pferdes in seiner Körpermitte zusammengezogen, um die zwei Extremitäten leichter werden zu lassen und vollständig unter die Kontrolle des Reiters zu bringen.'*

Nachdem er in Saumur abgelehnt worden war, konnte Baucher sein außergewöhnliches Talent im Zirkus zur Schau stellen. Der Zirkus des späten 18. und 19. Jahrhunderts ist nicht mit dem heutigen zu vergleichen, und Namen wie der des Engländers Philip Astley (der 1814 starb) standen für Brillanz und Romantik. Die großen, glanzvollen Zirkusse Europas (wovon der russische der berühmteste war) hatten oftmals einen festen Standort und übten eine ähnliche Anziehungskraft auf die Einflußreichen und Begüterten aus, wie es heute Theater und Ballett tun. Die elegant gekleideten Persönlichkeiten der Gesellschaft schauten ihren gefeierten Lieblingen von der eigenen Loge aus zu. Als kritisches Publikum wußten sie die Darbietungen, bei denen die Hohe Schule den ersten Rang einnahm, zu schätzen. Die Reiter hatten großes Format, und Männer wie Pellier, die Franconis und andere konnten enorme Gagen verlangen. Atmosphäre war alles! Über den kleinen, intimen Manegen schwangen glitzernde Kronleuchter, und jeder hielt den Atem an, wenn ein Paar festlich geschmückter Pferde den roten Vorhang teilte und langsam zu den Klängen eines dramatischen Trommelwirbels im Kreis passagierte, begierig, seine Künste darzubieten.

Baucher, der unter zwei großartigen *écuyers*, dem Neapolitaner Mazzuchelli und d'Abzac in Frankreich, eine klassische Ausbildung genossen hatte, wurde, als er in den Cirque des Champs-Elysées eintrat, bald von der Gesell-

François Baucher auf Partisan, einem seiner Lieblingspferde (nach einer 1840 entstandenen Lithographie von A. Giroux) in einer hoch versammelten Passage. Man beachte die leichte Zügelführung, ein typisches Merkmal der französischen Schule bis zur Mitte des 20. Jahrhunderts. (Mit freundlicher Genehmigung der Ecole Nationale d'Equitation, Saumur)

schaft als Genie bewundert. Damals mußte das Niveau der Reiter der Hohen Schule, sei es in Moskau, Paris oder Turin, perfekt sein. Baucher führte hauptsächlich englische Pferde vor; er liebte das Feuer und die Sensibilität des Vollblüters und genoß als Perfektionist sicher auch die Herausforderung. Die Zuschauer erwarteten Lektionen, zu denen der Galopp auf der Stelle, das Rückwärtsgaloppieren, der Spanische Schritt und Trab und andere spektakuläre Gänge gehörten. Um Applaus zu ernten, mußten diese genauso korrekt wie die Piaffen und Levaden ausgeführt werden. Eines seiner brillantesten Pferde, ein Kutschpferd aus Yorkshire mit dem Namen Partisan[2], bildete er für die Russin Pauline aus, und einige seiner Pferde wurden vom russischen Staatszirkus gekauft.

[2] Nach Dwyer wurde Partisan für ein Spottgeld verkauft, weil niemand mit ihm zurechtkam, und Baucher verwandelte ihn in *ein erstklassiges und außerordentlich gefügiges Schulpferd*.

Wie so viele großartige Reiter war Baucher ein „workaholic". Er lehnte Einladungen seines Publikums, das ihn hoch verehrte, ab und lebte nur für die Reitschule. Seiner Kunst verschrieben, bildete er eine große Anzahl Pferde aus, seine übrige Zeit war mit Schreiben und der Unterrichtserteilung ausgefüllt. Auf sein erstes Buch *Dictionnaire raisonné d'equitation* (1833) folgte (1842) *Methode d'equitation basée sur de nouveaux principes*.

Trotz der Ablehnung durch die militärischen Behörden studierten viele junge französische Offiziere unter Baucher. Der vielleicht bekannteste war Alexis l'Hotte, der das Beste von d'Aure und Baucher verknüpfen konnte und schließlich die begehrte Position des Kommandanten von Saumur erhielt – was seinem Mentor versagt worden war. Viele der Aussprüche l'Hottes hört man auch heute noch in Saumur. Der bekannteste, *'Calme, en avant, droit!'* – ruhig, vorwärts, gerade – ist legendär geworden. Er bestand darauf, *'daß das Pferd, wenn es auf gerader Linie geht, vom Kopf bis zu den Hanken gerade sein muß und gebogen, wenn es einer gebogenen Linie folgt'*. Das von Baucher übermittelte Feingefühl führte auch zu dem Ausspruch, daß das ganze Pferd *'dem Hauch eines Stiefels'* gehorchen und der Sitz das Gefühl vermitteln solle, *'auf den sanften Wellen eines Sees'* zu reiten.

Ein anderer Schüler, General Faverot de Kerbrech (1837–1905), war ein brillanter Lehrer, und aus seinem 1891 erschienenen Buch, *Dressage méthodique du cheval de selle d'après les derniers enseignements de Baucher*, wird heute noch oft zitiert. Auch Hauptmann Raabe (1811–1891) und Oberst Guérin (1817–1841) – beide hatten hohe Posten in der Armee inne – gelang es, die Geländeausbildung mit der Arbeit der Hohen Schule zu verbinden. Die Arbeit dieser Männer nach den Methoden Bauchers ermutigte und stärkte andere, wie Dutilh und später Hauptmann Beudant (gestorben 1949), der von General Decarpentry als *'der glänzendste Reiter, den ich je kannte'* bezeichnet wurde. Bauchers großer Einfluß auf die französische Schule hält auch noch in diesem Jahrhundert an. Die Kritik gewisser Gegner, er sei der *'Totengräber der französischen Reiterei'* grenzt ans Absurde und entstammt dem heftigen Groll, den der Deutsche Seeger gegen Bauchers Schüler Seidler hegte.

Es war Baucher, der die fliegenden Wechsel von Sprung zu Sprung, die Wechsel *à tempo*, einführte. Es war Baucher, der schrieb *'Der Schritt ist die Mutter aller Gangarten ...'* und *'das Maul des Pferdes ist der Barometer seines Körpers'*. Und es war Baucher, der bei einem seiner häufigen Besuche in Preußen einem jungen Offizier, der ihm sagte, daß man es hier gerne sehe, wenn die Pferde etwas vor der Hand wären, in aller Ruhe entgegnete: *'Ich möchte mein Pferd hinter der Hand und vor dem Bein haben[3], so daß der Schwerpunkt zwischen diesen beiden Hilfen liegt, denn nur so ist das Pferd völlig unter der Kontrolle des Reiters, seine Bewegungen werden anmutig und taktmäßig, und es kann leicht unter Beibehaltung seines Gleichgewichts von einer schnellen in eine langsame Gangart wechseln.'*

[3] Ein Gedanke, der auch heute noch in Saumur Gültigkeit hat.

Saumur und der Beitrag von Baucher | 105

Er war ehrlich genug, seine Einstellung später etwas zu revidieren. Schüler der Reiterei beziehen sich heute eher auf seine zweite Methode. Er lehnte später auch die Kandare ab, da er ein so brillanter Reiter war, daß er sein Pferd auch mit einer einfachen Trense versammeln und in den Touren der Hohen Schule reiten konnte.

Für Baucher gab es keine Pferde, die schlecht im Maul waren. Bei ihm wurde jedes Pferd leicht in der Hand, oft schon innerhalb weniger Minuten, indem er einfach die Balance mit Hilfe des Sitzes, einfacher Gewichtshilfen und seiner Geschmeidigkeitsübungen wiederherstellte. Diese wurden zuerst an der Hand, später zu Pferd ausgeführt und basierten auf einer Biegung des Kopfes und des Halses, um den Widerstand, der für gewöhnlich verhindert, daß das Pferd nachgibt und sich wirklich versammeln läßt *(ramener)*, zu beseitigen. Später ließ er die seitlichen Biegungen weg, da er erkannte, daß nur wenige über sein reiterliches Feingefühl verfügten und Biegung[4] durch Gewalt erreichen wollten – genau das Gegenteil von dem, was er anstrebte. In späteren Jahren schrieb er von der *'Reiterei in Hausschuhen'*; sein Ausspruch *'Hände ohne Beine und Beine ohne Hände'* wird jedoch oft falsch aufgefaßt.

Bauchers Passagen, Piaffen und Levaden suchten ihresgleichen. Er führte dies auf das Gefühl für „Timing" zurück, auf das Gespür des Reiters, wann und wie er sein Gewicht einzusetzen hatte und wie es sich auf das Gleichgewicht des Pferdes auswirkte. Er legte viel Wert auf Knie- und Schenkeldruck[5], eine Gewichtshilfe, die heute von vielen Reitern übersehen wird. Ein korrekter klassischer Sitz war von allergrößter Bedeutung.

Der Sitz
'Um die Schultern zurückzunehmen, sollte der Lehrer seinem Schüler raten, den Rücken hohl zu machen und die Hüfte vorzuschieben; im Falle eines Mannes mit schlaffen Lenden sollte er für einige Zeit in dieser Position verharren, ungeachtet der Steifheit, die dies anfangs verursacht. Der Schüler wird nur durch energische Anstrengungen geschmeidig, nicht indem er die bequeme Haltung, die so oft fälschlicherweise empfohlen wird, einnimmt.' Oder: *'Der Reiter sollte so gerade wie möglich sitzen, so daß jeder Körperteil auf dem darunterliegenden ruht und ein direkter vertikaler Druck durch das Gesäß entsteht ... Durch Anspannung sollten Hüften und Beine bemüht sein, ein Maximum an möglichen Kontaktpunkten zwischen dem Sattel und den Flanken des Pferdes zu finden ...'* Wie Xenophon, Newcastle, Guérinière, Beringer usw. verabscheute er den Stuhlsitz. Es gab nur einen Weg, einen *'faulen'* Reiter korrekt hinzusetzen: durch Lockerungsübungen und indem er lernte, verschiedene Körperteile unabhängig voneinander zu bewegen und zu koordinieren und auf dem Pferd anfangs mit einem Hohlkreuz ganz gerade zu sitzen.

Leicht in der Hand
In *Méthode d'Equitation Basé sur de Nouveaux Principes* schreibt er am Anfang seines Kapitels über das Lockermachen von Unterkiefer und Genick: *'Kopf und Hals des Pferdes sind gleichzeitig Ruder und Kompaß des Reiters ... die Balance des ganzen Körpers ist perfekt und die Leichtigkeit der Hand vollkommen, wenn Hals und Kopf geschmeidig sind und in einer lockeren, eleganten Haltung getragen werden.'* Für Baucher war die gewünschte Biegung die Grundlage für alles weitere, sie *'gibt dem Reiter sofort das Gefühl koordinierter Einwirkung und ermöglicht es dem Pferd, darauf zu reagieren'.*

Für diejenigen Ausbilder, die heute ihre Pferde sehr lange in Dehnungshaltung reiten, gelten die folgenden Worte, die ermutigen, gleichzeitig aber

---

[4] Der portugiesische Autor de Souza (20. Jahrhundert) schreibt in *Advanced Equitation*, daß der Gedanke, Biegung durch Gewalt zu erreichen, von d'Aure in seinem Feldzug gegen Baucher unfairerweise aufgegriffen und falsch interpretiert wurde.

[5] Ähnlich wie auch der Duke of Newcastle

auch warnen möchte: *'Die Dehnung des Halses, die ich besonders für die Pferde empfehle, deren Widerrist höher als ihre Kruppe ist oder die eine schmale Hinterhand oder schwache Lendenpartie haben, sollte keine ständige Haltung darstellen, sondern ein Mittel sein, um sie ins Gleichgewicht zu bringen, wodurch jene schwächeren Körperteile unterstützt und den Pferden schwungvolle, gleichmäßige Bewegungen verliehen werden, die nur durch die tiefe Einstellung des Halses zustande kommen.'* Gleichzeitig bestand er jedoch darauf, daß diese Arbeit sinnlos würde, wenn sie nicht mit dem Kopf des Pferdes im korrekten Winkel zum Hals weitergeführt würde.

Einige seiner Gegner deuteten an, daß er seine spektakulären Resultate mit rohen[6] oder unklassischen Methoden erreichte. Dafür gibt es keinerlei Beweise, und sein Respekt für das Pferd als edles Lebewesen kommt in seinem Buch klar zum Ausdruck. Er ermahnt den Reiter, nie ärgerlich oder gereizt mit dem Pferd umzugehen und immer einen *'freundlichen Ausdruck in den Augen'* zu haben. Außerdem lehnte er die scharfen Gebisse der Vergangenheit als *'Folterinstrumente'* ab. Er bemühte sich immer um Anmut und Eleganz und beschrieb das Gefühl, welches ein ausgebildetes Pferd vermittelt, als *'wie auf Sprungfedern ...'*

Dem Geist von Xenophon und Guérinière folgend, schrieb er über die Bedeutung des Nachgebens, der *descente de main*: *'Diese Freiheit gibt dem Pferd ein solches Selbstvertrauen, daß es unbewußt dem Reiter nachgibt und zu seinem Sklaven wird, während es denkt, daß es seine absolute Unabhängigkeit behält.'*

Neben seinen französischen Schülern hinterließ Baucher auch einen englischen Anhänger, James Fillis, der im Ausland starken Eindruck machte, in England jedoch auch heute noch kaum bekannt ist. Bemerkenswert ist vielleicht auch, daß einer der größten Vertreter der modernen klassischen Reiterei, Nuno Oliveira in Portugal, ein Anhänger Bauchers war.

Bauchers reiterliche Karriere fand ein jähes Ende. Während einer seiner spektakulären Auftritte im neuen Zirkus Napoleon stürzte einer der ebenso schönen wie schweren Kronleuchter auf ihn herunter. Sein Pferd entkam, Baucher jedoch wurde eingeklemmt. Er überlebte schwerverletzt, mußte sich dann aber im wesentlichen auf Unterricht beschränken, weil er unter starken Rückenschmerzen zu leiden hatte.

Obwohl sich sein Traum, Lehrer beim Militär zu werden, nie erfüllte, hinterließ Baucher doch einen größeren Eindruck in Saumur, als er es sich je erträumt haben mag. Sein Schüler, General l'Hotte, der ihm auf seinem Totenbett zur Seite stand, verknüpfte Bauchers Methoden erfolgreich mit den sportlichen Anforderungen an das moderne Kavalleriepferd, und seine *Regulations* waren noch bis zum Zweiten Weltkrieg in Kraft.

Nach dem Ersten Weltkrieg gewann die akademische Reiterei in Saumur unter den Generälen Wattel und Decarpentry sowie Oberst Danloux (berühmt für seine außerordentlich weiche Zügelführung, mit der er seine Pferde in äußerster Versammlung ritt) wieder an Bedeutung. Auch Kommandanten wie Licart, Susanna, de Cosilla u. a. erinnerten stark an Baucher.

Gewisse Teile der preußischen und schwedischen Armee lehnten sich ebenfalls an Baucher an. Über James Fillis wurde jedoch vor allem die russische Kavallerie vom „Baucherismus" geprägt.

Der 'Duc d'Orléans' von Lami (1842). Unter seiner Schirmherrschaft führte Baucher mit offizieller Genehmigung und großem Erfolg, unter den bewundernden Blicken des Kommandanten de Novital, einige Experimente mit Kavalleriepferden in Saumur durch. Viele Offiziere bekannten sich danach zur Baucherschen Methode. Zu Bauchers Pech starb Orléans, noch bevor Baucher endgültig als ziviler Reitlehrer in Saumur akzeptiert wurde. (Mit freundlicher Genehmigung der Ecole Nationale d'Equitation, Saumur)

[6] Der amerikanische Autor Col. T. A. Dodge schrieb 1894 über Baucher: *'Der erste Mann, der der Welt zeigte, daß intelligente Güte das wahre Geheimnis der Pferdeausbildung ist, war der Franzose Baucher.'*

Kapitel 11
Fillis – das vergessene englische Genie

Zwar 1834 in England geboren, galt James Fillis doch stets als eine Verkörperung der künstlerischen französischen Schule. Er verließ England im Alter von 8 Jahren, und es ist vielleicht bezeichnend, daß er, nachdem er sein Herz an die Hohe Schule verloren hatte, niemals mehr in England lebte. Trotzdem errang er die Bewunderung der britischen Jagdreiter. Der Übersetzer seines Buches, Horace Hayes, ein berühmter Veterinär und erfahrener Jagdreiter, schrieb: *'Mr. Fillis ... treu seinem Motto „en avant", hat erfolgreich aufgezeigt, wie man die Bewegungen des Pferdes verbessern kann, ohne dabei seine Nützlichkeit auf der Straße und im Gelände zu beeinträchtigen. Ich glaube daher, daß alle englischsprachigen Reiter, besonders Kavalleristen und Polospieler, von diesen wertvollen Lehren profitieren werden.'* Oberst McTaggart zitierte Fillis mehrmals in seinem eigenen Buch, in dem er das Niveau der Reiterei in England Mitte des 20. Jahrhunderts beklagte.

Fillis und Saumur
Fillis' brennender Wunsch war es, Chefreitlehrer in Saumur zu werden. Dies hätte er auch durch den Einfluß einiger guter Freunde erreichen können, er scheiterte jedoch am Einspruch General l'Hottes. So suchte er, wie auch François Baucher, Zuflucht beim Zirkus, um seine Kunst vorführen zu können. Dies tat er mit großem Erfolg und wurde zur damaligen Zeit der unumstrittene Weltstar der Hohen Schule. Er blieb jedoch immer der Schule von Saumur treu, und seine Philosophie läßt sich am besten mit seinen eigenen Worten beschreiben:

'Es gibt nur eine Schule in Europa[1], wo man das echte Schulpferd finden kann: Saumur. Die Pferde werden dort so ausgebildet, daß sie für alle Aufgaben vorbereitet sind, da sie gut ausbalanciert, leicht und gehorsam in der Hand und am Schenkel sind ... die Reiter haben einen ruhigen Sitz. Sie sind durch die Geschmeidigkeit und Ungezwungenheit, die von ihrem Sitz und ihrer Einstellung herrühren, eins mit ihren Pferden ... und nur dort findet man das, was ich unter einem Schulpferd verstehe, ein Pferd, das so ausgebildet ist, daß es ohne weitere Vorbereitung sofort für die Jagd, das Rennen oder den Krieg eingesetzt werden kann ...'

Bauchers Lebenszeit reichte nicht aus, um Fillis so stark zu beeinflussen, wie oft angenommen wird. Fillis lernte vielmehr aus den Schriften Bauchers und erhielt praktischen Unterricht von François Caron, einem Schüler Bauchers, dem er später sein Buch *Principes de Dressage et d'Equitation*[2] widmete. Der Anfang seiner Karriere war vielseitig; nach seiner Lehre bei Caron hatte er die Aufsicht über die privaten Reitbahnen einiger Prominenter, zu denen die Familie Rothschild und Königin Maria von Neapel zählten. Er war ein unermüdlicher Arbeiter und konnte bis zu 16 oder 17 Pferde am Tag reiten.

---
[1] Fillis war ein Gegner der Schule Wiens, da er den Gebrauch der Pilaren nicht mochte und als künstlich, ja sogar schädlich ablehnte. Wien wiederum vergab ihm niemals diese Bemerkungen.
[2] Dies ist nun auch in englisch unter dem Titel *Breaking and Riding* erhältlich. Die erste Ausgabe erschien 1902. Die neueste Ausgabe ist J. A. Allens Version von 1977, der die obigen Zitate entnommen sind.

Er begann, Pferde für die Kavallerie auszubilden und genoß die inoffizielle Anerkennung der Offiziere von Saumur.

Der Zirkus

Nachdem er sich dem Zirkus zuwandte, begann er mit Privatvorstellungen vor illustren internationalen Gästen und genoß bald den Ruf des brillantesten Schulreiters aller Zeiten.

Über sein Publikum schrieb er: *'In Paris bin ich 25 Jahre lang vor der Elite der künstlerischen und literarischen Gesellschaft aufgetreten, die sehr aufmerksam zuschaut und dir morgen nicht applaudiert, wenn du nicht noch besser als heute bist, und deren deutliche und erbarmungslose, jedoch auch konstruktive Kritik für den, der sich darum bemüht, eine Wissenschaft oder Kunst zu entwickeln, gleichzeitig Erlösung und Antrieb ist.'*

Bleibende Anerkennung wurde ihm zuteil, als er mit dem berühmten Zirkus Ciniselli nach Rußland ging. Großherzog Nikolaus war von seiner Reiterei so beeinflußt, daß er Fillis bat, den Offizieren des kaiserlichen Haushaltes probeweise Unterricht zu erteilen. Die Resultate waren so spektakulär, daß Fillis zum Oberst ernannt wurde und in seiner neuen Position die russische Kavallerie[3] neu organisierte und unterrichtete. Fillis hinterließ einen bleibenden Eindruck in diesem riesigen Land. Es kam eine neue Generation von Kavallerieinstrukteuren auf, die erstmals in der russischen Geschichte über fundierte Kenntnisse in der Hohen Schule verfügte. Als Folge dieser Aufklärung innerhalb des Militärs erinnern sich heute noch einige an den bemerkenswerten Erfolg der Russen bei den Olympischen Spielen der sechziger Jahre (siehe Kapitel 19) und schreiben dies direkt dem Einfluß von Fillis zu.

Getreu der Schule von Versailles

Obwohl wir mit Fillis die Reiterei ins 20. Jahrhundert begleiten, gab es bei ihm keinerlei Abweichungen von den alten klassischen Prinzipien der Versammlung und Leichtigkeit. Zu Beginn seines Buches stellte er sein Prinzip vereinfacht so dar: *'Meine Methode besteht aus der Verteilung des Gewichts durch den im Genick statt am Widerrist abgebogenen Hals, der Schubkraft durch Vorschieben der Hinterhand unter den Körper und Leichtigkeit durch Lockermachen des Unterkiefers. Wenn wir dies wissen, wissen wir zugleich alles und nichts. Wir wissen alles, da diese Prinzipien allgemein gültig sind; und wir wissen nichts, da sie erst in die Praxis umgesetzt werden müssen.'*

Heute sind die von Fillis genannten Prinzipien nicht mehr länger *'allgemein gültig'.* Nur noch wenige Reiter erhalten Unterricht im „Lockermachen des Unterkiefers" (einem in der damaligen Literatur gängigen Ausdruck, etwa mit „Abkauen lassen" oder „Abstoßen vom Gebiß" zu übersetzen) oder den wichtigen Biegungen, Vorbedingungen für das klassische Reiten.

Biegungen

Da er selbst immer eine reine Vorwärtsbewegung anstrebte, kritisierte Fillis Baucher für dessen Schriften, nach denen das Pferd hinter den Zügel kommen könnte. *'Indem ich ihn kritisiere und seine Fehler aufzeige, erweise ich dem großartigen Reiter noch größere Hochachtung.'* Fillis' Stärke lag daher in seiner Fähigkeit, die von Baucher begonnene Arbeit zu verbessern und zu perfek-

---

[3] Vladimir Littauers Buch *Horseman's Progress* verdeutlicht den Hintergrund des Zustandes der russischen Kavallerie in dieser Epoche.

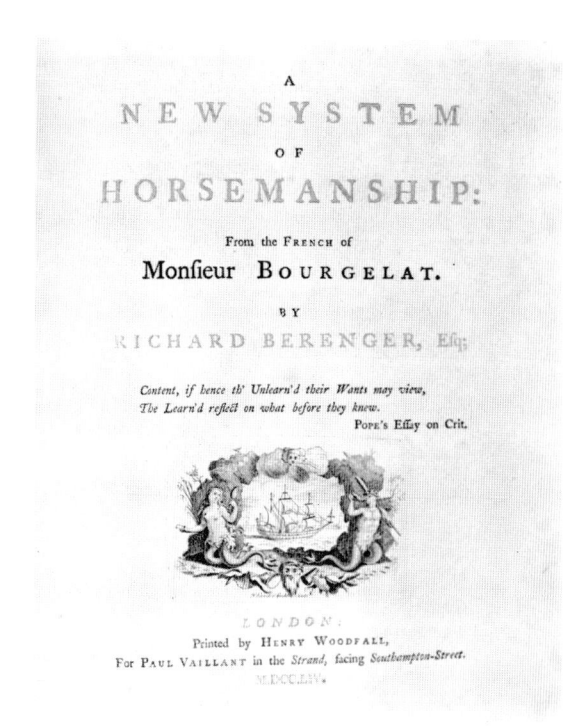

Im 18. und 19. Jahrhundert wurden die wichtigsten französischen Abhandlungen von Schülern der klassischen Reiterei ins Englische übersetzt und beeinflußten somit viele weitblickende Reiter wie z. B. auch Fillis. Diese fanden jedoch nur in Frankreich eine echte Basis für ihre akademischen Studien. Hier ist das Titelblatt von Richard Berengers Übersetzung des Buches von Claude Bourgelat zu sehen.

tionieren. Direkte Biegungen sollten nur im Vorwärtsreiten ausgeführt werden; mit indirekten oder seitlichen Biegungen konnte an der Hand begonnen werden, zu Pferd sollten sie aber immer in der Vorwärtsbewegung erfolgen.

Ziel der Biegearbeit war ein geschmeidiges, ausbalanciertes Pferd, welches, ohne Widerstand leisten zu können, den Schwung (der von den Hinterbeinen ausging) über einen losgelassenen Rücken zu einer kontrollierbaren, leichten Vorhand fließen ließ. Fillis warnte davor, die Kraft seitlich auf die Schulter ausweichen zu lassen. Eine zu starke seitliche Biegung des Halses würde zuviel Gewicht auf die gegenüberliegende Schulter bringen. *'Seitliche Biegung stärkt die einzelnen Teile und bringt sie zusammen, wodurch ein Zustand gegenseitiger Abhängigkeit entsteht, so daß der Reiter auf die gesamte Vorhand einwirken kann. Ohne Biegung würde die Angelrute ... am dünnen Ende angefaßt, d. h. der Kopf wird schwer ... auf einem schlaffen Hals.'* Nur wenn das Pferd sich am Gebiß abstieß, konnte bei allen Richtungs- und Tempowechseln die Leichtigkeit erhalten werden.

Biegung, Geraderichten, Lockermachen von Schultern und Hinterhand, Leichtigkeit und vor allem Versammlung waren die Eckpfeiler seiner Ausbildung. Einige moderne Schulen vertreten die Theorie, daß ein Pferd nur mit tiefer Kopfhaltung in eher horizontalem Rahmen schwungvoll vorwärtsgehen kann. Eine Fußnote in Fillis' Buch verneint dies jedoch: *'Ich habe schon gesagt, daß eine hohe Aufrichtung nur im Vorwärtsreiten zu erreichen ist und daß der Grund für die hohe Aufrichtung meiner Pferde darin liegt, daß ich sie bei allen Übungen immer vorwärts reite. Je größer der Impuls nach vorne, desto mehr tritt die Hinterhand unter den Schwerpunkt und desto leichter wird die Vorhand.'*

Ein praktisch denkender Mann

Fillis erkannte im Gegensatz zu Baucher, daß *rassembler*, höchste Versammlung, nicht mit jedem Pferd möglich war. *'Es ist möglich, alle Pferde leicht in der Hand zu machen, ich bestreite jedoch, daß sie alle dieselbe Leichtigkeit und Sensibilität erreichen können.'* Wenn manchen Gegnern die Bewegungen des klassisch ausgebildeten Pferdes zu langsam erscheinen, wären sie von Fillis sicher begeistert gewesen. Einer seiner ehemaligen Schüler berichtet, seine Pferde bewegten sich *'wie vom Teufel besessen'*. Obwohl seine große Liebe der Hohen Schule galt, bildete er auch Pferde für andere Zwecke aus. Wie Newcastle, Guérinière, Marialva und Steinbrecht vor ihm erkannte Fillis, daß sich der Rahmen des Sportpferdes von dem des versammelten Schulpferdes unterscheiden muß. Er betonte, daß es das Vorrecht des Reiters sei, das Pferd zu versammeln oder es *'gerade oder in horizontalem Gleichgewicht'* zu reiten, da wir nicht glauben sollten, das Pferd müsse immer an der Hand sein.[4] Andererseits sollte ein guter Reiter zu jedem Zeitpunkt und in jeder Gangart *'wissen, wie er das Pferd wieder an die Hand bekommt. Es an die Hand zu bringen stellt sein Gleichgewicht wieder her und ist in jeder Beziehung von großem Nutzen.'*

---

[4] Wie stark sich Fillis in diesem Punkt von seinen Zeitgenossen Caprilli, Santini und Chamberlin unterschied, werden wir im nächsten Kapitel feststellen.

110 | Reitkunst im Wandel

Fig. 2.—Jaw contracted.

Fig. 3.—Jaw and bit free.

Nicht alle Autoren der Gegenwart oder Vergangenheit erklären den Begriff der Versammlung so klar wie Fillis. *'Durch das rassembler, was bedeutet, das Pferd so weit wie möglich an die Hand zu reiten, geht das Tier in allen Bewegungen in völligem Gleichgewicht. Es ist die perfekte Art, das losgelassene Pferd zu versammeln. Seine Lenden und seine Hinterhand sind geschmeidig; die Hinterbeine schieben die Körpermasse nach vorne; die Schultern sind frei und beweglich; der Hals ist aufgerichtet, und der Kiefer gehorcht willig jeder Andeutung der Zügelhand. Alle Körperteile des Pferdes sind gleichermaßen in Bewegung und werden zu einer schwungvollen, harmonischen und eleganten Einheit. Dieses Gleichgewicht ist so perfekt und so zart, daß der Reiter das Gefühl hat, das Pferd folge der leisesten Andeutung seiner Wünsche. Beide schweben sozusagen, bereit zu fliegen!'* Inspirierende Worte, die das völlig versammelte Pferd wunderbar beschreiben! All dies war jedoch nur mit *'reiterlichem Feingefühl'* zu erreichen, und Fillis schrieb über *'das ständige zarte Spiel der Finger, die in bezug auf Zartgefühl und Geschwindigkeit mit denen eines Pianisten[5] verglichen werden könnten'*. Außerdem bekräftigte er, daß das Treiben und Ruhighalten der Beine genauso sorgfältig wie das Annehmen und Nachgeben der Hände ausgeführt werden müsse *(descente de jambes)*.

Das Pferd abkauen lassen, eine Übung die seit Anfang des 17. Jahrhunderts zur Ausbildung des Schulpferdes gehörte, wird von James Fillis in seinen „Principes de Dressage et d'Equitation" erläutert. Die Illustration links zeigt, wie sich das Pferd im Maul festhält, auf dem rechten Bild gibt der Unterkiefer nach, das Pferd kaut ab.

Gesellschaftliche Vorurteile
Leider verhinderten Vorurteile, daß sein Buch zu den großen Klassikern gezählt wurde. Seine Verbindung zum Zirkus und die Einführung einiger Neuerungen wie das Rückwärtsgaloppieren – was die damaligen Zuschauer durchaus attraktiv fanden – schadeten dem Image dieses Genies. Während er in den Vereinigten Staaten[6], Rußland, Frankreich, Portugal und Spanien

---

[5] Dies ähnelt der Beschreibung Decarpentrys, nach der die Finger der Zügelhand *'ähnlich dem Vibrato eines Geigenspielers auf den Saiten seines Instrumentes'* sein müssen. (Aus *Academic Equitation*, siehe Kapitel 15)
[6] Fillis' Buch *Breaking and Riding* war anfangs das offizielle Lehrbuch der amerikanischen Kavallerieschule von Fort Riley.

durchaus geschätzt wird, erscheint, trotz seiner anfänglichen Popularität in Deutschland, kaum eines seiner Zitate in irgendeiner offiziellen britischen oder deutschen Reitlehre. In der offiziellen deutschen Reitlehre heißt es sogar, er habe die Reiter 'irregeführt'. Diese Einstellung zeigt nur allzu deutlich den Mangel an Information in der modernen Literatur auf, was unser Verständnis von Versammlung und Leichtwerden des Pferdes angeht.

Eines der ansprechendsten Merkmale seiner Schriften – was wiederum in neueren Werken oft fehlt – war seine Geduld und sein Verständnis für die Sensibilität des Pferdes. Dies wird besonders in einer Passage, die sich mit dem Einreiten junger Pferde beschäftigt und die Xenophons Theorie über Strafe und Belohnung widerspiegelt, deutlich. *'Es ist äußerst wichtig, das Pferd lang werden und zur Ruhe kommen zu lassen, wenn es gehorsam war. Ein Pferd wird dies als Belohnung empfinden, mit der wir nicht geizen dürfen. Das Einstellen der Arbeit und ein Klopfen des Halses sind die einzigen Mittel, um ihm zu zeigen, daß es seine Sache gut gemacht hat. Wir müssen während des Einreitens so oft auf Strafen zurückgreifen, daß wir beim kleinsten Anzeichen von Gehorsam die Gelegenheit nützen sollten, ihm den Hals zu klopfen. Je mehr wir ihm den Hals klopfen, desto weniger werden wir gezwungen sein, es zu strafen.'*

Eine Beurteilung der deutschen und französischen Reiterei

Als weitgereister Mann war Fillis voll des Lobes über die deutschen Kavalleriereitschulen und die Geländeausbildung, hatte jedoch einige Vorbehalte gegenüber der Dressur. Die Geländereiterei hielt er für besser als in den anderen europäischen Ländern. *'In Deutschland besitzt jeder genügend Wissen über die Reiterei, um sein Pferd ohne Hilfe eines Lehrers auszubilden. Dort gibt es in jeder Stadt eine Anzahl hervorragender Schulen … Kurzum, die zivile Reiterei ist in Deutschland so stark verbreitet, wie sie in anderen Teilen Europas vernachlässigt wird. Was die militärische Reiterei angeht, so ist diese absolut erstklassig; die Pferde sind so gehorsam wie die Männer. Ich halte sie für eine der perfektesten Europas.'*

Was ihm an der deutschen Dressurreiterei mißfiel, faßt er wie folgt zusammen: *'Den Pferden mangelt es an Feinheit und besonders an Geschmeidigkeit. Besonders bemerkenswert ist der völlige Mangel jener koordinierten Bewegungen, mit denen der Reiter sein Pferd versammelt und leicht macht. Der Grund für die Inferiorität der deutschen Reiterei in bezug auf die Hohe Schule liegt im Fehlen eines hervorragenden Reiters. Es gab einmal einen, Steinbrecht mit Namen, dessen Beispiel man jedoch nicht folgte …'*

'In der französischen Reiterei wird das Pferd über das Maul ausgebildet, in der deutschen über das Genick. Daher erscheint die deutsche Reiterei neben der französischen so steif und hart. Das Maul ist ein Klavier, das Genick eine Orgel. Ein Pferd, das über das Maul ausgebildet wird, geht am seidenen Faden, eines, das über Kopf und Genick ausgebildet ist, erfordert angespannte Zügel und ebenso angespannte Arme. Somit basiert die erstere Reitweise auf Feinheit, die zweite auf Kraft. Die Schulen von Dresden und München sind der von Hannover unterlegen; dort hat der eiserne Handschuh den Samthandschuh ersetzt.'

Dieser aufschlußreiche Text, der an der Schwelle zu unserem Jahrhundert geschrieben wurde, definiert ziemlich genau die Unterschiede

Der Galopp auf der Stelle und das Rückwärtsgaloppieren waren beliebte Lektionen der von Fillis so bewunderten Baucherschen Schule. Hier wird der 'galop en arrière' von Oberstleutnant Wattel, ecuyer en chef in Saumur (1919–1929), auf seinem Vollblüter Rempart gezeigt. Man beachte die lockere Zügelführung und das entspannt kauende Maul des Pferdes sowie die Rundheit der Bewegung.

112 | Reitkunst im Wandel

zwischen der alten klassischen und der modernen wettkampfmäßigen (oder neo-klassischen) Schule, in der sich die Deutschen, lange bevor das übrige Europa seine eigenen olympischen Stars hervorbrachte, auszeichneten. General Decarpentry (1878–1956), der große *écuyer* von Saumur, dessen eigenes Buch *Academic Equitation* heute ein Muß für alle Schüler der Dressurreiterei ist, stellte ähnliche Vergleiche zwischen den romanischen und germanischen Schulen an. 1949 schrieb er:

'... obwohl die germanische Schule die Methode dieses Meisters [Guérinière], der nicht von ihrem Geblüt war, oder vielmehr deren Weiterentwicklung, bewahrte, setzte sie seine Theorien nicht ohne einige Abwandlungen in die Praxis um ...'

'... ohne direkt Härte anzuwenden, bestanden die Meister der germanischen Schule allzuoft darauf, Kräften des Widerstands direkt zu begegnen, anstatt sie geschickt zu umgehen.'

'Sie forderten nicht nur Unterwerfung, sondern bedingungslose Kapitulation des Pferdes, statt sich um dessen Mitarbeit bei der Perfektion der gemeinsamen Aufgabe zu bemühen.'

'Sie legten bei der Haltung und den Bewegungen des Pferdes mehr Wert auf die Exaktheit der Ausführungen als auf die freudige Leichtigkeit.'

Diese Gedanken werden wir in Kapitel 20 vertiefen. Bevor wir jedoch unser Kapitel über James Fillis, den Engländer, der von seinen heutigen Landsleuten vergessen wurde, abschließen, hier noch seine Worte über die Reiterei in England. Seiner Kunst bis zum Ende getreu, schrieb er: *'In England gibt es keine künstlerische Reiterei, es gibt nur das sportliche Reiten.'*

Vergessen wir nicht, daß dieser Satz von 1905[7] stammt. Glücklicherweise hat sich seither viel geändert. Fillis hatte mit seinem Resümee jedoch völlig recht. Sein Standpunkt war weder seltsam, noch exzentrisch oder unpatriotisch, da die Briten selbst solch einem Image Vorschub leisteten. Man muß zugeben, daß es erst seit ca. 30 Jahren in Großbritannien eine nennenswerte Anzahl von Dressurpferden gibt, die über das Anfangsniveau hinaus ausgebildet sind. Vor 1960 konnte man – vom Zirkus einmal abgesehen – die Zahl der britischen Pferde, die ordentliche Pirouetten, Passagen, Piaffen und Einerwechsel ausführen konnten, an zwei Händen (manchmal nur an einer Hand) abzählen. Dieser Mangel an künstlerischem Talent hielt über zweihundert Jahre lang an. Aus diesem Grund *'... müssen wir jetzt rennen, um aufzuholen'*, um es mit den Worten einer internationalen britischen Dressurrichterin zu sagen[8].

---

[7] In diesem Jahr erschien die französische Originalausgabe.
[8] Aus einem persönlichen Interview mit Mrs. J. Gold, der Zeitschrift *Horse & Rider* entnommen; November 1988

Kapitel 12
Caprilli und der leichte Sitz

In Kapitel 9 wurde ausgeführt, wie das sportliche Reiten die Arbeit in der Bahn beeinflußt hat. Wir haben gesehen, wie sich insbesondere die Briten durch die Jagdreiterei von der klassischen Dressur entfernten und wie sich schließlich auch in Frankreich und Deutschland die Dressur durch die Militärreiterei, trotz Anhängern der alten Schule wie Baucher und Fillis und deren Schüler, veränderte.

Um den vollen Umfang der Schwierigkeiten und Gegensätze zu verstehen, denen die moderne Dressur ausgesetzt war und noch ist, muß man sich mit der Revolution, die von Federico Caprilli mit der Einführung des Springreitens zu Beginn unseres Jahrhunderts ausgelöst wurde, beschäftigen.

Freiheit für das Springpferd

Der von Caprilli eingeführte Sitz sollte dem Pferd mehr Rückenfreiheit im Gelände und über den Sprüngen geben. Darüber hinaus sollte er dem Sportreiter eine geeignete Technik oder Methode vermitteln, die auf den Vollblüter physisch und psychisch zugeschnitten war und es dem Pferd erlaubte, sich frei und mit Selbstvertrauen zu bewegen.

Wiederum war Italien der Wegbereiter, diesmal jedoch für ein Gebiet, das das absolute Gegenstück zur Schulreiterei war. Als Folge des Geländereitens entstand das Springreiten. Diese Sportart wurde von den Italienern mit großer Begeisterung weiterentwickelt. Selbst Leute, die sich früher nie für Pferde interessiert hatten, wurden von dieser aufregenden Sportart gefangengenommen. Da man die Springen bequem von einem Stadion aus verfolgen konnte, gewann diese Form der Reiterei zusehends an Popularität.

Von Anfang an glänzten die italienischen Offiziere in dieser neuen Disziplin. Ihr ausgeprägter Stil unterschied sich kraß von allem bisher dagewesenen. Anstatt sich bei der Landung nach dem Sprung zurückzulehnen (wie bisher üblich), beugten sie sich aus der Hüfte heraus über den Widerrist nach vorne und balancierten sich mit ihrem angewinkelten Körper und in den Steigbügeln aus. Diese Technik wurde weltweit als *leichter Sitz* bekannt. In ganz Europa setzten sich die Reiter mit den Lehren seines Begründers auseinander, des Offiziers Federico Caprilli (geb. 1868), der die italienische Kavallerieschule in Pinerolo leitete und später in Tor di Quinto, einem neuen Trainingszentrum außerhalb Roms, zu Hause war.

Der Bewegungsablauf des Pferdes

Caprilli hatte über Jahre hinweg den Bewegungsablauf des Pferdes freilaufend, am langen Zügel, über Sprünge und in der Bahn studiert. Seine Forschungsarbeit wurde durch die Erfindung des Photoapparates und die Erkenntnisse des Amerikaners Eadweard Muybridge erleichtert. 1887 veröffentlichte Muybridge *Animal Locomotion*, worin die Fußfolge in jeder Gangart sowie die Balance des Pferdes in langsamen und schnellen Gangarten sowie über Sprüngen erklärt werden. Es folgten weitere Bücher dieser Art, zu den wichtigsten gehörte *The Exterior of the Horse* von Goubaux und Barrier, zwei französischen Tierärzten.

114 | Reitkunst im Wandel

Caprillis Bedeutung in bezug auf die Dressur liegt darin, daß er die versammelte Arbeit in der Bahn völlig abschaffte und den klassischen Sitz scheute. Dies tat er nicht für die Zukunft der Dressur, sondern im Interesse des Spring- und Sportpferdes. Allzulange waren die Pferde beim schnellen Galoppieren von ihren Reitern, die sich zwar theoretisch, jedoch nicht in der Praxis an den klassischen Sitz klammerten, behindert worden. Da die meisten Anfänger nicht akzeptieren konnten, daß es zwei Reitweisen, eine für die versammelte Arbeit und eine für das Springen und den Renngalopp gab, beschloß Caprilli die Abschaffung der ersteren.

Die Abschaffung der klassischen Dressurreiterei

Als erstes lehnte Caprilli die langsamen versammelten Gangarten als unbrauchbar ab. In unerfahrenen Händen konnte Versammlung den natürlichen Bewegungen des Pferdes schaden. Um jeder Versuchung, Versammlung oder Biegung zu fordern, entgegenzuwirken, schaffte er als nächstes die Kandare ab. Niemand würde versuchen, ein auf Trense – ein ursprünglich für Rennpferde entwickeltes Gebiß – gezäumtes Pferd in einen versammelten Rahmen zu bringen. Von nun an mußten die Anfänger eine leichte Verbindung zum Pferdemaul herstellen und jeder Bewegung des Pferdes mit den Händen folgen. Dadurch konnte das Pferd Kopf und Hals strecken und somit seinen erweiterten Rahmen ausbalancieren.

Ferner schaffte Caprilli die Ausbildung ohne Bügel ab, da er, im Gegensatz zur klassischen Schule, keine stabile Stütze im Sattel schaffen wollte. Auch wollte er nicht, daß seine Schüler, wie von Xenophon gefordert, aufrecht *'wie wenn sie auf dem Boden stünden'* saßen. Der neue Sitz basierte vielmehr auf einer anderen Art von Gleichgewicht, das durch den angewinkelten Körper zustande kam. Wie bei den Abfahrts- und Hürdenläufern zu sehen, bewirkte dies, daß der Körper über Sprünge und Unebenheiten elastisch mitgehen konnte, was nur durch den Halt der Steigbügel möglich war. Caprilli schrieb: *'Die Balance des Reiters ohne Steigbügel unterscheidet sich völlig von der, die er mit Steigbügeln haben muß.'*[1]

Revolutionäre Methoden

Caprilli revolutionierte die Arbeit der Reitschule, um sowohl den Sportpferden als auch den Reitlehrern der Kavallerie das Leben zu erleichtern. Er wußte damals wohl kaum, daß seine Methode die Reiterei weltweit in einem so großen Maße beeinflussen würde. Zunächst wollte er nur die Reiterei der italienischen Armee vereinfachen. Dafür gab es realistische Gründe:

Zum ersten hatte er, wie auch d'Aure, erkannt, daß der moderne Rekrut nicht genügend Zeit hatte zur Erlernung eines guten klassischen Sitzes, der als Grundlage genügte.

Zum zweiten hatte er erkannt, daß bei der Anzahl der zusammengewür-

'H. Grant on Horseback', ein Stich von Henry Alken (1785–1851). Der hier abgebildete Reitstil veranlaßte den Italiener Caprilli dazu, den leichten Sitz für das Geländereiten einzuführen. Dabei hatten manche Engländer, wie Adams und Dwyer, den nach hinten verlagerten Sitz schon lange vor den Italienern kritisiert.

[1] Caprilli starb 1907 an den Folgen eines Reitunfalls, bevor er das von ihm beabsichtigte Buch schreiben konnte. Er hinterließ nur eine Anzahl von Artikeln, die zuerst in Italien veröffentlicht und später von Santini ins Englische übersetzt wurden. Im deutschsprachigen Raum hat Rolf Becher seine Gedanken weiterentwickelt und in seinem Buch *Rolf Bechers Springschule – Das Chiron-System* (1995) niedergelegt.

Caprilli und der leichte Sitz | 115

felten Rekruten im 20. Jahrhundert kaum noch Raum oder Zeit für die Feinheiten der Schulreiterei blieb.

Zum dritten waren die für die Arbeit in der Bahn so geeigneten spanischen und neapolitanischen Streitrosse durch Vollblüter und Truppenpferde ersetzt worden. Ihnen war ein nach vorne verlagerter Schwerpunkt zu eigen, der leicht beibehalten werden konnte, ließ man sie den Hals strecken. Physisch und psychisch eigneten sie sich eher für schnelles Reiten und erweiterten Raumgriff als für Versammlung und Aufrichtung.

Dies sind einige der Faktoren, die zu Caprillis Revolution führten. Er schrieb: *'Es kann so nicht weitergehen ... Die Schulreiterei birgt so viele Schwierigkeiten, stellt so hohe Anforderungen und erfordert so viel Feingefühl, daß es für einen Soldaten in der Kürze seiner Wehrpflicht und bei der Vielzahl seiner anderen Lehrfächer unmöglich ist, ihre Prinzipien erfolgreich zu erlernen und auch richtig anzuwenden.'*

Nicht-Einmischung

Dieser Reitstil versetzte der Hohen Schule weltweit einen harten Schlag. Nachdem der Reiter nicht mehr über Gesäß und Rücken einwirkte, konnte er sein Pferd auch nicht mehr versammeln. Während Comte d'Aure für mehr Freiheit des im Gelände galoppierenden Pferdes eingetreten war, hatte er sich doch für die Arbeit in der Bahn an die klassischen Ideale wie Gehorsam, Geschmeidigkeit und Eleganz gehalten. Caprilli wollte davon jedoch nichts wissen und verwarf alle traditionellen Werte. Für Versammlung und Biegung war kein Platz in Caprillis Schule, die als Schule des Nicht-Einmischens bekannt wurde. Man sollte dem Pferd erlauben, sein Gewicht hauptsächlich auf die Vorhand zu verlagern; da es keine versammelten Lektionen gab, mußte es auch nicht auf die Hinterhand gesetzt werden.

Caprillis Stil fand in der Öffentlichkeit durchaus Anklang. Hier gab es eine Gebrauchsreiterei, die auf Lehrbücher verzichtete und unabhängig von der gesellschaftlichen Stellung praktiziert werden konnte. Man benötigte weder ein besonderes Übungsgelände, noch ein teures Pferd. Statt dessen konnte man sein Talent einfach durch natürliche Balance, Mut im Gelände, Selbstvertrauen, den Wunsch nach Erfolg – und anfangs etwas Glück – entfalten.

Caprillis leichter Sitz über Sprünge – veranschaulicht in Piero Santinis „Riding Reflections". Man beachte die angewinkelten Arme und Beine, den vorgeneigten Oberkörper sowie die leichte, „mitgehende" Hand.

Britischer Widerstand

Während die Italiener von diesem Zeitpunkt an das Dressurreiten mehr oder weniger aufgaben, ließen Frankreich, Deutschland[2], die Niederlande und Skandinavien ab 1910 Caprillis Methoden in das Spring- und Geländereiten miteinfließen, hielten jedoch bezüglich der Dressurreiterei immer noch fest am traditionellen klassischen Sitz, der als Teil ihres Vermächtnisses nicht einfach abgeschafft werden konnte. Somit pflegten diese Länder zwei Reitstile: einen für die Arbeit in der Bahn, einen zweiten für das Springreiten.

[2] In *Riding Reflections* zollt Santini den Deutschen widerwillig Beifall dafür, daß sie die Italiener bei vielen internationalen Wettkämpfen mit ihren eigenen Waffen geschlagen haben.

116 | Reitkunst im Wandel

Interessant ist, daß England und Irland, die Länder, in denen das Geländereiten die längste Tradition hatte und die über die besten Pferde verfügten, sich zuletzt überzeugen ließen. Der amerikanische Autor W. S. Felton schrieb in *Masters of Equitation*, daß, nachdem die britischen Jagdreiter sich von der klassischen Dressur gelöst hatten, *'nichts deren Platz einnahm. Als Folge sehen wir, wie die Engländer auf den besten Pferden der Welt mit enormem Mut, großer Kühnheit und oft mit großer Gewandtheit, jedoch ohne jede Methode ritten. Oft gingen ihre Pferde ausgezeichnet, was jedoch trotz und nicht wegen ihrer Ausbildungs- und Reitmethoden der Fall war.'* Ein ehrlicher, wenn auch trauriger Kommentar.

Vor Caprilli hatte es jedoch selbst aus den Militärschulen kaum praktische Ratschläge über die Technik des Springens gegeben. Um die Jahrhundertwende war die allgemeine Regel, beim Anreiten weit nach hinten zu sitzen, sich beim Absprung leicht vor- und bei der Landung zurückzulehnen, dabei die Hand anzuheben[3]. Selbst Fillis, der Vollblüter ausbildete und auch der Geländereiterei sehr verbunden war, beschäftigte sich kaum mit der Technik des Springreitens. Der einzige, der bemerkenswert nahe an Caprillis leichten Sitz herankam, war John Adams (siehe Kapitel 9), der jedoch weitgehend ignoriert wurde.

Daher war die Haltung des englischen Gentleman und die seiner ebenso elegant wie entschlossen im Damensitz reitenden Begleiterin einem weiteren fremden Reitstil gegenüber eher von Desinteresse geprägt. Die Arbeit von Guérinière, Baucher und selbst von Fillis war an ihnen vorbeigegangen. Es sollte Jahrzehnte dauern, bevor dieser neue Reitstil ernst genommen wurde. Die britische Einstellung zum Springen läßt sich am besten mit J. G. Whyte-Melvilles Worten zusammenfassen: *'Wo es keine Angst gibt, gibt es auch keine Gefahr … wenn das Herz am rechten Fleck sitzt, wird dich auch das Pferd kaum im Stich lassen.'* Oder mit R. S. Surtees' Romanfigur Lucy Glitters: *'Wirf zuerst dein Herz hinüber … und folge dann, so schnell du kannst!'* Vielleicht hätten die Verfasser ihre Meinung revidiert, hätten sie auch nur eines der in den 80er Jahren in Badminton aufgebauten Geländehindernisse gesehen.

Langsam nahmen die Briten, besonders das Militär, jedoch den leichten Sitz an, und Springreiten wurde zum Sport der Zukunft. Während sich die alte Garde der englischen Jagdreiterei nur schwer bekehren ließ, sprachen die Amerikaner schneller darauf an. Caprillis Vorstellungen wurden im Westen von drei einflußreichen Pferdefachleuten gefördert, Major Piero Santini (1881–1960), Sergei Kournakoff und Vladimir Littauer, beide kurz nach der Jahrhundertwende geboren. Ihr Verständnis und ihre Begeisterung für den neuen Sitz stellten sicher, daß er auch außerhalb Italiens, dem Mutterland, weiterhin korrekt gelehrt wurde, und ebneten den Weg für Amerikas großen Springlehrer, Oberst Harry Chamberlin, der 1944 verstarb.

Die amerikanische Begeisterung für den „Caprillismus"

Wie wir im nächsten Kapitel sehen werden, wartete Amerika geradezu auf eine solche Revolution. Während die Jagdreiter genauso mit der „englischen" Reitweise verwurzelt waren wie ihre Kollegen in Irland und den englischen Grafschaften, gab es um die Städte der Ostküste herum viele Menschen, die einen natürlicheren Reitstil durchaus begrüßten. Caprillis Anhänger sahen ihn als „natürliche Ausbildung" und betonten, daß der „leichte Sitz" nicht nur für das Springen gedacht war, sondern auch eine Alternative für den Gebrauchsreiter bedeutete.

---

[3] Dies wurde auch als *'Taxi anhalten'* bezeichnet.

Caprilli und der leichte Sitz | 117

Santini, der in Italien nach der Caprilli-Methode trainiert und später eine Reihe von Caprillis Artikeln übersetzt und in der britischen Zeitschrift *Light Horse*[4] veröffentlicht hatte, war der erste Anhänger Caprillis, der in Amerika durch drei außerordentlich populäre Bücher seinen Einfluß geltend machte. Sein bedeutendstes Buch, *Riding Reflections*, das 1932 erschien, zeigt seine völlige Hingabe an die italienische Schule und seine beinahe besessene Forderung, die ganze Welt auf Kosten aller anderen Reitlehrer zu ihr zu bekehren. Herablassend schrieb er von dem *'kleinen Österreich, das sich stur an die von den Habsburgern ererbte prunkvolle Schulreiterei klammert'.*

Der leichte Sitz, der hier von italienischen Offiziersanwärtern der Kavallerie beim Absprung vom berühmten Doppelwall von Tor di Quinto praktiziert wird, war vor 1920 für viele immer noch ein revolutionärer Anblick.

Da Caprilli völlig gegen die Dressurreiterei war – *'Meiner Meinung nach stehen Schul- und Geländereiterei im Widerspruch zueinander; die eine schließt die andere aus und zerstört sie.'* –, hielt Santini erfolgreich viele Leute davon ab, irgendeine Art von Versammlung anzustreben, indem er ständig erklärte, dies würde den freien Bewegungen des Jagd- oder Geländepferdes schaden. Als Verfechter des Trensengebisses – *'... mit einer Trense kann jede Melodie im Pferdemaul gespielt werden'* – erlaubte er dennoch, daß ein Reiter, der etwas auf sich hielt, drei verschiedene Zäumungen besaß, eine Trense, eine Kandare und ein Pelham. Interessanterweise war er persönlich zwar gegen die Kandare, nicht aber gegen das Ringmartingal.

Erstaunlicherweise war er auch gegen Wettkämpfe. Er erklärte: *'Turnierreiten ist ein Sport, der sich in der Tat weit von der Natur und natürlichen Bedingungen entfernt hat ... Die jahrhundertealte Verbindung zwischen Mensch und Pferd hatte ihren Ursprung in der Jagd; je mehr wir diesen grundsätzlichen Gedanken im Gedächtnis haben, desto reiner wird unsere Zerstreuung.'* Später kommentierte er:

[4] Diese Zeitschrift trägt seit 1981 den Titel *Horse & Rider.*

'Wenn die Schleifen und Blumen von Olympia und Madison Square anstößig wirken, sind wir in Italien durchaus nicht unschuldig daran ... Wenn die Öffentlichkeit wüßte, was manchmal hinter den Kulissen vorgeht, würde ihre blinde Bewunderung für die eleganten Tiere, die mit allen Farben des Regenbogens geschmückt in ihre Boxen zurückkehren, einen harten Schock erleiden.'

Chamberlin

Oberst Harry D. Chamberlin, der eine klassische Grundausbildung in Saumur erhalten hatte, konnte auch aus erster Hand über die italienische Schule berichten. Als junge Kavallerieoffiziere waren er und Major West 1923 nach Tor di Quinto geschickt worden; nach ihrer Rückkehr überzeugten sie viele ihrer Landsleute von der Bedeutung des Vorwärtsreitens. Chamberlin war ein brillanter Springreiter und Ausbilder und bewies die Wirksamkeit des leichten Sitzes, indem er 1932 bei der Olympiade in Los Angeles die Silbermedaille errang.

Relevanter für unsere Geschichte waren seine Vorurteile jeder Art von Versammlung gegenüber, es sei denn, sie wurde von einem Experten erarbeitet. 1946 schrieb er in seinem Buch *Training Hunters, Jumpers and Hacks*: '*Hohe Versammlung sollte nur von vollendeten Reitern gefordert werden ...*' Seit Generationen teilen die Reitlehrer wahrscheinlich Chamberlins Ängste bezüglich des versammelten Reitens (sie wird von ihm mit einem '*Rasiermesser in den Händen eines Affen*' verglichen[5]). Es gibt unzählige Bücher und Artikel, die den weniger erfahrenen Reitern beizubringen versuchen, daß Versammlung nur durch disziplinierte und stufenweise Arbeit zu erreichen ist. Dabei wird die Muskulatur des Rückens und der Hinterhand gekräftigt, damit das Pferd mit den Hinterbeinen weiter untertreten kann und sich so allmählich versammeln läßt. Das damalige Niveau in der Dressur sowohl in den Vereinigten Staaten wie auch in England läßt den Schluß zu, daß Chamberlin und seine Kollegen eher zu wörtlich genommen wurden und als Ausreden für schludrige Pferde und Reiter dienten.

In Deutschland hatte die Campagnereiterei die versammelte Arbeit in der Bahn erfolgreich mit der schnellen Arbeit im Gelände verknüpft. Dies konnte Chamberlin jedoch nicht überzeugen. Er war der Meinung, daß ein Pferd, sobald es dressurmäßig ein hohes Niveau erreicht hatte, als Jagd- oder Geländepferd nutzlos wurde. Er schrieb dazu: '*Die Touren der Haute Ecole haben große Bedeutung, weil sie dem Reiter Gefühl und künstlerische Eleganz beibringen. Für das Geländepferd sind sie jedoch höchstens von geringem Nutzen. Auf der Hinterhand des Schulpferdes lastet ständig ungewöhnlich viel Gewicht, was in den schnellen Gangarten gar nicht möglich und auch nicht erstrebenswert ist.*'

Chamberlin lehnte beim Geländepferd ebenso jede Form von Biegung ab. Es sollte aber nicht mehr lange dauern, bevor selbst Springpferde eine gewisse Durchlässigkeit aufweisen, halbe Paraden annehmen und sich versammeln lassen mußten, um den engen Wendungen, schwierigen Kombinationen und Fallen des modernen Springsports gewachsen zu sein.

Selbst Littauer, einem glühenden Verfechter des leichten Sitzes, fiel es anfangs schwer, Chamberlins Ansichten zu akzeptieren. In *Horseman's Progress*[6] schrieb er: '*Ich muß zugeben, daß es mir schwer fiel, die mir einst beigebrachte Überzeugung aufzugeben, daß sich das Pferd der gebogenen Linie, auf der es sich bewegt, anpassen muß. Ich hatte diesen Grundsatz länger als alle anderen beibehalten.*' Dennoch folgte Littauer der neuen Lehre aufs genaueste, überzeugt von Chamberlins Worten, daß es eine '*verderbliche Praxis*' sei, das Pferd in engen Wendungen zu biegen.

[5] Ein Ausdruck, der von Baucher übernommen wurde. Er hatte ihn ursprünglich gebraucht, um die Anwendung des Sporns durch einen unerfahrenen Reiter zu beschreiben.

[6] Inzwischen erscheint er unter dem Titel *The Development of Modern Riding*.

Lektionen der Hohen Schule wie der Spanische Schritt, der hier von einer amerikanischen Reiterin im Damensattel Ende des 19. Jahrhunderts gezeigt wird, verschwanden bald durch die von Caprilli ausgelöste Revolution, die in den Vereinigten Staaten große Begeisterung hervorrief.

Durch seine starke Persönlichkeit und seinen Erfolg beeinflußte Chamberlin alle Sparten der Reiterei zu Hause und im Ausland. Zu seiner Rechtfertigung muß jedoch gesagt werden, daß ihm immer das Wohl der Pferde am Herzen lag und seine Ratschläge nie für die Dressur gedacht waren. Zweck seiner Schriften war es klarzustellen, daß Gelände- und Dressurreiten separate Disziplinen seien und unterschiedliche Techniken erforderten.

Zum Nachteil der Nachwelt wurden seine Gedanken oft falsch ausgelegt. Es gibt heute noch Dressurlehrer, die das korrekte Ausbalancieren der Pferde vernachlässigen und doch erwarten, daß Übungen wie Volten und Schulterherein geschmeidig ausgeführt werden. Es gibt Dressurrichter, die Chamberlins Definition des Trabs *('Der Trab sollte, obwohl federnd, flach sein, wobei sich die Füße als Folge minimaler Biegung der Knie und Hinterhand nahe am Boden bewegen sollten …')* auch auf die Dressur anwenden, obwohl Chamberlin damit die Bewegungen des Gelände- und nicht des Dressurpferdes gemeint hatte.

Auch heute noch bestrafen unerfahrene Richter oftmals eine hohe Knieaktion und starke Hankenbiegung. Doch Chamberlin hatte selbst klar zum Ausdruck gebracht, daß *'bei der von der Hohen Schule geforderten Versammlung die Hanken gebogen, die Kruppe gesenkt, der Hals aufgerichtet und der Kopf beinahe senkrecht sein sollte …'*

Eine weitere wichtige Übung wird heute aufgrund Chamberlins Warnungen ebenfalls so gut wie nicht mehr praktiziert. Im folgenden Zitat beanstandete Chamberlin Bauchers vom Boden ausgeführte Übungen zur Lockerung des Unterkiefers des Pferdes. Doch diese Übungen gab es schon vor und zu Guérinières Zeiten, der empfohlen hatte, daß der Kiefer des Pferdes so nachgiebig und weich wie der Rest seines Körpers sein müsse. Baucher hatte eine Reihe von logischen Übungen entwickelt, um das Pferd das *mise en main* (der Hand nachgeben) zu lehren, und Chamberlin schrieb: *'Dieses Abbiegen war vielleicht nötig, als wenige Reiter Vollblüter besaßen … Die meisten damaligen Reitpferde waren derb, mit wuchtigen Hälsen und aus schlechter Zucht.'* Wie wenig verstand doch dieser sonst so gebildete Amerikaner von den französischen Schulpferden des 18. und 19. Jahrhunderts und wie schade ist es, daß heute so wenige Dressurreiter jemals von diesen *flexions of the lower jaw*, dem Abstoßen am Gebiß, gehört haben!

Über Chamberlin läßt sich zusammenfassend sagen, daß seine Auffassung über die Reiterei – möglichst schnell und über Sprünge – stets das Wohlbefinden und die Zufriedenheit des Pferdes im Auge hatte. Leider haben zwar viele Leute seine Bücher gelesen, jedoch keine, die zum Ausgleich den Standpunkt der klassischen Dressur verdeutlichen. Sonst hätten sie nämlich bemerkt, daß es nicht das Anliegen der Meister der „aufgeklärten Hohen Schule" war, das Pferd mit ständigem Zügelkontakt vorwärtszureiten und dieses edle Tier somit zu einem Sklaven zu degradieren, wie das häufig in der

120 | Reitkunst im Wandel

modernen Dressur geschieht. Ihr Ziel war vielmehr ein Pferd, das so leicht in der Hand, so geschmeidig und kräftig im Rücken und in den Hanken war, daß *'es dem Zuschauer vorkommt, als ob sich das Pferd mit der Leichtigkeit eines Vogels bewegte'.*[7]

[7] Zitat aus General l'Hottes *Questions Equestres*

Littauer

Vladimir Littauers Liebe zu den Pferden kommt in seinen Schriften deutlich zum Ausdruck. Überzeugt von der Fehlbarkeit der Menschen oder, genauer, der Fehlbarkeit des durchschnittlichen Schülers, entwickelte er in Anlehnung an Caprilli und Chamberlin eine Methode, die dem Durchschnittsreiter eine gewisse Kontrolle und Technik vermittelte, während sich das Pferd *natürlich* bewegen konnte. Dazu gehörte die Abschaffung des „Dressursitzes", wie Littauer den klassischen Sitz nannte, statt dessen führte er den „leichten Sitz" ein, wobei vorzugsweise das Aussitzen entfiel. Der Reiter sollte meistens eine weiche Verbindung, manchmal lockere Zügel und immer ein frei vorwärtsgehendes Pferd haben.[8]

[8] Vladimir S. Littauer, *Commonsense Horsemanship*

Littauers Methoden waren bei der elementaren Ausbildung in der Bahn sowie beim Springen außerordentlich erfolgreich. Wie er selbst sagte, war seine Methode für erfahrene und Sonntagsreiter gleichermaßen hilfreich; bewundernswert ist, daß sie den Pferden keinerlei Leid verursachte. Wem das alles zu einfach erscheint, sollte sich daran erinnern, daß eine leichte und ungezwungene Reitweise der Kern von Caprillis Lehre ist. Dennoch achtete Littauer pedantisch auf den Sitz und veröffentlichte in seinem Buch viele Bilder, wie man nicht reiten sollte. Im Bewußtsein vieler Fehlinterpretationen des leichten Sitzes kritisierte er durchaus auch das, was er auf der anderen Seite des Atlantiks sah (siehe Kapitel 14). In *Commonsense Horsemanship* faßt einer seiner Schüler Littauers Leitsätze wie folgt zusammen: *'Gewicht in den Bügeln, Druck mit den Beinen, Hohlkreuz, leichte Zügelverbindung.'* Ferner war wichtig, daß das Becken nach vorne gekippt war und sich der Rumpf in einer *'normalen, wachen Position mit vorgestreckter Brust und erhobenem Kopf'* befand.

Littauer war ein fleißiger Bücherschreiber. Seine Werke: *The Forward Seat, The Defence of the Forward Seat, More About Riding Forward, Schooling Your Horse* und andere enthalten viele praktische Ratschläge. Seine Theorien sind dem modernen Zeitalter angepaßt, in dem den Menschen Zeit für detaillierte Studien und hingebungsvolles Engagement fehlt. Zu Beginn eines seiner Bücher schreibt er mit großer Ehrlichkeit: *'Was ich gerade über die Versammlung gesagt habe, wäre für einen Reiter des 19. Jahrhunderts ein Greuel, heute stehe ich mit meiner Meinung jedoch durchaus nicht alleine da.'*

Man könnte Littauers Methode heute durchaus für die elementare Dressurarbeit anwenden, vor den Richtern würde sie jedoch kaum Gnade finden. Lockere Zügel in den unteren Klassen sind genauso verpönt wie „Zügel aus Seide" in den oberen. Könnten die Pferde jedoch sprechen, fiele das Urteil vielleicht ganz anders aus.

Diese moderne Version eines Caprilli-Sattels erlaubt es dem Reiter auf perfekte Weise, sich in den Bügeln auszubalancieren und den leichten Sitz für das Reiten im Gelände und über Sprünge einzunehmen. Sollte der Reiter jedoch versuchen, in allen Gangarten eine aufrechte Haltung im Sattel beizubehalten, würde er dem Pferd gnadenlos, beinahe am schwächsten Punkt, in den Rücken fallen. Ein hervorragender Sattel für den ihm zugedachten Zweck, der jedoch leider nicht immer erkannt wurde.

Kapitel 13
Die natürliche Dressur in der Neuen Welt

Die Geschichte der amerikanischen Reiterei ist insofern interessant, als sie sich nicht allmählich über einen längeren Zeitraum entwickelt hat. Auch wurde sie weder durch politische noch soziale Ereignisse bestimmt, wie das in Europa der Fall war. Die amerkanische Reiterei bewegte sich in klar umrissenen Grenzen; sie war auch nie Spielart einer gewissen Mode, das Funktionelle stand immer im Vordergrund.

Obwohl wir uns in diesem Kapitel nicht speziell mit der akademischen Reiterei befassen, wie wir dies in unserer bisherigen Chronik über die europäische Reiterei, angefangen von den Griechen bis zu den Reitakademien von Wien und Saumur, getan haben, so verdient es doch einen Platz in unserer Geschichte der internationalen Dressurreiterei. Beginnen wir an dem Punkt, da das Pferd, wie wir es heute kennen, zum ersten Mal amerikanischen Boden betrat.

Die Konquistadoren

Die meisten wissen, daß es in Amerika keine Pferde gab, als die spanischen Eroberer Anfang des 16. Jahrhunderts[1] auf dem mexikanischen Festland landeten, noch gab es natürlich irgendwelche Bewohner weißer Hautfarbe. Das Pferd und der weiße Mann drangen somit plötzlich und auf gewaltsame Weise in Nord- und Südamerika ein. Kolumbus und später auch Cortes, Pizarro, de Soto und Coronado verdankten die Bezwingung der Indios ihren spanischen Streitrössern, die dem Feind eine solche Furcht einflößten, daß viele, in der Annahme es seien Götter, sich weigerten zu kämpfen. Als robuste und verläßliche Pferde hatten sie die lange Seereise überlebt, auf der sie zusammengepfercht, bei karger Futterration außerordentlicher Kälte wie auch glühender Hitze, Stürmen sowie Windstillen ausgesetzt waren.

Die ersten Gestüte

Im Laufe ihrer Eroberungen und Kolonisation gründeten die Spanier erfolgreiche Gestüte auf den karibischen Inseln Jamaika, Santo Domingo (heute die Dominikanische Republik und Haiti), auf Kuba und in Nikaragua. Mit diesem anfänglichen Grundbestand züchteten sie genügend Pferde, um Mexiko, Panama und Peru zu versorgen. Später waren die Portugiesen an der Reihe, die den Lusitano nach Brasilien brachten.

Auch die berühmten wilden Mustangs *(mustunego)* der Pampas waren so entstanden. Als von den Kolonisten gezüchtete Pferde in die Wildnis entkamen und sich in ihrer neuen Umgebung weiterentwickelten, entstand das erste wirklich amerikanische Zuchtprodukt, das sich schnell vermehrte. Innerhalb eines Menschenalters gab es eine riesige Anzahl von Wildpferden, die den zu Fuß gehenden Indios Beweglichkeit und somit eine völlig neue Lebensart brachten.

Im Laufe der Jahre und angesichts der veränderten Umwelt entstanden eigene amerikanische, auf spanischer Zucht basierende Rassen. Dazu

[1] Vor der Eiszeit hatte es ein sehr frühes prähistorisches Pferd mit vier Zehen von der Größe eines Hundes gegeben. Dieses ist jedoch vor vielen Jahrtausenden ausgestorben.

122 | Reitkunst im Wandel

gehörten das peruanische Pasopferd, der Criollo, Costeño, Appaloosa, das Painthorse, der Pinto und andere. Selbst die berühmten *Cutting Horses* und das amerikanische Quarter Horse verfügen noch über die Gene dieser ersten Pferde der Kolonialisten.

Reiten in Anlehnung an die *Gineta*-Reitweise

Die Spanier brachten nicht nur ihre Pferde mit; sie führten auch einen Reitstil ein, der in Südamerika, Mexiko, um den Panamakanal und im westlichen Teil der Vereinigten Staaten vorherrschend wurde. Die Konquistadoren brachten ihre mit tiefer Sitzfläche und hohem Vorderzwiesel ausgestatteten Sättel sowie ihre mit langen Anzügen versehenen Kandaren, scharfe Sporen und ihr stark verziertes Lederzeug mit. Die *Gineta*-Reitweise bot die einzige Möglichkeit, mit einer solchen Ausstattung zu reiten (siehe Kapitel 4).

Über die Jahrhunderte änderten die nordamerikanischen Cowboys diesen Sattel etwas ab, indem sie vorne ein Horn für ein Lasso und hinten verschiedene Vorrichtungen für Vorräte, Seile und Zeltausrüstung anbrachten. Die Basis dieses bequemen Kampfsattels blieb jedoch im wesentlichen unverändert.

Der Cowboysattel

Trotz seines Gewichts war der Cowboysattel in erster Linie dafür vorgesehen, auf jedes Pferd zu passen. Ergänzt durch ein langes Sattelblatt wurde das Gewicht von vorne bis hinten auf eine möglichst große Fläche verteilt, wobei ein Hohlraum über dem Rückgrat des Pferdes frei blieb. Zum zweiten war er so konstruiert, daß das Gesäß des Reiters gleichmäßig verteilt war, um einzelne Druckpunkte zu vermeiden, was bei langem Reiten außerordentlich wichtig ist. Zum dritten ließen die Knierollen, die später durch Pauschen ersetzt wurden, das Bein lang herunterhängen, ähnlich dem Stil der frühen europäischen Reitbahnen.

Dem unausgebildeten westlichen Cowboy, dem mexikanischen Gaucho, dem spanischen *vaquero* und dem portugiesischen *campino* ist eines gemeinsam: ein ruhiger Sitz und eine stolze, aufrechte Haltung. Dies wurde nicht in irgendeiner Reithalle unter den Adleraugen eines Lehrers zur Perfektion gebracht, sondern resultiert aus diesem Sattel, der den Reiter bequem und ungezwungen sitzen läßt.

Der heutige Westernsattel unterscheidet sich in seiner Funktion und Ausführung nur wenig von den frühen mexikanischen *charros*. Seine tiefe, jedoch auch flache Sitzfläche verhalf selbst dem einfachsten Cowboy zu einem natürlichen klassischen Sitz, mit dem er sein Pferd versammeln konnte. Es war für diese Leute nicht notwendig, sich den leichten Sitz anzueignen, um die Langhornrinder von den westlichen Grasebenen über Hunderte von Meilen zu den Schlachthäusern der großen Städte zu treiben. Die weiten Ebe-

Statue von Simon Bolivar (geboren 1783 in Caracas), Soldat, Staatsmann und Befreier. Obgleich etwas stilisiert, ist dies dennoch eine getreue Abbildung des natürlichen klassischen Reitstils des amerikanischen Kontinents, wie er von den Spaniern eingeführt wurde – „ein auf dem Spalt basierender Sitz" und eine stolze, aufrechte Haltung. Ebenso ist das Pferd charakteristisch für die amerikanischen Rassen spanischer Abstammung.

Cowboysattel aus dem 19. Jahrhundert, ähnlich dem, der in den riesigen Ebenen der Vereinigten Staaten verwendet wurde. Die flache Sitzfläche ermöglichte einen sicheren Sitz und eine stolze, aufrechte Haltung, obgleich der schräg abfallende Hinterzwiesel ein Durchstrecken der Beine bei langen Bügeln zur Folge hatte. Viele mexikanische Cowboysättel aus der gleichen Epoche wiesen einen völlig flachen Hinterzwiesel auf, der eine leichte Winkelung des Beines ermöglichte und so zu einem Sitz führte, der etwas an die Gineta-Reitweise erinnert.

nen der Viehstaaten, durchsetzt mit Kakteen und Felsbrocken, erforderten keine Sprünge, sondern vielmehr einen ausdauernden, ausbalancierten Handgalopp, der es dem Reiter jederzeit ermöglichte, zu wenden oder auszuweichen.

Die Reitkultur der Indianer

Auch die Entwicklung der Reiterei der eingeborenen Indianer wurde von praktischen Gegebenheiten bestimmt. Unter der Vorherrschaft des weißen Mannes hatten viele als Pfleger für die spanischen Siedler gearbeitet. Später schätzte man gestohlenes spanisches Sattelzeug sehr. Während manche Stämme gänzlich ohne Sattelzeug auskamen und ihre Pferde lediglich mit einem Lederriemen um den Unterkiefer ritten, bevorzugten andere Stämme, wie die Sioux und die Komantschen, volle Ausrüstung. Trotz ihrer vielen Stammesunterschiede eigneten sich alle einen brillanten und vielseitigen Reitstil an.

In *A History of Horsemanship* zitiert Charles Chenevix Trench zeitgenössische Quellen, um den Sitz des Indianers zu beschreiben: *'Im Schritt oder Trab saß er kerzengerade auf dem Spalt, die Beine nicht ganz gestreckt, die am Rumpf des Pferdes anliegenden Schenkel leicht nach vorne geneigt, die Unterschenkel senkrecht [Gineta-Reitweise]. Im Renngalopp lehnte er sich nach vorne, seine langen Schenkel umklammerten das Pferd wie ein Schraubstock, die Unterschenkel befanden sich etwas hinter der Senkrechten [leichte Reitweise].'*

Bemerkenswert ist, daß der amerikanische Indianer alleine, ohne jeden Unterricht oder ohne irgendwelchen Traditionen zu folgen, für sich das ideale Gleichgewicht für jede reiterliche Anforderung entdeckte. Innerhalb weniger Generationen hatte er den natürlichen klassischen Sitz mit dem leichten Sitz Caprillis auf kluge Weise kombiniert – eine Entdeckung, zu der die Europäer Jahrhunderte brauchten. Bezeichnend ist vielleicht auch, daß es ein Amerikaner, nämlich Tod Sloan, war, der die Kauerstellung der heutigen Jockeys (siehe Kapitel 12) schon lange vor seinen Zeitgenossen im englischen Newmarket entwickelte.

Die mexikanische Reitweise und das Westernreiten

Im 19. Jahrhundert hatte sich im Wilden Westen ein eigener Reitstil etabliert. Auch heute noch werden viele der alten spanischen Traditionen weitgehend übernommen, besonders in Kalifornien, wo die mexikanischen *charros* anfänglich eine so wichtige Rolle in der Viehzucht spielten. In Mexiko selbst gab es an Sonn- und Feiertagen nichts Farbenprächtigeres als einen stolzen Mexikaner, der auf einem Sattel saß, der *'ein Vermögen wert war ... überladen mit silbernen Verzierungen und über dem ... eine teure Xerapa, oder spanische Decke, hing, die die Pracht des Ganzen noch unterstrich'.* Oberst Dodge, ein Schriftsteller des 19. Jahrhunderts, fährt in seiner Beschreibung fort: *'Der Mexikaner reitet im alten „Promenadengalopp" (park canter), wobei er von der Kandare üppigen Gebrauch macht, um das Pferd herumtänzeln zu lassen und seine Gänge zu zeigen. Das Pferd findet daran genausoviel Gefallen und ist ebenso stolz wie sein Reiter. Das Getänzel seines Pferdes ist kein Grund, auf ihn herabzuschauen. Er macht nichts anderes als die Männer, die vor 50 Jahren an jedem schönen Nachmittag auf der Rotten Row herumhüpften.*[2]

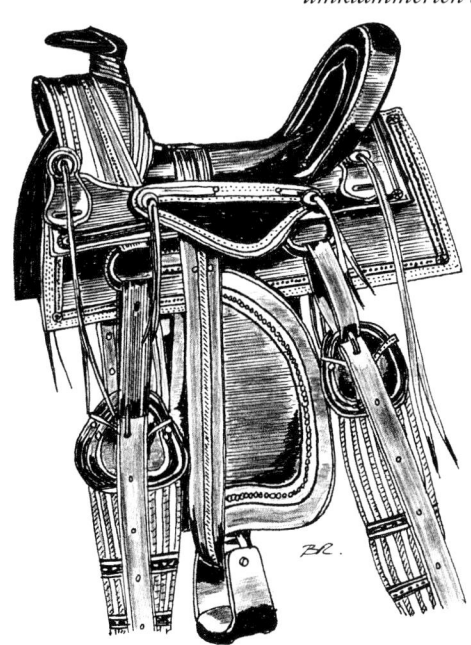

[2] Auszug aus *Riders of Many Lands*, New York 1894

Dieser spanische Stil hat die gesamte Reiterei über offenes Land mehr oder weniger beeinflußt. Man darf jedoch nicht vergessen, daß der Stil der frühen spanischen Siedler nicht dem kultivierten Stil der barocken Reitbahnen entsprach. Die Konquistadoren waren zwar gewandte, jedoch keine besonders gebildeten Reiter. Nur die allerwenigsten hatte eine akademische Ausbildung in Madrid oder Córdoba genossen. Meistens handelte es sich um einen bunt zusammengewürfelten, jedoch außerordentlich mutigen Haufen von Söldnern und Abenteurern, die fest davon überzeugt waren, ein göttliches Anrecht zu haben, den amerikanischen Kontinent für den spanischen Thron zu erobern. Ihre Reiterei war wahrscheinlich ziemlich abenteuerlich; Berichten zufolge ritten sie jedoch wie Kentauren, sie lebten und starben im Sattel.

Für den nordamerikanischen Cowboy war die Reiterei von ähnlicher Bedeutung. Sie war vielleicht etwas farbloser als die der *vaqueros*, der Cowboy war jedoch für *'eine beinahe beispiellose Dauer, wenn große Viehherden zusammengehalten werden mußten, oftmals 48 Stunden auf einmal'* im Sattel und wußte mit seiner Kraft und der seines Pferdes hauszuhalten.

'Der Galopp der Mexikaner ist der alte „Promenadengalopp", wobei das Pferd durch üppigen Gebrauch der Kandare veranlaßt wird, sich feurig aufzuführen und seine Bewegungen zu zeigen ...' Man beachte das herrliche Geschirr, die Bügel und den reich verzierten Sattel.

Heute erhält der stolze Westernstil allmählich die Bewunderung, die er verdient. Natürlich ist das Niveau recht unterschiedlich. Besonders der Stil der Zureiter ist vielleicht etwas roh, so etwas kommt aber in allen Disziplinen vor, und es gibt nur wenige, die den Mangel an Feingefühl kritisieren, den man regelmäßig beim Polospiel oder in anderen packenden Pferdesportarten sehen kann. Warum sollte man also auf den Viehhirten herunterschauen?

Zügelführung

Meistens handhabt der richtige Cowboy oder *vaquero* die Zügel äußerst geschickt. Um die Rinder zusammenzutreiben oder zu trennen, muß mindestens eine Hand für das Lasso frei sein, und das Pferd muß sich selbst ausbalancieren und mit minimalem Aufwand kontrolliert werden können. Es wäre unsinnig, wenn der Westernreiter zwei Zügelpaare, wie bei der normalen Kandare üblich, handhaben müßte. Daher wird eine einfache, oft milde Zäumung verwendet, mit nur leichter Verbindung zum Pferdemaul. Das Pferd wird durch *neck reining* und feine Gewichtshilfen kontrolliert. Das typische Cowboypferd verfügt über ebensoviel Wendigkeit und Schwung wie das Polopony oder das Springpferd.

Das ideale Pferd kann in Sekundenschnelle aus dem Stand angaloppieren, wenden, zum Stehen kommen, sich versammeln und schwungvoll vorwärtsgaloppieren. Der Amerikaner W. Sidney Felton (dem wir schon in einem früheren Kapitel begegnet sind) schreibt: *'Wenn der Trainer etwas kann und seine Arbeit erfolgreich war, wird das ausgebildete Pferd in schöner Versammlung und Beizäumung gehen, wendig und geschmeidig sein, sofort auf die Schenkelhilfen reagieren und auf die kleinste Andeutung des Reiters mit großer Schnelligkeit nach vorne galoppieren oder ebenso schnell anhalten ...'*

Glücklicherweise beschränkt sich das Erbe des Westens in den Augen der Amerikaner heute nicht mehr nur auf die Hinterhöfe der Kuhhirten. Viele Amerikaner, die in Europa waren, änderten ihre Haltung, nachdem sie erkannten, daß es sich um ein lebendiges, wenn auch modifiziertes Erbe aus den Tagen der klassischen Reiterei handelt. Das Westernreiten spricht heute Reiter aus allen sozialen Schichten an. Felton faßt die heutige Situation folgendermaßen zusammen: *'Mit diesem Wandel ist eindeutig die Tendenz aufgekommen, die rohen Methoden der früheren Generationen zu modifizieren und einige der Ausbildungsmethoden der klassischen Schule in die Westernreiterei mit einzubringen.'*

Ein weiterer Bewunderer von der anderen Seite des Atlantiks, John Paget, ein ehemaliger Kavallerieoffizier, beklagte in einem Brief an die Zeitschrift *Riding*[3] *'die schwere Hand und beidhändige Zügelführung in Mitteleuropa, die neoklassizistisch sind und auch einen unverzeihlichen Bruch der Kavallerietradition darstellen'*. Er begrüßte die leichte Zügelführung der amerikanischen Westernschule, insbesondere die von Mr. Lougher. Diese Arbeit basiere auf *'der iberischen Pferdekunde, die von den Pyrenäen bis zu den Anden und von Feuerland bis nach Alaska erfolgreich praktiziert wurde'*.

Xenophon hätte dem ursprünglichen Westernreiter sicherlich von Herzen zugestimmt ... Balance, eins sein mit dem Pferd, unverzüglicher Gehorsam, leichte, zufriedene Pferde, Zusammenarbeit ... Ideale, die genauso zeitlos sind wie die Rocky Mountains.

Die Ostküste

Die Entwicklung im östlichen Teil der Vereinigten Staaten verlief etwas komplizierter. Abgesehen von den im Entstehen begriffenen Quarter Horses standen den ersten Siedlern Arbeitspferde, Cobs und Ponys englischer, irischer, holländischer, flämischer und deutscher Abstammung zur Verfügung. Später folgte der europäische Adel: zufluchtsuchende Royalisten aus dem englischen Bürgerkrieg, schottische Adelige, die durch die Schlacht bei Culloden ihr Land verloren hatten, Hugenotten aus Frankreich und Holland und später französische Royalisten auf der Flucht vor der Guillotine. Sie alle brachten qualitätvolle Pferde mit; später übertrafen Pferde mit Vollblutabstammung zahlenmäßig alle anderen Rassen: Es gab eine große Anzahl von Gebrauchs- und Jagdpferden sowie Trabern. Der Cleveland Bay, das Yorkshire Coach Horse und der Norfolk Roadster brachten jeweils ihre besonderen Eigenschaften mit ein, woraus sich Jahre später eigenständige amerikanische Rassen entwickelten.

In Staaten wie Virginia, wo sich die englischen Kolonisten so heimisch fühlten, kam eine große Begeisterung für den Rennsport auf. Anfangs wurden die Rennen auf provisorischen, staubigen Strecken über eine Viertelmeile *(quarter mile)* zwischen den Farmen auf den kolonialen Quarter Pathers ausgetragen; später waren es die Quarter Horses, und zuletzt kamen die Vollblüter und mit ihnen der Wunsch nach ordentlichen Rennbahnen.

Als die riesigen Wälder New Englands gefällt wurden, wurde das Jagen hinter der Meute unter den wohlhabenden Farmern und Plantagenbesitzern populär. Somit gab es an der Ostküste der Vereinigten Staaten eine anglisierte Reitweise im Gegensatz zum Wilden Westen. Wie nicht anders zu erwarten, war hier kein Platz für den Cowboysattel noch für die Reitweise des Westens. Als die Steigbügel kürzer wurden, überwand man im Jagdfeld

[3] 1968

natürliche Hindernisse, und das Leichttraben kam in Mode. Bald war der englische Sattel die Regel, und niemand hätte auch nur im Traum daran gedacht, einen Westernsattel zu benutzen.

Reiten zum Vergnügen

Mitte des 19. Jahrhunderts ritten reiche Amerikaner zum Vergnügen, und das *park riding*, das Promenadenreiten auf Pferden mit bequemen Gängen, wurde populär. So sind etwa der *Slow Gait* und der *Rack* charakteristisch für das amerikanische Saddle Horse. Gemäß Dodge *'kann niemand, der die Gänge der Südstaaten erlernt hat, deren äußerste Bequemlichkeit bestreiten'.* Ursprünglich entwickelte sich das Promenadenreiten aus einem halbklassischen geraden Sitz; der Promenadensattel des 19. Jahrhunderts ähnelte dem modernen, geradegeschnittenen Dressursattel und war laut Dodge bequem für Pferd und Reiter.

Als jedoch allmählich die *Anglomanie* übergriff und eine selektive Zucht begann, mit dem Ziel, extravagantere Bewegungen sowie Pferde mit vier und fünf Gangarten zu erzeugen, kam in Orten wie Kentucky und New York ein Sitz in Mode, der auf dem als „englisch" bezeichneten Stil basierte. Es war ein verfälschter Sitz, denn alles Negative des alten englischen Jagdsitzes wurde für das Reiten auf Gangpferden umgesetzt. Die Reiter kamen hinter den Schwerpunkt der Pferde und drückten somit auf die Lendenpartie. Dodge warnte davor, sich von der ursprünglichen amerikanischen Reitweise zu entfernen: *'Wir können unsere englischen Vettern lieben, ohne jedoch ihren Stil zu übernehmen.'* Für diesen neuesten Stil wurden längere Showsättel, mit flacher Sitzfläche und zurückgeschnittenem Vorderzwiesel, entwickelt. Wenn der Reiter weiter hinten saß, so meinte man, würde die Vorhand des Pferdes freier und imponierender wirken. Die Reiter glichen dieses unnatürliche Gleichgewicht aus, indem sie ihre Beine in den Steigbügeln nach vorne streckten und ihre Hände unnötig hoch hielten, ein Stil, der auch heute noch in bestimmten Showklassen zu sehen ist.

Ursprünglich für „English Pleasure"-Prüfungen gedacht, wurde dieser Sitz *'zuerst für das amerikanische Saddle Horse entwickelt, um seine königliche hohe Kopfhaltung hervorzuheben',* schrieb Jeanne Mellin 1986 in ihrem Buch über das Morgan Horse. Später beschreibt sie diesen Sattel als eine *'logische Wahl',* da er *'der Vorhand mehr Bewegungsfreiraum läßt'.* Das mag vielleicht stimmen, er verhindert jedoch ebenso die Wölbung des Rückens und mit einem schweren, unausbalancierten Reiter wird die Aktion der Hinterhand stark behindert. Trotz allem ist dieser „Promenadensitz" immer noch sehr populär, da er oft eine betonte Aktion der Vorhand als Ausgleich für die Probleme hinten und unter dem Sattel verursacht.

Diejenigen Amerikaner, die anfangs des 20. Jahrhunderts in Großbritannien geritten waren, kritisierten oftmals das Niveau im eigenen Land. 1921 schrieb Lida L. Fleitmann in ihrem Buch *Comments on Hacks and Hunters:* *'Wer in diesem Land ein Reiter ist, wird beinahe als unzurechnungsfähig abgestempelt ... der Durchschnittsamerikaner ist kein Reiter ...'*

Es erstaunt, daß ein solcher Kommentar aus einem Land kommt, in dem das Reiten im Freien für Tausende die tägliche Arbeit bedeutete und wo in Virginia und Kentucky nun schon seit Generationen die Fuchsjagd betrieben wurde. Daraus läßt sich schließen, daß es nie soweit gekommen wäre, hätten mehr Reiter auf Autoren wie Dodge gehört. Am Ende seines Buches bemängelt er, daß *'heutzutage das Pferd nicht mehr über den Hals geführt werden darf, und was das Geschmeidigmachen der Kruppe und das Leichtmachen der Vor-*

Die natürliche Dressur in der Neuen Welt | 127

hand angeht, niemand auch nur im Traum mehr daran denkt. Dies ist, gelinde ausgedrückt, ein bedeutender Verlust ... Wenn man den Central-Park-Reiter als Vertreter einer Klasse ansieht, so hat er seine guten wie auch schlechten Seiten. Wenn er ein Anfänger ist und den englischen Stil zu sehr nachahmt, zeigt er sich von seiner schlechtesten ...'

Wenn auch die Reitkunst in der zivilen Bevölkerung verlorengegangen war, so doch nicht bei vielen bedeutenden US-Kavalleriereitern. Dazu gehörten Hauptmann Guy Henry, der 1912 an der Olympiade teilnahm, sowie Hauptmann Harry Chamberlin (siehe Kapitel 12), der mit seinen Teamkollegen Major Doak und Major Barry 1920 zur Olympiade nach Antwerpen ging. Leider konnte nicht jeder bei der Ausbildung auf das Militär zurückgreifen. Dies wird durch die Bücher von Hauptmann Vladimir Littauer (siehe Kapitel 12) von der russischen kaiserlichen Armee bestätigt, der auf der Flucht vor den Bolschewiken Anfang der 20er Jahre mit wenig Geld und noch weniger Englischkenntnissen nach Amerika kam.

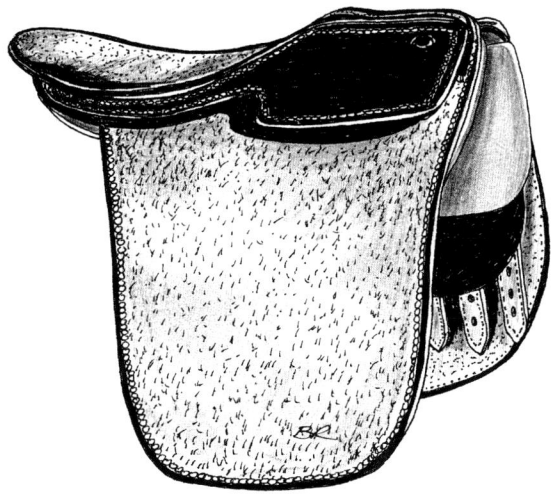

Dieser Gang-Sattel mit flacher Sitzfläche und langem, zurückgeschnittenem Vorderzwiesel läßt den Reiter relativ weit hinten auf dem Pferderücken sitzen, wobei der Schenkel bei einem normalen Sattel unweigerlich hinter dem Sattelblatt liegen würde. Dies wird durch das extrem weit geschnittene Sattelblatt des Gangsattels verhindert, das so die elegante Kleidung des Reiters vor Schweiß und Pferdehaaren schützt. Dieser Sitz ist das genaue Gegenteil des traditionellen klassischen Sitzes der Meister der Dressur.

Vladimir Littauer

Anfangs als Arbeiter tätig, eröffnete er 1927 in New York City seine bekannte Akademie *The Boots and Saddles Riding School*. Zusammen mit zwei weiteren talentierten russischen Kavallerieoffizieren, Capt. Sergei Kournakoff und Col. Fürst Kader Guirey brachte er die Reiterei in den Vereinigten Staaten gewaltig voran.

Er war der festen Überzeugung, daß es nicht ausreiche, Talent zu haben, und legte großen Wert auf eine wissenschaftliche Ausbildung. Littauer war entschlossen, die amerikanischen Reiter von der Reitweise des Jagdfeldes und anderen sogenannten englischen Einflüssen wegzubringen und eine auf Caprilli und der italienischen Schule basierende Technik einzuführen. Er schrieb: *'Vor 1930 haben die Vereinigten Staaten keinen Beitrag zur gebildeten Reiterei geleistet ... Als außer englischen auch andere Einflüsse hier aufkamen und die Städte größer wurden, wurde das Park- und Musikreiten in den Hallen der Reitclubs unter dem Einfluß der Dressur populär. Diese war jedoch für gewöhnlich stark vereinfacht und oft auf eine provinzielle Weise stark verfälscht.'*

Während dies auf die Allgemeinheit der Reiter durchaus zutraf, verfügte das US-Militär über die Ende des letzten Jahrhunderts gegründeten großartigen Kavallerieschulen Fort Riley in Kansas und Fort Sill. Der Schwerpunkt lag (wie zu dieser Zeit auch in England) vor allem auf dem Spring- und Geländereiten, wobei die Amerikaner die Lehren Caprillis wesentlich schneller als die Engländer annahmen. Somit ging der Übergang vom nach hinten verlagerten zum leichteren Sitz unter denen, die im „englischen Stil" ritten, relativ problemlos vonstatten.

Die Lehrer des 20. Jahrhunderts

Zu diesem Zeitpunkt bekamen die Anhänger Caprillis ihre Mammutaufgabe, die zivilen Reiter an der Ostküste Amerikas auszubilden, in den Griff. Es gab um die Jahrhundertwende jedoch einen halbklassischen Lehrer der alten Schule, der durchaus eine Erwähnung verdient.

Der portugiesische Graf Baretto de Souza war in seinem eigenen Land ein mittelmäßiger Reitlehrer gewesen. Da er jedoch aus einem Milieu kam, in dem die klassizistische Reiterei *de rigeur* war, konnte er ein junges Land, in dem jede Tradition einer akademischen Reiterei fehlte, gewaltig beeindrucken. De Souzas Methoden basierten auf einer Mischung aus Marialva, Baucher und Fillis.

Souza legte großen Wert auf Versammlung und Biegung des Pferdes und glaubte, daß es möglich war, Anfängern die Grundlagen der klassischen Reiterei beizubringen, indem vor allem Wert auf einen ausbalancierten, ruhigen Sitz gelegt und anfänglich die unmerklichsten Hilfen gegeben wurden, was später zur zweiten Natur des Pferdes werden würde. Der Reiter sollte *'alle Beinhilfen mit der leichtesten Berührung beginnen, wobei er sich immer auf festere, energischere, schnellere oder intensivere Berührungen einstellen muß, sollte das Pferd dies verlangen. Er muß den Grad der Hilfengebung dem Pferd überlassen ...'*

Er war einer der wenigen seiner Generation, die in Amerika zur Erzielung eines guten Sitzes auf das Reiten ohne Steigbügel bestanden, wobei der Trab auszusitzen war. Dies war für die amerikanischen Schüler so etwas wie ein Phänomen, da sie die „englische" Reitweise gelernt hatten und alles ablehnten, was dem Cowboysitz ähnelte. Souza bemerkte ferner, daß Reiter mit einem guten Sitz, d. h. mit aufrechtem Oberkörper und zurückgenommenen Schultern, niemals *'Probleme mit den Verdauungsorganen'* bekämen. Für die *'jungen Reiterinnen, deren Brust sich bei falscher Haltung – auch außerhalb des Reitens – nicht richtig entwickelt ...',* war eine gute Haltung sogar noch wichtiger.

Obwohl seine Texte und Illustrationen manchmal etwas verschroben waren, hatte de Souza bald eine große Anhängerschaft, was auch dadurch belegt wird, daß er während seiner Zeit in Amerika zwei Bücher – *Elementary Equitation* (1922) und *Advanced Equitation* (1927) – schrieb. Als Anhänger der alten Schule war de Souza manchmal etwas weitschweifig, was jedoch fundierte Ratschläge durchaus nicht ausschließt. Die Handarbeit wird genau besprochen, und Illustrationen von aufeinander aufbauenden Bahnfiguren sind mit sinnvollen Kommentaren versehen. Besonders interessant ist seine Auffassung, daß es zu einem weit besseren Verständnis der Seitengänge führen würde, wenn etwa das klassische Schulterherein (siehe Kapitel 7) wortgetreuer erklärt werden würde, d. h. als Arbeit auf vier Hufschlägen anstelle des gebräuchlichen modernen Ausdrucks „Arbeit auf zwei Hufschlägen".

Anstelle des Schulterherein schlägt er eine *'Biegung der Schulter'* vor, die dem heutigen Schulterherein auf drei Hufschlägen entspricht. Er schreibt, daß durch diese Übung *'das Pferd mehr gebogen wird, indem die anderen Körperteile gezwungen sind, gleichzeitig auf gerader Linie vorwärtszugehen'.* Eine weitere von ihm entwickelte Übung ist die „Balanceübung", die auf einer Reihe von wechselseitig ausgeführten Schritt- und Trabtraversalen basiert, bis durch Reduzierung der Schritte die Bewegung auf der Stelle ausgeführt wird und ein Effekt wie beim Walzertanzen auf die Hanken erzielt wird. Hier möchte de Souza *'Leichtigkeit des Tieres, welches nicht den Boden zu berühren scheint',* erreichen.

Indem er immer die Notwendigkeit der korrekten Vorbereitung betont, schreibt er über den *'gesetzten Schritt',* aus dem das Pferd auf die *'kleinste Bein- oder Zügelberührung' ...* reagieren muß, ... *'bevor man auch nur daran denkt, diese [alle Übungen] im Trab auszuführen'.* Bei jedem neuen Trainingsabschnitt soll der Reiter sein Pferd *während der Lektion* belohnen, indem er es streichelt und mit ihm spricht. *'Das Pferd mag die menschliche Stimme, besonders wenn man sie den Erfordernissen anzupassen weiß und sympathisch erscheinen läßt; durch ihren Gebrauch ... kann viel erreicht werden, es gibt keinen vernünftigen Grund, dieses gottgegebene Mittel nicht einzusetzen ...'*

Die natürliche Dressur in der Neuen Welt | 129

Graf Baretto de Souza war um die Jahrhundertwende ein populärer Reitlehrer an der Ostküste. Seiner Meinung nach stand der englische Vollblüter, wenn er gefühlvoll und mit weicher Hand geritten und systematisch ausgebildet wurde, anderen Schulpferden an Eleganz in nichts nach.

Erst mit dem Auftreten von Mestre Nuno Oliveira Anfang der 60er Jahre in Amerika übte ein klassischer Reiter der alten portugiesischen Schule wieder eine ähnliche Wirkung auf so viele Schüler aus. De Souza geriet jedoch durch die nachfolgende Revolution des Springreitens, die Amerika im Sturm nahm, bald in Vergessenheit.

Der leichte Sitz brachte tiefgreifende Änderungen mit sich; mit ihm kam ein überwältigendes Interesse an internationalen Wettbewerben auf. Obwohl natürlich zuerst das Springreiten zu neuen Ehren kam, dauerte es nicht mehr lange, bis die Amerikaner fest entschlossen waren, Europa auch im Dressursport einzuholen. Anfangs war es die Armee, die Amerika im Wettkampf glänzen ließ. Die Kavallerieschule in Fort Riley tauschte Gedanken und Lehrer mit den bekannteren Militärschulen Europas wie Saumur aus, und bei den Spielen von Los Angeles holte das Armeeteam, bestehend aus Col. Isaac Kitts, Capt. (später Col.) Hiram Tuttle und Alvin Moore die Bronzemedaille in der Dressur, wobei Tuttle auch noch die Einzelbronzemedaille gewinnen konnte.

Oberst Kitts Stute American Lady war zu ihren Lebzeiten so etwas wie eine Legende. So unglaublich es klingt, Kitts hatte sie innerhalb eines Jahres bis zur Grand-Prix-Reife ausgebildet. Sein Sohn Alfred, genannt Bud, der ebenfalls Oberst der amerikanischen Armee wurde, interessierte sich schon in frühem Alter für die Hohe Schule und gab Vorstellungen, zuerst mit American Lady und später mit dem Lipizzanerhengst Conversano Deja, der der US-Armee von den Österreichern als Dank für die Rettung der edlen weißen Hengste durch General Patton Ende des 2. Weltkriegs (siehe Kapitel 14) überlassen wurde.

Heute ist Col. Kitts Jr. einer der erfahrensten amerikanischen Dressurrichter. In einem kürzlich erschienenen Artikel in *Dressage and CT* berichtet die Autorin, Clencairn Bowlby, daß Kitts gerne kürzere und für das Pferd leichtere Dressurprüfungen sehen würde. Ferner tritt er für eine durchsichtigere Bewertung ein, die mehr auf die tatsächliche Vorstellung des Reiters als auf seinen Bekanntheitsgrad ausgerichtet sein sollte.

Erst nach der Auflösung der Armeeteams nach der Olympiade von 1948 glänzten auch Zivilisten in den drei Wettkampfdisziplinen. Heute bieten eine Fülle internationaler Lehrer, die Amerika und Kanada besuchen oder sich dort niederlassen, genügend Möglichkeiten für eine niveauvolle Ausbildung. Die US-Trainer Jack Le Goff und sein Kollege Bertalan de Nemethy (siehe Kapitel 19) haben zusammen mit vielen weniger bekannten Einwanderern das Niveau der Gebrauchsreiterei in Amerika in beträchtlichem Maße angehoben. Durch die kontinuierliche Unterstützung Europas und eigene, inzwischen fest etablierte, talentierte Lehrer, die zwar oftmals weit verteilt sind, ist die wettkampfmäßige Dressur in den Vereinigten Staaten und Kanada genauso fortgeschritten wie anderswo in der Welt.

Kapitel 14
Die Gebrauchsreiterei – eine Verwässerung der Prinzipien der Dressur?

Durch die Einführung des Springreitens und die sich daraus zwangsläufig ergebende veränderte Einstellung gegenüber der Reiterei geriet die Dressur in den ersten Jahrzehnten dieses Jahrhunderts in einen ständigen Zustand der Unklarheit und Unentschiedenheit. Während die großen klassischen Schulen von Saumur, Wien und Hannover dem geregelten klassischen Muster früherer Zeiten folgten (wenn auch mit gewissen nationalen Modifikationen), bemühten sich die englischsprachigen und diejenigen Länder, in denen es eine große Anzahl ziviler Reiter gab, das Chaos aus neuen und veralteten Gedanken zu entwirren und einen gemeinsamen Stil für die Gebrauchsreiterei zu entwickeln. Dies geschah jedoch nicht über Nacht.

Rückblickend ist klar, daß das Springreiten bei Reitern, die nie eine solide Grundausbildung in der klassischen Reiterei genossen hatten, die Prinzipien der verschiedenen Disziplinen immer mehr verschwimmen ließ. Viele Reiter waren sich über den Zweck bestimmter Praktiken bei der Ausbildung ihrer Pferde im unklaren. Unmerklich schlichen sich die neuesten Lehren für das Reiten über Sprünge in die Ausbildungsmethoden für alle Pferde ein. Wo es schon für die Dressur keine klar definierten klassischen Grundsätze gab, wurde jede Sparte der Reiterei in Mitleidenschaft gezogen.

Die Dressur bei den Olympischen Spielen
Die Leidenschaft für das Springen wirkte sich selbst auf die Dressurprüfung bei den ersten Olympischen Spielen aus, bei denen der Pferdesport zugelassen war. Dem schwedischen Grafen von Rosen, der seit 1906 darum gekämpft hatte, ist es zu verdanken, daß die drei Disziplinen Vielseitigkeit, Springen und der Dressur-Grand-Prix zum ersten Mal 1912 in Stockholm eingeführt wurden, wobei Sprünge Bestandteil jeder Prüfung waren. Dies mag uns heute seltsam erscheinen, man muß jedoch bedenken, daß sich zu jener Zeit die Lehren Caprillis gerade erst durchgesetzt hatten; ferner sollten nur Reiteroffiziere teilnehmen, um die Vielseitigkeit ihrer Kavalleriepferde unter Beweis zu stellen. Damit erhielt die Dressur anstatt des künstlerischen eher einen sportlichen Charakter, der zum Leidwesen mancher – sicherlich irrtümlicherweise – heute noch vorhanden ist.

Die ersten Prüfungen
Nun zum Inhalt der ersten wichtigen olympischen Dressurprüfung. Die Bezeichnung Grand Prix entsprach nicht der heutigen Bedeutung, da keine der schwierigeren, heute in einem Grand Prix verlangten Lektionen enthalten waren. Statt dessen mußte der Reiter im Galopp einreiten, sein Pferd in allen Gangarten versammeln und die Tritte verlängern, rückwärtsrichten, eine Hinterhandwendung und vier fliegende Wechsel auf gerader Linie ausführen und zum Schluß fünf kleine Hindernisse überspringen, wozu auch

Die Gebrauchsreiterei | 131

Junge Kavallerieoffiziere, wie (links) Jousseaume aus Frankreich und (rechts) Podhajsky aus Österreich, boten kurz vor dem Zweiten Weltkrieg in internationalen Dressurprüfungen und bei Olympischen Spielen großartige Leistungen. Sie verkörpern den Wandel in der Dressur von einer mit lockeren Zügeln gerittenen Kür zu den genau festgelegten Aufgaben der neuen Wettkämpfe, bei denen die aus dem Militär kommenden Richter eine feste Anlehnung bevorzugten.

ein dem Pferd entgegenrollendes Faß gehörte. Der Sinn lag darin, Mut, Ruhe und Gehorsam des Kavalleriepferdes zu prüfen. Es sollte die Gebrauchsreiterei auf einem Gebrauchspferd gefördert werden.

Man beachte, daß dies kurz vor dem Ersten Weltkrieg war, daher ergab dieser Gehorsamstest durchaus einen Sinn, waren die Nationen doch noch weitgehend auf die Leistungsfähigkeit ihrer Kavallerie angewiesen. 1912 dominierten die Schweden in der Dressur, und auch sechs Jahre später holten sie in Antwerpen Gold, Silber und Bronze.

Der anfängliche 6- und spätere 4-Jahreszyklus der Olympischen Spiele wurde durch den Weltkrieg unterbrochen. Erst viel später fanden 1932 in Los Angeles Piaffe und Passage Eingang in den Grand Prix. Durch den Wandel zum Künstlerischen erstaunt es kaum, daß zwei Offiziere aus Saumur[1] in diesem Jahr für Frankreich Gold und Silber holten. Bei der 1936 in Deutschland stattfindenden Olympiade wurden alle heute bekannten Lektionen, auch die Pirouette, mit aufgenommen. Diese Spiele zogen ein sehr illustres Teilnehmerfeld an, zu denen Oberst Podhajsky von der Spanischen Reitschule (siehe Kapitel 15) gehörte. Die Aufgabe überstieg nun bei weitem das Können des Gebrauchsreiters.

Es ist wichtig, sich die Schwierigkeiten der zivilen Reiterei nach Caprilli zu verdeutlichen. Zweifellos hatte Caprillis leichter Sitz die Springreiterei einen großen Schritt nach vorne gebracht. Das Pferd profitierte durch ihn enorm, da es sich nun im natürlichen Gleichgewicht vorwärtsbewegen konnte, ungehindert von einem nach hinten verlagerten Sitz seines Reiters. Zum zweiten war es nicht immer wieder Stößen in den Rücken ausgesetzt durch ein Gesäß, das am Sattel zu bleiben versuchte, jedoch nicht in der Lage war, alle Schläge und Stöße im Gelände und über Hindernisse abzufangen.

---

[1] Lesage und Marion mit ihren berühmten Pferden Taine und Linon

Der dafür zu zahlende Preis

Leider besaßen nicht alle, die den leichten Sitz praktizierten, das gleiche Feingefühl für Takt und Gleichgewicht wie Chamberlin und Littauer. Wie in Kapitel 12 erwähnt, basierte das Konzept des leichten Sitzes auf genauem Ausbalancieren in den Steigbügeln, wobei sich das Pferd harmonisch, flüssig und mit völliger Bewegungsfreiheit von Rücken, Kopf und Hals mit einer elastischen, ungestörten Anlehnung vorwärtsbewegen konnte. Wie schon so oft führte auch hier schlechte *horsemanship* in manchen Kreisen zu einer verfälschten Version dieses neuen Stils. So erlitt nicht nur die Springreiterei Schaden, sondern auch die Ausbildung und das „Dressieren" aller Pferde. In England war dies besonders auffällig.

Ein großes Problem war die Zäumung. In Einklang mit den Italienern schafften viele Reiter die Kandare ab und ersetzten sie oftmals durch ein dünnes gebrochenes Trensengebiß. Durch die verminderte Einwirkung auf das Maul und einen Sitz, der viel zu wünschen übrig ließ, bekamen viele Reiter eine harte Hand. Wo die Reiter einst ihre Pferde durch leichtes Annehmen des Kandarenzügels abkippen lassen konnten, war es nun erforderlich, am Zügel zu ziehen. Manche hielten sich unbewußt an den Zügeln fest, da sie sich nicht in den Steigbügeln ausbalancieren konnten und mit geraden Beinen in den Bügeln standen. Als Folge der harten Hand wurden die Pferde hart im Maul. Während früher der Pferderücken Schaden nahm, war es nun das Pferdemaul, das zu leiden hatte.

Pferde mit „Trensenmaul"

Die Kandare, auch Zäumung des Gentlemans genannt, wurde zum Mittelpunkt eines neuen Vorurteils[2]. Manche betrachteten sie sogar als eine Art Betrug; unabhängig von Exterieur, Alter, Maul oder Verwendungszweck des Pferdes, wurde man nur dann als guter Reiter anerkannt, wenn man eine Trense verwendete. So wurde das Gebiß, das ursprünglich für die Rennbahn und die Steeplechase entworfen wurde, zum alltäglichen Gebiß des 20. Jahrhunderts.

Hieraus resultierte eine gewisse Selbstgefälligkeit. Früher hatten Reiter aller Nationalitäten den Gebrauch der Kandare respektiert. Jagd- und Schulreiter waren gleichermaßen auf ihre feine Zügelführung stolz. „Weich in der Hand" zu sein war eine Auszeichnung, die jeder Reiter anstrebte. Die Forderung nach einer leichten Hand ertönte nicht nur in den Reithallen, sondern wurde auch in allen Reiterfamilien von Generation zu Generation weitergegeben. Mit dem Trensengebiß verschwand dieser natürliche Respekt vor dem Pferdemaul weitgehend.

In Großbritannien befand sich die Reiterei auf einem Tiefpunkt. Bis Mitte der 20er Jahre hatte es nicht einmal im Springen oder der Vielseitigkeit olympische Medaillen für ein Land gegeben, das die besten Pferde der Welt besaß.

Viele Reiter vermochten es nicht, sich bei angewinkeltem Oberkörper, Beinen und Armen in den Steigbügeln auszubalancieren, sondern standen mit durchgestreckten Beinen in den Bügeln und benutzten die Zügel zum Festhalten.

---

[2] Dies trifft auch heute noch zu.

Tafel 9

(Rechts:) Die Piaffe, hier ausgeführt von einem Reiter der „Portugiesischen Schule der Reitkunst" auf einem Lusitanohengst aus dem königlichen Gestüt Alter vor der Kulisse des Schlosses Queluz, bei Lissabon. Diese Pferde haben sich seit den Tagen des Nahkampfs, als die Römer auf die Halbinsel kamen und Gestüte und Remontendepots für ihre Kavallerie rund um die Flüsse Tejo und Guadalquivir gründeten, kaum verändert. Die korrekt ausgeführte Piaffe, bei der das Pferd rund und federnd wie ein Ball auf der Stelle tritt, galt als Ausgangsposition für Pferd und Reiter für die plötzlichen sortes, oder Attacken. Wichtig war, daß sich die Kruppe genügend senkte, damit die Hinterhand genügend Tragkraft für diese stark versammelten Kampfmanöver entwickeln konnte. (Auszug aus „Cavalo Lusitano – O filho do vento" von Arsenio Raposo Cordeiro)

(Unten:) Die Kunst von Marialva bleibt durch diese Reiter der „Portugiesischen Schule der Reitkunst" in Lissabon lebendig. Die Reiter tragen die traditionellen höfischen Trachten des 18. Jahrhunderts. (Auszug aus „Cavalo Lusitano – O filho do vento" von Arsenio Raposo Cordeiro)

Tafel 10

Nuno Oliveira, weltweit als „der Meister" bekannt. Ein Mann, der selbst mit den durchschnittlichsten Pferden wahre Wunder bewirken konnte; ein Mann, der wie ein König ritt und den seine Pferde auch wie einen König trugen. (Auszug aus „Cavalo Lusitano – O filho do vento" von Arsenio Raposo Cordeiro)

Der Autor und Reitmeister Don Diogo Bragança (Lafoes) zu Hause bei der Ausführung einer flüssigen und weichen Passage auf seinem Lusitanohengst aus dem Gestüt Infante da Camara. (Auszug aus „Cavalo Lusitano – O filho do vento" von Arsenio Raposo Cordeiro)

Es sah ziemlich düster aus. Aus dieser Frustration heraus gründete eine Gruppe pensionierter Kavallerieoffiziere 1929 das *Institute of the Horse*, den Vorläufer der heutigen *British Horse Society*. Es lag der Gedanke zugrunde, die verschiedenen Sparten der Reiterei, die inzwischen von Tausenden ausgeübt wurden, zu koordinieren. In dem Bemühen, eine gewisse Methodik zu erreichen, führte das Institut Prüfungen zur Unterrichtsberechtigung auf verschiedenen Ebenen ein. Obwohl die Armee einige gute Dressurlehrer hervorgebracht hatte, war England nur am Springreiten interessiert.

Diese Leidenschaft spiegelte sich auch im *Pony Club*, dem Gegenstück für junge Reiter, wider. Die meisten waren größeren Jagdvereinen angegliedert. Daher war es nur natürlich, daß der Schwerpunkt auf Gelände- und Springreiten lag und die Dressur mit Abneigung und Argwohn betrachtet wurde.

Weedon, eine letzte Festung

Die britische Kavallerieschule in Weedon (1919 von Lord Baden-Powell gegründet) bemühte sich bei der Ausbildung, neben der Förderung einer modernen, vielseitigen Reiterei, auch um die Erhaltung der alten klassischen Grundsätze der Hohen Schule. Verschiedene aufgeklärte Offiziere waren vom Kontinent zurückgekehrt, entschlossen, den Engländern Werte wie Balance, Geschmeidigkeit und Leichtigkeit zu vermitteln. Um in allen Sparten der Reiterei erfolgreicher zu werden, versuchten einige Lehrer in Weedon nachzuvollziehen, was d'Aure in Saumur erreicht hatte (siehe Kapitel 13). Dies klappte zwischen den zwei Weltkriegen auch einigermaßen, es gab jedoch nicht genügend Reiter, die sich dies zunutze machten.

Von den Puristen der Schule Caprillis kam wenig Ermutigung. Vladimir Littauer schrieb in den USA: *'Alle damaligen englischen Autoren rissen den leichten Sitz aus dem methodischen Zusammenhang, verfälschten ihn oftmals teilweise und kombinierten ihn mit ein paar alten militärischen Dressurrichtlinien und einem Schuß traditioneller Jagdgebräuche.'*

Dies war unfair, da Weedon[3] einige bemerkenswerte vielseitige Reiter hervorbrachte, zu denen Col. V. D. S. 'Pudding' Williams[4], Col. Arthur Brooke, Col. Michael Ansell (auch in Saumur), Col. Nat Kindersley, Col. 'Handy' Hurrell, Col. Bill Froud und Brigadier Dick Friedberger gehörten. Sie alle leisteten einen großen Beitrag für die ersten *Manuals of Horsemanship*. Der Krieg hinterließ jedoch nicht genügend Lehrer, um die riesige zivile Reiterbevölkerung zu erreichen. Somit war es immer mehr Aufgabe des *Institute* und des Pony Clubs, die nationale Reiterei zu fördern. Als der militärische Einfluß nachließ, gerieten Namen wie Fillis und Baucher innerhalb einer Generation in Vergessenheit. Zwischen den Kriegen wurden Vergnügungs- oder Studienreisen ins Ausland immer schwieriger, die Tage der Bildungsreisen waren vorbei, und selbst klassische Akademien wie die Spanische Reitschule und Saumur schienen weit weg. In Großbritannien gab es zwar viele Pferdenarren, die jedoch durchaus zufrieden waren, Autodidakten zu sein. Als Folge hatte das Dressurreiten keine Chance und wurde, außer von einigen wenigen, die im Ausland geritten waren, einfach ignoriert. Es dauerte nach der Gründung von Weedon noch 36 Jahre, bevor Dressurreiter aus Großbritannien erstmals an Olympischen Spielen teilnahmen.[5]

---

[3] Weedons Gegenstück in Sangor, die britische Kavallerieschule in Indien, brachte ebenfalls einige kompetente Lehrer hervor, zu denen Oberst Jamie Crawford gehörte.
[4] Vater der verstorbenen Dorian Williams, ein Mann, der sich der Dressur verschrieben hatte und dessen Frau Brenda international für Großbritannien geritten ist.
[5] Dies waren 1956 Brenda Williams mit Pilgrim und Lorna Johnstone mit Rosie Dream.

134 | Reitkunst im Wandel

Vorher lasen jedoch Tausende im In- und Ausland die Werke zweier außergewöhnlicher Lehrer, McTaggart und Hance. Es lag vielleicht am damaligen Sattel, daß diese Bücher nicht mehr bewirkten. Wie McTaggart bemerkte, ließ der durchschnittliche englische Sattel den Reiter kaum mit seinem Pferd im Gleichgewicht sitzen. Er äußerte die Hoffnung, daß eines Tages ein Sattel entworfen würde, der es dem Reiter erlauben würde, näher am Schwerpunkt des Pferdes zu sitzen, anstatt auf die Lendenpartie zu rutschen. Dies nahmen vielleicht die Reiter, jedoch sicher nicht die Sattler zur Kenntnis. Kurz darauf kam ein neuer Springsattel mit Federbaum in Mode. Dieser eignete sich für die alltägliche Arbeit noch weniger als der herkömmliche Jagdsattel. Selbst der spätere Vielseitigkeitssattel wurde in Anlehnung an den Springsattel entwickelt, was den Reiter in den Bügeln stehen ließ, anstatt ihn im Pferd sitzen zu lassen. Daher hatten die Dressurreiter damals kaum eine Chance, sich korrekt auszubalancieren, es sei denn, sie saßen auf einem der schweren und eher primitiven Militärsättel, die wenigstens den Vorteil hatten, das Gewicht auf dem Pferderücken zu verteilen.

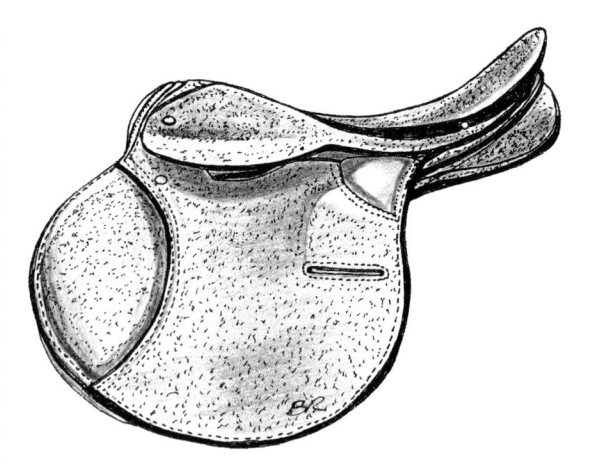

Dieser englische Springsattel des 20. Jahrhunderts wird allzuoft für andere Disziplinen, wie für das Reiten junger Pferde oder die anfängliche Dressurarbeit usw., verwendet. Speziell für den leichten Sitz konzipiert, ist er für andere Zwecke ungeeignet.

McTaggart

Zum Glück waren nicht alle so von der Springreiterei geblendet, daß sie alle akademischen Grundlagen der letzten vierhundert Jahre auslöschten. Lt. Col. M. F. McTaggart war ein Verfechter des leichten Sitzes über Sprüngen, er war jedoch auch der Überzeugung, daß die gesamte Arbeit mit dem Pferd davon profitierte, wenn man den Prinzipien der klassischen Schule mehr Beachtung schenkte. Im Vorwort zur dritten Auflage seines 1935 in London erschienenen äußerst populären Buches *Mount and Man* schrieb er: *'Je genauer wir die Reitkunst studieren, desto eher verstehen wir, wie sich die einzelnen Teile zusammenfügen. Der Steeplechase-Jockey wäre um einiges besser, wenn er die Haute Ecole studieren würde, der Schulreiter könnte sich durch Steeplechasing und der Jagdreiter durch einen Springkurs verbessern. Wir können alle voneinander lernen.'*

Um seine Meinung zu unterstreichen, zielte er mit seiner Kritik mitten ins Herz des britischen Establishments: *'In der öffentlichen Meinung ist jeder, der im Grand National reitet, ein guter, und jeder, der gewinnt, ein hervorragender Reiter. Auf Photos und Zeitlupenstudien können wir jedoch heute erkennen, daß oft viel zu wünschen übrig bleibt ...'*

Er war der Ansicht, daß jedermann in England eine gewisse Selbstkritik üben sollte und daß sich die Reiterei ohne feste Regeln niemals verbessern könne. Entsetzt über die „pullenden" Pferde und reißenden Reiterhände sagte er sich von den Lehren Caprillis los und schrieb, daß für die Gebrauchsreiterei ein Pferd, das sich mit vertikaler Kopfhaltung korrekt durch das Genick reiten läßt, wesentlich sicherer, gehorsamer und angenehmer sei. Die folgende Anspielung hierauf ist ebenso amüsant wie wahr: *'Es entspricht der Natur des Pferdes, im Stehen oder in der Bewegung die Nase vorzustrecken und den Hals gerade zu tragen. Es entspricht der Natur eines Tölpels, der zum ersten Mal an einer Parade teilnimmt, Kopf und Kinn nach vorne zu strecken. Beide müssen erst einmal ausgebildet werden.'*

In McTaggarts Schule sollten die Schüler die korrekte Zügelführung auf

Die Gebrauchsreiterei | 135

ordentlich ausgebildeten, auf Kandare gezäumten Pferden lernen. *'Ein Pferd, das korrekt durchs Genick geht, gehorcht mit Leib und Seele den Befehlen seines Herrn ...'* Er bedauerte das In-Mode-Kommen der Trense, insbesondere für die Jagdreiterei. *'Das Jagdreiten auf Trense ist kaum zu empfehlen, und es ist äußerst seltsam, warum so viele dies tun, da es wesentlich ermüdender und unbefriedigender ist. Die Trense ist für das Bewegen durch die Grooms oder für die Arbeit der Jockeys sinnvoll; dies sind jedoch die einzigen Anlässe – die Arbeit mit Anfängern und Kindern natürlich ausgenommen –, für die sie verwendet werden sollte.'*

Hilfszügel oder scharfe Pelhams lehnte er ebenfalls ab. *'Bleiben wir bei der einfachen Kandare, und wir werden sehen, daß wir auf bequeme Weise und durch Können das erreichen, was wir niemals durch Härte erzielen konnten.'*

Seine Sorge galt neben dem Pferdemaul auch dem Pferderücken. Neben der ständigen Diskussion um den Springsitz und seiner Mißbilligung des alten englischen Jagdstils empfahl McTaggart den Sitz der Hohen Schule mit einem Zitat von Fillis: *'Der Schulreiter sitzt im tiefsten Punkt des Sattels. Ich persönlich bevorzuge diesen Sitz für jeden Zweck, da das Gewicht auf dem kräftigsten Teil des Pferderückens, kurz hinter dem Widerrist liegt ...'*

In einfachen Diagrammen wird die durch Reiter und Pferd verlaufende Linie des Schwerpunktes aufgezeigt. McTaggart äußerte die Hoffnung, daß eines Tages die Sättel so stark verbessert würden, daß sie einem ausbalancierten Sitz förderlich seien.

Captain Hance

Capt. Hance, ein Produkt Weedons und ein hervorragender Lehrer, war ebenfalls über vieles, was er Ende der 20er und Anfang der 30er Jahre in England sah, sehr enttäuscht. *Confusion of Thoughts* (Gedankenwirrwar) lautet einer der Untertitel seines Buches *School for Horse and Rider* (1932). Später bemerkte er trocken: *'In den Jahren, in denen ich nach Verlassen der Armee das Reiten gelehrt habe, ist mir eines immer klarer geworden: Unter der Zivilbevölkerung herrscht große Verwirrung über die Bedeutung der Worte „reiten" und „Reiter". Wenn wir das erstere als „sich auf dem Pferd sitzend fortbewegen" definieren, wird in unserem Land zweifellos viel geritten, und es gibt eine Fülle von Reitern. Wenn unsere Definition jedoch andeuten soll, daß zum „Reiten" zumindest ein elementares Können gehört, das von einem „Reiter" beherrscht werden muß, dann muß ich klar sagen, daß der Prozentsatz derer, die oft auf dem Pferd sitzen und von denen man wirklich sagen könnte, daß sie reiten können, in der Tat sehr klein ist.'*

Die Hände

Schüler, die mit Capt. Hance zusammengearbeitet haben, erinnern sich an seinen sanften Umgang mit dem Pferd und seinen Zorn über jede Grobheit der Hände. Er schrieb über dieses heikle Thema: *'Es gibt in jeder Sparte der Kunst oder des Sports einige, die völlig darin aufgehen, aber auch der Schüler, der vielleicht nur ein elementares Leistungsniveau erreichen möchte, muß bereit sein zu lernen ... Damit die Hände ihre Aufgabe mit Feingefühl ausführen können, ist ein unabhängiger Sitz, wobei die Zügel nicht zum Festhalten benützet werden, Voraus-*

Diese Abbildung einer Kapriole von John Vanderbank aus dem 18. Jahrhundert erinnert vielleicht eher an die europäische Reitweise, ist jedoch britisch. Sie ist ein Beispiel für den von McTaggart so bevorzugten Sitz der traditionellen Hohen Schule, bei dem der Reiter „im Pferd", 'im tiefsten Punkt des Sattels sitzt ... und das Gewicht auf den kräftigsten Teil des Pferderückens verlagert ist.'

136 | Reitkunst im Wandel

Reiter, die den „alten englischen Jagdstil" praktizierten, waren Autoren des frühen 20. Jahrhunderts wie McTaggart und Hance, die von Saumur stark beeinflußt waren, zutiefst zuwider. Nicht jeder Jagdreiter zeichnete sich durch einen so groben Mangel an Rücksichtnahme seinem Pferd gegenüber aus, doch es spricht für das Herz der Jagdpferde, daß sie in so großer Anzahl dieser Art von Reitern weit in unser Jahrhundert hinein treu dienten.

setzung. Aus diesem Grund ist das Reiten ohne Zügel so empfehlenswert.'

Wie McTaggart sah auch er keinen Sinn in der Abschaffung der Kandare. Vielen Schülern *'wird niemals auch nur teilweise die Freude am Reiten zuteil, die ein guter Reiter durch den korrekten Gebrauch der Kandare erfährt …, da ihnen ihre wahre Funktion unbekannt ist.'*

Er führt aus, daß selbst das schärfste Gebiß für das Pferd angenehm sein kann, wenn der Reiter eine weiche Hand hat und etwas von Beizäumung versteht. *'Dieses Wissen erlaubt dem Experten den Gebrauch des schärfsten Gebisses, er wird durch die zarteste Bewegung der Finger zuerst Beizäumung und dadurch völlige Unterwerfung erzielen.'*

Obwohl die Trense durchaus ihre Verwendung hatte, besonders für junge Pferde und Reitanfänger, hatte er wenig Verständnis für diejenigen, *'die ihre Pferde nur auf Trense reiten. Sie wollen „immer einen schönen Kontakt zum Pferdemaul", was natürlich vieles verdeckt! Diese Leute erzählen uns außerdem, eine Trense sei „wesentlich milder als ein Kandarengebiß" – dies ungeachtet der Tatsache, daß ihre Pferde den ganzen Tag auf der Hand liegen.'*

Ähnlich wie McTaggarts Buch bietet auch Hances Buch eine Fülle von Informationen, angefangen von der Grundausbildung bis zum Springen. Für den Dressurreiter gibt es einen bemerkenswerten Abschnitt über die Arbeit an der Hand und die fortgeschrittene Dressurarbeit, wozu auch einfache Erklärungen über die Theorie der Biegungen gehören.

Schlußfolgerung

In den 30er, 40er und selbst den 50er Jahren gab es in der englischsprachigen Welt nur wenige Idealisten, die an internationalen Dressurprüfungen teilnahmen. Hingegen florierten Springreiten und Vielseitigkeit. 1936 gewann Großbritannien seine erste olympische Medaille im Reiten, die Mannschaftsbronzemedaille in der Vielseitigkeit. Bei der darauffolgenden Olympiade in London gab es nochmals Bronze für die Mannschaft, dieses Mal im Springen.

Während die kontinentalen Reiter weiterhin alle drei olympischen Disziplinen verfolgten, wobei sie in der Dressur jedes Mal führend waren, schien

Die Gebrauchsreiterei | 137

es, als hätten die Briten endlich ihre Stärke in der Springreiterei entdeckt, und es dauerte nicht mehr lange, bis sie die stärksten Mannschaften der Welt stellten.

Noch bis vor kurzem wurden in Italien, Großbritannien, den Vereinigten Staaten, Australien, Kanada und Neuseeland nur wenige Pferde in erster Linie dressurmäßig ausgebildet. Vom Durchschnittspferd wurde, und wird noch, erwartet, daß es, oft durch eine Mischung von Trainingsmethoden, jeder Sparte der Reiterei gewachsen ist. Selbst Caprillis Philosophie der Nichteinmischung, die früher funktionierte, stieß mit der Zeit an ihre Grenzen, als immer mehr Springreiter zu den alten Methoden von Kontrolle und Versammlung zurückkehrten.

Noch lange nach dem Zweiten Weltkrieg sahen viele Dressurprüfungen als notwendiges Übel an, als Einstieg zu den wesentlich aufregenderen Springprüfungen. Die „Arbeit auf der Flachen" – wie sie inzwischen genannt wurde, nachdem sowohl die Ideale als auch einige der Methoden der Hohen Schule verlorengegangen waren – zog weder die Reiter noch die Öffentlichkeit an. Oft war sie stumpfsinnig und für Pferd und Reiter gleichermaßen lästig.

Es wäre falsch, diejenigen, die den leichten Sitz eingeführt haben und auf ihrem Gebiet durchaus brillierten, für die resultierende Nichteinmischung in der Dressur verantwortlich zu machen. Dadurch, daß die Nachteile von Versammlung, Kandare und Biegung gepredigt wurden, wurde jedoch das akademische Lernen unmodern, und großer Schaden entstand.

Da es üblich war, die Pferde sich selbst ausbalancieren zu lassen, (was sie gewöhnlich auf der Vorhand taten), ließen sie ihre Pferde wie ein Schiff durch die Bahn gehen, ohne Wert auf Beizäumung, Biegung oder Rückenwölbung zu legen. So fehlte vielen Reitern jede Vorstellung davon, daß ihre Pferde den Anforderungen der Dressur gar nicht genügen konnten. Erst nachdem die Deutschen, Schweden, Niederländer, Schweizer, Dänen und Russen bei allen aufeinanderfolgenden Olympiaden nach dem Krieg Gold, Silber und Bronze holten, erkannten Großbritannien, Amerika und die anderen Springreiternationen, daß es einer soliden Ausbildung bedurfte, um in der Dressur erfolgreich zu sein.

Dorothy Morkis war eine der ersten Amazonen aus den Vereinigten Staaten, die bei Olympischen Spielen eine hohe Plazierung errang. Hier erreichte sie 1976 in Montreal den fünften Platz in der Einzelwertung auf Monaco. (Photo: Leslie Lane)

Kapitel 15
Drei große Meister

Wynmalen und Decarpentry

Kurz vor dem 2. Weltkrieg gab es eine kleine Anzahl von hervorragenden Reitern, die die höhere Dressur in den heimischen Reitbahnen, in den Reitakademien und auf den Turnierplätzen Europas in schönster Weise demonstrierten. Die damaligen Turnierteilnehmer gingen zum größten Teil aus der Kavallerie oder den klassischen Einrichtungen hervor. Zu ihnen gehörten u. a. Persönlichkeiten wie Major (später Oberst) Podhajsky von der Spanischen Reitschule in Wien, Major Lesage und Major Marion und Lt. (später Col.) Jousseaume vom *Cadre Noir*, Baron von Langen, Leutnant Pollay und Major Gerhard, Angehörige der deutschen Kavallerie, sowie Oberstleutnant B. Sandstrom, Linder und Olson aus Schweden.

Henry Wynmalen
In Großbritannien verlieh ein 1889 geborener holländischer Zivilist der höheren Reiterei neue Impulse. Henry Wynmalen, der als Flieger Rekorde aufgestellt hatte[1] und ein talentierter Reiter mit distinguiertem militärischen Hintergrund war, ließ sich 1927 in England nieder. Dort heiratete er später die Pferdeliebhaberin Julia Ward, die heute eine bekannte Dressurrichterin ist. Trotz eines akademischen Grades im Ingenieurwesen und enormer beruflicher Erfolge in jungen Jahren hatte Wynmalen auch schwere Schicksalsschläge hinnehmen müssen.

Zum einen hatte er seinen Vater nie kennengelernt; jener war als junger Leutnant der holländischen Husaren vor seiner Geburt in Java gefallen. Zum zweiten blieb ihm wegen einer Sehschwäche sein Lebenstraum unerfüllt, der angesehenen holländischen Kavallerie beizutreten. Schließlich verlor er seine erste Frau und Mutter seiner zwei Töchter durch die heimtückische Krankheit Multiple Sklerose.

Diese leidvollen Erfahrungen zum einen und zum anderen die Dankbarkeit für das in England gefundene neue Glück waren wohl Grund für seine so sensible und tolerante Persönlichkeit, die sich besonders im Umgang mit Pferden zeigte. Trotz beruflicher Anspannung gelang es ihm durch Unterricht, Demonstrationen, Artikel und Bücher, die englische Dressurreiterei vom militärischen Einfluß zu befreien und sie durch Eleganz und künstlerische Elemente ansprechender zu machen. Zu einem Zeitpunkt, als die Dressur einen Tiefpunkt erreicht hatte, inspirierte dies viele Menschen.

Wynmalens Dressurausbildung hatte in der Utrechter Reitbahn, oftmals unter den Argusaugen des seinerzeit hochberühmten *écuyers* August Diemont, begonnen. Wynmalen schrieb: *'Diemont war ein Reiter von großer Eleganz ... Es war ein Genuß, ihm zuzuschauen ... Er hatte einen klassischen Sitz, eine gute Hand und vor allem großes Verständnis für das Pferd, er war so ruhig, so gedul-*

---

[1] 1910 war Wynmalen ein internationaler Held, als er den Höhenrekord seiner Zeit brach und den französischen Grand Prix d'Aviation dafür erhielt, daß er die Strecke Paris–Brüssel–Paris in einer bestimmten Zeit zurücklegte.

Drei große Meister | 139

Henry Wynmalen, klassischer Dressurreiter und Autor sowie Verfechter der descente de main, die er hier mit Bascar demonstriert. (Photo mit freundlicher Genehmigung von Frau Julia Wynmalen)

dig, daß die Pferde wiederum auch ihn verstanden.' Wie seine Frau Julia bestätigt, treffen dieselben Worte auch auf Wynmalen selbst zeit seines Lebens zu.

Einige haben seinen, wie er selbst zugibt, wenig beeindruckenden Sitz kritisiert, dabei jedoch nicht bedacht, daß Wynmalen als mutiger Pionier in den Anfangstagen des Alleinflugs über dreißig Abstürze erlitten hatte und als Folge oftmals längere Zeit mit einem Streckverband im Krankenhaus verbrachte. Diesen ständigen Verletzungen ist es zuzuschreiben, daß er niemals über ein geschmeidiges Rückgrat verfügte – so wichtig für den klassischen Sitz.

Dies ist aber der einzige Punkt, in dem er von den klassischen Idealen abweicht. Obwohl ihm das Reiten oft große Schmerzen bereitete, waren für ihn die Freude des Pferdes an der Arbeit und die Güte im Umgang mit ihm das Allerwichtigste. Hierin unterscheidet er sich von vielen damaligen und heutigen Reitern, und seine Arbeit zeichnet sich vor allem dadurch aus, daß er diesen Grundsatz auf jeden Aspekt der Reiterei und Ausbildung anwandte. Wie McTaggart sah auch er keinen Grund, warum ein Pferd, das für den Spring- und Geländesport ausgebildet wurde, nicht auch die Lektionen der Hohen Schule erlernen konnte. Einen Beweis hierfür lieferte er 1949, als er während der *Horse of the Year Show* sein Jagdpferd Bascar in den Lektionen der Hohen Schule vorstellte. Hierauf folgte eine Einladung, 1951 anläßlich der *Royal Windsor Show* vor der Königin zu reiten. Als er auf seinem eleganten Schimmel unter Flutlicht und zur Musik der *Royal Life Guards* mühelos seine Lektionen absolvierte, erhoben sich Tausende von begeisterten Zuschauern von ihren Plätzen.

Während Caprilli, Santini, Littauer und Chamberlin sozusagen eine Methode für den Durchschnittsreiter entwickelten, wollte Wynmalen denjenigen die Dressur nahebringen, die über reiterliches Feingefühl verfügten und die Reiterei als Kunst erfahren wollten.

Der Autor Wynmalen

Wynmalens erstes Buch, *Equitation*, wurde 1938 veröffentlicht. Der Erfolg war so groß, daß 1943 und 1946 weitere Auflagen erschienen. Es umfaßt alle Aspekte der Reiterei, angefangen von der Longenarbeit und der Basisausbildung bis hin zum Umgang mit schwierigen Pferden, Zäumung, Sattelzeug und dem Springen. Der letzte Teil beschäftigt sich mit der höheren Reiterei. Wynmalen schrieb: *'Es bleibt wohl wahr, daß ein Pferd den- oder diejenige, die diese Arbeit zu schätzen weiß, um so mehr erfreut und begeistert, je feiner und weiter ausgebildet es ist.'* Er warnte jedoch auch, daß die höhere Reiterei *'eine sehr spezialisierte Arbeit ist, die sehr viel Gefühl, unendliche Geduld und eine mehr als durchschnittliche Liebe zum Pferd erfordert'.*

Wynmalens Buch erfrischt durch seinen flüssigen Stil und seine offene, unvoreingenommene Haltung. Er verurteilte zwar Dinge, die er für absolut falsch hielt, wie etwa den „alten englischen Jagdstil" (eine Abneigung, die er mit McTaggart und Hance teilte), äußerte sich jedoch durchaus konstruktiv und philosophisch über die Ausbildungsmethoden früherer Zeiten und anderer Länder. Allzu viele Schriftsteller unseres Jahrhunderts neigen dazu, diese als falsch oder überholt darzustellen, Wynmalen war jedoch zu weise und zu sehr mit den klassischen Prinzipien der Vergangenheit vertraut, um diese Frage zu stellen. Seine Bücher heben sich von der damaligen britischen Reitliteratur durch sein fundiertes akademisches sowie durch praktische Erfahrung gewonnenes Wissen ab.

Selbst 1950, als er sein Meisterwerk *Dressage: A Study of the Finer Points of Riding* veröffentlichte, war er in seiner Wahlheimat noch Vorurteilen und Kritik ausgesetzt. Besonders das Erscheinen seines dritten Buches *The Horse in Action* (1954) löste in einigen Zeitschriften lebhafte Debatten aus, denen er jedoch geschickt mit trockenem Humor begegnete. Ein einfach nicht auszulöschender Streitpunkt war *'der köstliche Zank um den leichten Sitz! Ich gebe zu, daß es mich erstaunt, wie dieses Thema des leichten Sitzes, über das sich alle Länder der Welt außer England schon seit mehr als einem Vierteljahrhundert nicht mehr streiten, hier immer noch so viele Widersacher findet.'*

Der Sitz
Mit Caprillis Methoden vertraut, gehört Wynmalen zu den wenigen britischen Autoren, die sowohl den leichten als auch den klassischen Sitz in ein und demselben Buch definiert haben.

Über den letzteren schrieb er in ähnlicher Weise wie Baucher, jedoch mit wesentlich mehr Verständnis, *'... es ist immer schwierig, sich zu verbessern. Der Reiter, der zu sehr darauf bedacht ist, seinen Sitz zu berichten, wird anfangs Schwierigkeiten bekommen und davon eventuell beunruhigt werden ... In der Tat wird er anfangs das deutliche Gefühl haben, das Gleichgewicht zu verlieren und sich zu versteifen. Eine gewisse Steifheit wird auch zweifellos vorhanden sein, die aber nicht von einer geraden Haltung bei zurückgenommenen Schultern und einem Hohlkreuz kommt, sondern davon, daß der bisherigen gewohnheitsmäßigen und dadurch unbewußten Steifheit eines runden Rückens und hochgezogener Knie entgegengewirkt wird.'* All dies bessere sich durch Übung und Reiten ohne Steigbügel *'nur so lange, wie benötigt wird, um diese Kunst so sicher zu beherrschen, daß man sie stundenlang in aller Bequemlichkeit – und ohne jede Anstrengung – praktizieren kann'*.

Eine aufgeschlossene Haltung
Wynmalen faszinierte jeder Aspekt der Hohen Schule. Fotografien zeigen ihn mit seinen Lieblingspferden, wie Molly Malone und Bascar, über Sprüngen, beim Ausritt und (mit Bascar) in den „künstlichen Touren", wie Passage, Piaffe und Spanischer Schritt und Trab. Über die zwei letzteren, von Baucher und den Meistern der iberischen Halbinsel so geliebten Bewegungen schrieb er: *'Viele moderne Reiter der Hohen Schule begnügen sich mit Passage und Piaffe und praktizieren nie den Spanischen Schritt oder Trab ... Manche meinen, diese Gänge seien, bedingt durch die erforderliche hohe Kopfhaltung, für die Versammlung des Pferdes schädlich. Ich halte diesen Einwand für falsch, denn sonst könnte man ebensogut sagen,*

Henry Wynmalen war ein mutiger Gelände- und leidenschaftlicher Jagdreiter. Hier ist er auf Whitsun zu sehen. Man beachte den Gebrauch der Kandare und das Fehlen eines Martingals, eines Hilfsmittels, das in den 30er, 40er und 50er Jahren mit der Einführung des Trensengebisses sehr populär wurde. (Photo mit freundlicher Genehmigung von Frau Julia Wynmalen)

es sei schädlich, ein Pferd von Zeit zu Zeit richtig galoppieren zu lassen. Es ist offensichtlich, daß die gesamte sorgfältige Ausbildung zur reinen Zeitverschwendung würde, wären wir letztendlich nicht in der Lage, das Pferd auf Wunsch oder wenn erforderlich sowohl zu versammeln wie auch die Tritte verlängern zu lassen.'

Leichtigkeit
Nach ihrem Entschluß, Dressurrichterin zu werden, brachte er seiner Frau als erstes bei, stets auf die Hände des Reiters zu achten. Sein Prinzip war: Ein Pferd, das sich im Maul unbehaglich fühlt, niemals hoch benoten! Wynmalen ließ sich nicht von der öffentlichen Meinung leiten und predigte nur das, was er auch selbst praktizierte. Seine Piaffen zeigen eine deutliche Schwebephase und Erhabenheit, wobei das Pferd leicht und weich in der Hand ist. Es stellt sich die Frage, ob England heute nicht eine führende Rolle in der versammelten Reiterei und der Hohen Schule einnehmen könnte, wenn seine Definition von *descente de main* (siehe Kapitel 7) besser verstanden und ernster genommen worden wäre. Das Reiten mit leichter Hand, zu dem auch das Lockermachen des Unterkiefers gehörte, entsprach Wynmalens Vollblütern und Angloarabern; der Umstieg auf schwere Warmblutpferde wäre mit dieser Reitweise nicht erforderlich gewesen. Im Gegensatz zu Chamberlin bestand Wynmalen darauf, daß das versammelte Reiten in der Bahn keineswegs schädlich für die Geländereiterei sei, wofür er mit den besten seiner Pferde selbst den Beweis lieferte.

Im Vorwort zu *Equitation* schrieb Col. V. D. S. Williams: *'Kein anderes englischsprachiges Buch beschäftigt sich so klar und ausführlich mit der Kunst der höheren Reiterei und der Hohen Schule ... Ich glaube, daß diesem Buch eine große Zukunft beschieden ist und daß es einen Platz unter den Klassikern einnehmen wird.'* Vielleicht sorgt die zunehmende Popularität der Dressur dafür, daß sich ein größerer Leserkreis als bisher damit beschäftigt.

Die begabten Reiter des *Cadre Noir*
Während eine dressurbegeisterte Minderheit in Großbritannien allmählich von Wynmalens Lehren profitierte, erlebte Frankreich eine weitere strahlende Epoche im Glanz von Saumur. Es gab inspirierte Lehrer wie u. a. Baron Faverot de Kerbrech, Lenoble du Teil und Charles Raabe. Die Lehren von L'Hotte und Guérin, die beide von Baucher beeinflußt waren, wichen vielleicht leicht von denen des Grafen de Montigny, Schüler und ehemaliger Lehrer an der Spanischen Hofreitschule, ab, hielten sich jedoch an die klassischen Prinzipien. Somit blieb der seidene Faden, der die neue Generation mit den Idealen der Vergangenheit verband, erhalten.

Saumur bot trotz seiner Umgestaltung zu einer Kavallerieschule, die sich auf eine vielseitige Reiterei konzentrierte und über hervorragende Einrichtungen für Vielseitigkeit und Springen verfügte, eine lebendige Bühne für die Liebhaber der klassischen Kunst.

Den Mitgliedern der Elitetruppe des *Cadre Noir* stand es daher frei, sich mit den Aspekten der Dressur zu beschäftigen, die sie am meisten ansprachen, solange dies ihre normale Arbeit nicht beeinträchtigte. Diese Liberalität brachte eine neue Generation aus den Reihen der mit den charakteristischen schwarzen, goldverzierten Uniformen bekleideten Reitern der Elitetruppe hervor. Auf der imponierenden, im Haupteingang der Akademie von Saumur angebrachten Ehrentafel, die bis 1825 zurückgeht, werden als *écuyers en chef* unseres Jahrhunderts Namen wie Wattel (1919-1929), Danloux (1929-1933), Lesage (1935-1939) und Margot (1946-1959) aufgeführt. Zusammen mit einer Anzahl weiterer berühmter Mitglieder Saumurs wie Beudant (1863–1949)[2], Saint-Phalle (1867–1908), Decarpentry (1878–1956), Jousseaume (1894–1960), Licart, Saint-Fort Paillard und vieler anderer brachten sie die Dressur in unser Zeitalter herüber. Sie repräsentierten Frankreich als Lehrer, in Artikeln und Büchern und durch ihre Turnierteilnahme in aller Welt und stellten sicher, daß in Saumur heute noch die reiterlichen Grundsätze einer vergangenen Ära weitgehend erhalten sind.

General Decarpentry
Einer der bekanntesten französischen klassischen Reiter unseres Jahrhunderts ist General Decarpentry. Er entstammte einer begeisterten Reiterfamilie – Vater und Großvater waren Schüler Bauchers – und diente ab 1904 in Saumur, wo er nach seiner Rückkehr aus dem Krieg von 1925 bis 1931 stellvertretender Leiter war.

Als Kavallerist, Lehrer, internationaler Dressurrichter und späterer Präsident des Dressurausschusses der FEI kannte er das gesamte Spektrum der Dressur wie kein anderer. Er hatte auch einen genauen Überblick über die Entwicklung des Turniersports, verglichen mit der täglichen Arbeit in der Reithalle. Als Decarpentry 1956 starb, hinterließ er vier hervorragende Bücher, von denen zwei zwischenzeitlich ins Englische übersetzt worden sind. Beide spiegeln den Geist von Versailles wider, das kleinere, *Piaffe and Passage,* enthält hauptsächlich Fotografien mit Bildunterschriften. Das zweite, *Academic Equitation,* ist ein sehr umfangreicher, flüssig geschriebener Band. Da heutzutage nur wenige die Zeit haben, die Werke von Guérinière, Baucher, Fillis, Faverot de Kerbrech, Steinbrecht usw. zu studieren, finden wir in diesem Buch alles über die jahrhundertealten Ideale von Leichtigkeit und Harmonie mit klaren und detaillierten Erklärungen.

Er beschreibt auf elegante Art die oft zu Mißverständnissen führenden Themen wie *mise en main,* das Heranreiten des Pferdes an die Hand, das *ramener,* die Aufrichtung von Hals und Genick, die *descente de main* (die schon beschrieben wurde), die Wirkung des Rundmachens und Zusammenschiebens des Pferdes im *rassembler* (in der Versammlung). Ferner werden die verschiedenen Übungen auf zwei oder drei Hufschlägen, das Rückwärtsrichten, Passage und Piaffe, Pirouette, die à-tempi-Galoppwechsel usw. erklärt. Im Anhang beschäftigt er sich mit der Handarbeit, u. a. zwischen den Pilaren und an der Longe.

Dieses allumfassende Werk enthält einige herausragende Gedanken, die zwar keineswegs neu oder revolutionär sind, General Decarpentry gelang es jedoch geschickt, für alle Probleme klar definierte Gegenmittel darzulegen. Das folgende Zitat ist bezeichnend für sein ständiges Streben nach Perfektion: *'Das Trachten nach Versammlung ist nicht ... auf ein bestimmtes Stadium der Dressurausbildung begrenzt, vielmehr muß sie von der ersten Reitstunde an Ziel der täglichen Arbeit sein, damit der Reiter schließlich die Kräfte seines Pferdes beherrschen und seinen Wünschen entsprechend einsetzen kann.'*

Das Leichtwerden des Pferdes
Decarpentry bezieht sich immer wieder mit größtem Respekt auf Baucher und greift dessen Beiträge über Biegungen und das Lockermachen des Unterkiefers des Pferdes auf.

---

[2] Bekannt als brillanter Reiter der Hohen Schule, schrieb Etienne Beudant 1923 *Exterieur et Haute Ecole* und 1848 *Dressage du Cheval de Selle.*

Drei große Meister | 143

Bedenkt man, daß viele Decarpentry für den besseren Lehrer hielten, so ist auch das folgende Zitat als äußerst wohlwollend einzuschätzen: *'Schließlich hat Baucher die Reitkunst mit einer wahrhaft großartigen Entdeckung bereichert; bietet das Pferd das „mise en main" nicht oft genug von sich aus an oder verweigert es dies, wenn es dazu aufgefordert wird, so zeigt sich darin eine Beeinträchtigung seines physischen oder seelischen Gleichgewichts. Wird das „mise en main" schließlich erreicht, wird durch seine besondere Wirkung auf den gesamten Körper des Pferdes auch das Gleichgewicht wiederhergestellt und zwar wesentlich schneller und akkurater, als dies durch die Wirkung anderer Hilfen erreicht werden könnte.'*

General Decarpentry (damals Oberst) demonstriert die Passage auf seinem französischen Vollblüter, am Rande der Reitbahn von Saumur. Zu beachten ist das Durchhängen der Trensenzügel; das Pferd wird nur auf Kandare geritten.

Das Geraderichten

Decarpentry betonte immer wieder, wie wichtig Geschmeidigkeit für das Geraderichten und Ausbalancieren des Pferdes war. *'Es gibt keine bessere Übung zur Förderung der Längsbiegung – von der wiederum die Durchlässigkeit in der Vertikalen abhängt – als das Biegen des Pferdes auf dem Zirkel, was schon von Guérinière ausführlich beschrieben wurde.'* Es ist den Reitern heute oft nicht klar, daß nur ein Pferd, das sich biegen läßt, auch über den Rücken geht und sich geraderichten läßt. Decarpentry wies ferner auf eine weitere Vorbedingung hin. Er schrieb bezüglich der Galopparbeit: *'... wir dürfen nicht vergessen, daß absolute Geradheit nur zu erreichen ist, wenn ein deutliches „ramener" bereits vorhanden ist, was ein wesentlich langsameres Tempo als den Galopp im Gelände erfordert.'*

Er gibt zu, daß *'absolute Geradheit des ganzen Körpers, bedingt durch eine angeborene Asymmetrie*[3]*, für das Pferd in keiner Gangart natürlich ist; da diese Schiefe im Galopp am ausgeprägtesten ist, ist es besonders schwierig, es in dieser Gangart geradezurichten.'*

Durch die heute geforderten fliegenden Wechsel kommt dem Geraderichten inzwischen noch mehr Bedeutung zu als in der Vergangenheit. *'Es ist besonders im Hinblick auf diese absolut notwendig, das Pferd im Galopp auf beiden Händen an eine gerade Haltung zu gewöhnen.'* Er beschäftigt sich eingehend mit den à-tempi-Wechseln und hebt die Bedeutung des horizontalen Gleichgewichts des Pferdes, ja selbst eine leichte Mehrbelastung der Vorhand und eine gewisse Halsfreiheit besonders hervor. In diesem Zusammenhang wies Decarpentry mit Nachdruck darauf hin, daß die alten Meister den Galoppwechseln wenig Bedeutung beigemessen hatten. Da es Baucher war, der die Einerwechsel entwickelt hatte, stellt sich die Frage, warum seine Kritiker diese nicht ebenfalls als Zirkustrick bezeichnet haben.

Decarpentry beschäftigt sich nicht nur mit der höheren Dressur, wobei er sich immer auch auf Quellen aus der Vergangenheit beruft, sondern vermittelt dem Leser auch viele nützliche Ratschläge für die elementare Dressurarbeit, die im folgenden verkürzt aufgezeigt sind:

Schulterherein sollte erst verlangt werden, wenn das Pferd völlig losgelassen

---

[3] Die bei den Menschen genauso häufig vorkommt wie bei den Pferden.

und korrekt auf dem Zirkel geht und, wenn möglich, aus der Arbeit auf dem Zirkel entwickelt werden.

Traversale: Eine zu starke Biegung schadet dieser Übung. Zitat von General l'Hotte: *'Die Biegung muß sehr gering sein, so daß die Einwirkung des Zügels, die diese Biegung hervorruft, sich nicht auf die Hanken auswirkt.'*

Pirouette/Hinterhandswendung: In dieser Übung verkürzen sich die Muskeln der Lendenpartie und wölben sich auf, wodurch eine Rundung des Rückens erzielt wird.

Pirouette/Vorhandswendung: In dieser Übung (die nicht empfohlen wird) dehnen sich die Muskeln der Lendenpartie, was dazu führen kann, daß das Pferd hinter dem Sattel hohl wird.

Galopp: Beim Einüben des Außengalopps oder der Galoppwechsel muß jede Bestrafung – selbst jeder Tadel – vermieden werden, sollte des Pferd umspringen oder auseinanderfallen. Es muß vielmehr *'auf der ursprünglichen Hand konsequent neu angaloppiert werden'.*

General Decarpentry wußte nur zu genau, welche Anforderungen ein Grand Prix an das Pferd stellt, und ermahnte daher ständig zu Nachsicht und Geduld im Training. Sein Buch macht jedoch auch deutlich, daß er das Maß an Unterwerfung bedauert, welches das akkurate Reiten im modernen Dressursport erfordert. Er spielt häufig auf die Vergangenheit an, als große Reiter ihre Pferde als Ergebnis einer stufenweisen Ausbildung spontan in der Hohen Schule vorstellen konnten. Obwohl er selbst aktiv an den modernen Wettkämpfen teilnahm, war er doch noch eng mit Frankreichs großer reiterlicher Vergangenheit verbunden.

Oberst Podhajsky

Einer, der die Zwänge des Turniersports nur allzugut kannte, war Oberst Alois Podhajsky, Leiter der Spanischen Reitschule von 1939 bis 1965. Aus Mostar stammend (heute zu Jugoslawien gehörend), damals Teil des schnell schrumpfenden österreichischen Reiches[4], begann Podhajsky seine Kavallerieausbildung in Stockerau und wurde nach dem Ersten Weltkrieg zum Militär-Reit- und Fahrlehrerinstitut in Schloßhof kommandiert. Später wurde er an die Spanische Reitschule berufen, wo er sehr viel von Oberbereiter Polak profitierte. Als Perfektionist, der die Herausforderung liebte, repräsentierte er Österreich zwischen 1933 und 1953 auf den internationalen Dressurplätzen. Anfangs nahm er zusammen mit seinem Landsmann General Pongracz an Wettkämpfen teil, später bestritt er sie meistens allein.

Was seinen Erfolg so bemerkenswert macht (er gewann schon vor dem Krieg beinahe jeden Grand Prix) ist die Tatsache, daß er nicht mit den herrlichen Lipizzanern beritten war, sondern meistens Kavalleriepferde ritt, die von anderen Offizieren als zu schwierig zurückgewiesen worden waren. Er bildete seine Turnierpferde immer selbst aus und schreibt in seiner Autobiographie *Meine Lehrmeister die Pferde*[5], wie die anderen Reiter den brillanten Nero anfangs nur verspotteten und fragten, wo er denn „dieses Würschtl" her hätte. Als Antwort biß er die Zähne zusammen und arbeitete wie ein

---

[4] Österreich wurde 1919 zur Republik erklärt.
[5] Die englische Übersetzung *'My Dancing White Horses'* erschien 1964 in London im Verlag George G. Harrap.

Drei große Meister | 145

Ein Beispiel für den perfekten klassischen Sitz! Oberst Podhajsky bei der Ausführung einer äußerst erhabenen Passage auf seinem Lipizzaner Maestoso Alea in der Winterreitschule. (Photo mit freundlicher Genehmigung von Madame Eva Podhajsky)

Besessener, um später zu beweisen, daß sein Nero beinahe unschlagbar war.

Der junge Podhajsky hatte ebenfalls großen Erfolg mit einer eher gewöhnlichen, aus dem Burgenland stammenden Stute namens Nora. Er schreibt, wie traurig er war, als sie von den Militärbehörden wegen andauernder Lahmheit ausgemustert wurde. Er bemühte sich, sie für sich selbst zurückzukaufen, was jedoch verboten war. Groß war sein Schmerz, als er erfuhr, daß sie als Reitpferd an einen Wiener Metzger verkauft worden war, der sich mit ihrer herrlichen Passage auf dem Josephsplatz brüstete. Die Nachricht davon vergällte ihm die Freude an einer lustigen Gesellschaft in Aachen, von der er sich todtraurig schnellstens verabschiedete.

Dieser Einblick in die Person Podhajskys zeigt, daß sein Erfolg in erster Linie seiner Liebe und seinem Verständnis für die Pferde zuzuschreiben war.

Er schreibt: *'Jeder erfolgreiche Ausbilder muß seinen Zögling genau kennen. Auch der Reiter muß sein Pferd kennen – sowohl hinsichtlich seiner körperlichen als auch seiner geistigen Veranlagung. Er muß also nicht nur die Anatomie des Pferdes beherrschen und die Funktion der einzelnen Muskeln und Gelenke erfaßt haben, sondern auch Psychologe sein, um sich Empfinden und Reaktion seines vierbeinigen Partners vorstellen zu können.'*

Die Olympischen Spiele

Mit Nero war Podhajsky der Hauptkonkurrent um die Goldmedaille bei den 1936 in Berlin stattfindenden Olympischen Spielen, denen Hitler und die Spitzen der NSDAP beiwohnten. Niemand außer Podhajsky, für den der Gewinn der Bronzemedaille einen schweren Schlag bedeutete, war sehr verwundert, als Deutschland Gold und Silber gewann. Bis zu diesem Zeitpunkt hatten er und Nero ihresgleichen gesucht.

Nach dem Krieg repräsentierte Podhajsky Österreich wieder bei Olympischen Spielen, dieses Mal 1948 in London. Inzwischen war er seit neun Jah-

146 | Reitkunst im Wandel

ren Leiter der Spanischen Reitschule und mit seinem ungarischen Kavalleriepferd Teja der erklärte Favorit für die Goldmedaille. Wiederum mußte er jedoch eine Enttäuschung hinnehmen, da dieses Mal Piaffe und Passage, deren korrekte Ausführung für ihn den Nachweis für ein richtig versammeltes Pferd und eine korrekte Ausbildung bedeutete, aus der Prüfung gestrichen wurden.

Danach vertrat Podhajsky immer die Auffassung, daß die Dressur auf höchstem Niveau weniger Richterirrtümern ausgesetzt sei, da sich Diskrepanzen in der Ausbildung am deutlichsten in den Lektionen der Hohen Schule zeigten. Man fragt sich, was er wohl von dem Niveau der bei den heutigen Grand Prixs gezeigten Piaffen und Passagen halten und welche Schlußfolgerungen er daraus ziehen würde.

Mit der Aufnahme der Einerwechsel in die Grand-Prix-Prüfungen schien er nicht völlig einverstanden zu sein. In der *Klassischen Reitkunst*[6] schreibt er: *'Die Galoppwechsel von Sprung zu Sprung oder zu einem Tempo gehören zu den umstrittenen Übungen, die von vielen Fachleuten als zirzensische Bewegungen abgelehnt werden. Auch an der Spanischen Reitschule herrschten unter den alten bewährten Oberbereitern Meinungsverschiedenheiten darüber, die aber nie zu einer endgültigen Klärung gebracht wurden. Es konnten weder für eine Ablehnung noch für eine Befürwortung dieser Übung eindeutige Begründungen gefunden werden. Da sie aber von der FEI, dem höchsten international anerkannten reiterlichen Forum, als zur klassischen Reitkunst gehörend angesehen und in die Dressurprüfung der Olympischen Spiele aufgenommen wurden, erübrigt es sich vollkommen, hier das Für und Wider zu erörtern.'*

Sein Besuch in London blieb trotz allem nicht erfolglos. Podhajsky gab eine glanzvolle, vom *Institute of the Horse* organisierte Vorstellung auf seinem Lipizzaner Neapolitano Africa, mit der er in Aldershot vor ausverkauftem Haus die Herzen der britischen Durchschnittsreiter gewann, und auch die britische Presse war voll des Lobes.

Der Stand der Kunst

Podhajsky war einer der wenigen Autoren unserer Zeit, die aus eigener Erfahrung das Niveau der Dressur zwischen 1936 und 1972 kommentieren konnten, da er in dieser Zeit bei allen Olympischen Spielen entweder selbst ritt oder zuschaute und sorgfältige Notizen machte.

In seinem letzten Buch, *The Art of Dressage – Basic Principles of Riding and Judging*[7], betrachtet Podhajsky das Konzept der Dressurprüfungen vom Standpunkt des Teilnehmers und dem des Richters aus. Im Rückblick auf die olympischen Dressurprüfungen von 1912 bis 1972 macht er einige Bemerkungen über das Richtverfahren im allgemeinen und insbesondere darüber, wie bestimmte Teilnehmer dadurch begünstigt werden konnten, was die beeidigte Unparteilichkeit zu einer Farce werden ließ. Er bevorzugte ein System, bei dem die Rangfolge der Teilnehmer gemäß individueller Plazierungen erfolgen würde. Sinngemäß heißt es: *'Diese Methode würde die Möglichkeiten des Richters einschränken, die Entscheidungen seiner Kollegen zu manipulieren, indem er Teilnehmern, die er vorne sehen möchte, eine durch voreingenommene Beurteilung zustande gekommene, unangemessene Punktzahl zugute kommen läßt. Das kann passieren, wenn nur die Wertungslisten über den Ausgang der Prüfung entscheiden.'*

---

[6] 1967 von Eva Podhajsky und Oberst V. D. S. Williams übersetzt
[7] 1976 von Eva Podhajsky übersetzt

Podhajsky sagt ferner, daß vom rein klassischen Standpunkt aus die Dressur 1936 ihren Höhepunkt erlebte. Er glaubte, daß der damalige Grand Prix, der endlich seine sportliche Note verloren hatte, *'den Prinzipien der klassischen Reiterei in jeder Hinsicht gerecht wurde, da er genügend Raum für die Grundanforderungen an ein Dressurpferd, wie Reinheit der Gänge, Schwung, Losgelassenheit, usw., ließ.'* Er sagt weiter: *'Es war deutlich zu sehen, daß diese Prüfung nicht von einem Theoretiker entworfen wurde, sondern von Männern, die selbst in der Lage waren, auf dem Pferderücken zu zeigen, was sie von anderen Reitern verlangten. Dies wurde durch die Struktur dieser Prüfung offensichtlich.'*

Angesichts seiner eigenen persönlichen Enttäuschung in Berlin wiegen diese Worte um so schwerer. Nach diesem Zeitpunkt – nach dem die Teilnehmerzahlen drastisch anstiegen – wuchs Podhajskys Unbehagen über die Konzeption der Prüfungen, die durch eine unharmonische Folge der verschiedenen Lektionen oftmals Verspannungen des Pferdes zur Folge hatte.

Die Problematik des Richtens

Seine andere Sorge galt den abweichenden Standpunkten der verschiedenen Richter im Hinblick auf das anzustrebende Ideal. 1972 schrieb er über die heutigen Richter: *'... viele von ihnen waren niemals selbst Dressurreiter und können keinerlei Erfolge, wie den Gewinn von Trophäen, vorweisen oder haben sich als Lehrer einen Namen gemacht.'*

Um dies richtig zu verstehen, suchte ich seine Witwe, Eva Podhajsky, in ihrer eleganten Wohnung in der Hofburg auf. Mit einem wehmütigen Lächeln erzählte sie, wie sehr sich alles verändert hat. *'Sie müssen bedenken, daß es in Europa, als mein Mann an Wettkämpfen teilnahm, viele äußerst elegante und gebildete Reiter gab. Nach dem Zusammenbruch unseres Reiches gab es allein in Österreich und Ungarn buchstäblich Hunderte von Kavallerieoffizieren, die genügend Zeit hatten zu helfen, zu lehren, zu richten und Ratschläge zu erteilen. Die Mehrzahl ritt nicht nur auf Grand-Prix-Niveau, sondern hatte auch Pferde und Reiter bis zu diesem Niveau ausgebildet. Das gilt natürlich in gleicher Weise für Deutschland, wir verfügten alle über eine reiche Kultur erstklassiger Dressur. Daher kamen auch die Richter aus diesem Milieu, und dies erklärt, warum das Niveau gehalten wurde. Die Richter waren sich im allgemeinen einig, da sie alle über einen klassischen Hintergrund sowie über die für das gebildete und umfassende Richten notwendige praktische Erfahrung verfügten. Heute gibt es leider nur noch wenige Menschen von diesem Schlag. Es muß für die Teilnehmer frustrierend sein, vor Leuten zu reiten, die oftmals für ihre Aufgabe nicht ausreichend qualifiziert sind. Wenn man heute an Wettkämpfen teilnehmen will, muß man nicht nur etwas können, sondern auch außerordentlich duldsam sein.'*

Eine imponierende Persönlichkeit

Podhajsky war nicht nur ein großartiger Turnierreiter, sondern die Verkörperung des klas-

Oberst Podhajsky trägt eine Melone, die traditionelle Kopfbedeckung des Leiters der Spanischen Reitschule. Hier hält er Zwiesprache mit Maestoso Mercurio, einem seiner geliebten Lipizzaner. (Photo mit freundlicher Genehmigung von Madame Eva Podhajsky)

sischen Reiters schlechthin, der alle Prinzipien der Vergangenheit für die moderne Reiterei vereinte. Es war noch nie leicht, an Turnieren teilzunehmen, ohne dafür nicht auch gewisse Ideale aufzugeben. Es gibt heute selbst auf olympischem Niveau viel zu viele Reiter, bei denen das Streben nach absoluter Präzision bei der Absolvierung schwierigster Lektionen zu Lasten einer eleganten und klassischen Haltung geht. Dadurch wird das ganze Konzept der klassischen Dressur zerstört, weshalb viele Puristen von einer Turnierteilnahme absehen. Oberst Podhajsky bestach jedoch immer durch eine aufrechte, stolze und ruhige Haltung, ob auf den Dressurplätzen der Welt oder zu Hause in Wien im Glanz der Kronleuchter der Winterreitschule.

„Die klassische Reitkunst"

Podhajskys Lehrbuch ist wahrscheinlich das bedeutendste Standardwerk für die Dressur, das im Englischen existiert. Es enthält weniger technische Einzelheiten und bezieht sich nicht so sehr auf die Methoden alter Meister als Decarpentrys Buch, ist jedoch für den heutigen Dressurreiter durch seine Prägnanz und Direktheit wahrscheinlich eher geeignet.

Nach einem Diskurs über die Grundsätze der klassischen Reiterei – mit einem höchst bemerkenswerten Abschnitt über die Belohnung, ein Thema, das, mit Ausnahme Wiens, heutzutage nur allzuoft übergangen wird, – zeigt Podhajsky den Ausbildungsweg des jungen Pferdes bis zur Hohen Schule auf, wobei Vorwärtsreiten und Geraderichten immer absolute Priorität haben. Ausführlich erklärt er Xenophons *'göttliches Empfinden'* eines korrekt schwingenden Pferderückens im Gegensatz zum verkrampften Rücken eines Pferdes, das nicht korrekt von hinten gearbeitet wurde. Dem Leser bringt er diese wichtige Voraussetzung einer korrekten Ausbildung mit folgendem Vergleich näher: *'Die Hinterhand stellt den Motor dar, welcher für die Fortbewegung sorgt und daher in erster Linie mit Energie geladen sein muß. Denn genauso wie beim mechanischen Fahrzeug die Steuerung nur möglich ist, wenn der Motor die Fortbewegung bewirkt, geradeso können beim Pferd die Zügelhilfen nur dann ihre Wirkung erlangen, wenn der Vorwärtsdrang aus der Hinterhand entwickelt wird.'*

Er betont die Bedeutung von Geschmeidigkeit und Längsbiegung bei der Arbeit auf dem Zirkel, wobei auf eine vermehrte Beugung von Knie-, Sprung- und Fesselgelenk zu achten ist. Nachdem er die Begriffe Versammlung und halbe Parade definiert, folgen allmählich die fortgeschritteneren Lektionen. Er empfiehlt, dem Pferd die Pirouette aus dem Renvers heraus beizubringen, *'wie dies auch Guérinière empfohlen hat. Daher spielt der Renvers an diesem Institut eine so wichtige Rolle.'* Alternativ zeigt er die Möglichkeit auf, die Pirouette auf einem großen Zirkel auszuführen, wodurch eine eventuell durch den Renvers verursachte Schiefe vermieden wird. *'Wenn auch der Reiter auf der großen Tour (dem Zirkel) die Nachhand nicht so unter seine Kontrolle bekommt wie im Renvers, wird er sie doch mehr beherrschen als auf der Geraden.'* Einleitend empfiehlt er dazu Volten auf dem Zirkel.

Er legt großen Wert auf eine korrekte Anlehnung und ein ruhiges Pferdemaul. Im Gegensatz zu der Mehrzahl der französischen Meister, die sehen wollten, daß das Pferd aktiv auf dem Gebiß kaute, zog Podhajsky ein ruhiges, geschlossenes Maul vor. Daher gibt es in seinem Buch keine Übungen für das Lockermachen des Unterkiefers, dennoch betonte er immer, daß das Pferd lernen muß, sich am Gebiß abzustoßen.

Ein Mann mit vielseitiger Begabung

Podhajskys Name wird uns durch seine zehn Bücher, mit denen er einen

Tafel 11

Durch das hohe Portal betreten die Reiter der Spanischen Reitschule in Wien die von Fischer von Erlach erbaute Winterreitschule. Die weiße Strenge dieses klassischen Gebäudes unterstreicht die Disziplin der edlen weißen Hengste bei der Aufstellung zur Schulquadrille. (Mit freundlicher Genehmigung der Spanischen Reitschule)

(Unten:) Bereiter Riegler begrüßt seinen Lipizzaner, der gerade in den speziell errichteten Stallungen der Wembley Arena für die 1989 in London stattfindende Vorstellung der Spanischen Reitschule eingetroffen ist. Echte Freude spiegelte sich im Gesicht der Reiter und der Hengste, als sie nach ihrer viertägigen Reise von Wien nach London wieder zusammentrafen. (Photo: Autorin)

Granat, geritten von Christine Stückelberger, in einem phantastischen starken Trab 1978 in Goodwood. In diesem Jahr wurde sie Weltmeisterin. Die Kraft und Energie dieser Bewegung, der in der heutigen Dressurreiterei eine so große Bedeutung beigemessen wird, befindet sich in scharfem Gegensatz zu den erhabenen, versammelten Bewegungen der barocken und klassischen Schulen vergangener Zeiten. Man beachte die feste Verbindung zum Pferdemaul sowie den treibenden Sitz der Reiterin; eine Auslegung der Dressur, die von der Mehrheit der internationalen Dressurrichter hoch bewertet wurde, jedoch von der Dressur zu Beginn dieses Jahrhunderts abweicht. (Photo: Kit Houghton)

Tafel 12

Die Traversalverschiebungen von Granat, dem Weltmeisterschaftspferd von Christine Stückelberger, galten in den späten 70er Jahren als unschlagbar. Sie zeichneten sich aus durch schwungvolle Vorwärtsbewegung, wobei die Längsbiegung durch das Maß der Anlehnung zur inneren Reiterhand deutlich wird. (Photo: Kit Houghton)

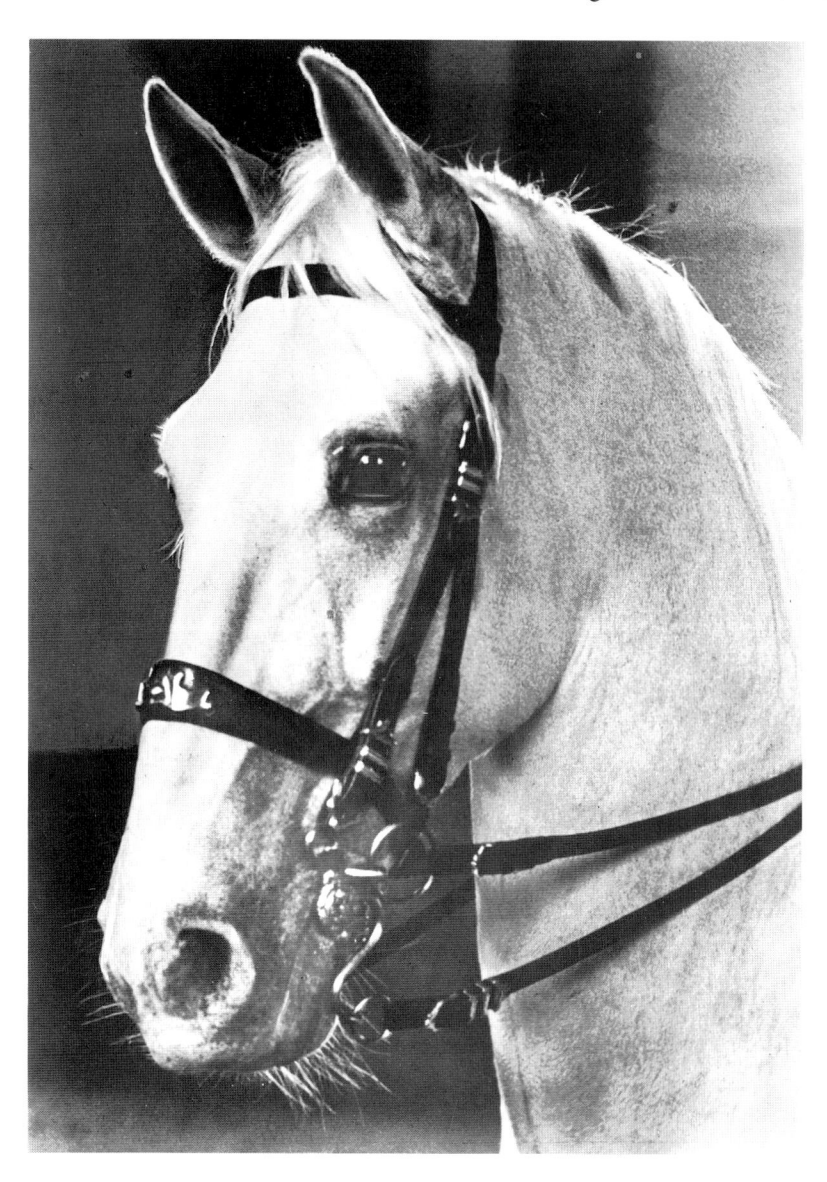

Pluto Theodorosta, einer der Lieblinge Oberst Podhajskys, den er 1949 für eine Vorführung bei der „Horse of the Year Show" nach England mitbrachte.

großartigen Beitrag zur Reitliteratur leistete, durch militärische Aufzeichnungen, alte Turnierprotokolle und durch die Arbeit seiner Schützlinge, die heute selbst Bereiter und Oberbereiter[8] sind, für immer erhalten bleiben. Unvergessen bleibt er jedoch vor allem durch seine Verdienste um die Rettung der Lipizzaner im 2. Weltkrieg. Zusammen mit seinen Oberbereitern Lindenbauer und Neumayer unterstellte er die Schule anfangs der deutschen Kavallerie. Dadurch, daß es ihm gelang, die Pferde später aus Wien wegzuschaffen und den amerikanischen General Patton für die Sache der Lipizzaner zu gewinnen, konnten sie gerettet werden. Dennoch war die Schule ständig Gefahren ausgesetzt, zuerst durch Hitlers SS, später durch die Bombardierung Wiens und schließlich durch die drohende Einverleibung durch den Ostblock. All dies wird in dem Buch *Meine Pferde, meine Lehrmeister* in großartiger Weise erzählt. Wien und die ganze Welt werden Oberst Podhajsky und seinen Helfern immer zu Dank verpflichtet sein.

[8]Podhajsky war der Ausbilder von Reitern wie Tschautscher, Kottas, Eichinger und Steinriegler.

Kapitel 16
Deutsche Erfolge im Wettkampf

Die Geschichte eines immerwährenden Bemühens

Vor der von Fürst Otto von Bismarck (1815–98) herbeigeführten Einigung Deutschlands gab es kein deutsches Volk als solches, vielmehr eine Anzahl von größeren und kleineren eigenständigen Territorien, die von eigenen Herrscherhäusern regiert wurden. Daher ist es nur natürlich, daß die Dressur in Deutschland zu Anfang des 20. Jahrhunderts von einigen markanten Persönlichkeiten beherrscht wurde, die entweder den alten Adelsfamilien oder der Kavallerie oder beidem entstammten. Paul Plinzner (1852–1921), ein typischer Vertreter seiner Zeit, war ein Schüler Steinbrechts und wurde später durch seine richtungsweisende Arbeit und Schriften königlicher Stallmeister Wilhelms II. Ein weiterer Anhänger Steinbrechts, Hans von Heydebreck (1866–1935), versah das Werk des Meisters mit vielen Fußnoten und Zusätzen speziell für die Militärreiterei.

Andere verfeinerten ihre reiterliche Ausbildung durch einen Aufenthalt an einer der Akademien des österreich-ungarischen Reiches. Es war eine große Ehre, als aktiver deutscher Offizier an der Spanischen Hofreitschule in Wien zu reiten. Diejenigen, denen das vergönnt war, wie Gebhardt (1842–1918), Chefreitlehrer an der Kavalleriereitschule von Hannover, und Julius Walzer, der dort die Leitung kurz vor dem 1. Weltkrieg übernahm, konnten die Traditionen der akademischen und praktischen Militärausbildung aufs Beste weitergeben.

Weitere berühmte Männer, wie Burchard von Oettingen[1] und Siegfried Graf Lehndorff[2], waren maßgebend für die Pferdezucht, während sich andere, wie Oskar Stensbeck, in der zivilen Reiterei als Lehrer einen Namen machten. Somit war das deutsche System zweifellos eines der etabliertesten, ausgeglichensten und angesehensten in der Welt der Reiterei.

Zielsetzungen für den Dressurwettkampf

Doch schon vor dem 1. Weltkrieg wurden die alten Traditionen von politischen Veränderungen beeinflußt. Während es, besonders in der Hierarchie der deutschen Kavallerie,

[1] Landstallmeister und Leiter des königlichen Gestüts von Trakehnen und Autor des bedeutenden Buches *Pferdezucht in Theorie und Praxis*, zuerst 1907 in Deutschland erschienen.
[2] Der die Nachfolge seines Vaters Georg antrat. Beide besaßen hervorragende Trakehner Pferde.

Gustav Steinbrecht (1808–1885), ein klassischer Meister der alten deutschen Schule, übte beträchtlichen Einfluß auf die Reiterei des frühen 20. Jahrhunderts aus. Sein Motto 'vorwärts und gerade' gilt auch heute noch in Wien und anderswo, seine Anwendung der descente de main geriet jedoch durch die stärkere Anlehnung der neo-klassischen Schule weitgehend in Vergessenheit.

Deutsche Erfolge im Wettkampf | 151

Morgenarbeit in der Winterreitschule (1900), ein Ölgemälde von Julius von Blaas. Viele deutsche Kavallerieoffiziere folgten der Tradition ihrer Vorväter und wohnten der Arbeit an der Spanischen Hofreitschule in Wien bei. Man beachte die durchhängenden Trensenzügel, wobei das Pferd seine völlig versammelte Haltung beibehält – ein weiterer Hinweis dafür, daß eine starke Anlehnung und das Gewicht in der Hand des Reiters Auffassungen sind, die erst aus neuester Zeit stammen (Photo mit freundlicher Genehmigung der Spanischen Reitschule in Wien)

noch viele Persönlichkeiten der alten Schule gab, bestimmten beim Militär bald Pragmatiker den Kurs. Diese oft politisch motivierten Neulinge brachten einer langsamen, sorgfältigen Ausbildung nur wenig Wohlwollen entgegen; auch hatten sie im allgemeinen nur wenig für die Kunst übrig. Sie konzentrierten sich vielmehr auf eine genaue Reglementierung des Systems. Der früher eher lockere Rahmen der alten Dressurprüfungen, der Pferd und Reiter genügend Raum für eine individuelle Interpretation gelassen hatte, wurde nun durch starre Regeln und Bestimmungen ersetzt.

1914 unterbreitete das Deutsche Komitee für Reiterei dem internationalen Kongreß für die Olympischen Spiele in Paris eine Reihe von neuen Vorschlägen. Urheber waren Herr von der Marwitz, Generalinspekteur der deutschen Kavallerie, und Generalsekretär Gustav Rau. Sie wollten die alte Kürprüfung mit den darin festgelegten Lektionen abschaffen und durch eine auswendig gelernte Prüfung ersetzen, deren Lektionen in bestimmter Reihenfolge, in bestimmter Weise und innerhalb einer bestimmten Zeit ausgeführt werden sollten. Der Schwierigkeitsgrad der neuen Prüfung sollte dem „gut ausgebildeten Kavalleriepferd" und weniger dem speziell für die Hohe Schule ausgebildeten Pferd angepaßt werden. So wurde das Viereck von ehemals 20 x 40 Meter auf 20 x 50/60 Meter erweitert, um mehr Raum für Verstärkungen zu haben.

Sieg um jeden Preis

Durch den Krieg fand die Olympiade 1916, für die diese Vorschläge gedacht waren, nie statt. Es gab jedoch nationale Wettkämpfe nach den o. g. Bestimmungen. Zu den wenigen Zivilisten, die damals an Wettbewerben teilnahmen, gehörte Richard Wätjen (1891–1966), der unter Meixner und Polak an der Spanischen Hofreitschule gelernt hatte.[3] Die Teilnahme an Wettkämpfen war jedoch weiterhin Vorrecht des Militärs, wobei die einzelnen Offiziere unter dem Zwang standen, die Überlegenheit des deutschen Kavalleriepferdes – in der Regel Ostpreußen (Trakehner)[4] – unter Beweis zu stellen. Daher wurden die alten Methoden der Offiziere, deren Können und Kampfgeist nie in Frage gestellt worden war, nun von denen kritisiert, die nur den schnellen Erfolg suchten.

Da damals fast alle deutschen Spitzenreiter Pferde ritten, die sich im Besitz des Staates befanden, war es um so schwerer für die Reiter, äußeren Zwängen, wie der Forderung nach Macht und Erfolg, standzuhalten. Diesem Druck fielen oftmals Losgelassenheit und Harmonie in der Ausbildung zum Opfer, da den Offizieren einfach nicht mehr die Zeit für eine systematische und sorgfältige Ausbildung eingeräumt wurde. Um dem entgegenzuwirken, ging man dazu über, Turnierpferde für Amateure von Berufsreitern im Staatsdienst ausbilden zu lassen.

Professionell ausgebildete Pferde

1920 war es Deutschen nicht gestattet, an der Olympiade in Antwerpen, bei der die Schweden gewannen, teilzunehmen. Dies tat dem nationalen Stolz auf Pferde und Reiterei jedoch keinen Abbruch. In den darauffolgenden Jahren gab es eine ganze Reihe von bedeutenden professionellen Lehrern, zu denen Felix Bürkner[5], August Staeck, Otto Lörke und Wätjen gehörten. Inzwischen war das Dressurviereck zum Vorteil der Pferde auf 20 x 60 Meter festgelegt worden, und bei der 1928 in Amsterdam stattfindenden Olympiade waren alle Voraussetzungen für eine deutsche Dominanz im internationalen Wettkampf gegeben.

In einem in *Dressage and CT* im März 1984 veröffentlichten Artikel mit dem Titel *'Equestrian Olympic Games'* schrieb Ivan Bezugloff über diese Zeit: *'Deutschland ging kein Risiko ein und überließ die Vorbereitung der Olympiapferde den besten Trainern. Draufgänger, das Pferd des Freiherrn von Langen, wurde von Stallmeister Staeck, Linkenbachs Gimpel von Stensbeck und von Lotzbecks Caracalla von Bürkner ausgebildet. Diese Kombination hochtalentierter Pferde, bester verfügbarer Ausbilder und hervorragender Reiter ebnete den Weg für die heutige Dominanz der Deutschen in der Dressur.'*

Obwohl Podhajsky viele dieser Reiter durchaus bewunderte, hegte er auch eine tiefe Abneigung gegen die Professionalität, die in diesen ursprünglich für Amateure gedachten Sport eingedrungen war. Dieses Gefühl teilte er mit vielen älteren Mitgliedern der deutschen Kavallerie. Als er 1940 bemerkte, *'... wie sehr es schaden könnte, wenn Offizieren Anerkennung dafür zuteil würde, daß sie von professionellen Trainern ausgebildete Pferde reiten'*, war es schon zu spät, um die Situation noch zu ändern.

Die Wettbewerbe in den dreißiger Jahren

Während der 30er Jahre gab es in Deutschland, Österreich und der Schweiz genügend Gelegenheiten, an hochkarätigen Dressurprüfungen teilzuneh-

---

[3] Ein Ort, an dem zivile Reiter unter verschiedenen Lehrern trainieren konnten, war der Tattersall in Berlin. *'Hier herrschte noch der Amateurgeist vor, und es war auch noch etwas von der alten Ritterlichkeit zu spüren ...'* Dies sind die Worte von Daphne Machin Goodall, Begleiterin der Gemahlin Prinz Friedrich Sigismunds von Preußen.
[4] Der Hannoveraner galt zu Anfang des Jahrhunderts noch als Kutsch- und nicht als Offizierspferd.
[5] Bürkner nahm 1912 als Leutnant der Kavallerie für Deutschland an den Olympischen Spielen in Stockholm teil.

men. Dies traf jedoch nicht für die USA oder Großbritannien zu, und die wenigen Reiter, die die Reise auf sich nahmen, richteten sich in Deutschland ein, um dort sowohl trainieren als auch an Wettbewerben teilnehmen zu können. Der erste offizielle nicht-olympische FEI Grand Prix fand 1930 in Luzern statt. 1932 wurden die heute verwendeten Buchstaben entlang dem Viereck eingeführt, was der deutschen Vorliebe für Disziplin und Genauigkeit entgegenkam. Bedeutende Austragungsorte waren damals Wien, Budapest, Thun und natürlich Berlin, Köln, Düsseldorf, Verden und Aachen. Dort war Alois Podhajsky der einzige, der die Deutschen ernsthaft gefährden konnte. In *Meine Lehrmeister, die Pferde* beschreibt er sein Glücksgefühl, als seine Pferde Nero und Otto die berühmten deutschen Olympiasieger Kronos und Absinth schlugen.

Der Anschluß

1938 kam Österreich durch den „Anschluß" zum Deutschen Reich. Die Folge war, daß die Spanische Reitschule der deutschen Wehrmacht unterstellt wurde. Dringend benötigte Mittel wurden für vordringliche Renovierungsarbeiten freigegeben – unter dem Zusammenbruch des österreichischen Reiches 1918 hatten nicht nur die Traditionen stark gelitten. Während Kommandanten der alten deutschen Schule, wie Oberst von Langermann und General von Fritsch, die „Spanische" mit offenen Armen aufnahmen, gab es auch andere, die nun, da der Wettkampf die Ära der kaiserlichen Akademien ersetzt hatte, weniger Begeisterung hierfür aufbrachten.

An hoher Stelle gab es Debatten über die künftige Rolle der weißen Hengste. Podhajsky hatte schon lange die Schwierigkeit eines fairen Vergleichs zwischen dem Barockpferd und den modernen deutschen Kavalleriepferden oder dem Vollblut erkannt. Er war jedoch aufs tiefste schockiert, als der einflußreiche Dr. Gustav Rau vorschlug, Hannoveraner in der Spanischen Reitschule, wie sie seit dem Zusammenbruch der Monarchie hieß, einzusetzen[6]. Während der nächsten fünf Jahre kämpfte Podhajsky einen einsamen, jedoch letztendlich erfolgreichen Kampf gegen die Militärbürokratie, um die Blutlinien seiner kostbaren österreichischen Lipizzaner zu retten.

Otto Lörke, einer der angesehensten professionellen deutschen Dressurausbilder zwischen den zwei Weltkriegen. Hier zeigt er den starken Trab am „seidenen Faden". Obgleich er von kräftiger Statur war, sagen alle, die sich an ihn erinnern, daß seine Pferde stets einen eleganten und zufriedenen Eindruck machten. (Photo mit freundlicher Genehmigung von Madame Eva Podhajsky)

Das deutsche Kavalleriepferd

Rau war, wie manch anderer vor ihm, ein großer Erneuerer. Obgleich sie manchmal auch irrten, erwiesen diese Reformer der deutschen Reiterei große Dienste. Hierzu gehörte auch die ständige Verbesserung der Zuchtmethoden. Das von den staatlichen Gestüten für die mächtige deutsche Kavallerie produzierte ausgezeichnete Pferdematerial war sicherlich dem Rest der Welt überlegen, wovon natürlich viele Turnierreiter profitieren konnten. Es verkörperte das deutsche Idealpferd, das der alte Reitmeister Seidler so treffend beschrieb:

[6] Nach vielen Unstimmigkeiten mit Rau über die Zukunft des Lipizzaners schrieb Podhajsky nach dem 2. Weltkrieg: 'Er hat so viel für die deutsche Reiterei geleistet, daß man seinen Namen in goldenen Buchstaben schreiben sollte.'

'Unser Ziel ist das Gebrauchspferd, wir sind Anhänger der Jagdreiterei.'

Um den gleichbleibenden Erfolg der Deutschen noch besser verstehen zu können, muß man sich deren Charaktereigenschaften und die Entstehung des modernen deutschen Pferdes vor Augen führen.

Die Deutschen waren schon immer für ihre Disziplin und ihr Organisationstalent bekannt. Ferner besitzen sie die Fähigkeit, sich schnell auf neue Situationen einstellen zu können. Auf die Reiterei übertragen, bedeutete dies einen problemlosen und flüssigen Übergang von der Hohen Schule zu einer mehr vorwärtsgerichteten Gebrauchsreiterei, wie sie zuerst unter Seydlitz und später unter Seeger praktiziert wurde. Alles, was sie anpackten, hatte Methode. Von ausschlaggebender Bedeutung für den Erfolg der deutschen Kavallerie des 20. Jahrhunderts und somit auch der Dressur war das perfekt organisierte Zuchtsystem, das sich über mindestens zwei Jahrhunderte in Deutschland entwickeln konnte. Sowohl die Monarchie wie später auch der Staat hatten alles für die Erschaffung des idealen Kavalleriepferdes getan.

Es wurden verschiedene, stark unterschiedliche Pferderassen zur Erzeugung des idealen Kavallerie- und Artilleriepferdes eingesetzt. Hierzu gehörten Trakehner, oder Trakehnerkreuzungen, später Hannoveraner und Holsteiner[7]. Hieraus gingen hervorragende Turnierpferde hervor. Mit den Westfalen und Oldenburgern verfügten sie über weitere mächtige Blutreserven; oftmals wurden diese mit den o. g. Rassen oder mit Vollblütern gekreuzt.

[7] Eines der erfolgreichsten Dressurpferde unserer Zeit war der Holsteiner Granat (siehe Kapitel 19).

Das deutsche Warmblut

Zunächst wollen wir uns einen kurzen Überblick über die Entstehung dieser Rassen verschaffen. Die deutschen Pferde waren immer schon als starke Gewichtsträger bekannt. Die alten Truppenpferde verfügten über einen nicht gerade geringen Kaltblutanteil. Durch den spanischen Einfluß kamen im Lauf der Zeit leichtere, längere Gliedmaßen und konvexe Kopfformen auf. Die Blutauffrischung in der deutschen Pferdezucht durch die stromlinienförmigen Vollblüter jenseits des Ärmelkanals kam jedoch vor allem durch die hannoversche Abstammung des englischen Königshauses zustande. Tatsächlich war es Georg II. von England, der 1735 das berühmte Hannoveraner Gestüt in Celle, nördlich von Hannover, gründete.

Hier entstand durch sorgfältige Zucht ein überlegenes Artilleriepferd für die deutsche Armee im 1. Weltkrieg. Durch die regelmäßige Zufuhr von Vollblut und teilweise arabischem Blut wurde aus dem ramsköpfigen, mit hoher Knieaktion ausgestatteten Kutschpferd früherer Zeiten ein wesentlich leichterer Pferdetyp. Bis Mitte des 20. Jahrhunderts hatte sich der Hannoveraner zu einem großen, eleganten und vielseitigen Reitpferd entwickelt, das jedoch auch weiterhin noch die Zug- und Tragkraft seiner Vorfahren besaß. Durch vom Staat vorgegebene äußerst strenge Leistungsprüfungen ist der Verband der Hannoveranerzüchter wohl zum bedeutendsten Warmblutzuchtverband in ganz Europa geworden.

Ein Pferd, für alle drei Sparten der Reiterei außerordentlich gut geeignet, ist der Trakehner. Das Staatsgestüt gedieh unter Friedrich dem Großen, dessen Vater es 1732 gegründet hatte. Es war jedoch Kaiser Wilhelm II. (1888–1918), der durch sorgfältige Zuchtauswahl und Zuchtprogramme für einen einheitlichen Pferdetyp und für das perfekte Truppenpferd sorgte. Auch hier, wie bei den Hannoveranern, sorgten harte Leistungsprüfungen dafür, daß nur die besten Pferde in die Zucht gingen. Trakehner sind, besonders was den Springsport und die Military angeht, äußerst erfolgreiche Sportpferde.

Deutsche Erfolge im Wettkampf | 155

Der Holsteiner und der Oldenburger sind beides etwas schwerere Pferde, die jedoch in den letzten Jahren durch englisches Blut veredelt wurden und nun durch ihre schwungvollen, raumgreifenden Gänge und ihre Ausstrahlung bestechen.

Wenn man all diese Dinge in Betracht zieht, wobei man auch den unbeugsamen Geist der Deutschen nicht vergessen darf, ist es nicht verwunderlich, daß Deutschland, trotz seiner Niederlage im 2. Weltkrieg, bald auf dem Weg war, das Turniergeschehen zu dominieren.

Und doch sprach anfangs alles dagegen. Die alte deutsche Kavallerie, wie auch die berühmte Kavallerieschule in Hannover[8], waren zerstört, selbst die Spanische Reitschule befand sich im Exil. Doch dank der Bemühungen einiger Idealisten wie Gustav Rau, der immer noch an die Überlegenheit des deutschen Pferdes glaubte, lebte die Reiterei in Deutschland wieder auf. Ab 1949 gab es wieder Dressurprüfungen, oftmals auf völlig zerstörtem Gelände. Es ist vielleicht eine Ironie des Schicksals, daß sich die Briten und Amerikaner in den folgenden Jahren an die Deutschen wandten, um die Grundlagen der Reiterei zu erlernen.

Während die alte klassische Schule immer Schönheit und Perfektion des Dressurpferdes zum Ziel hatte, sollte es von nun an Prüfungen mit unterschiedlichem Schwierigkeitsgrad geben. Auf diese Weise erhielten auch die Durchschnittsreiter eine Chance, an Wettkämpfen teilzunehmen; es war nicht länger erforderlich, zur absoluten Elite zu gehören.

Der deutsche Reitverein

Das Interesse am Dressursport wird wohl auch noch durch einen anderen Faktor gefördert. Im Gegensatz zu den Engländern halten die Deutschen ihre Pferde selten bei sich zu Hause. Die Möglichkeiten zum freien Ausreiten sind begrenzt; allerdings gibt es auch Schleppjagden, die von der Rheinarmee sehr unterstützt werden. Das beliebige Reiten im Gelände ist in vielen Gegenden nicht möglich, oftmals müssen sich Reiter und Pferd an vorgegebene Reitwege halten. Aus diesem Grund ziehen es die meisten Deutschen vor, auf dem Platz oder in der Halle ihres Pensionsstalles zu reiten. Diese Pensionsställe sind verglichen mit den englischen wesentlich luxuriöser. Sie sind gewöhnlich im Besitz von Vereinen, die moderne Anlagen mit hervorragenden Stallungen, Trainingsgelände, Umkleideräume sowie Club- und Restaurationsräume, kurz, alles was man sich als Reiter nur wünschen kann, zur Verfügung stellen.

Die meisten Vereine verfügen ferner über sehr gut ausgebildete Schulpferde. Durch Voltigieren und Longenstunden wird der Sitz gefestigt; Reitstunden werden bis zu einem sehr hohen Niveau angeboten. Viele Vereine halten eigene Turniere ab, wodurch das Interesse der Schüler weiter gefördert wird. In den 50er Jahren gab es für die wenigen englischen und amerikanischen Dressurliebhaber, die an hochklassigen Wettkämpfen teilnehmen wollten, zu Hause kaum Gelegenheit. Von 1952 an durften Mannschaftsgrade und Frauen an Olympischen Spielen teilnehmen. Kandidaten wurden nach Schweden, Belgien, der Schweiz, Frankreich und vor allem nach Deutschland geschickt, um ihr Glück zu versuchen. Bis 1956, zum Zeitpunkt der Olympischen Spiele in Stockholm, hatten die meisten erkannt, daß Deutschland zum Zentrum des Dressursports geworden war.

Wiederum war die Dressurreiterei im Wandel begriffen. Mit der steigenden Nachfrage unter der Zivilbevölkerung nach guten Turnierpferden wurde Podhajskys Schreckgespenst vom für den Amateur professionell ausgebilde-

[8] Die Schule wurde im Herbst 1939 nach Potsdam-Krampnitz (Berlin) verlegt, bevor sie nach Kriegsende aufgelöst wurde.

ten Pferd zur Alltäglichkeit. Idealistische Gedanken wurden durch eine Philosophie anderer Art ersetzt; der Wettkampf war nicht mehr Schauplatz für die Kunst, sondern fand um seiner selbst willen statt. Somit wurde die Dressur anderen Pferdesportarten wie Pferderennen, Vielseitigkeit, Polo, Springen etc. gleichgestellt.

Ein weiterer Antrieb kam vom Deutschen Olympischen Komitee, dem DOKR – ursprünglich 1913 vom Kaiser gegründet, mit dem alleinigen Ziel, mehr Medaillen für das Vaterland zu gewinnen. Heute hat das DOKR die Aufgabe, Deutschlands talentierteste junge Reiter zu fördern. Nach der Schließung der stolzen Kavallerieschule in Hannover, der Stütze des alten Reiches, richtete das DOKR nach dem Krieg ein Trainingszentrum nahe der Deutschen Reitschule in Warendorf bei Münster ein. Alle großen Reiter im heutigen Deutschland haben eine dieser beiden Einrichtungen besucht. Die Bundesrepublik Deutschland hat sich der Reiterei gegenüber schon immer großzügig gezeigt. Während keine Kosten gescheut werden, zukünftigen Reitern die allerbesten Trainingsmöglichkeiten, Pferde und Lehrer im Ausbildungszentrum in Warendorf zur Verfügung zu stellen, stellt das DOKR die Einrichtungen Olympiateilnehmern als ständige Trainingsstätte für alle drei Disziplinen zur Verfügung. Diese Unterstützung der Regierung hat Deutschland nicht nur überwältigende internationale Erfolge beschert, sondern auch einen Stützpunkt für die besten Ausbilder geschaffen. Viele der heutigen Spitzenreiter, wie Nicole Uphoff, haben oder hatten ihre Pferde dort stehen.

Die Einstellung der Deutschen hat Früchte getragen. Seit Ende der 50er/Anfang der 60er Jahre haben sich die Deutschen im Wettkampf selbst übertroffen. Namen wie Linsenhoff, Neckermann, Boldt und Klimke haben denselben Glanz wie die olympischen Goldmedaillen, die sie gewonnen haben. Bei allen Olympischen Spielen seit 1956 und allen Weltmeisterschaften, seit ihrer ersten Austragung 1966, konnten die Deutschen die begehrten Medaillen gewinnen.

Den Reitern wird von allen Seiten Unterstützung zuteil. In den staatlichen Gestüten werden ständig Untersuchungen angestellt, wie man die Pferde so früh wie möglich der Öffentlichkeit vorstellen kann. Es wird auf eine Frühreife der Pferde hingearbeitet[9], die Pferde erhalten ihre erste Grundausbildung schon im Alter von drei und vier, anstatt mit vier und fünf Jahren. Es gibt sogar Pferde, die schon im Alter von fünf Jahren bis zur Grand-Prix-Reife ausgebildet sind, etwas, das früher beim Militär unvorstellbar gewesen wäre. Bei den großen Auktionen in Verden und Münster täuschen Größe und Rahmen über das jugendliche Alter der Pferde hinweg. Es wird immer mehr Wert auf Leistung schon in jungen Jahren gelegt. Die wichtigste Voraussetzung hierfür sind raumgreifende, freie Bewegungen, die von einem unverkrampften, geschmeidigen Rücken ausgehen.

Während in der Vergangenheit die Richter in Deutschland aus der Kavallerie oder aus dem benachbarten Österreich kamen, das traditionsgemäß eng mit der Hohen Schule verbunden war, übten nun vermehrt Zivilisten das

Luxusausführung eines deutschen Dressursattels. Man beachte das gerade Sattelblatt, welches ein langes Bein und ein tiefes Knie ermöglicht. Der tiefste Punkt der Sitzfläche befindet sich in der Mitte des Sattels, der hohe Hinterzwiesel hat jedoch manchmal eine gewisse Unbeweglichkeit in der Haltung des Reiters zur Folge. Um die Anwendung der Gewichtshilfen zu erleichtern, wäre es ideal, wenn der Sattel im ganzen etwas abgerundeter wäre. Besonders die Sitzfläche sollte so breit und bequem wie möglich sein, um einen großflächigen Kontakt zu gewährleisten, so daß das Gewicht auf dem kräftigsten Punkt des Pferderückens ruht.

---

[9] Etwas, das von vielen mißbilligt wird und was auch im späteren Leben vieler Pferde noch zu genügend Problemen führt (siehe Kapitel 17).

Richteramt aus. Viele von ihnen hatten enge Verbindungen zur Pferdezucht und legten mehr Wert auf eine Darstellung von Kraft als auf Eleganz und Leichtigkeit. Die Reiter der alten Schule bedauern zwar diese Änderungen, ihre Stimme wird jedoch von Jahr zu Jahr schwächer in einer Welt, in der der Dressursport leider vom Geld regiert wird.

Autoren und Ausbilder im modernen Deutschland

Waldemar Seunig (1887–1976)

Waldemar Seunig war ein Autor, der Ausbildungsmethoden im Schnellverfahren, durch die die Pferde ihre Arbeit physisch und psychisch nicht mehr verkraften konnten, aufs tiefste mißbilligte. In seiner Jugend kam er in den Genuß der weltbesten Kavallerieausbildung. Obwohl er heute im allgemeinen als Deutscher betrachtet wird, nahm er die deutsche Staatsbürgerschaft erst nach dem endgültigen Zusammenbruch des österreichisch-ungarischen Reiches an und nahm 1924 für Jugoslawien an den Olympischen Spielen teil. Als junger Kavallerieoffizier erhielt er eine dreijährige Militärausbildung in Wien unter dem berühmten Lehrer Sigmund von Josipovich. Nach einem Einsatz an der russischen Front kehrte er in seine Heimat, die nun zu Jugoslawien gehörte, zurück und wurde zum Stallmeister von König Alexander ernannt. Es folgte eine weitere Studienzeit, zuerst in Saumur, danach in England an den *Royal Mews* und schließlich an der Spanischen Reitschule in Wien. Zur Zeit des 2. Weltkrieges hatte er sich schon in Deutschland niedergelassen und diente in deutscher Uniform, da er seinen Familiensitz in Jugoslawien inzwischen verloren hatte.

In Seunigs Buch *Von der Koppel bis zur Kapirole* (1943 erschienen) kommt seine tiefe Zuneigung und Passion für das Pferd zum Ausdruck; dem fortgeschrittneren Reiter bietet es viele nützliche Ratschläge. Der Autor besteht darauf, daß zum guten Dressurreiten auch eine korrekte Geisteshaltung gehört. *'Den ersten Platz nimmt da die Liebe zum Pferd ein. Sie ist das Leitmotiv, das wie ein roter Faden unsern ganzen Verkehr mit diesem liebenswertesten Geschöpf durchziehen soll. Bei einem Manne, dessen Liebe das Pferd fühlt, wird es seine angeborene Menschenscheu schneller überwinden und Vertrauen, diese Grundbedingung wechselseitigen Verstehens, fassen.'*

Der Sitz
Die zweite Bedingung, die Seunig stellte, war die, daß sich der Reiter einen festen und tiefen Sitz aneignen müsse. Mit Müseler, einem weiteren bekannten deutschen Autor, dem wir uns in Kürze zuwenden werden, war Seunig der Meinung, daß der Sitz als treibende Hilfe eingesetzt werden sollte. Sein Verständnis der Gewichtshilfen ist jedoch wesentlich umfassender. In seinem Buch bemüht er sich immer wieder zu erklären, wann das Gewicht etwas nach vorne verlagert werden sollte, um *'die Rückentätigkeit durch entlastende Hilfen zu erleichtern'.*

Der Russe Littauer kritisierte das Buch als „schwerfällig" und „zu schulmeisterlich". Auch sage Seunig darin nichts Neues aus. Seunigs Definition der treibenden Gesäßhilfen und sein ständiger Hinweis auf die „treibenden Schenkel" befanden sich jedoch im direkten Gegensatz zu vielen der bisherigen Lehrbücher und konnten im Vergleich mit Guérinière, Baucher, Steinbrecht, usw. sogar als revolutionär bezeichnet werden. Auch der heutige deutsche Sitz läßt sich teilweise hieraus erklären, wenn auch die etwas komplizierten Ausführungen über die Kreuzeinwirkung und die Gewichtsverteilung auf die Gesäßknochen zu Mißverständnissen führen können.

Eleganz
In *Von der Koppel…* geht Seunig die höheren Lektionen in durchdachter und empirischer Weise an. Zu den besonders attraktiven Passagen zählt auch die folgende: '*Beim wirklich durchgerittenen Pferd ist es schon nicht mehr der Reiter, der die Harmonie mit dem Pferd zu suchen braucht. Das Umgekehrte ist der Fall. Durch leichteste Gewichtshilfen wird das durchlässige Pferd veranlaßt, nach Bedarf seinen Schwerpunkt mit dem des Reiters in Einklang zu bringen.*' Im gleichen Kapitel erklärt er die Bedeutung leichterer Schenkelhilfen, im Gegensatz zu dem sonst vorherrschenden Eindruck einer relativ starken Hilfengebung.

'*Eine durch mühsame Schenkel- und Gewichtshilfen herausgepreßte Piaffe oder Passage wird immer fehlerhaft sein. Die Herrschaft des Reiters ist dann am vollkommensten, die gerittene Schule dann am reinsten, wenn man den Eindruck hat, daß die Bewegung weder Pferd noch Reiter eine nennenswerte Anstrengung kostet. Bei einem solchen, zur Einheit verschmolzenen Paar wird auch die schwierigste Übung anmuten wie ein freies Spiel.*'

Da sich Seunig weder auf Autoren der romanischen noch der englischen Schule von Newcastle und später McTaggart und Hance bezieht, wird deutlich, daß Seunig nichts von den bereits erwähnten Übungen zum Lockermachen des Kiefers und des Genicks hält. Seine Interpretation des Nachgebens mit der Hand steht ebenso im Widerspruch zur französischen Schule. Wie im heutigen Dressursport praktiziert, soll der Zügel nur dann hingegeben werden, wenn das Pferd müde ist und sich strecken soll; in dem Buch wird es nicht als Prüfstein für ein Leichtwerden des Pferdes aufgefaßt, wenn sich dieses in gleicher Haltung, mit gleichem Takt weiterbewegt.

Seunigs Interpretation des „am Zügel" gehenden Pferdes entspricht somit der modernen Definition und umfaßt nicht ganz das, was die romanischen Reiter als höchsten Beweis einer korrekten Ausbildung, nämlich als '*descente de main et des jambes*' bezeichneten. '*Selbstverständlich soll der Kopf des in der Beizäumung gehenden Pferdes eine Lage annehmen, die sich der Senkrechten nähert …, damit die Anzüge unter den günstigsten Vorbedingungen, d. h. unmittelbar durch die ganze Wirbelsäule über das Becken bis in die Hinterfesseln durchgehen können, ohne an irgendeiner Stelle durch Steifungen oder Knicks aufgehalten oder abgelenkt zu werden. Zu diesem Zweck muß sich das Pferd mit losgelassenem, den höchsten Punkt bildendem Genick, herangedehntem Halse und in sicherer Anlehnung infolge treibender Einwirkung von selbst „an die Hand stellen", eine Bezeichnung, nebenbei gesagt, die „Beizäumen", das immer einen Beigeschmack von aktiver Handeinwirkung hat, mit Vorteil ersetzen könnte.*'

Richard Wätjen (1891–1966)
Wätjen war gebürtiger Deutscher und stammte aus einer zur Mittelschicht zählenden Bremer Reederfamilie, wohlhabend und seinem Hobby gegenüber aufgeschlossen genug, um ihm von Jugend auf eigene Pferde zu ermöglichen. Später studierte er Landwirtschaft und Gestütswirtschaft, zuerst im Staatsgestüt Trakehnen, dann in Graditz und Hoppegarten in Berlin. Dort entstand seine Liebe zu den Vollblütern. Nachdem er von Stensbeck unterrichtet worden war und erkannt hatte, daß gutes Dressurreiten stark auf traditionellen Werten basierte, sicherte er sich einen Platz an der Spanischen

Deutsche Erfolge im Wettkampf | 159

Richard Wätjen (1891–1966), ein erfolgreicher Turnierreiter der 30er Jahre, ist ein Vertreter jener Übergangsphase in der Dressurreiterei, als in Deutschland und auch in anderen Nationen, bedingt durch den Schwierigkeitsgrad der verschiedenen Prüfungen, ein strengerer und anspruchsvollerer Reitstil (der manchmals als neoklassisch bezeichnet wird) aufkam.

Reitschule. Der Wechsel von der Campagnereiterei zur Hohen Schule bedeutete eine gewaltige Umstellung. In Wien erkannte Wätjen allmählich die Bedeutung des psychologischen Elementes in der Reiterei und entwickelte sich, zuerst unter Oberbereiter Meixner und später unter Maritz Herold und Oberbereiter Polak, der später von Podhajsky so geschätzt wurde, zu einem fleißigen und hingebungsvollen Musterschüler.

Durch den Krieg wurden viele Lehrer der Spanischen Reitschule an die Front abberufen. Wätjen, der vom Wehrdienst befreit war, erhielt eine Stelle als Gastlehrer an der Schule, wodurch er Gelegenheit hatte, mit den Junghengsten zu arbeiten und an öffentlichen Vorführungen teilzunehmen. Nach zwölf Jahren Aufenthalt in Wien zwang ihn der politische Wandel, die Stadt zu verlassen. Im Nachkriegsdeutschland konnte er sich jedoch seine eigene Reitschule in Berlin aufbauen und tat sich später mit dem erfolgreichen Lehrer Felix Bürkner zusammen. In den späten 20er und 30er Jahren nahm er erfolgreich an Dressurprüfungen teil und war für die Ausbildung vieler heutiger Spitzentrainer verantwortlich. Einer seiner größten Erfolge war ein geteilter erster Platz 1935 beim Grand Prix in Aachen auf einem Pferd namens Burgsdorff. Wätjen wurde von vielen internationalen Reitern seiner Generation besonders wegen seines schönen, aufrechten und ruhigen Sitzes sehr geschätzt. 1952 wurde er Trainer des für die Olympiade in Helsinki nominierten britischen Teams. Daß die britischen Vielseitigkeitsreiter 1956 in Stockholm die Goldmedaille in der Mannschaft gewinnen konnten, ist durchaus auch mit sein Verdienst.

Wätjens Einfluß ist zweifellos auch heute noch zu spüren. Die Übersetzung seines Buches *Dressurreiten*, zuerst 1958 von J. A. Allen veröffentlicht, erschien in mehreren Neuauflagen und enthält eine akkurate Zusammenfassung der korrekten Ausführung aller Lektionen sowie der wesentlichen Hilfen.

Wätjen trat für einen Zweipunktsitz ein. Auf Bildern ist zu erkennen, daß er mit kürzeren Steigbügeln ritt als viele seiner Wiener Zeitgenossen. Er warnte vor einem zu sehr angespannten Kreuz und zu übertriebenen Sitzhilfen. In diesem Punkt befindet er sich im krassen Gegensatz zu einem anderen Autor jener Zeit, dem Jagdreiter Wilhelm Müseler. Wätjen hat sicherlich eine Vorbildfunktion für die heutigen deutschen Dressurreiter.

Wilhelm Müseler

Ein weiterer Schriftsteller, der der modernen Dressurreiterei seinen Stempel aufgedrückt hat, ist der gebürtige Deutsche Wilhelm Müseler, obwohl er – im Gegensatz zu Seunig oder Wätjen – keinen klassischen Hintergrund vorweisen kann. Müseler diente als Major im 1. Weltkrieg und gründete danach den Berliner Parforce Reitclub. Später wurde er Direktor des Reitinstitutes Beermann in Berlin. Ehemals oberster Jagdherr des Berliner Jagdvereins, war er ein glänzender, vielseitiger Reiter und Lehrer. Seine zuerst 1937 in Hamburg veröffentlichte *Reitlehre* wird von vielen als der Inbegriff der deutschen Reitweise bezeichnet.

160 | Reitkunst im Wandel

Müseler war wahrscheinlich der erste Autor, der sich um eine bildliche Erklärung der Gesäß*hilfen* bemühte. Wie in unserem Buch verdeutlicht, wurden Haltung des Reiters und Position des Gesäßes im Sattel von den großen Meistern der Vergangenheit eingehend untersucht. Man hatte immer angenommen, daß der Reiter sich durch Beibehaltung dieser korrekten Haltung in die Bewegung des Pferdes einfühlen konnte, wodurch das Pferd wiederum in die Lage versetzt wurde, die von ihm mittels Gewichts-, Zügel- und Schenkelhilfen geforderten Lektionen auszuführen. Dies trifft zweifellos für die versammelte Arbeit der Hohen Schule zu. Müseler interessierte sich jedoch nicht für die Hohe Schule; das Geländereiten und die in Mode gekommenen brillanten Verstärkungen in allen Gangarten hatten ihn stark beeinflußt.

Er beschrieb detailliert die treibenden Hilfen von Gesäß und Kreuz. Dies ließ viele seiner Leser glauben, seine Theorie verkörpere die moderne deutsche Reitweise. Dem stimmten jedoch nicht alle zu, zumal Müseler, im Gegensatz zu Seunig oder Wätjen, keinem klassischen Hintergrund entstammte. Er konnte sich jedoch sehr gut artikulieren und war sehr belesen. Man kann argumentieren, daß Müseler nichts in einem Buch über die Entwicklung der klassischen Reiterei zu suchen hat; als äußerst einflußreiche Persönlichkeit nimmt er jedoch einen wichtigen Platz in der Entwicklung der modernen Dressur ein.

Seine konventionelle Seite
Müseler war in vieler Hinsicht äußerst konventionell. Sein Dressursitz entsprach dem der alten Meister. Wie Littauer bemerkte, war alles bereits gesagt, in der ganzen Welt und besonders in Deutschland. Zum Vergleich:
Müseler: *Das erste, was der Reiter lernen muß, ist „Balance" zu halten. Nur durch sie soll er sich zu Pferde halten, nicht mit Hilfe der Arme und Beine. Der Körper ruht senkrecht auf den beiden Gesäßknochen und dem Spalt, also auf drei Unterstützungspunkten, und zwar genau auf dem tiefsten Punkt des Sattels.'*
Bobinsky (ein russischer Oberst, der 1836 unter dem damaligen deutschen Einfluß schrieb): *'Lehne dich mit dem Oberkörper zurück und drücke Gürtel und Bauch nach vorne, stütze deinen Sitz auf die zwei Gesäßknochen und den Spalt. Diese Punkte ... bilden im tiefsten Punkt des Sattels die Grundlage für den Sitz des Reiters.'*
In den *Richtlinien für Reiten und Fahren*, Band 2, heißt es: *'Dank dem leichten, von Guérinière eingeführten französischen Schulsattel tritt nunmehr auch der Balancesitz auf Gesäßknochen und Spalt offiziell in seine Rechte.'*

Das Kreuzanspannen
Neu war Müselers Beschreibung des angespannten Kreuzes und abgekippten Beckens sowohl als vorwärtstreibende Hilfe als auch zur Versammlung. Gemäß Müseler erforderte beides die gleiche Kreuzeinwirkung, eine Theorie, die den feinen Gebrauch der be- und entlastenden Gewichtshilfen außer acht läßt. Während vorangegangene Autoren nur für eine stets aufrechte Haltung des Reiters plädierten, wobei die normale S-Form der Wirbelsäule beibehalten wird und das Kreuzanspannen durch ein Vorschieben der Hüfte erfolgt, stellte Müseler auf Skizzen einen damals völlig neuen Gedanken vor. Danach wird der untere Teil des Rückens abgeflacht, wobei das Becken nur noch mit den hinteren Punkten der Gesäßknochen Kontakt zum Sattel hält und der Reiter hinter der Senkrechten sitzt. Dies steht in direktem Widerspruch zu seiner ursprünglichen Beschreibung eines tief im Sattel ruhenden Sitzes.

Man sagt, daß Müseler diesen Sitz nur für die Korrektur extrem starker

Pferde einsetzte. Dies geht aus dem Text jedoch nicht hervor, und allzu viele *aficionados* haben ihn als „deutschen Dressursitz" übernommen. Dieser stark vortreibende Sitz wird jedoch bei weitem nicht von allen Deutschen und auch nicht nur von ihnen angewandt.

Theoretisch sollen derart ausgeprägte treibende Hilfen den Rahmen des Pferdes erweitern und den erwünschten Schwung hervorbringen. Im Falle eines mächtigen Warmblüters mag dies auch zutreffen, bei den sensibleren leichteren Pferdetypen kann dies jedoch auch zu Verspannungen und Schwungverlust durch Widerstand führen.

Müseler wußte jedoch, daß diese Hilfen sehr vorsichtig angewandt werden mußten, was im Kapitel über „Kreuzeinwirkungen" zur Sprache kommt: *'Die Pferde lassen sich grobe Hilfen, je feinfühliger sie sind, desto weniger gern gefallen. Nervöse und ängstliche Pferde, hochgezüchtete Vollblüter streiken leicht.'* Daraus und aus den von ihm verwendeten Photos (auf denen Reiter abgebildet sind, bei denen das Anspannen des Kreuzes von einer eher klassischen, geraden Haltung ausgeht) läßt sich schließen, daß er den Mechanismus der Wirbelsäule und des Beckens vielleicht mißverstanden hatte. Viele hervorragende Reiter haben Schwierigkeiten, sich verständlich auszudrücken.

Ein ehemaliger Schüler der Spanischen Reitschule und von Nuno Oliveira, Daniel Pevsner, der heute in England arbeitet, schrieb einen Artikel über Müseler, in dem er auf die schädliche Wirkung dieses treibenden Sitzes hinweist. *'Indem sich der Reiter zurücklehnt, behindert und stört er das Gleichgewicht des Pferdes. Das Pferd wird nicht nur vorwärts, sondern auch in die Tiefe und somit ... auf die Vorhand getrieben. Die Kruppe hebt sich, während die Hinterhand steif wird ... Obwohl scheinbar mehr Schwung entsteht, verringert sich die Aktion der Hinterhand.'* Er macht ferner auf die offensichtlichen Unterschiede zwischen den Photos in der *Reitlehre* und Müselers eigenen Zeichnungen aufmerksam.

Trotz dieser Unstimmigkeiten wurde „der Müseler" zum Dressurbestseller des Jahrhunderts. Die erste englische Übersetzung erschien 1937, und das Buch ist für viele Reiter so etwas wie ein internationales Standardwerk. Sieht man von den Zeichnungen ab, ist es ein ausgezeichneter Ratgeber für den durchschnittlichen Dressurreiter und sicherlich verständlicher geschrieben als Seunigs Bücher. In einfachen Worten erklärt Müseler, wie das Pferd versammelt, gebogen und in die Tiefe geritten wird, sowie die Anwendung der Schenkel- und Zügelhilfen. Da er bei vielen Durchschnittsreitern das Interesse für eine sensiblere Reitweise geweckt hat, verdient Müseler durchaus einen Platz in unserer Geschichte der Dressur.

Im allgemeinen weichen die deutschen Spitzenreiter und -trainer gar nicht so weit von ihren Kollegen aus Österreich, Frankreich und Portugal ab, wie oft behauptet wird. Müseler sagte sehr weise: *'Man kann die „klassische Reitkunst" als die Dressurmethode definieren, die auf natürlichem Wege unter Berücksichtigung der Psyche des Pferdes vollendete Harmonie zwischen Reiter und Pferd erstrebt ... Die „germanische" und die „romanische" Schule vertreten beide diese Auffassung. Beide Methoden sind eng miteinander verwandt. Die Unterschiede entsprechen dem verschiedenartigen Temperament und Charakter der Völker. Der Deutsche ist gründlicher und akademischer, der Franzose leichter und mit einem ausgesprochenen Sinn für élégance begabt.'*

Man kann noch hinzufügen, daß diese Unterschiede auch in den verschiedenen Temperamenten und Charakteren der Pferde begründet sind. Die meisten geben heute zu, daß in Deutschland zwischen dem 1. und 2. Weltkrieg die Reiterei von einer gewissen Schwere geprägt war, was zweifellos die schwereren Kavalleriepferde bewirkten.

Schultheis und Theodorescu

Die heutigen deutschen Ausbilder waren entschlossen, dieses schwerfällige Image loszuwerden. Unter dem Einfluß mächtiger Persönlichkeiten, wie General Stecken, haben Reitkünstler wie der ehemalige Bundestrainer Willi Schultheis und der Turnierreiter und Ausbilder George Theodorescu hart daran gearbeitet, ihren Schülern zu Hause und in Warendorf eine leichtere Reitweise zu vermitteln. Beide haben einen ausgeprägten eigenen Stil, und es ist für ihre Schüler nicht immer einfach, ihnen zu folgen. Die Pferde vergessen jedoch nichts, das sie einmal bei einem dieser Meister gelernt haben; das beste Beispiel hierfür liefert das kanadische Pferd Dynasty, das von Schultheis ausgebildet wurde.

George Theodorescu ist kein gebürtiger Deutscher, sondern stammt aus der einst so großartigen Barockstadt Bukarest. Er nahm die deutsche Staatsbürgerschaft an, als er 1959 vor dem kommunistischen Regime floh. Südwestlich von Hannover besitzt er sein eigenes Trainingszentrum, das von vielen ausländischen Reitern besucht wird. Theodorescu arbeitete ferner als Mannschaftstrainer sowohl in den Vereinigten Staaten als auch in Kanada. Seine Tochter Monica belohnte seine harte Arbeit mittlerweile mit zahllosen Siegen, u. a. der Mannschafts-Goldmedaille in Barcelona 1992.

Harry Boldt

Deutschlands ehemaliger Bundestrainer Harry Boldt, früherer Mannschafts-Olympiasieger und Europameister, wirkte ebenfalls beim DOKR und gab sein enormes technisches Können an begabte Olympiakandidaten weiter. Als ausgezeichneter Kenner der Turnierszene arbeitet er ständig mit deutschen und ausländischen Reitern und verkörpert in vielerlei Hinsicht die deutsche Reitweise. Boldt besticht durch seine beherrschte, klassische und korrekte Reiterei und sollte nicht unterschätzt werden, obwohl er vielleicht nicht das Flair oder die Ausstrahlung anderer bekannter Ausbilder besitzt. Die meisten europäischen Spitzenreiter waren irgendwann einmal bei diesem großen, schlanken Mann zur Ausbildung. Eines der bekanntesten von ihm ausgebildeten Pferde war Woyceck, mit dem er international äußerst erfolgreich war.

Dr. Reiner Klimke

Reiner Klimke kann man als den wohl professionellsten Amateur unter den Dressurreitern bezeichnen. Als erfolgreicher Rechtsanwalt findet er noch genügend Zeit, auf seinem Hof bei Münster täglich bis zu fünf Pferde zu reiten. Er brachte eine Anzahl hervorragender Vielseitigkeits- und Dressurpferde heraus. Seine heutige Popularität verdankt er vor allem seinen zwei großartigen Dressurstars, die nicht nur in nationalen und europäischen Meisterschaften glänzten, sondern Deutschland auch bei Olympischen Spielen vertraten. Mehmed und Ahlerich sind zwei außergewöhnliche Pferde. Ein anderer Reiter wäre vielleicht mit Ahlerich, einem hochsensiblen Kraftpaket, nicht weitergekommen, und es ist ein Beweis für Klimkes Feingefühl, daß Ahlerich über viele Jahre hinweg und in unzähligen Wettbewerben zum Inbegriff des korrekten klassischen Dressurpferdes wurde.

Sein wohl schönster Erfolg war 1984 der Gewinn der olympischen Goldmedaille in der Einzelwertung. Er beschreibt dies als *'den schönsten Augenblick meines Lebens',* da Ahlerich an diesem Tag alles gegeben hatte. *'Eine so innige Verbundenheit zwischen Reiter und Pferd wie an diesem Tag habe ich selten verspürt.'*

An Klimkes Erfolgen hat auch seine Familie Anteil. Bei der Grundausbil-

Deutsche Erfolge im Wettkampf | 163

Getreu dem klassischen Ideal verschmelzen Dr. Klimke und Ahlerich in dieser ausdrucksstarken, erhabenen und technisch korrekten Passage zu einer harmonischen Einheit. (Photo mit freundlicher Genehmigung von Reiner Klimke)

dung seiner Pferde wird er auf großartige Weise von seiner Frau und seinem talentierten Sohn Michael unterstützt, der sich durch seinen ruhigen, kentaurenhaften Sitz auszeichnet und inzwischen mit Entertainer selbst auf Grand-Prix-Niveau reitet.

Klimke hat seinen eigenen charakteristischen Stil. Von großer, schlanker Statur, verkörpert er Geradlinigkeit, absolute Beherrschtheit und Präzision im Sattel. Er ist ein sehr überlegter und taktischer Reiter mit so viel eiserner Entschlossenheit, daß Fehler bei seinen glänzenden Turnierauftritten beinahe undenkbar sind. Doch auch für ihn hat es schon bittere Augenblicke der Enttäuschung gegeben. Klimke sucht jedoch immer zuerst die Schuld bei sich selbst und nimmt sich vor, das nächste Mal um so erfolgreicher zu reiten, was ihm für gewöhnlich auch gelingt.

Von allen großen deutschen Dressurreitern hat er wohl die umfassendste Erfahrung in der Ausbildung von Pferden. Dazu gehört die Aufzucht des jungen Fohlens bis zur Grundausbildung, die Teilnahme als Vielseitigkeitsreiter an Olympischen Spielen und als Dressurreiter auf Grand-Prix-Niveau. Er ist aus gänzlich anderem Holz als diejenigen Turnierreiter, die sich ein fertig ausgebildetes Pferd kaufen, Zylinder und Frack anlegen und dann auf einem für sie bereits abgerittenen Pferd ins Viereck einreiten.

Klimke spricht sich gegen eine zu schnelle Ausbildung der jungen Pferde aus, wie sie heute leider in Mode ist: *'Heutzutage werden auf Auktionen dreijährige Pferde als potentielle Cracks für Dressur, Vielseitigkeit und Springen angeboten, im Glauben, daß diese gerade erst angerittenen Pferde in den jeweiligen Disziplinen einmal an die Spitze kommen. Für den erfahrenen Reiter ist dies purer Unsinn. Er weiß, daß der lange Weg von der Grundausbildung zum Spitzensport Geduld fordert. Doch wie viele Pferdeliebhaber verfügen über genügend Pferdeverstand? ... Oft wird das Pferd einfach als Sportgerät angesehen. Darunter leidet heute im allgemeinen die Ausbildung und die Arbeit mit Pferden.'*

Klimkes Methode ist langsam und äußerst gewissenhaft. Nach Abschluß der Grundausbildung folgt ein hartes Trainingsprogramm, wobei sich Klimke jedoch immer bemüht, den heute so häufigen Fehler, das Pferd zu sehr zu fordern und somit sein Vertrauen zu verlieren, zu vermeiden. Sobald eine neue schwierige Lektion erfolgreich ausgeführt wird, werden erst die Grundlagen wieder aufgefrischt, bevor diese Lektion weiter geübt wird.

In seinem Buch *Ahlerich – Von der Remonte zum Dressur-Weltmeister* beschreibt Klimke das psychologische Vorgehen bei der Ausbildung dieses sensiblen Westfalenwallachs. Einmal wandte Klimke nach anhaltenden Schwierigkeiten in der Piaffe Gewalt an und *'bestrafte ihn mit kräftigen Sporen- und schimpfenden Stimmhilfen ...'*. Es war ein Pyrrhus-Sieg: *'Nach anfänglichem Widerstand resignierte Ahlerich und piaffierte artig,'* blieb jedoch danach *'reserviert und mißtrauisch ... Der Erfolg ging auf Kosten des Ausdrucks meines Pferdes.'*

Weitere Bücher dieses außerordentlich gebildeten Mannes sind *Cavaletti* und *Military* sowie sein erstes Buch über das Dressurreiten, *Die Grundausbildung des jungen Pferdes*.

Rehbein und Dr. Schulten-Baumer

Herbert Rehbein, der eine herrliche Anlage in der Nähe von Hamburg betreibt, hat sich ebenfalls als Ausbilder innerhalb Deutschlands und bei Schülern aus den Vereinigten Staaten einen Namen gemacht. Er ist ein Schüler des legendären Bubi Günther (der 1974 starb). Er verlangt von Pferd und Reiter das Äußerste und hat Erfolg damit. Besondere Anerkennung verdient er jedoch als Reiter. Die von ihm gerittenen Pferde gehen dynamisch, und durch seinen starken Sitz, verbunden mit einer bemerkenswert leichten Hand, hat er oftmals Erfolg, wo viele andere versagt haben.

Da die meisten Leute meinen, der Beweis für die Klasse eines Ausbilders liege in der Anzahl der durch seine Hände gegangenen erfolgreichen Pferde, verdient Dr. Uwe Schulten-Baumer dieses Lob vielleicht noch vor allen anderen Deutschen. Sein Sohn Uwe konnte mit zwei phantastischen Pferden, Slibowitz und Madras, internationale Erfolge feiern. Er war der erste, der von der Ausbildung durch seinen Vater profitierte. Ihm folgten bald andere; die neuesten Erfolge sind die Medaillengewinne seiner Schülerinnen Margit Otto-Crépin, Nicole Uphoff und Isabell Werth. Sein Erfolg bei der Ausbildung ihrer Pferde ist um so beachtlicher, wenn man bedenkt, wie unterschiedlich z. B. der mächtige Corlandus und der zierliche sensible Rembrandt sowohl vom Aussehen her als auch vom Temperament und Bewegungsablauf sind. Corlandus ist ein Vertreter des Pferdetyps, den die Richter in den 70er Jahren so schätzten, als bloße Größe und Kraft alles auszumachen schienen. Glücklicherweise hat Rembrandt eine neue Ära in der Dressurwelt eingeleitet, in der Eleganz und Feinheit wieder von allen mehr geschätzt werden.

Von Neindorff

Egon von Neindorff unterscheidet sich von den heutigen Ausbildern in Deutschland insofern, als er der Turnierreiterei nur wenig Interesse entgegenbringt und jegliche Überforderung des Pferdes bei der Ausbildung oder später verabscheut. Schüler aus aller Welt, die das Reiten als Kunst erlernen möchten, arbeiten in seiner im barocken Stil errichteten Reithalle in Karlsruhe. Klassische Musik, iberische Pferde, dramatische Lichteffekte und die Pilaren der klassischen Reitbahn erinnern eher an eine Reithalle in Versailles oder Lissabon als in Süddeutschland. Dadurch wird jedoch eine spektakuläre Wirkung erzielt und der Schüler in die richtige Stimmung versetzt, um die Kunst einer vergangenen Epoche zu studieren.

Die Betonung liegt auf Versammlung und Eleganz des Pferdes. Es soll keine Herrschaft des Reiters, kein schonungsloses Vorwärtstreiben geben – vielmehr ist die Förderung der Geschmeidigkeit des Pferdes, seiner Schönheit und seiner Zufriedenheit höchstes Ziel. Da von Neindorff der Meinung ist, daß die Anforderungen des Wettkampfes Druck auf die Pferde ausüben, hat er sich schon vor langer Zeit von der Turnierreiterei abgewandt.

Die Methoden ähneln der Schule Bauchers und Oliveiras. Es wird viel Wert auf Kreuz- und Gewichtshilfen gelegt, ausgehend von einem tiefen, ruhigen Sitz und lockeren Hüften. Die Beine müssen lang, locker und ruhig anliegen, die Hilfen federleicht sein. Müselers extrem treibende Kreuz- oder Gesäßhilfen sind hier fehl am Platz, dafür findet Guérinières *descente de main et des jambes*, ein Geschenk an das Pferd, um so mehr Beachtung.

Tafel 13

Jennie Loriston-Clarke auf dem Abreiteplatz mit Masterlock Recruitment's Dutch Bid. Dieser talentierte, selbstgezogene Fuchs hatte im Alter von acht Jahren bereits acht nationale Dressur- und Springchampionate gewonnen; er war ferner das erste britische Pferd, das bei einer Europameisterschaft gewinnen konnte, als er nämlich 1987 in Goodwood den Prix St. Georges gewann. Reiter und Pferd strahlen eine gewisse Spritzigkeit aus und geben ein erfreuliches Gesamtbild ab. (Photo: Chris Skarbon)

Unten: Ahlerich unter Dr. Reiner Klimke bei den Olympischen Spielen von Los Angeles 1984. Das Pferd springt die fliegenden Galoppwechsel mit großer Leichtigkeit, wobei es durch den aufrechten, jedoch auch sehr leichten Sitz seines Reiters unterstützt wird. Dieses Photo ist ein Beispiel für lebhaften und zugleich kontrollierten Schwung. Ausdruck und Haltung von Pferd und Reiter wären weder 1910 noch 1710 fehl am Platz, obwohl die Einerwechsel nicht zu den eigentlichen Lektionen der klassischen Schule gehörten. (Photo: Kit Houghton)

Dutch Courage, Jennie Loriston-Clarkes langjähriger Partner, mit dem sie schon viele nationale und internationale Erfolge verbuchen konnte, genießt die Ausritte im New Forest. Für Jennie war es immer wichtig, daß die Ausbildung ihrer Pferde nicht auf die Reitbahn beschränkt blieb. So erinnert sie sich, wie sie „Bill" zum ersten Mal die Einerwechsel im Wald entlang einer Baumreihe beibrachte. (Photo: Kit Houghton)

Tafel 14

Nicole Uphoff während ihrer Vorstellung bei den Olympischen Spielen in Seoul, wo sie die Goldmedaille auf ihrem im Vollbluttyp stehenden Westfalen Rembrandt gewann. Leicht, ruhig, gerade und eins mit dem Pferd – so erreicht sie mit den unmerklichsten Hilfen und einer gefühlvollen Hand präzises Reiten. Plötzlich scheint Leichtigkeit wieder in Mode gekommen zu sein – ein ermutigendes Zeichen für die Dressurszene. (Photo: Bob Langrish)

Eine Zusammenfassung der deutschen Schule

Inzwischen haben wir gesehen, daß man nichts verallgemeinern darf. Kritik wurde am deutschen Sitz und an der deutschen Schule geübt, und doch ist die Zahl der klassischen Reiter in Deutschland wahrscheinlich größer als in irgendeinem anderen Land. Reiner Klimke, Monica Theodorescu, Isabell Werth, Nicole Uphoff und Ann-Kathrin Linsenhoff haben zwar alle ihren eigenen Stil, besitzen jedoch eine bewundernswerte klassische Ausstrahlung.

Auf diesem Niveau gibt es kaum unschöne Bilder wie strafende Beine oder eine harte Hand. Schwierigkeiten bei der Ausführung der Lektionen der Hohen Schule sind keine Besonderheit Deutschlands. Reiner Klimke ist einer der wenigen Grand-Prix-Sieger, dessen Pferde wahrhaft tänzerische Darbietungen zeigen. Es ist ein allgemeines Problem, daß Tragkraft und Biegung allzuoft eingetauscht werden für eindrucksvolle Gänge, die durchaus einer künstlichen Spannung des Rückens und der Pendelbewegung einer steifen Hinterhand entstammen können. Dies wird jedoch nicht von allen Richtern erkannt. Anhänger der Versailler Schule würden dies auf unzureichende Losgelassenheit im Hals und im Maul des Pferdes zurückführen, hervorgerufen durch eine unnachgiebige Reiterhand. Klimke schreibt: *'Das Pferd soll mit einer Anlehnung, die so weich wie möglich sein muß, in guter Selbsthaltung gehen.'*

Den Unterschied zwischen den absoluten deutschen Spitzenreitern und ihren Nacheiferern hat Nuno Oliveira in einem seiner Bücher kommentiert[10]: *'Ich habe einen Film über Schultheis, wie er auf einem Schimmel die Grand-Prix-Lektionen ausführt. Bei korrekter Hankenbiegung des Pferdes sind die Zügel oft locker, hängen beinahe durch. Bei den Weltmeisterschaften 1982 in Lausanne zeigte Reiner Klimke ebenfalls sehr oft diese descente de main.'*

Davon abgesehen werden die meisten Deutschen zugeben, daß die deutsche Mentalität (insbesondere der Männer) einen Hang zur Dominanz aufweist. Decarpentry beklagte eine zu starke Unterwürfigkeit der Pferde, die er als *'... verkrampft und manchmal stumpf'* und *'von eher mechanischer Exaktheit als Lebendigkeit'* beschreibt. Gleichzeitig bedauerte er jedoch die *'Nonchalance der Franzosen...'*, die hauptsächlich für ihre geringen Erfolge im Wettkampf verantwortlich sei. Selbst ihre elegante Goldmedaillengewinnerin Margit Otto-Crepin ist keine Französin, sondern gebürtige Deutsche.

Wenn die französischen Turnierreiter sich, in Anlehnung an ihre alten Meister, mehr auf ihr Talent zur Förderung der Eleganz und der Fröhlichkeit ihrer Pferde besinnen würden, anstatt zu versuchen, die Deutschen nachzuahmen, die hinsichtlich Fleiß und Gründlichkeit nicht zu übertreffen sind, wäre die internationale Dressurszene um einiges interessanter.

Von Neindorff ist sicherlich keiner Schule der Dominanz zuzuordnen. Man sagt, daß er mehr durch die romanische Schule als durch seine Landsleute beeinflußt ist. Podhajsky widerlegte jedoch solche Feststellungen, als er über die Olympischen Spiele von Helsinki schrieb: *'Die Vertreter der sogenannten romanischen Schule ritten teilweise mit sehr starker Anlehnung... Im Gegensatz dazu ritten die Vertreter der sogenannten germanischen Schule mit langem, manchmal sogar durchhängendem Zügel. Solche Beobachtungen beweisen wieder einmal, daß die klassische Reiterei nicht Eigentum einer speziellen Nation ist.'*[11]

---

[10] *Classical Principles of the Art of Training Horses*
[11] Aus Handlers Buch *Die Spanische Reitschule in Wien*

Kapitel 17
Die Spanische Reitschule heute

Schneeweiße Pferde mit wallenden Mähnen tänzeln im Gleichklang der Bewegungen die Mittellinie vor der Ehrenloge der historischen Reithalle hinunter und kommen paarweise die langen Seiten wieder herauf. Das Auf und Ab der gewölbten, schwingenden Pferderücken, nur begleitet vom wellenförmigen Auf und Ab der ansonsten völlig still im Sattel sitzenden Reiter, hat etwas so wunderbar Sanftes und Rhythmisches an sich, daß man sich, verschleiert man nur ein wenig den Blick, emporgehoben und zu Mozartklängen auf den weißschäumenden Wellen eines tiefen Ozeans weit weg in ein Land der Träume getragen fühlt.

Während der Quadrille scheint die Zeit stillzustehen. Die weißen Pferdebeine verschieben sich seitwärts aufeinander zu, scheinen sich einen Augenblick in der Mitte zu treffen, wenn die Pferde die Mittellinie kreuzen, und trennen sich wieder, wenn die Pferde sich auf die gegenüberliegende Seite zu bewegen. Dort reihen sie sich wieder ein, aber immer wieder treffen sich die Paare in Zirkeln und Volten oder die Mittellinie hinunter auf die Ehrengäste zu. Dann sieht man die dunklen, unergründlichen Augen der Pferde, einmal voller Konzentration, dann wieder voller Stolz. Edel gemeißelte aristokratische Profile, bebende rosa Nüstern, uns zugewandt, zeugen vom Eifer der Pferde zu gefallen, ihr Bestes zu geben.

Der Lipizzaner ist von Natur aus nobel, jahrelange systematische Ausbildung hat seine Leistungsbereitschaft noch gefördert. Ein Wechsel der Musik – ein Marsch mit prägnanteren Akkorden läßt die Pferde in die Passage gleiten, eine erhaben-stolze Gangart, bei welcher die Pferde die Gelenke der Hinterhand biegen, die Vorderbeine angewinkelt in der Luft schwebend verharren und die Wölbung von Hals und Rücken noch stärker hervortritt, ohne daß der sanfte Rhythmus verlorengeht. So schweben sie vorbei, versetzen uns zurück in eine glanzvolle Epoche, und wir staunen über die Gefühle, die in uns wach werden – als ob wir schon einmal hier gewesen wären und wir alles verstünden, uns alles vertraut wäre.

Dieser Vorstellung von vier der besten Hengste der Schule, der eine schwungvolle Vorführung der Junghengste vorausgegangen ist, folgt der atemberaubende Pas de deux. Selbst wenn man nichts von der Reiterei versteht, kann man nicht umhin, diese völlige Harmonie zwischen vier Persönlichkeiten – zwei Pferden und zwei Reitern – zu bewundern, das verflochtene Muster vierer Hufpaare, in perfekter Übereinstimmung, die vier Hände, die ruhig am Ansatz zweier stolz aufgerichteter Hälse stehen, die komplizierten Schritte und Figuren. Heute sind es Oberbereiter Arthur Kottas und Bereiter Johann Riegler, die die klassischen Ideale des ruhig sitzenden, beherrschten Künstlers zu Pferde verkörpern.

Boccherinis Menuett begleitet den vierten Abschnitt des Programms, die Arbeit an der Hand, vorgeführt vom Ersten Oberbereiter Tschautscher, einem großen Mann, dessen sanfter Umgang mit dem Hengst aus der Neapolitano-Linie ebenso beeindruckt wie seine Liebe zum Detail. Hierauf folgt die Arbeit am langen Zügel mit einem sichtlich älteren, jedoch brillanten Hengst, Maestoso Palmira. Oberbereiter Eichinger zeigt hierbei ein Können

Die Spanische Reitschule heute | 167

Pegasus – das geflügelte Pferd! Der Lipizzaner schwebt durch die Lüfte und strahlt eine beinahe magische Leichtigkeit in dieser äußersten Prüfung von Kraft und Gehorsam aus – in einer wunderschönen, zeitlosen Kapriole. (Photo mit freundlicher Genehmigung der Spanischen Reitschule)

und Geschick, wie es heute andernorts kaum mehr anzutreffen ist.

Die Schulen über der Erde! Der letzte Programmpunkt vor der Schulquadrille versetzt uns zurück ins 17. Jahrhundert mit all seinen Kampfmanövern. Für diese außerordentlich anspruchsvolle Arbeit eignen sich nur die kräftigsten und edelsten Pferde der Schule. Die Reiter reiten ohne Bügel und traditionsgemäß mit drei Zügeln in einer Hand. Während die Pferde für die Levade und Courbette den Schweif offen tragen, ist der Schweif des Pferdes, das die Kapriole ausführt, eingeflochten. Die Musik von Strauß schwebt durch die Halle, während der Hengst in Erwartung jener erregenden übermannshohen Sprünge auf der Stelle zu hüpfen beginnt. Er muß seine ganze Kraft und seinen ganzen Willen zusammennehmen, um aus äußerster Versammlung heraus abzuspringen. Die Schönheit der Kapriole liegt darin, daß man einen Augenblick ein geflügeltes Pferd vor sich zu haben glaubt, Pegasus, der frei von irdischen Kräften kraft- und schwungvoll in die Unendlichkeit zu fliegen scheint. Die Zuschauer sind wie gebannt, ein Aufseufzen geht durch den Raum, und keiner vergißt so schnell das Privileg, solch einem Kunststück beigewohnt zu haben.

Die Große Schulquadrille, der siebte und letzte Abschnitt eines über viele Jahrzehnte hindurch unverändert gebliebenen Programms, wird beinahe mit Erleichterung begrüßt. Das weiße Ballett der acht tanzenden Hengste wiegt den Zuschauer wieder auf einer Welle der Sinnenfreude. Silberne Hälse heben und senken sich, die glänzenden Fesseln bewegen sich im Walzertakt über die Lohe und bezaubern durch Harmonie und Leichtigkeit. Der Fluß ihrer Bewegungen ist unerreicht. Nichts ist unharmonisch oder erzwungen, selbst der starke Trab ist keine stakkatoartige Bewegung; statt dessen gehen Takt, Kadenz und Schwung weich wie eine Sommerbrise ineinander über. Es regieren Schönheit und Kunst.

168 | Reitkunst im Wandel

Einen Sonntagmorgen in der Spanischen Reitschule zu verbringen heißt, Geschichte lebendig werden zu lassen. Dies ist kein gefälliges Nachäffen der Vergangenheit. Die Vorführung basiert heute auf derselben Anstrengung und Mühe, derselben Disziplin und dem unveränderten Festhalten an unerschütterlichen Grundsätzen, wie dies auch bei den Meistern des 16., 17., 18. und 19. Jahrhunderts im kaiserlichen Österreich der Fall war.

Um dies richtig zu würdigen, darf man sich nicht nur die Lipizzaner und ihre Reiter anschauen. Der wahre Kenner darf nicht versäumen, durch die vielen öffentlichen Plätze, Gassen und Hauptgeschäftsstraßen Wiens zu schlendern und dabei die klare Gebirgsluft einzuatmen und sich an der Schönheit, die ihn überall umgibt, zu erfreuen. Wien ist der echte Mittelpunkt Europas. Die verschiedensten Kulturen inner- und außerhalb Europas treffen in Wien aufeinander. Ein orientalischer Einfluß durchzieht diese alte Stadt wie ein goldener Faden und manifestiert sich immer wieder in der plötzlichen Begegnung mit einem Wiener Gobelin, einem Kuppeldach oder einem Ölgemälde. In Wien spürt der Reisende die Nähe jener geheimnisvollen romantischen Länder, aus denen dieses mächtige Reich einst bestand: das benachbarte Böhmen, Ungarn, Siebenbürgen, Rumänien und das ehemalige Jugoslawien. Der künstlerische Glanz des benachbarten Italien, welches den Seeweg nach Spanien, Portugal und Frankreich öffnet, die Ordnung und Größe Deutschlands im Nordwesten – all dies kommt in dieser ältesten aller Hauptstädte zusammen und verleiht ihr eine einzigartige Identität, die man nur als mitteleuropäisch bezeichnen kann.

Barockes Wien! Überall wird der Besucher in dieser großartigen und wahrlich mitteleuropäischen Stadt an Österreichs glorreiche Vergangenheit erinnert. Im Vordergrund das populäre Reiterstandbild Prinz Eugens, der 1717 in Belgrad die Türken besiegte. (Photo der Autorin)

Das österreichische Reich, das Mitte des 18. Jahrhunderts unter den Habsburgern seinen Höhepunkt erreichte, war eines der größten in der Geschichte Europas, und in seiner Hauptstadt sind viele Zeichen dieser Machtentfaltung zu finden. Imposante Bauwerke spiegeln den Luxus des Barock wider; mächtige Statuen, Brunnen und Tore zeugen noch von kaiserlicher Macht. Sie zeichnen sich klar gegen den leuchtenden Wiener Himmel ab, ja, scheinen beinahe in den Himmel zu wachsen. Sie verkörpern eine Epoche des Heiligen Römischen Reiches Deutscher Nation, wo nichts unmöglich und Reichtum und Stärke unsterblich schienen. Schloß Belvedere, das Opernhaus, das Naturkundemuseum, das Palais Schwarzenberg, die riesige Schloßanlage Schönbrunn mit den herrlichen Pferdebildern von George Hamilton – für all das muß man sich gebührend Zeit nehmen, denn dies bildet die Kulisse für die Arbeit der Spanischen Reitschule. Versäumt man es, sie zu besuchen, wäre das Bild unvollständig.

So erreicht der aufmerksame Besucher mit geschärftem Geschichtsbewußtsein, das wesentlich zum Verständnis der Arbeit mit den Lipizzanern in ihrer Heimatstadt beiträgt, die Hofburg. Dort verlassen würdevoll die Pferde hintereinander die Stallungen in der 1558 erbauten ehemaligen Maximiliansburg. Während die Pferde über die jahrhundertealten Pflastersteine zur

Winterreitschule hinübergeführt werden, hält selbst der Autoverkehr für einen Moment inne. Bescheidenheit, eine der Maximen der Wiener Reitlehre, wird durch die schlichte Naturholzgerte, die jeder Reiter trägt, unterstrichen. Der Lipizzaner gewinnt das Vertrauen für die ihm gestellten Aufgaben von seinem Herrn, der diese wichtige menschliche Tugend aufweisen muß. Die Menschen an den früheren Glanz Wiens und an den Geist der Menschen zu erinnern, die dort nach der Renaissance lebten und deren Traum es war, mit Hilfe der schönen Künste, nämlich der Musik, Kunst, Architektur und Reiterei, einen Himmel auf Erden zu schaffen – das ist ihr Vermächtnis an uns. So schrieb einst Oberst Handler: *'Auch wir sind nur ein Glied in einer langen Kette all jener, die uns dieses Gut zu treuen Händen überantwortet haben. Dieses Erbe zu bewahren und unversehrt an einen Jüngeren weiterzugeben ist unsere Aufgabe.'*

Welchen Platz nimmt die Spanische Reitschule in der heutigen Welt ein? Diese Frage wird wiederholt gestellt. Viele meinen herablassend, die Schule sei lediglich ein hübscher Anachronismus, ein einträgliches Geschäft für den Wiener Fremdenverkehrsverband. In der Reiterei unbewanderten Zuschauern kann man eine derartige Meinung nachsehen, da sie auf Unwissenheit basiert. Wenn solche Gedanken jedoch von Richtern und Kritikern geäußert werden, was durchaus geschieht, ist dies schon wesentlich tragischer für die Reiterwelt. Trotz der beachtlichen Fortschritte, die in den letzten Jahren gemacht wurden und die Dressur Tausenden von Reitern in aller Welt nähergebracht und auf die Feinheiten, Schwierigkeiten und Herausforderungen dieser Kunst aufmerksam gemacht haben, was ihr Respekt und die Stellung als eigene Disziplin bei den Olympischen Spielen eingebracht hat, gibt es immer noch genügend Leute, die der Meinung sind, der turniermäßige Dressursport sollte mit Wien wenig gemeinsam haben. Dies sind die Leute, die das Dressurreiten zu einem bloßen Sport gemacht haben, der inzwischen weit von den Idealen der eigentlichen Reitkunst entfernt ist.

Diese Haltung hat die Hüter der Spanischen Reitschule sowie die Anhänger der klassischen Reiterei über Jahre hinweg sehr bekümmert. In einem Interview mit Dr. Jaromir Oulehla, dem derzeitigen Leiter der Spanischen Reitschule, sprachen wir über die Vorbehalte, die einige Dressurrichter der FEI der Arbeit in Wien entgegenbringen, und über die Vorzüge des Lipizzaners.

'Viele moderne Kritiker haben wenig Ahnung von der Vergangenheit und von Kunst überhaupt. Sie vergessen, daß unser Lipizzaner für Repräsentationszwecke vom kaiserlichen Hof gezüchtet wurde. Diese Pferde verkörpern Eleganz und Stolz. Sie fallen durch ihren gedrungenen Körperbau und ihre erhabenen, weichen Bewegungen auf, was zusammen ein wunderschönes Bild ergibt. Bedauerlicherweise haben viele Richter durch den Einfluß von zwei Jahrhunderten Sportreiterei das Streben nach Schönheit unbewußt durch das nach Größe, Stärke und Schnelligkeit ersetzt. Langsame, erhabene, versammelte Bewegungen, der Kern der Hohen Schule, werden weniger verstanden als die raumgreifenden Bewegungen des Sportpferdes. Auch wir praktizieren Verstärkungen, dies ist jedoch durchaus nicht alles und auch nicht unbedingt eine Demonstration von Schönheit.

Die klassische Reiterei ist wie Ballett, das Ziel ist ein schönes Gesamtbild. Die präzisen, komplizierten Schritte, die Kontrolle und die Höhe machen die Anmut aus. Raumgreifende Tritte auf der Bühne oder, in unserem Fall, im Dressurviereck, sind beeindruckend, haben aber wenig mit Kunst zu tun. Leider sind die Richter in der Dressur nicht immer in der Lage zu erkennen, daß der kürzere, rundere Rahmen genauso korrekt für das Pferd ist wie der längere, erweiterte. Die Aktion unserer Lipiz-

zaner ist ihrem Rahmen angepaßt. Ihr gesamter Bewegungsablauf ist mechanisch korrekt, was an ihrem schwingenden Rücken und ihren tief gebeugten Sprunggelenken zu sehen ist. Der Beweis hierfür ist die Geschmeidigkeit der Pferde, lange nachdem andere Pferde nicht mehr gearbeitet werden.'

Niemand kann die Dressur besser vom Standpunkt des Pferdes aus betrachten als dieser hervorragende Tierarzt, der in der Tschechoslowakei geboren ist und dort studiert hatte, bevor er sich in Österreich niederließ. Als erster Direktor sowohl der Reitschule als auch des Bundesgestüts gilt Dr. Oulehlas erste Sorge dem physischen und psychischen Wohlbefinden der Pferde. Dies trennt ihn von einigen der heutigen Trainingsmethoden, die er außerhalb Wiens beobachtet und als höchst schädlich für das Pferd ansieht. Im besonderen wendet er sich gegen eine Überfütterung und gegen muskelaufbauende Zusätze, um die jungen Pferde früher reifen zu lassen. Ferner ist er gegen ein intensives Training der jungen Pferde, die, selbst wenn sie physisch soweit sind, mit Sicherheit solchen Anforderungen psychisch nicht gewachsen sind. *'Leider hat sich die Turnierreiterei zu einem großen Teil weit von der Spanischen Reitschule entfernt',* sagt er. *'Ich werde Ihnen sagen, warum.*

Die klassische Reiterei beschäftigt sich mit dem langsamen und systematischen Aufbau des Pferdes über Jahre hinweg, um es physisch und psychisch auf die Dressurausbildung vorzubereiten. Das Ausbildungsprogramm wird immer mit dem Ziel der Vervollkommnung und der Zufriedenheit des Pferdes durchgeführt. Wir legen großen Wert auf die Einheit von Mensch und Pferd und betonen, daß Reiter und Pferd miteinander harmonieren müssen – gleich vom ersten Tag an. Das Merkmal der großen klassischen und militärischen Schulen war es immer, das Pferd durch die Einhaltung bestimmter Standards und Vorgehensweisen zu schützen. Daher bemühen wir uns zuerst um die vollständige körperliche und seelische Entwicklung des Pferdes. Der Beweis einer korrekten Ausbildung ist ganz einfach: ein zusehends schöner und zufriedener werdendes Pferd. Mit zufrieden meine ich ein unverkrampftes, losgelassenes Pferd, nicht eines, das verspannt und künstlich aufgedreht ist. Die Mehrzahl der so ausgebildeten Pferde lebt lange und ist über viele Jahre aktiv.

Für allzu viele in der Turnierszene zählt nur das Pferdematerial. Das Ergebnis dieser Bemühungen ist auf den Auktionen zu sehen: Durch intensive Fütterung groß und stattlich gewordene Zweijährige weisen später, besonders in den Gelenken, Mängel auf. Die Pferde leiden schon in jungen Jahren an Verschleißerscheinungen. Obwohl für diese potentiellen Dressurpferde enorme Preise bezahlt werden, erreicht nur ein kleiner Prozentsatz die höheren Klassen. Ohne den Schutz und die Disziplin der Kavallerieschulen gibt es nur wenige, die das Pferd vor übereilten, erzwungenen Methoden schützen können. Wie bei allem anderen auch wird zuviel vom Geld bestimmt, was zum Verlust der alten Prinzipien führt.

Noch vor kurzem behaupteten die Leute, die Spanische Reitschule sei nur ein Museum. Nun kommen sie langsam zurück und schauen genauer hin. Sie fragen sich, warum jedes unserer Pferde die Spitze der Ausbildung erreicht und warum sie so viele Jahre lang zufrieden arbeiten können. Diese Fragen machen mir heute wieder Mut, da es oftmals die Turnierreiter selbst sind, die hierauf eine Antwort suchen.'

Weiter führte Dr. Oulehla aus, daß seiner Meinung nach die Wurzel des

Dr. Jaromir Oulehla ist der erste Leiter, dem sowohl die Spanische Reitschule in Wien als auch das österreichische Bundesgestüt in Piber unterstellt ist. Man sieht diesem sensiblen Mann die große Liebe zu seinen Lipizzanern an; auf diesem Bild ist er mit Favory Alea I abgebildet. (Photo mit freundlicher Genehmigung der Spanischen Reitschule)

Problems in der Haltung der Richter liegt: *'Leider ist sich die Mehrheit nicht im klaren darüber, was gute Dressur ausmacht. Zu viele schauen nur einfach auf den mechanischen Bewegungsablauf, anstatt das Gesamtbild von Reiter und Pferd in einer Reihe von so korrekt, schön und harmonisch wie möglich ausgeführten Lektionen zu betrachten. Diese Richter schauen nur auf den Boden und nur auf die Beine. So kann man kein Gesamtbild beurteilen.'*

Der ehemalige Leiter, Brigadier Albrecht, selbst ein hochangesehener internationaler Dressurrichter, bekräftigt dies: *'Idealerweise und theoretisch sollte es keinen Unterschied zwischen der klassischen Schule und dem Dressursport geben: in der Praxis ist er jedoch vorhanden. Die Ziele sind unterschiedlich. Das Ziel der klassischen Schule ist es, das Pferd durch eine logische und psychologische Ausbildung zu gymnastizieren. Der Dressursport möchte den Pferden Lektionen für den Wettbewerb beibringen. Die klassische Schule nutzt den Wettkampf nur als krönenden Abschluß der Ausbildung, um (für die Reiter, die dies wünschen) zu beweisen, daß das Pferd erfolgreich ausgebildet wurde.*

Meine Sorge gilt dem Turniereinsatz von Pferden, ungeachtet dessen, ob sie dazu schon bereit sind. Es tut weh zu sehen, wie solche Pferde, durch unkorrektes Reiten und ungenügende Vorbereitung steif und widersetzlich, von Turnier zu Turnier wandern. Dies verzerrt die Ziele der Reiterei und erniedrigt das Pferd. Leider geschieht dies nicht nur in Holland, England, Amerika und Deutschland, sondern auch in Österreich. Die Pferde gehen Woche für Woche auf Turniere. Die Reiter haben nur den einen Wunsch, bessere Wertnoten zu erreichen. Klappt es einmal nicht, hoffen sie, daß es die nächste Woche besser klappt. Um besser zu werden, gibt es nur einen Weg, nämlich daheim zu bleiben und monate- oder jahrelang zu arbeiten, bis Reiter und Pferd für solche Aktivitäten reif sind.'

Brigadier Albrecht ist der Meinung, Wettbewerbe sollten erst ab Klasse M/S stattfinden. Der Reiter sollte sein Pferd auf dem Weg nach oben nicht im Wettbewerb, sondern in der Ausbildung und in Lehrgängen prüfen. *'Jeder Reiter kann sehen, ob sein Pferd schöner und lockerer wird und zufrieden ist. Findet der Reiter dies zu schwer, benötigt er die Hilfe eines Experten und ist sicherlich nicht soweit, sein Pferd mit anderen zu vergleichen.*

Der Dressurszene muß bewußt werden, daß das, was geschieht, weit von den Idealen abweicht. Sowohl Richter als auch Teilnehmer müssen lernen, daß Dressurreiten angenehme, schöne, zufriedene Pferde bedeutet und daß es nur einen Weg gibt, dies zu erreichen, nämlich die stete Anwendung von Psychologie verbunden mit einer korrekten, langsamen Ausbildung nach den von den großen klassischen Meistern festgelegten Methoden.

Die Spanische Reitschule ist eine Oase. Sie ist die letzte Hochburg der klassischen Reiterei in ihrer reinsten Form. Sie wird sich nicht ändern; ihre Zukunft ist sicher. Wirklich bemühte Reiter lassen sich von ihr inspirieren und leiten. Die Richter denken vielleicht, sie wüßten es besser, jedoch auch sie werden sich letztendlich helfen und beraten lassen. Die Lipizzaner der Spanischen Reitschule erfreuen die Menschen mit ihrem Stolz und ihrer Anmut, wohin sie auch gehen. Ähnlich einem Musikstück oder einem herrlichen Bild ergreifen sie die Menschen und lassen sie vor Rührung weinen. Das ist Dressur in Vollendung.'

Das Ausbildungsprogramm der Pferde an der Spanischen Reitschule hat sich in 400 Jahren kaum verändert. Sieht man den jungen Pferden bei der Morgenarbeit zu, wird einem klar, warum die Lipizzaner ihre Aufgabe so vertrauensvoll und oft bis ins späte Alter ausführen können. Die Reiter sind ausgeglichen und lassen ihre eigenen Probleme zurück, wenn sie die Reithalle betreten und vor dem Gemälde Kaiser Karls VI., dem Erbauer der Winterreitschule, salutieren. Ruhig und elegant sitzen sie auf ihren Pferden. Die monatelange Longenarbeit am Anfang der Ausbildung jedes Eleven trägt ihre Früchte. Durch einen tiefen, sicheren Sitz haben sie gelernt, jede Bewegung des Pferdes zu erfühlen und abzufangen, so daß dieses nie durch ein stoßendes Gesäß im Rücken beeinträchtigt wird.

Das wichtigste Ziel des Ausbilders ist Schwung und Geradheit. Oberst Podhajsky zitierte immer Steinbrecht: *'Unser Leitmotiv ist stets: Vorwärts und gerade!'* Neue Übungen werden allmählich eingeführt, und die Reiter bemühen sich eher, den Bewegungen des Pferdes zu folgen, als sie zu beeinflussen. Äußerst wichtig ist die Reinheit der Gänge, welche ohne die Losgelassenheit des Pferdes nicht zu erreichen ist. Erst wenn das Pferd den Rücken hergibt, kann mit versammelnden Übungen begonnen werden.

Das junge Pferd wird nie in eine Haltung gezwungen, sondern mit leichter Anlehnung vorwärtsgeritten, ohne es gleich zu Anfang an den Zügel stellen zu wollen. Es wird oft mit Stimme und Hand gelobt, die Trainingseinheiten dauern nicht länger als eine halbe Stunde. Bevor das Pferd in den Stall zurückgeführt wird, bekommt es ein Stück Zucker, der Reiter sieht es bewußt an und streicht ihm über die Nase, um den persönlichen Kontakt zu fördern.

Im zweiten Trainingsjahr konzentriert sich die Ausbildung auf die Entwicklung und Stärkung der Muskulatur hinter dem Sattel, was durch Lockerungsübungen auf dem Zirkel, Schultereinheit, Volten usw. erreicht wird. Dies ermöglicht es dem Pferd später, mehr Gewicht mit der Hinterhand aufzunehmen. Hieraus ergibt sich mit der Zeit eine natürliche Versammlung, das Pferd wird vorne leichter, tritt mit der Hinterhand tiefer unter und reagiert auf die weiche Zügelführung des Reiters mit fleißigem Kauen auf dem Gebiß. Die Hand des Reiters ist ruhig, ein kaum merkliches Annehmen und Nachgeben der Finger und des Handgelenks lassen das Pferd zufrieden am Zügel gehen. Niemals wird am Zügel rückwärts gezogen.

Erst wenn die Versammlung gefestigt ist, das Pferd weich im Maul und die Muskulatur des Halses und Rückens gut entwickelt ist, beginnt der Reiter vermehrt einzusitzen, ohne jedoch dabei seine ruhige, aufrechte Körperhaltung aufzugeben. Das Pferd ist nun im dritten oder vierten Ausbildungsjahr. Es wird peinlich genau auf die Ausführung der Schullektionen geachtet, wobei in allen Gangarten und Übergängen die Betonung stets auf Rhythmus, Leichtigkeit und Takt liegt. Erst dann kann mit den Zweier- und Einerwechseln im Galopp begonnen werden. Darauf folgen Passage und Piaffe, und wenn die Gelenke der Hinterhand genügend gekräftigt und geschmeidig sind, beginnen die ersten Vorbereitungen für die Schulen über der Erde.

Oberbereiter Arthur Kottas erklärt, daß sich nicht jedes Pferd, das beispielsweise hervorragende Einerwechsel springt, auch für die Kapriole eignet und umgekehrt. *'Die Schulen über der Erde erfordern enorme Sprungkraft, während bei den Wechseln der Schwerpunkt auf Eleganz und Balance liegt. Sicher kann nicht jedes Pferd in beiden Lektionen gleichermaßen glänzen. Den meisten Lipizzanern fallen die Trablektionen leichter als der Galopp; sind aber die richtigen Grundlagen vorhanden, wobei das Geraderichten von Anfang an Priorität hat, sollten die Wechsel kein allzu großes Problem darstellen.'*

Oberbereiter Kottas ist einer der wenigen Reiter der Spanischen Reitschule, der für sein Land an Turnieren teilgenommen und die österreichische Landesmeisterschaft gewonnen hat.

Andere Bereiter sehen im Wettkampf eine Bedrohung des in Wien gepflegten hohen Standards. Bereiter Riegler drückt das so aus: *'Die Dressurprüfungen sind heute oftmals so konzipiert, daß sie dem Pferd eher Fallen stellen, anstatt die Flüssigkeit der Vorstellung zu begünstigen. Somit wird Perfektion beinahe unmöglich.*

Die Spanische Reitschule heute | 173

Die Levade (hier an der Hand gezeigt) erfordert von den Hengsten ein hohes Maß an Gehorsam, Balance und Kraft. Hier zeigt Favory Europa die tiefe Senkung der Hinterhand und die Biegung der Gelenke, erforderlich für das Anheben der Vorhand, ohne seinen gedrungenen, runden Rahmen zu verlieren. Er wird von Bereiter Harrer vorgestellt. (Photo mit freundlicher Genehmigung der Spanischen Reitschule)

Mechanische Perfektion bedeutet wenig, wenn sie unter Zwang erreicht wird.'

Einige Bereiter haben ihre eigenen Reitschulen, wodurch sie mit dem Turniersport in Verbindung bleiben. Somit wird auch das Niveau der Reiterei gehoben. Kottas betonte, daß er auch außerhalb der Spanischen Reitschule die gleichen Ausbildungs- und Lehrmethoden anwendet. Er sagt: *'Ich mache keine Kompromisse. Selbst wenn es ein Jahr länger dauert, bestehe ich darauf, all meine Schüler die klassische Methode zu lehren.'*

Das weltweit größte Problem sieht er, selbst auf olympischem Niveau, im Sitz des Reiters. Er bedauert, daß die Ausbilder nicht zuerst den Sitz ihrer Schüler festigen, bevor sie daran gehen, das Pferd zu verbessern. *'Allzuoft bringen die Pferde trotz und nicht wegen ihrer Reiter eine hervorragende Leistung.'* Diesen Satz hört man in Wien immer wieder.

Ähnlich wie Brigadier Albrecht ist auch Oberbereiter Kottas fest davon überzeugt, daß ein Pferd erst dann an Prüfungen teilnehmen sollte, wenn es fertig ausgebildet ist. *'Die Prüfung muß ein Beweis für das höchste Leistungsniveau des Pferdes sein.'*

Kottas erkennt, daß Versammlung für viele Reiter ein Problem ist. Hierfür macht er wiederum den Sitz, jedoch auch die Wahl der Pferde verantwortlich. *'Manche Turnierreiter suchen sich einfach die falschen Pferde aus. Der Lipizzaner, wie auch der Lusitano und Andalusier, haben eine natürliche Begabung für die Versammlung, während einem ehemaligen Rennpferd dies natürlich sehr schwerfällt, da es für einen ganz anderen Zweck gezüchtet wurde. Ein Pferd muß erst kräftig und locker im Rücken sein, bevor man es versammeln kann, und wenn das Pferd schwach hinter dem Sattel und die Oberlinie des Halses nicht ausreichend bemuskelt ist, geht es überhaupt nicht.'*

Das Schönste an den Lehren der Spanischen Reitschule ist nicht das ständige Streben nach Perfektion oder die glänzende Aufmachung der Pferde, auch nicht das Festhalten an einem System, das sich in vierhundert Jahren kaum geändert hat, sondern die immer vorhandene Sorge um das Wohl der Pferde. Das ist klassische Reiterei in ihrer schönsten Form.

Unkenntnis ist ein häufiger Grund für Mißbrauch. Die Reiter fügen ihren Pferden zwar nicht absichtlich Schmerzen zu, aber selbst in den besten Ställen gibt es Beispiele für leidende Pferde. Nervöse und überforderte Pferde können nicht sprechen, aber wie Oberbereiter Kottas sagt, man kann ihnen die Traurigkeit an den Augen ablesen. Oft sind es nur Kleinigkeiten wie Zähneknirschen, Schweifschlagen, ein Steifmachen des Rückens, Unruhe im Stall, die darauf hindeuten, daß nicht alles in Ordnung ist, oft jedoch nicht beachtet werden.

Glücklicherweise gibt es dies in Wien nicht. An diesem kultivierten Ort des Lernens, umgeben von der Schönheit des von Fischer von Erlach geschaffenen Bauwerks, wird die Reitkunst mit Liebe und Hingabe gepflegt. Für menschliche Schwächen und Vorurteile bleibt kein Raum. Kein Reiter von Format kann nach einem Aufenthalt in Wien wieder auf falsche Methoden zurückgreifen. Es gibt nur einen Weg nach vorne: Ordnung, Disziplin und die Regeln der Natur. Das ist klassische Reitkunst. Das Pferd muß seine Arbeit genauso locker, ausbalanciert und schön verrichten, wie von der Natur vorgesehen. Man sagt, daß die Natur ohne die Kunst existieren kann; die Kunst kann jedoch nicht ohne die Natur existieren. Dies wird nirgendwo besser als in Wien veranschaulicht.

Die Spanische Reitschule heute | 175

Die sichtbare Konzentration von Reiter und Pferd zeigt, welch feine Abstimmung für eine korrekt ausgeführte Piaffe erforderlich ist. Oberbereiter Arthur Kottas verlagert das Gewicht ein wenig nach vorne, um dem Pferd ein Aufwölben des Rückens und ein leichtes Senken der Hinterhand zu erleichtern. Die tief untertretende Hinterhand verleiht der Lektion eine tänzerische Note. Die Zügel hängen nicht durch, die Verbindung ist jedoch leicht, und die Zügelhilfen kommen aus einer lockeren, weichen Reiterhand. (Photo mit freundlicher Genehmigung der Spanischen Reitschule)

Kapitel 18
Nuno Oliveira und die moderne portugiesische Schule

Eine klassische Erziehung

Die letzten Recherchen für dieses Buch und die Übertragung in die verschiedenen Kapitel waren beinahe beendet, als ich durch einen Telefonanruf aus Portugal vom Tod Mestre Nuno Oliveiras erfuhr. Er war in der vergangenen Nacht im Alter von dreiundsechzig Jahren in Australien gestorben. Der Nachruf einer offiziellen Quelle in Lissabon – *'Dies ist eine Tragödie für die Welt'* – läßt seine Wertschätzung erkennen.

So dramatisch diese Worte klingen mögen, für diejenigen, die ihn kannten, von ihm lernten, seine Pferde ritten, ihn reiten sahen, ihm zuhörten oder seine Werke lasen, waren sie keineswegs übertrieben – der Meister war, trotz mancher Fehler, ein Genie im Umgang mit Pferden. Seine lebendige und starke Persönlichkeit, sein unverkennbarer Sitz zu Pferd und seine weiche Reiterhand machten ihn zweifellos zum meistverehrten klassischen Reiter unserer Zeit. Er war die letzte lebendige Verbindung zu den großen klassischen Meistern im Europa des 17., 18. und 19. Jahrhunderts. Nicht umsonst wurde er von Menschen aller Nationalitäten als Meister bezeichnet.

Sein Stil gefiel nicht jedem, auch enttäuschte, daß er sich der modernen Dressur verweigerte. Es gibt jedoch bestimmt nur wenige passionierte Reiter, die, wenn sie ihm einmal bei der Arbeit zugeschaut hatten, der obigen Beschreibung widersprechen würden. Es ist darum der Überlegung wert, was ihn als Ausbilder in eine solche Position gebracht hat und warum er bis weit in die 80er Jahre ein so großes Ansehen genoß. Wie konnte er einen so bedeutenden Einfluß ausüben? Und das in einer Zeit, in welcher sich die Dressur weltweit so stark verändert hat und die Kunst der klassischen Reiterei einer zunehmend pragmatischen Haltung gewichen ist. Denn selbst in unserer schnellebigen Zeit wird die Schule Oliveiras mit Sicherheit fortbestehen.

Portugals historischer kultureller Hintergrund
Um die aufgeworfene Frage beantworten zu können, muß man sich zunächst mit Portugal und seiner Reitertradition vertraut machen. Ohne diese Kenntnisse wird man den Erfolg von Nuno Oliveira, geschweige denn seine Vorbildfunktion für andere Reiter, nicht verstehen.

Aufschluß gibt Portugals stolze Vergangenheit. Das im westlichsten Zipfel Europas gelegene, zerklüftete Land entwickelte sich dank seiner überseeischen Besitzungen zu einer beachtlichen Seemacht. Ähnlich jener anderen großen Seefahrernation Großbritannien (seit dem Vertrag von Windsor[1] im Jahre 1386 ältester Verbündeter) stand Portugal auf einer hohen Kulturstufe; die ältesten Universitäten und Bibliotheken der Welt[2] sind hier beheimatet.

---

[1] Dieser wurde nach 600 Jahren Freundschaft im Juni 1986 von der Königin und dem portugiesischen Präsidenten in Windsor feierlich erneuert.
[2] Die Universität Coimbra und die Bibliotheken von Coimbra und Braga wurden im 10. Jahrhundert erbaut.

Dank seiner isolierten geographischen Lage konnten sich in Portugal über Jahrhunderte hinweg uralte Traditionen auf dem Land erhalten.

Portugals Abgeschiedenheit hat sich inzwischen durch den Luftverkehr geändert, nicht jedoch das Gefühl nationaler Selbständigkeit. Während Portugal durch den Tourismus im Süden und den Handel in den westlichen Hafenstädten Lissabon und Porto nun wieder am europäischen Leben teilnimmt, gibt es auch ein anderes Portugal, tief im Landesinnern, das nur wenige Touristen oder ausländische Geschäftsleute kennen.

Das unbekannte Portugal

Hierzu gehört Portugals verstecktes Hinterland, das wenig bekannte Agrarland nördlich der Algarve, das sich hinter unwirtlichen, dicht bewaldeten und gestrüppreichen, felsigen Bergen verbirgt. Die wenigen Einwohner leben in kleinen Dörfern in einfachen Behausungen, manchmal ohne fließendes Wasser. Auch gute Straßen sind selten. Schlängelt man sich auf unbefestigten Straßen ins Landesinnere, bekommt man schnell das Gefühl, durch eine endlose Märchenwelt mit Eukalyptusbäumen, Korkeichen und Pinienwäldern zu fahren. Man fürchtet, in einer Gegend, in der es noch Wildkatzen und Wildschweine gibt, im Falle einer Panne absolut verloren zu sein. Dies ist natürlich unbegründet, denn schon wird man nach der nächsten Kurve von einem *monte* (Weiler) begrüßt. Kurz darauf zeichnet sich ein Herrenhaus gegen den leuchtenden Himmel ab, eine grüne Oase mit herrlichen Stallungen, schattigen Innenhöfen und einem barocken *picadeiro* (Reitbahn). Über weißgetünchte Wände und Torbögen herabfallende Geranien, karminrote Bougainvillea und violette Purpurwinden verleihen dieser augenscheinlich bedeutenden *Quinta* eine gewisse Heimeligkeit. Wir wissen, daß in den Ebenen des Alentejo schon seit vorrömischer Zeit Pferde gezüchtet werden. Hier, wo das Land in die fruchtbaren Ebenen des Tejo übergeht, bevor er in Lissabon ins Meer mündet, entstand die wahrscheinlich älteste Form der Reiterei in der Welt.

Das Ende der Monarchie

Portugals altehrwürdige Monarchie fand 1910 ein abruptes Ende, als König Manuel II. ins Exil nach England verbannt wurde, nachdem sein Vater, König Carlos I., und Kronprinz Ferdinand zwei Jahre zuvor ermordet worden waren. So entstand die portugiesische Republik. Anerkannt, jedoch offiziell ohne Titel, besteht die Dynastie Bragança weiter, wie auch die der (Herzöge) von Lafoes, Cadaval und Palmela. Ihre Namen sind im Ausland bekannt durch die hervorragenden Weine, die auf ihren altberühmten Besitzungen gedeihen.

Im allgemeinen sind es immer noch die aristokratischen Familien, die edle Pferde und Kampfstiere für die Oberschicht züchten. Mit seinen afrikanischen Besitzungen erschien Portugal bis weit in die 70er Jahre relativ gefestigt, aber politische Spannungen führten am 25. April 1974 zu einem Militärputsch gegen den Präsidenten. Als später Kommunisten im März 1975 in einem erneuten Aufstand ganze Landsitze besetzten, waren viele Güter mit ihren Pferden äußerst gefährdet. Im gleichen Jahr gelang es aber, durch einen Gegenputsch die innere Ordnung wiederherzustellen und die Demokratie zu retten. Obwohl anfangs eine Anzahl Lusitanostuten geschlachtet und manche Hengste verkauft oder ins Ausland geschmuggelt worden waren, ist es wohl dem Stierkampf[3] zu verdanken, daß viele große Landsitze und Gestüte doch noch überleben konnten.

[3] Im portugiesischen Stierkampf wird der Stier nicht getötet.

Die letzten Kampfpferde der Welt

Die Traditionen der Hohen Schule sind auf so einzigartige Weise mit dem Stierkampf verknüpft, daß nur ein paar militante Verfechter das Fortbestehen der portugiesischen Reitertraditionen als Bedrohung einer egalitären Gesellschaft ansahen. Somit hat die Hohe Schule Portugals zwar etwas von ihrem Glanz verloren, ist jedoch immer noch intakt. Die höfische Reiterei und die Kampfpferde gehören noch immer zur portugiesischen Lebensart, obwohl Portugal schon seit über achtzig Jahren keinen König mehr hat. In anderen monarchistischen Ländern ist diese Tradition schon vor Jahrhunderten verlorengegangen.

Außerhalb Portugals wird diese auf das 16. Jahrhundert zurückgehende Form der Reiterei nur noch in Wien gepflegt. Der Unterschied zwischen Österreich und Portugal besteht darin, daß in Österreich die klassische Reitkunst der Hohen Schule vom Staat gefördert wird. In Portugal gibt es keinerlei Unterstützung von seiten des Staates, die klassische Reiterei liegt in den Händen von Privatpersonen.

Oliveira wuchs in dieser Atmosphäre auf. Er hatte das Glück, unter den letzten königlich-portugiesischen Reitmeistern zu lernen, und war nur einer von vielen jungen Männern, die die Reiterei als Kunst erlernten. Auch heute gibt es in Portugal noch bedeutende Reiter im Alter Oliveiras. Nicht alle von ihnen haben die Reiterei zum Beruf gemacht, da viele von ihnen Direktoren großer Unternehmen sind. Wenige sind außerhalb der portugiesisch- und spanischsprachigen Länder bekannt. Männer wie Don Diogo de Bragança (Sohn von Lafoes und Vetter des Thronbewerbers), die Gebrüder Palha, David Ribeiro Telles, der verstorbene Guilherme Giao, die Veigas und Coimbras, Fernando Sommer d'Andrade und der verstorbene Joao Nuncio genießen jedoch wie Nuno Oliveira den Respekt der iberischen Welt.

Der Anfang

Oliveira hatte nicht den gleichen finanziellen Hintergrund wie seine Mitschüler. Seine Familie war zwar weitgereist und gebildet (er hatte eine englische Großmutter) und bekleidete wichtige Ämter im diplomatischen Dienst und im Ausland, im Gegensatz zu den Andrades und Veigas gab es für den einzigen Sohn jedoch keine großen Ländereien zu erben. Sein Vater war Bankier und später Oberhaupt der lutherischen Kirche Portugals. So mußte der junge Nuno nach Verlassen der Schule seinen eigenen Weg gehen. Nach Beendigung seiner Ausbildung unter seinem Paten, Mestre Miranda, dem letzten portugiesischen Reitmeister, begann er seinen Lebensunterhalt mit der Ausbildung von Pferden zu bestreiten.

Nach wertvollen Erfahrungen mit Kavalleriepferden wurde er bald von Portugals mächtigen Großgrundbesitzern entdeckt. Seine Karriere begann, als die Familie de Barros diesen unermüdlichen Reiter auf ihrem herrlichen Besitz Azeitao unter ihre Obhut nahm. Hier ritt er täglich bis zu fünfzehn Pferde, wobei er abends um acht Uhr noch genauso frisch und motiviert war wie bei Sonnenaufgang. Das frühe Aufstehen war eine Gewohnheit, die er nie aufgab. Selbst in seinen letzten Lebensjahren saß er bereits auf dem Pferd, wenn die Sonne über den Eukalyptushügeln aufging. Dies war nur ein Beispiel für seine enorme Disziplin und Hingabe.

Sein nächster Gönner war Julio Borba de Loures. Dieser alte Herr nahm Oliveira in seine Familie auf und gab ihm die verdiente Chance. Oliveira bekam seinen eigenen *picadeiro*, und die herrlichen Lusitanos in Povoa de St. Adriao, dem Besitz der Borbas außerhalb Lissabons, wurden ihm bald zur freien Verfügung überlassen. Die von Oliveira dort errichtete Reitschule wurde nach dem alten Gutshof Quinta do Chafaris benannt. Sr. Borbas jüngere Söhne Julio und Guilherme schauten ihrem neuen Idol in jeder freien Minute zu. Nach Abschluß der Universität trainierte Guilherme über zwölf Jahre lang mit Oliveira. Nachdem er schließlich selbst ein Meister geworden war, machte er sich selbständig, um den Stall der großen spanischen Sherryfamilie Domecq in Jerez (siehe Kapitel 5) zu leiten.

Portugals letzter Reitmeister

Oliveira blickte zu Recht mit Stolz auf seine erste Ausbildungszeit zurück. Mestre Joaquin Gonzales de Miranda, der im Dienst der letzten portugiesischen Königsfamilie stand, war ein entfernter Verwandter von Nunos Vater. Er nahm den Jungen im Alter von neun Jahren unter seine Fittiche und brachte ihm, wie in Portugal üblich, auf einem voll ausgebildeten Schulpferd den Sitz bei. Die ersten Monate mußte er auf einem traditionellen portugiesischen Sattel ohne Bügel reiten, später wurden englische und portugiesische Sättel verwendet. Miranda unterrichtete in der Tradition aller großen Reitmeister. Getreu den Grundsätzen Guérinières und Marialvas brachte er seinem Schüler als allererstes bei, die Reiterei als Kunst zu betrachten. Als Nuno alt genug war, diese Dinge zu verstehen, erfuhr er, daß diese Kunst so voller Feinheiten sei, daß sie die Sinne des Reiters auch für alle anderen Dinge des Lebens schärfe. Anders ausgedrückt, sie ließe ihn das Leben mit anderen Augen betrachten, mit Augen, die ständig auf der Suche seien nach Schönheit, Geradlinigkeit und Wahrheit.

Diese Gabe, zuerst von den Griechen entdeckt, könne jedoch erst entwickelt werden, wenn sich der Reiter zunächst in Disziplin und Anstand übe und jeglicher Ungeduld oder Gewaltanwendung abschwöre. Miranda lehrte Nuno auch, daß der Mensch ohne Einsicht in diese drei Grundbedingungen keine Würde erlangen könne, und sein Zorn war groß, wenn einer seiner Schüler von diesem Pfad abwich.

In *Notes and Reminiscences of a Portuguese Rider* gibt es eine amüsante Geschichte: '... *einmal betrat jemand die Bahn und trug einen Hut.*[4] *Mestre Mirandas Zorn war unvorstellbar und sein Tadel so stark, daß der Hut sofort abgenommen wurde und der Reiter sich während seines gesamten Aufenthaltes in der Bahn versteckte ...* ' Ein weiteres Zitat läßt uns erahnen, wie sehr der junge Oliveira von seinem Lehrer inspiriert wurde. '*Er bestand auf absolut korrekten Bewegungen, so daß all seine Schüler jede einzelne Lektion der Hohen Schule ausführen konnten. Die fliegenden Galoppwechsel waren die besten, die ich je gesehen habe, mit einem großen Galoppsprung und immer flüssig, genau wie die Passagen, die mit größter Erhabenheit – weit besser, als man es heute sieht – ausgeführt wurden.*'

Eine elegante Figur zu Pferd

Reiterfreunde, die Oliveira aus seiner Jugendzeit kannten, erinnern sich an einen ernsten jungen Mann, der an jedem Wort, das in der Bahn gesprochen wurde, hing. Wegen seiner Verehrung von Mestre Miranda wurde er oft gehänselt und als Schmeichler bezeichnet.

Oliveiras äußere Erscheinung war ein weiterer Aspekt, der seine Mitschüler amüsierte. Der junge Mann war in dieser Beziehung keineswegs bescheiden. Er wußte, daß er auf dem Pferd eine elegante Figur abgab, und sagte dies auch. Dies führte zu Einladungen, seine Pferde in der Öffentlichkeit vorzustellen. Er begeisterte das Publikum mit einer Reihe von Vorführungen im Coliseu dos Recrios, einer großen Konzerthalle im Herzen Lissabons, wo im

---

[4] Dies wurde damals als ungebührlich empfunden.

Sommer Ballett- und Zirkusvorführungen stattfanden. Zu einem Freund sagte er ganz im Ernst, er werde nie Probleme haben, Schüler zu bekommen, da jedermann einen gutaussehenden Reitlehrer schätze. Er hatte es jedoch keineswegs nur seinem guten Aussehen zu verdanken, daß er zeit seines Lebens viele internationale Schüler, vom Anfänger bis zum Olympiakandidaten, anzog.

Oliveira leitete seine Schule in Quinta do Chafaris bis ein Jahr vor der portugiesischen Revolution. Während dieser Zeit fand er nicht nur in Europa, sondern auch weltweit Anerkennung. Schüler aus Amerika, Südamerika, dem Fernen Osten und Australien kehrten Jahr für Jahr zurück, um unter dem Meister zu lernen. Niemand weiß genau, wann dieser Titel *Mestre* zuerst benutzt wurde, wahrscheinlich brachte ihn einer seiner vielen portugiesischen Schüler auf. Dies war auch die Zeit, in der er im Ausland in vielen Vorführungen zu sehen war.

Bis dahin kannten nur wenige den portugiesischen Lusitano. Oliveira ritt damals keine anderen Pferde. Bei seinen Auslandsreisen stellte er verschiedene prachtvolle, voll ausgebildete Lusitanos vor. Beau Geste, bekannt für seine herrlichen Levaden, war ein Alter Real und entstammte einer königlichen Linie von Braunen, gezogen von Fernando d'Andrade. Euclides war ein wunderschöner Apfelschimmel, während Corsario, ein weiterer Brauner, das Publikum auf den Philippinen begeisterte, als Oliveira ihn am langen Zügel zuerst in der Passage und dann im Spanischen Trab im Flutlicht des Poloclubs zur Musik von Verdis Nabucco vorstellte. Beau Geste und Euclides nahm er nach Luzern mit, in Paris stellte er Euclides vor. Bei der 1966 stattfindenden Horse of the Year Show in Wembley präsentierte er zwei weitere Alter-Pferde, Ansioso und Curioso, die vom britischen Publikum mit stehenden Ovationen gefeiert wurden. Es gab häufige Vorführungen in Portugal und Spanien; einmal ritt er zusammen mit Oberst Podhajsky in der Stierkampfarena Campo Grande in Lissabon, ein anderes Mal in Spanien in Anwesenheit des heutigen Königs Juan Carlos von Spanien.

Oliveiras portugiesische Schüler

Aus der Hochachtung gegenüber seinen vielen vornehmen portugiesischen Reitschülern heraus erwähnte Oliveira einen amüsanten Vorfall beim internationalen Turnier in Brüssel, der keinen Zweifel sowohl an seiner Königstreue als auch an seinem Hochmut aufkommen läßt. *'An einem Abend besuchte Königin Fabiola die Vorstellung, und ich wurde von einem Mitglied des Komitees aufgesucht, der mich, als Bürger einer Republik, im Umgang mit einem Mitglied der königlichen Familie unterrichten sollte. Ich erwiderte knapp, daß sich unter meinen Schülern Mitglieder der ältesten Adelsfamilien Europas befänden und ich mich mit höfischen Umgangsformen durchaus auskenne.'* Einigen portugiesischen Reitern, die jahrelang die klassische Reiterei studiert hatten, wurde inzwischen der Meistertitel zuerkannt, wovon bis jetzt noch keiner Gebrauch gemacht hat. Hierzu gehören der schon erwähnte Dr. Guilherme Borba, der jetzige *chef d'equipe* der Portugiesischen Schule für die Reitkunst, D. Diogo de Bragança (siehe Bildtafel 10), die Gebrüder Veiga, Luis Valença, D. José Athayde und Felipe Graciosa, Direktor des portugiesischen Nationalgestüts. Oliveira hat auch einen Sohn, Joao[5], hinterlassen, den er als seinen besten Freund und Schüler bezeichnete und der seit 1973 die Schule in Quinta do Brejo leitet.

Die portugiesische Regierung ehrte das Werk des Meisters, indem sie Oliveira 1984 den Orden des Infanten Don Henrique verlieh. Er ist somit der einzige portugiesische Reitmeister, der zu Lebzeiten ausgezeichnet wurde.

[5] Er gab seinen ersten Kurs im November 1989 in England und wurde von Schülern und Presse gleichermaßen gelobt.

Monica Theodorescu und Ganimedes während ihrer beeindruckenden Trabverstärkungen bei der Olympiade 1988. Die starke Anlehnung verdeutlicht die Stärke und Kraft der massigen Warmblutpferde, die, will man sie in die richtigen Bahnen lenken, oftmals eine sehr entschlossene Reitweise erfordern. Erfolgreiche Paare wie dieses haben die Mehrzahl der Richter über drei Jahrzehnte in ihren Bann gezogen. Obgleich jene Pferde ohne Frage die ausgeprägtesten Gänge zeigen, ist seit Seoul das Bewußtsein für andere Qualitäten neben Größe und Stärke gewachsen. (Photo: Bob Langrish)

Tafel 15

Jugoslawien war 1989 der Austragungsort der Europameisterschaften und bot mit den im eigenen Lande gezogenen Lipizzanern einige für die Zuschauer äußerst interessante Vorstellungen. Hier demonstriert Dusan Mavec auf Pluto Canissa IV jene versammelte Erhabenheit, die die Barockpferde so berühmt gemacht hat. Der Zeitpunkt, da eine größere Vielfalt von Pferderassen in den internationalen Dressurvierecken zu sehen sein wird, rückt sicher immer näher. Noch wichtiger ist jedoch die Fähigkeit der Richter, jeden Pferdetyp seinem Gebäude und seinem natürlichen Bewegungsablauf entsprechend beurteilen zu können. (Photo: Bob Langrish)

Tafel 16

Der Übergang von der Piaffe zur Passage ist für die meisten Dressurpferde eine der schwierigsten Lektionen. Hier sehen wir Cynthia Ishoy auf ihrem wunderschönen Dynasty als Repräsentantin Kanadas bei den Olympischen Spielen von Seoul. Die Tritte sind klar definiert und beeindrucken durch ihre Höhe, allerdings war die Hinterhand des Pferdes ansonsten aktiver. (Photo: Bob Langrish)

Dieses ansprechende Photo von Margit Otto-Crépin, vor ihrem Ritt für Frankreich mit ihrem Weltmeisterschaftspferd Corlandus vor der eleganten Kulisse von Goodwood House, zeigt Dressursport in seiner schönsten Form. Das hohe Maß an Harmonie, Feuer, Ausdruck und Anmut wird alle künftigen Turnierreiter zur Nachahmung anregen. (Photo: Chris Skarbon)

'Reiten in Hausschuhen' – Oliveira zitierte ständig Baucher. Die Schüler sollten *'sich bemühen, ausnahmslos alle Pferde mit den feinsten Zügel- und Schenkelhilfen und der geringsten Anstrengung zu reiten'.* Hier stellt der Meister mit gesenktem Haupt – eine Angewohnheit, die er bedauerte und für die er sein fortgeschrittenes Alter verantwortlich machte – Solante, seinen Lusitano vom Gestüt Alter Real, in den traditionellen Touren der Hohen Schule vor. (Photo von Menut, mit freundlicher Genehmigung von Joao Oliveira)

182 | Reitkunst im Wandel

Ein bleibender Beitrag

Nuno Oliveira war ein unermüdlicher Arbeiter. Ein Energiebündel, oftmals tief religiös, manchmal abergläubisch, rauchte er eine Zigarette nach der anderen und klagte ständig, daß ihm nicht genügend Zeit bliebe, um all seine Wünsche zu verwirklichen. Er wollte den Menschen die Kunst, so wie sie ihm von Mestre Miranda erklärt und beigebracht worden war, nahebringen, war jedoch oftmals frustriert, wenn er sah, wie manche seiner Schüler ritten, was dazu führte, daß er im Unterricht manchmal verstummte.

Der Autor Oliveira

Er setzte große Hoffnungen in seine Bücher. *'Wenn ich ihnen durch meine Bücher die Augen öffnen kann, ist das schon etwas'*, sagte er, jedoch mit einer gewissen Traurigkeit.

Oliveiras sechs Bücher wurden noch zu seinen Lebzeiten veröffentlicht. Das erste, *Brief Notes on a Fascinating Art*, erschien in limitierter Auflage auf Portugiesisch. Dieses Buch und die nächsten zwei wurden später ins Englische übersetzt. Seine letzten drei Bücher schrieb er in englischer Sprache während seiner langjährigen Lehrtätigkeit in Australien.

Oliveiras bedeutendster Beitrag zur Reiterei liegt zweifellos in diesen Perlen der Reitliteratur. Er gab in verständlichen Worten weiter, was ihm bei Guérinière, Marialva und Baucher am besten gefallen hatte. Obwohl er der erste wäre, seine Methoden als uralt zu bezeichnen, haben seine Bücher etwas Erfrischendes und Unbeschwertes an sich. Nichts Ungewöhnliches oder schwer Verständliches wird dem Leser mitgeteilt, doch kleine Fingerzeige und

Die Hohe Schule hat ihren Ursprung in den Techniken des Nahkampfes. Auch heute noch wird die Tradition der kämpfenden Pferde, von denen Leben oder Tod der Reiter abhängt, in Portugal fortgesetzt. Dieser cavaleiro, Antonio Ribeiro Telles, reitet im alten klassischen Stil, die Zügel in der linken, die Waffe in der rechten Hand. Man beachte die geschmeidige Längsbiegung seines Lusitanos, jener Pferderasse, die Oliveira ganz zu Anfang so stark beeinflußte. (Photo aus „Cavalo Lusitano – O filho do vento" von Arsenio Raposo Cordeiro)

praktische Ratschläge vermitteln ihm alles, was er im Unterricht jemals zu erlernen hofft.

Oliveira erzählte mir einmal, daß er, hätte er sein Leben nicht den Pferden gewidmet, gerne Opernsänger geworden wäre. In seiner Reitschule erklangen täglich die Stimmen von Pavarotti und Placido Domingo. Nichts unterstreicht besser seine Abneigung gegen modische Trends und seine tiefe Überzeugung, der Welt die wahre Bedeutung der Reiterei als Kunst, die auch im 20. Jahrhundert noch ihren Platz hat, zu vermitteln, als ein Zitat seines Lieblingskomponisten Verdi zu Beginn seines letzten Buches, *Horses and Their Riders*: 'Kümmere dich beim Schreiben nicht darum, was andere tun, und versuche nicht, sie nachzuahmen. Schreibe aufrichtig und ohne Vorurteile. In der Kunst zählt Aufrichtigkeit, nicht Mißgunst.'

Einfache und nützliche Tips

Oliveira war kein Freund langer Redewendungen, daher finden sich auch in seinen Büchern kurze, leicht verständliche Sätze. Liest man diese sorgfältig durch, werden sie zu Marksteinen auf einem genau abgesteckten Pfad. Hier ein Beispiel für die Seitengänge:

'*Beim Schulterherein muß man das Gefühl haben, daß der Antrieb vom inneren Hinterbein kommt …*'

'*Beim Schulterherein verlagert das Pferd sein Gewicht auf das innere Hinterbein, nicht auf die äußere Schulter …*'

'*Durch zu starke Handeinwirkung wird die Bewegung blockiert …*'

'*Gib mit dem inneren Zügel nach …*'

'*Blockiere das Pferd nicht mit den Händen …*' usw.

Gleichermaßen hilfreich sind die folgenden Ratschläge für die Traversale:

'*Beginne die Traversale um das innere Bein herum …*'

'*Reite sie mit dem inneren Bein und dem äußeren Zügel …*'

'*Zum Schluß muß der innere Schenkel stärker einwirken als der äußere, dies beweist den Schwung …*'

Die Ratschläge für die Seitengänge enden mit dem Satz: '*… wenn ein Schenkel verstärkt eingesetzt wird, muß der andere ruhig anliegen.*'

Ein von einer seiner Schülerinnen, der verstorbenen Phyllis Field, übersetztes Buch brachte Oliveira seinen ersten größeren Erfolg in England. Es trägt den Titel *Reflections on Equestrian Art* und faßt in moderner Sprache die oft vergessenen Gedanken früherer Meister zusammen. Im folgenden werden einige Zitate angeführt; man sollte jedoch nicht versäumen, dieses Buch zu lesen, es ist eine Inspiration für diejenigen Dressurreiter, die ihre Pferde wirklich lieben.

'*Das Aussetzen der Hilfen, Bauchers descente de main, hat nichts mit vorgetäuschter Leichtigkeit zu tun. Es ist vielmehr die Belohnung für überragenden Schwung, bei dem das Pferd auch ohne ständige Hilfen des Reiters in der Versammlung bleibt.*'

'*Der gefühlvolle, talentierte Reiter belohnt das leiseste Anzeichen von Gehorsam seitens des Pferdes, welches dann weiteren Aufforderungen gerne gelassen und mit Selbstvertrauen folgt. Ein richtiger Reiter sollte die Worte Oberst Beudants in die Tat umsetzen: „Fordere viel, gib dich mit wenig zufrieden und lobe oft".*'

'*Im allgemeinen scheinen die Reiter zu vergessen, daß die Grundlage für die Ausbildung des Pferdes auf ständigen Übergängen und Tempounterschieden basiert.*'

'*Das Pferd hat ein erstaunliches Gedächtnis. Vergißt der Ausbilder dies jemals, treten mit Sicherheit große Schwierigkeiten bei der Dressurausbildung auf.*'

Oliveiras legendäre Eleganz und Leichtigkeit

Oliveira bleibt vor allem wegen seiner leichten Hand unvergessen. Dies liegt vor allem an seiner bemerkenswerten Anwendung der Sitz- und Kreuzhilfen, auf die wir noch näher eingehen werden. Zuerst lassen wir ihn selbst zu diesem Thema zu Wort kommen. Eines seiner Lieblingszitate stammt von General l'Hotte: *'Es ist die Leichtigkeit des Pferdes, die die höhere Dressur auszeichnet und gleichzeitig das Talent des Reiters zweifellos bestätigt.'*

Selbst gab er zu: *'Es macht mich außerordentlich wütend, wenn ich jemanden sagen höre, daß das Pferd ständig gegen das Gebiß getrieben werden muß, wie wenn das der einzige Weg wäre, die Geschwindigkeit zu variieren und ein völlig gerades Pferd zu bekommen. Natürlich kann man mit dieser Methode etwas erreichen, vorausgesetzt, es wird nach einem methodischen, gymnastizierenden Programm vorgegangen. Dasselbe Resultat erzielt man jedoch besser, indem man die Hilfen aussetzt (descente de main) ...'*

'Echte Leichtigkeit stellt den sofortigen Gehorsam des Pferdes auf die leiseste Aufforderung des Reiters sicher.'

Treu seinem Ideal eines leichten, gehorsamen und zufriedenen Pferdes sagt Oliveira in seinen Büchern nicht nur, was für eine Ausbildung hierfür erforderlich ist, sondern beschreibt in seinen letzten Werken auch eine Anzahl von Übungen zur Lockerung und Gymnastizierung des Pferdes, damit es von selbst – nicht durch den Zwang des Reiters – die Anlehnung sucht.

Er war realistisch, wenn es um die Einschätzung der verschiedenen Pferdetypen ging, und erkannte, daß viele deutsche und holländische Pferde eine stärkere Anlehnung als die weitaus sensibleren englischen Vollblüter, Araber oder Lusitanos brauchten. Als er schrieb, daß Pferde mit kürzeren, muskulöseren Hälsen bei einer festen Anlehnung nicht leicht in der Hand werden könnten, so daß man sie manchmal auch vor die Senkrechte kommen lassen müsse, hatte er wahrscheinlich seine Lieblingsrasse, die iberischen Pferde, vor Augen.

Nachdem er seine Schule von Quinta do Chefaris in das einsame Dorf Avessada, in den Bergen von Malveira nahe Mafra, verlegt hatte, wandte er sich immer mehr ausländisch gezogenen Pferden zu. Es war eine Herausforderung für ihn, auch hochsensible Vollblüter in der Hohen Schule, die früher seinen Lusitanos und Lipizzanern vorbehalten war, auszubilden. Von Baucher sagte er einmal: *'Der Mann war ein doppeltes Genie, da er die Welt der haute école zu einem Zeitpunkt betrat, als der Vollblüter das Pferd des Barock ablöste.'*

In seinen letzten fünf oder sechs Lebensjahren begann Oliveira mit dem Import russischer Achal-Tekkiner. Er war von der Schönheit und Eleganz dieser Rasse und ihren brillanten Verstärkungen begeistert. Außerdem erkannte er ihre Vermarktungsmöglichkeit im Ausland als Turnierpferde.

Über den Turniersport

Obgleich Oliveira nie selbst an Turnieren teilnahm, verurteilte er nicht die Teilnahme anderer. Er sagte über dieses Thema: *'Die Kunst ist kein Wettkampf. Die wettkampfmäßige Dressur kann daher keine Kunst sein; sie ist ein Sport. Das deutsche System ist das System überhaupt; es ist weltweit das beste. Wer gewinnen will, muß diesem System beitreten – wenn er an Wettkämpfen teilnehmen will! Eins muß jedoch gesagt werden: Die Besten der Welt ähneln sich in ihrer Reitweise. Die riesigen und besorgniserregenden Unterschiede sind auf dem Weg nach oben und auf den unteren Ebenen zu sehen.'*

Manche Turnierreiter besuchten seine Schule, andere nicht. Die Mehrzahl

Dr. José Athayde, ehemaliger Chefreiter an der „Portugiesischen Schule der Reitkunst", führt 1986 in Goodwood anläßlich der Feierlichkeiten des „Treaty of Windsor" zwischen Portugal und Großbritannien seinen Alter Real-Hengst an der Hand vor.

der bekannten britischen Dressurreiter blieb seinen zwei letzten Kursen in England fern.

Obwohl er mit Ratschlägen außerordentlich großzügig war, hüllte Oliveira seine eigene Reiterei oft in ein geheimnisvolles Dunkel. Kenner der Reiterei erkannten, daß mehr an seiner Reiterei war als eine weiche Hand und in eleganten Stiefeln steckende lange Beine, die kaum die Flanken des Pferdes zu berühren schienen. Andere wunderten sich über das augenscheinliche Fehlen von Hilfen und beobachteten ihn oft stundenlang, um ein sichtbares Zeichen für seinen Erfolg auf dem Pferd zu sehen. Meistens warteten sie vergeblich.

Oliveiras Sitz

Man muß ein erfahrener Reiter sein, um die Bedeutung des „Kreuzes" beim Reiten zu verstehen. Dann erkennt man auch, daß Oliveira ein bemerkenswertes Kreuz besaß. Bedenkt man, daß er täglich bis zu fünfzehn Pferde ritt, erstaunt es kaum, daß er enorme Kraft und Geschmeidigkeit im Kreuz oder den Lenden[6] entwickelt hatte. Ohne jede sichtbare Bewegung seiner stolzen Schultern und vorgeschobenen Brust konnte er seinen Rücken mit der größten Leichtigkeit hohl oder gerade machen und somit das Becken je nach Bedarf nach vorne oder hinten kippen, was ihm den für die höhere Dressur so wichtigen tiefen Sitz einbrachte. Somit beherrschte er die Gewichtshilfen wie kaum ein anderer Reiter.

Oliveira beherrschte seine Pferde auf scheinbar mühelose, ja beinahe magische Weise. Er konnte ein junges, geeignetes, unausgebildetes Pferd in Sekunden versammeln und ins Gleichgewicht bringen. Pferden, die noch nie in ihrem Leben Galoppwechsel gelernt hatten, brachte er in weniger als einer Woche Zweier- oder selbst Einerwechsel bei. Er schaffte es, vor ungläubigen Zuschauern untalentierte Reitpferde piaffieren und passagieren zu lassen. Oftmals schienen die Pferde genauso überrascht wie ihre Besitzer. Seine Reiterei hatte beinahe etwas Überirdisches. So vollständig war seine Kontrolle über das Pferd und so vortrefflich seine Technik, daß diesem portugiesischen Meister unserer Zeit das Attribut der Größe gebührt.

Der angesehene verstorbene Oberst Crossley, viele Jahre lang Dressurberichterstatter für *Horse and*

---

[6] Von ihm für gewöhnlich als Nieren bezeichnet

Hound und Autor einiger Lehrbücher, erklärte dieses scheinbare Phänomen 1977 in einer Kurzbiographie über Oliveira in der Zeitschrift *Riding*. Dem Titel *'Zu Füßen des Meisters'* hatte der Herausgeber den treffenden Untertitel *'Das Kreuz als Schlüssel zur Reiterei'* beigefügt. Crossley erkannte, daß die berühmte *Leichtigkeit* des Meisters von seinem *'ungewöhnlich starken und kontrollierten Kreuz'* ausging. Bemerkenswert ist die folgende Passage: *'Oliveiras Reitweise, die unverkennbar an den Pferden, die Oliveira und sein Sohn Joao für sich oder ihre Kunden ausbilden, zu sehen ist, basiert auf den drei Grundsätzen Versammlung, Schwung und Leichtigkeit, wobei ersteres und letzteres so perfekt sind, daß es die Vorstellungskraft der meisten Reiter übersteigt. Von allen dreien ist es die Leichtigkeit, die den Durchschnittszuschauer am meisten beeindruckt und Nuno Oliveiras größten Beitrag zur Dressur des 20. Jahrhunderts ausmacht. Solche Höhen der Kunst sind für den Durchschnittsreiter vielleicht unerreichbar; jedoch allein zu sehen, daß sie praktische Realität und nicht nur Theorie sind, muß die Vorstellung von der Dressur eines jeden, der diese Pilgerfahrt macht, bereichern.'*

Oliveira beantwortete die immer wiederkehrende Frage, was er mit dem Rücken mache, mit seiner typischen rätselhaften Einfachheit. *'Bring einfach den Bauch an die Hände heran',* war eine typische Antwort, oder: *'Nimm das Pferd mit den Hüften.'* Crossley gelang es, aus diesen knappen Antworten vier entscheidende Punkte herauszukristallisieren:
1) 'Der Reiter muß insgesamt locker und geschmeidig sein, wobei der Bauch nach vorne geschoben und der Rücken (nach vorne) angespannt wird, bei mehr oder weniger stark vortreibendem Sitz.
2) Der Rücken muß vor den Schenkeln, wahrscheinlich sogar anstatt dieser einwirken.
3) Die Hände müssen sehr ruhig sein, jedoch ständig eine lebendige Zwiesprache mit dem Pferd aufrechterhalten; die Zügel dürfen nicht zu kurz und die Anlehnung muß leicht und weich sein.
4) Es darf niemals irgendeine Art von Gewalt angewandt werden.'

Der portugiesische Sattel

Oliveiras starke Kreuzeinwirkung war in der Tat keine Eigenart von ihm allein. Alle großen Schulreiter der Halbinsel entwickeln eine ähnliche Haltung, die durch die Gestaltung des klassischen portugiesischen Sattels, der sich seit Marialva kaum verändert hat, stark begünstigt wird. Das Schöne an diesem Sattel ist, daß er den Reiter korrekt in den Mittelpunkt setzt, was für das versammelte Reiten so wichtig ist. Die wichtige „Handbreite zwischen dem Gesäß des Reiters und dem Hinterzwiesel" und die breite, faßähnliche Wölbung, wodurch das Gesäß entspannt und auseinandergedrückt wird und eine breite Stütze erhält, sind vorhanden, während das hervorstehende Stichblatt die Schenkel etwas nach hinten bringt und ein Hochziehen der Knie verhindert. Hierdurch wird nicht nur ein Stuhlsitz (oft durch englische Sättel begünstigt) verhindert, sondern dem Reiter zu einer klassischen Haltung, mit hervorgeschobenem Bauch und Brust, unterstützend einwirkendem, seine natürliche S-Form beibehaltendem Kreuz und langen, locker herunterhängenden Beinen verholfen.

Diese besonders stolze Haltung entspricht ferner der Statur der Iberer. Selbst auf dem Marktplatz kann man dort jeden Tag Menschen mit derselben stolzen, aufrechten Körperhaltung sehen. Dieses Hohlmachen des Kreuzes ist auch charakteristisch für den Flamencotanz und den Torero, wenn er eng am Stier mit der Capa arbeitet.

Oliveiras treue Schüler

Oliveiras weiterer bedeutender Beitrag für die Reiterwelt ist in seinen Schülern zu sehen, die seine Arbeit weltweit fortsetzen. Es sind eine beträchtliche Anzahl. Einige arbeiten freiberuflich in Australien, Neuseeland und den Philippinen, andere haben ihre eigene Schule. Bettina Drummond ist in den USA, M. Michel Henriquet, auf den wir im nächsten Kapitel noch eingehen werden, in Frankreich ansässig; in Belgien arbeiten Helena Arianoff und Oliveiras Schwiegertochter Sue Cromarty-Oliveira, die bis zur Hohen Schule ausbilden, sowie M. Ivan Kirsch, Präsident des *Promotion et Studbook du Cheval Lusitanien*. Die Engländerinnen Jane Turley und Lucy Jackson, die in den letzten Lebensjahren des Meisters mit ihm in Avessada zusammengearbeitet hatten, bilden international aus. Beide nahmen an Kursen Oliveiras 1987 und 1988 in Südengland teil. In Australien arbeiten Ray van der Drift und Joy Howley; eine weitere britische Anhängerin ist Patricia Finlay. Darüber hinaus gibt es noch unzählige andere, die nicht alle erwähnt werden können. Das Lebenswerk dieses großen Meisters ist jedoch nirgendwo besser zu erkennen als in der Portugiesischen Schule für Reitkunst in Lissabon sowie in Spaniens berühmter Andalusischer Schule der Reitkunst.

Die Pferde der Iberischen Halbinsel

Das neuerwachte Interesse an den Pferderassen der Iberischen Halbinsel ist ebenfalls Oliveira zu verdanken. Eine Zeitlang haben militärische Einflüsse dazu geführt, daß sowohl Portugal als auch Spanien Pferde aus England, Deutschland und Frankreich ihren eigenen vorzogen. Im Hinblick auf die Vielseitigkeitsreiterei war dies zwar verständlich, es gab jedoch auch die Tendenz, die iberischen Pferde als Relikt der Vergangenheit zu betrachten.

Inzwischen hat sich die Meinung geändert, und man hat erkannt, daß es zwei Schulen gibt: Eine für den Wettkampf, in dem das europäische Warmblut glänzt, und eine für die barocke oder klassische Reiterei, in der der Lusitano oder Andalusier ohne Konkurrenz ist.

Die portugiesische Kavallerieschule

Portugal ist eines der wenigen europäischen Länder mit einer Kavallerieschule. Sie befindet sich in Mafra, nur neunzig Kilometer von Lissabon entfernt. Über die Jahre sind viele talentierte und ausgezeichnete Reiter[7] daraus hervorgegangen. Dazu gehören in neuerer Zeit die Olympiateilnehmer Pereira Almeida und Jorge Mathias. Neben den eigenen Lehrern wirken dort auch Gastlehrer aus Saumur, die für einen regen Gedankenaustausch sorgen.

Getreu ihren Traditionen ist Mafra nicht an künstlerischer Virtuosität interessiert, sondern an der Vorbereitung geeigneter Pferde für Kavalleriezwecke. Gelände- und Springreiterei haben Vorrang, dennoch ist die Dressur in Mafra zweifellos jeder europäischen zivilen Akademie überlegen. Es werden alle möglichen Pferderassen wie Iren, Vollblüter, Anglo-Araber und europäische Warmblüter verwendet; die vielseitigen Lusitanokreuzungen, im besonderen die Anglo-Lusos, sind in allen Sparten äußerst beliebt. Jeder Offizier von Mafra ist irgendwann einmal dem Meister, der ganz in der Nähe wohnte, begegnet und äußerst stolz auf dessen Leistungen, vor allem in der internationalen Reiterszene.

---

[7] Einer von ihnen, G. N. Jackson, wurde in Mafra zu seinem empfehlenswerten Buch *Effective Horsemanship* inspiriert.

Die Frage, wie sich diese zwei unterschiedlichen Richtungen im modernen Portugal vereinbaren ließen, beantwortete ein Offizier aus Mafra kurz und prägnant: *'Mestre Oliveira kam oft hierher, um zuzuschauen und Offizieren Unterricht in der Bahn zu erteilen. Er genoß großen Respekt. Wir erkannten alle, wie unsere Pferde in bezug auf Geschmeidigkeit, Geradheit und Reinheit der Gänge von seinem Unterricht profitierten. Leider waren seine Ideale bezüglich der Leichtigkeit für den Turniersport zu hoch, d. h. außerhalb des Könnens der meisten Turnierreiter, selbst der besten. Daher mußte man einen Kompromiß schließen und akzeptieren, daß für den Wettkampf ein sportlicheres Konzept vonnöten war, wobei Präzision eine wichtigere Rolle als reine Schönheit spielte. Mestre Oliveira und die Traditionalisten strebten die völlige Einheit von Pferd und Reiter, die reine Kunst an. Erkennt man, daß es zwei verschiedene Schulen gibt, sollten Mißverständnisse vermeidbar sein.'*

Für Oliveira gab es natürlich keine Kompromisse. Hätten alle Leute die Weisheit jenes jungen portugiesischen Offiziers besessen, wäre Oliveira vielleicht als glücklicherer Mann gestorben. Er hat immer für etwas gekämpft, was nicht von genügend Menschen verstanden wurde, daher war er oft frustriert und traurig. Für ihn war alles so einfach. Ich werde nie vergessen was er mir als letztes sagte: *'Kunst ist kein Wettkampf; Kunst ist Liebe. Nun frage ich Sie: Wie viele Menschen erkennen das?'*

Anmerkung:
Col. Taton, der Altmeister von Saumur, zollte Oliveira überraschenden, aber treffenden Tribut. Bei einer Unterhaltung während des Turniers in Goodwood kamen wir auf Oliveiras kürzlichen Tod zu sprechen. *'Ach ja"*, sagte er, *'cet homme … er war ein echter Meister unserer alten Versailler Schule.'*

Kapitel 19
Das Streben nach olympischem Gold und andere Einflüsse

Wir haben bisher den Geschichtsverlauf der Dressur von den Anfängen im Griechenland des Altertums über die Zentren der Zivilisation bis in jene Zeiten verfolgt, in denen ihr eigentlicher Kern durch äußere Einflüsse, die außerhalb der direkten Kontrolle und oftmals auch des Verständnisses ihrer treuesten Anhänger lagen, bedroht oder abgewandelt wurde.

Es ist hauptsächlich den Schweden und den Deutschen zu verdanken, daß die Dressur durch den Turniersport in der zweiten Hälfte des 20. Jahrhunderts an Ansehen gewann. Während Traditionalisten jenem von Eleganz und Pracht geprägten Zeitalter nachtrauern, müssen wir für das neu erwachte Interesse dankbar sein. Heute floriert der Dressursport in beinahe jedem Land der Welt, das Pferde züchtet und liebt. Wiederum gibt es Spielraum für verschiedene Philosophien und Schwerpunkte.

Ein Buch reicht nicht aus, um die Entwicklung der Dressur in jedem Land detailliert aufzuzeichnen. Daher habe ich mich auf jene Schulen und Epochen konzentriert, die die internationale Dressurreiterei am meisten geformt und beeinflußt haben.

Man darf jedoch auch nicht die Bedeutung der kleineren Länder wie die Schweiz, Holland, Dänemark und Schweden vergessen, aus denen weiterhin führende Turnierreiter und Pferde von internationalem Ansehen hervorgehen.

Ferner sind da noch jene einst stolzen Herzogtümer, Fürstentümer und Königreiche Mitteleuropas, die seinerzeit zum glorreichen österreichischen Reich gehörten oder ihm verbunden waren, darunter Rumänien, Jugoslawien, Ungarn! – Heimat der besten klassischen Reiter ... Selbst zum jetzigen Zeitpunkt, da diese Seiten in Druck gehen, führt uns der Zerfall der Balkanstaaten deren starke nationale Identität vor Augen. Mit Blick auf Wien, wo insbesondere im Zeitalter des Barock die verschiedenen Kulturen zusammenflossen und ihren Höhepunkt erreichten, lernen wir die Dimension ihrer großartigen Traditionen zu schätzen.

Mütterchen Rußland, dessen Geschichte von rasanten Reiterscharen, vorwiegend den Kosaken, mitgestaltet wurde, ist ein Land von kontinentalen Ausmaßen mit dünnbesiedelten Ebenen und ausgedehnten Steppen. Dieses Land wandte sich erst relativ spät und nur zögernd der Schulreiterei zu, obwohl Rußland auf eine jahrhundertealte Tradition bester Zirkusreiterei zurückblicken kann. Auch heute ist noch ein stark künstlerischer Einfluß bei den Dressurreitern zu spüren, der sicher auch auf Fillis zurückgeht, der an der Kavallerieschule von St. Petersburg gelehrt hat. Die russischen Reiter Sergei Filatov (olympisches Gold 1960 in Rom), Elena Petushkova (Weltmeisterin in Aachen 1970), Ivan Kizimov (olympisches Gold 1968 in Mexiko) und Victor Ugriumov (olympische Bronzemedaille 1980 in Moskau) überraschten mit ihren Medaillengewinnen bei den Weltmeisterschaften und Olympiaden zwischen 1960 und 1980. Der inzwischen verstorbene Dorian Williams beschrieb im Vorwort zu einem Buch die russischen Pferde als *'äußerst attraktiv, leichtfüßig und leicht in der Hand, so unterschiedlich von den schweren germanischen Rassen, wie nur möglich …'*

Zur Abrundung unserer Geschichte und um ihr noch etwas Farbe zu verleihen, wollen wir uns nun in aller Kürze mit einigen Ländern und Einzelpersonen befassen.

Dänemark

Kaum bekannt ist, daß Dänemark auf eine fast fünf Jahrhunderte umfassende glanzvolle Geschichte der klassischen Reiterei zurückblickt. Wie in Kapitel 3 erwähnt, war der dänische König Frederick II. einer der ersten europäischen Monarchen, der die Schulreiterei am Hofe einführte, und zwar 1562 in Rosenberg mit einer Anzahl importierter spanischer und neapolitanischer Pferde, die den Kern seines Gestüts und seiner Reitschule bildeten. Heute befindet sich eine herrliche Sammlung von Reiterbildern, ähnlich der von Wilton in England, im Schloß Rosenberg im Zentrum von Kopenhagen. Sie zeigen die dänische Königsfamilie auf ihren Lieblingspferden bei der Ausführung der verschiedenen Figuren. Zweihundert Jahre später, 1765, wurde ein bedeutender dänischer Hengst dieser Linie namens Pluto in das österreichisch-ungarische Reich gesandt, um die Blutlinien der Lipizzaner zu verbessern. Einer der Gründerhengste der Oldenburger Zucht im Besitz des Grafen Gynther stammte aus dem königlichen dänischen Gestüt.

Diese Barockpferde brachten durch Einkreuzung in einheimische robuste Dänenpferde den Frederiksborger hervor. Die Rasse wurde dann durch Vollblut veredelt und erreichte Anfang des 19. Jahrhunderts als Kutschpferde mit großer Ausstrahlung und Ausdauer ihren Höhepunkt. Durch Beimischung verschiedener Blutlinien und kluge Zuchtauswahl entstand in jüngeren Jahren das schöne dänische Warmblut. Die Entwicklung dieser Pferde, die über das letzte Jahrhundert der des deutschen Warmbluts ähnelte, hat hervorragende Turnierpferde hervorgebracht. Zu den bekanntesten dänischen Pferden im internationalen Dressursport gehören Marzog, Ravel und Aconto, wobei der letztere für Großbritannien am Start war.

Dänische Reiter und Autoren

Ähnlich den Deutschen reiten die Dänen in Vereinen. Obwohl nur eine kleine Minderheit in der Bevölkerung zu den Pferdebesitzern zählt, sind diese außerordentlich idealistisch und verfügen über viel fachmännisches Wissen. Der vielleicht bekannteste dänische Trainer unserer Zeit ist Gunnar Andersen, zu dessen Schülern Liz Hartel gehörte. Diese tapfere und hochtalentierte dänische Reiterin nahm als eine der ersten Frauen an olympischen Spielen teil (nachdem sie die Kinderlähmung besiegt hatte) und gewann mit ihrer wunderbaren Stute Jubilee als erste Frau eine olympische Medaille in der Reiterei. Ferner sind da noch Tony Jensen, der Anne-Grethe Jensen trainierte, Borge Rasmusson, Nis Valdemar Mansen, Hasse Hofmund und viele andere. Die dänische Methode, die als pferdefreundlicher als die deutsche gilt und der klassischen französischen Schule sehr viel näher steht, hat vielen britischen Reitern geholfen. Zu den besten Büchern moderner dänischer Autoren gehört A. K. Frederiksens *The Finer Points of Riding*. Dieses kleine, jedoch hochinformative Buch sollte (in den Worten von Charles de Kunffy) *'wie ein Gedicht gelesen werden'*, da es *'eine klare Wiedergabe seiner umfangreichen Kenntnisse über die klassischen Dressurgrundlagen'* enthält. Die Dänen sind für ihren ruhigen Sitz bekannt. Die für manche kontinentalen Reiter typische starke Kreuzeinwirkung hat hier keinen Platz. Frederiksen schreibt, daß der

Anne-Grethe Jensen auf Marzog bei den Olympischen Spielen 1984. Dieses harmonische Paar – eine dänische Reiterin auf einem dänischen Pferd – gewann nicht nur viele Medaillen für das pferdebegeisterte Dänemark, sondern faszinierte auch die Zuschauer mit seiner Eleganz und Ausstrahlung. (Photo: Kit Houghton)

Sitz des Reiters *'auf den beiden Beckenknochen [nicht den Gesäßknochen] und dem Spalt basiert und somit drei Stützpunkte hat'*. Bei der Vorbereitung des Pferdes für die Dressur legt er großen Wert auf Gefühl, Harmonie und zeitliche Abstimmung.

Dänemarks größte internationale Erfolge jüngerer Zeit wurden von Anne-Grethe Tornblad (früher Jensen) mit Marzog errungen, die 1984 bei den Olympischen Spielen in Los Angeles die Silbermedaille und auch die Weltmeisterschaften gewann.

Dänemark besitzt in Schloß Christiansborg in Kopenhagen eine der schönsten königlichen Reithallen der Welt. Einem dänischen Gelehrten[1] zufolge *'konnte man die Königlich Dänische Schule der Reitkunst in Christiansborg mit der Wiener Hofreitschule vergleichen. 1685 fand unter König Christian ein prächtiges Karussell statt, eine bebilderte Urschrift dieser Epoche zeigt herrliche Kostüme und prachtvolle Pferde'*. Unter dem Leiter des Königlichen Gestüts, Baron Anton Wolf Haxthausen, unter dessen Aufsicht auch das kaiserliche Gestüt in Oldenburg stand, fand ein häufiger Blutaustausch zwischen dem dänischen Gestüt und den Gestüten in Dresden, Hannover, Berlin und Wien statt. Heute wird die königliche Reitbahn in Christiansborg immer noch für festliche Reitvorführungen genutzt, die, zusammen mit dem königlichen Marstall, den Besucher an Dänemarks klassische Vergangenheit erinnern.

Schweden

Abgesehen davon, daß Schweden stets eine bedeutende Rolle beim Wiederaufblühen der Reiterei gespielt und mehr olympische Medaillen in der Dressur als irgendein anderes Land, ausgenommen Deutschland, gewonnen hat, besitzt Schweden seit jeher eine reiche reiterliche Kultur. 1658 wurden dänische Ländereien nach dem Friedensschluß von Roskilde Schweden zugesprochen. Carl X. von Schweden gründete ein bedeutendes königliches Gestüt in Flyinge in der Provinz Skane, zur Zucht geeigneter Pferde für die königliche Manège und die Kavallerie. Auch heute werden in Flyinge edle Pferde gezüchtet, die ursprünglich von dänischen Frederiksborgern, Spaniern, Ostpreußen, französischen und englischen Pferden abstammen.

Schwedens alte Adelsgeschlechter waren von den hohen Idealen der Schulreiterei fasziniert. 1621 eröffnete König Gustav Adolf auf dem Gelände des späteren Schlosses Strömsholm ein Gestüt für die Zucht von Pferden für das Militär und die Reitbahn. Die Reithalle wurde zu einem illustren Zentrum der Reiterei, welches auch von Engelhardt von Löhneysen (siehe Kapitel 6) im 17. Jahrhundert besucht wurde.

[1] Bente Branderup

1855 wurde die wunderschöne Weiße Reitschule erbaut. Als Strömsholm 1868 von der Armee für die Ausbildung der Kavallerie übernommen wurde, wurde das *Militar Central Ridskolan* zum Anziehungspunkt für die reitenden Söhne der Aristokratie und der wohlhabenden Kaufleute. Das Schloß mit dem See, den Gräben, Weiden und Wäldern machte die schwedische Kavallerieschule zum idealen Trainingszentrum für alle Sparten der Reiterei. Talentierte Offiziere gingen, um ihre Ausbildung noch zu verfeinern, nach Hannover, Wien und Saumur, und als die Kavallerie 1968 Strömsholm verließ, bedeutete dies nicht nur für Schweden, sondern in vielerlei Hinsicht für die gesamte Reiterwelt das Ende einer Epoche.

Schwedische Reiter und Autoren

Die zivilen Reiter, die heute das Privileg haben, in Strömsholm trainieren zu dürfen, das nun von dem *Svenska Ridsportens Central Forbund* geleitet wird, haben einen ausgezeichneten Ruf zu verteidigen. Bei der ersten Olympiade 1912 konnte Schweden durch die Verbindung sehr guter Pferde, hervorragender Trainingsmöglichkeiten und eines breiten Spektrums von Trainern alle Medaillen der Dressurprüfungen für sich gewinnen. Dieser Erfolg wiederholte sich 1920; damals waren die bekanntesten Reiter Graf von Rosen und Oberstleutnant Bertil Sandstrom. Major St. Cyr aus Strömsholm führte bei den Olympischen Spielen 1952 und 1956 nicht nur die siegreiche schwedische Mannschaft an, sondern konnte auch beide Male die Einzelmedaille gewinnen. St. Cyr hatte in Saumur gelernt und war ein begeisterter Anhänger Bauchers. Er ist heute noch bei ehemaligen Mitkonkurrenten für seine Hilfsbereitschaft und Fairneß bekannt. Joan Gold, eine der ersten Damen, die international für Großbritannien ritten, staunte über seine Brillanz auf einer Reihe von *'sehr mittelmäßigen Pferden'*.[2]

Die bekanntesten Persönlichkeiten jüngerer Zeit sind Cheftrainer Boldenstern und Wikne. Major Boldenstern, olympischer Medaillengewinner und ehemaliger Schüler Saumurs, trainierte viele ausländische Reiter und trug wesentlich zu dem hohen Standard im eigenen Land bei. Major Hans Wikne, der an der Spanischen Reitschule gelernt hat, war 1968 hocherfolgreicher Nationaltrainer.

In vielerlei Hinsicht personifizieren diese beiden Männer die schwedische Schule, die im allgemeinen etwas leichter als die deutsche ist und das Gefühl in den Vordergrund stellt, wobei das Pferd nie überfordert und oft gelobt wird. Die Inschrift einer Wand in Strömsholm verdeutlicht die schwedische Philosophie: *'Die echte Reitkunst altert nicht. Wo die Kunst endet, beginnt die Gewalt.'* Wie wahr doch diese Worte sind.

In Großbritannien haben wir das Glück, einen weiteren ehemaligen Kommandeur aus Strömsholm als Trainer zu haben. Baron Hans von Blixen-Finecke, dessen Vater Kavallerist war und sich bei Rennen und durch den Gewinn der Bronzemedaille 1912 einen Namen machte, ist selbst ein hervorragender Pferdemann. Auf Jubal gewann er bei der Olympiade 1952 in Helsinki die Goldmedaille in der Einzelwertung der Vielseitigkeitsprüfung.

Blixen-Fineckes Buch *The Art of Riding* enthält viele praktische Ratschläge, auch wie man dem Pferd das Leben leichter machen kann. Besonders anregend ist der Abschnitt über die Arbeit an der Hand und wie man das Pferd zum Mitdenken bringt mit Tips aus dem *Schwedischen Armeehandbuch*. Der Autor tritt für einen Sitz ein, der dem Vielseitigkeitsreiter näher als dem

---

[2] Dieses Zitat entstammt einem persönlichen Interview (1987) mit der Autorin.

Schulreiter steht. Dies ist bezeichnend für die schwedische Tradition, die Schulreiterei ins Freie zu übertragen. Etwas im Gegensatz zu Guérinières Sitz – der auch von Baucher und Oliveira übernommen wurde –, bei dem die Hüfte vom Kreuz aus vorgeschoben wird, rät Blixen-Finecke dem Reiter zu einer Position *'hinter der Senkrechten'*; und dazu, sich langsam aufzurichten. *'Dieses Zurücklehnen muß von der Basis der Wirbelsäule ausgehen und nicht von der Hüfte; das Kreuz sollte immer beinahe gerade sein.'* Dieses Großwerden (was eher durch die Wirbelsäule als durch Brust und Bauch erreicht wird) geht leicht in einen treibenden Sitz über und ist bei den modernen Turnierreitern sehr populär geworden. Es eignet sich offensichtlich gut für die großen, athletischen schwedischen Pferde, von denen früher verlangt wurde, daß sie *'eine schwere Last (ungefähr 130 kg) über weite Distanzen tragen, ohne dabei zu ermüden …'*

Oberst Nyblaeus

Bis zu seinem Tod 1988 eine Persönlichkeit in der internationalen Turnierszene war der schwedische Oberst Gustaf Nyblaeus, Präsident des Dressurausschusses der FEI und olympischer Richter. Als Sohn eines Chefreitlehrers von Strömsholm galt seine Liebe zunächst der Geländereiterei. Als er sich jedoch später mit der Dressur beschäftigte, wurde er wegen seiner durchdachten Reiterei viel bewundert. Er war unermüdlich mit der Förderung dieser schnell wachsenden Disziplin beschäftigt. Dabei verlor er nie die Ideale der klassischen Reiterei aus den Augen und zitierte immer gern, was Guérinière 1729 geschrieben hatte: *'Ein Pferd, das nicht völlig geschmeidig, locker und biegsam ist, kann sich dem Willen des Menschen nicht mit Leichtigkeit und Haltung fügen.'*

Das schwedische Warmblut

Das moderne schwedische Warmblut wird für den Turniersport gezüchtet. Die regelmäßige Zufuhr englischen Vollbluts machte aus den früheren robusten Kavalleriepferden, die friesisches, altes iberisches und neapolitanisches Blut führten, ein großes, stromlinienförmiges, vielseitiges Reitpferd. Das schwedische Pferd zeichnet sich vor allem durch seinen hervorragenden Charakter aus. Gutmütig und äußerst willig, ist es bei Dressurreitern in aller Welt beliebt. Eines der berühmtesten schwedischen Pferde, das 1972 bei den Olympischen Spielen die Goldmedaille für Deutschland gewann, war Piaff. Krist, das Pferd des international reitenden Briten Bar Hammond, ist ebenfalls ein Schwede.

Die Niederlande

Im 16. Jahrhundert kamen das heutige Holland und Belgien durch die Habsburger unter spanische Vorherrschaft (siehe Kapitel 5). Während dieser turbulenten Epoche wurden die schweren Kaltblutpferde dieser Länder durch Zufuhr spanischen Vollbluts stark verbessert. Der flämische Maler Van Dyck, Hofmaler Karls I., malte die herrlichen Barockpferde dieser Epoche in seinen großartigen Reiterportraits der adligen holländischen Würdenträger. Die heutigen holländischen Rassen, besonders die Friesen und in gewissem Maße auch die Gelderländer, haben eine deutliche Ähnlichkeit mit ihren iberischen Vorfahren, während das holländische Warmblut, in dem Oldenburger Blut fließt, durch das englische Vollblut stark veredelt wurde. Zwei der bekanntesten holländischen Dressurpferde sind der berühmte Dutch Courage und The Optimist, der von der Britin Anni MacDonald-Hall geritten wird.

194 | Reitkunst im Wandel

Obwohl Unterlagen spärlich sind, gab es auch in den Niederlanden im 17. Jahrhundert eine kurze Epoche der Schulreiterei, die möglicherweise von der Antwerpener Schule des im Exil befindlichen Duke of Newcastle ausging. Später, als Guérinières Buch weltweit übersetzt wurde, herrschte der französische Einfluß vor. Gemäß dem Franzosen André Monteilhet *'hat sich die Reiterei in den Niederlanden zuerst auf die alte französische Schule bezogen – Gaspard de Saunier lehrte hier zwischen 1720 und 1748. Später, im 19. Jahrhundert, war es die deutsche Schule (Steinbrecht) und seit 1900 die zeitgenössische französische Schule (Saumur) sowie seit 1920 das System Caprillis über Sprünge und im Gelände.'*

Diese Einflüsse haben in Holland eine starke Tradition der verfeinerten Kavalleriereiterei hinterlassen. Die letzte große Kavallerieschule war 1857 in Haarlem. Leider wurde sie, nachdem sie nach Amersfoort verlegt worden war, nach dem letzten Krieg aufgelöst. Selbst die letzte Militärreitschule, die *Rijen Tractieschool* in Eindhoven, aus der viele hervorragende Lehrer hervorgegangen sind, ist vor kurzem geschlossen worden (heute ist dort ein Reitermuseum beheimatet), die Tradition der Dressurreiterei lebt jedoch nach wie vor weiter.

Ernest Van Loons *Ruiters en Rechters* (Reiter und Richter) ist eines der profundesten holländischen Bücher unserer Zeit, viele klassische Reiter beziehen sich jedoch immer noch auf Guérinière. Holländische Pferde spielen bei olympischen wie auch europäischen Dressurprüfungen eine immer größere Rolle. Zu den bekannten international reitenden Holländerinnen gehören Ann-Marie Sanders Keyzer, Tineke Bartels und Ellen Bontje mit Anky van Grunsven an der Spitze. Das Dressurreiten wird nicht nur bei den Reitern immer beliebter, sondern zieht auch bei den großen Turnieren in Rotterdam, Amsterdam und s'Hertogenbosch stets ein großes Publikum an.

Belgien

Auch Belgien profitiert von seiner Tradition der Militärreiterei. 1842 gründete Leopold I. eine Militärreitschule, aus der später die bekannte Kavallerieschule von Ypres wurde. In ihr, wie auch in der Schule von Brasschaet, wurde eine disziplinierte Reitweise gefördert, stark geprägt vom Einfluß Saumurs. Während der ersten Olympiaden taten sich die Belgier in den Springprüfungen hervor. Sie waren auch die erste europäische Nation, die Distanzritte ausschrieb. Die Dressurreiterei, obgleich sie eine wichtige Rolle in der früheren Militärausbildung spielte, erfreut sich erst seit dem letzten Krieg, trotz Schließung beider Kavallerieschulen, wachsender Beliebtheit. Die Tradition der belgischen militärischen Schulreiterei wird durch die Bücher Henri Lames, Chefreitlehrer in Brasschaet zwischen 1933–1940, und in jüngster Zeit auch durch die Zivilbevölkerung fortgeführt. Eines der vielen Reitsportzentren, die von der Regierung in der flämischen Region unterhalten werden, befindet sich in St. Ulrickscappele bei Brüssel. Dort wird mit einer Anzahl von Lipizzaner-Schulpferden in erster Linie die Dressurreiterei gepflegt. Die häufigen Besuche des verstorbenen Nuno Oliveira und des portugiesischen Chef d'Equipe Dr. Guilherme Borba, der in und um Brüssel herum viele Anhänger hat, haben auch das Interesse an der Hohen Schule wiederaufleben lassen. Dies hat nichts mit Turniersport zu tun; Vorführungen finden an den Schulen von Helena Arianoff, Susan Cromarty-Oliveira und Alain Godeau, am Stadtrand von Brüssel, unter Verwendung der traditionellen portugiesischen Barockpferde statt. Anne Ieteven war über viele Jahre hinweg die beste internationale belgische Reiterin.

Die Schweiz

Im Gegensatz zu Schweden, Dänemark und Holland gibt es in der Schweiz erst in jüngster Zeit eine eigene Warmblutzucht. Christine Stückelbergers Gauguin de Lully ist das wohl erfolgreichste Produkt. Die dortige Dressurreiterei hat von einer Kombination verschiedener Pferderassen und Erkenntnisse profitiert. Jahrelang importierten die Schweizer ihre Turnierpferde aus Deutschland, Schweden, England, Irland, Holland und Dänemark.

Die einst berühmte Kavallerieschule in Bern (1890 erbaut) wurde von der Eidgenössischen Militärpferdeanstalt abgelöst, welche die Grundausbildung der berittenen Infanterie in allen Disziplinen zur Aufgabe hat. Während spezielle Dressurausbilder früher meistens aus Österreich kamen, strebt die Regierung nun eher die Ausbildung durch eigene Trainer an. Die *Association Suisse de Professionnels de l'Equitation et Proprietaires de Manège* gibt den staatlichen Ausbildungsrahmen für zukünftige Reitlehrer vor. Die internationale Szene wird in der Schweiz jedoch nach wie vor von den großen traditionellen Ausbildern beherrscht.

Georg Wahl

Der bekannteste Ausbilder der Schweiz ist in Österreich geboren und aufgewachsen. Georg Wahl, der die ehemalige Weltmeisterin Christine Stückelberger trainiert, ist heute Nationaltrainer und in St. Gallen zu Hause. Als ehemaliger Reiter der Spanischen Reitschule, der 1967 zum Oberbereiter ernannt wurde, entschloß er sich nach vier Jahren, diese klassische Einrichtung zu verlassen und sich der Ausbildung von Turnierreitern zu widmen, was schon immer als unvereinbar mit den Idealen der Schule galt – obgleich es ein paar Persönlichkeiten gibt, die beides miteinander verknüpfen konnten.

Wahl wird von vielen als der weltweit erfolgreichste Ausbilder von Dressurpferden und -reitern angesehen. Sein sechster Sinn für die Technik des Wettkampfes und sein klassisches Können und Verständnis machen ihn zu einem Genie. Obwohl er immer mit den Erfolgen des Weltklassepaares Christine Stückelberger und Granat in Verbindung gebracht wird, gingen wahrscheinlich mehr berühmte Reiter und Pferde durch seine Schule als bei irgendeinem anderen Ausbilder. Selbst im Alter kommen noch Schüler aller Nationalitäten zu ihm, und es gelingt ihm immer noch, Pferde mit seinem täuschend ruhigen und doch starken Sitz zu verwandeln.

Christine Stückelberger

Manche behaupten, daß die zierliche Christine Stückelberger ihren eigenen Stil hat, der im Widerspruch zur klassischen Haltung ihres Trainers steht. Wahl lächelt darüber, denn er weiß, daß es kein Zufall ist, daß Christine und die Pferde, die sie gemeinsam ausbilden, ständig auf den oberen Plätzen der internationalen Prüfungen zu finden sind.

Für ein kleines Land hat die Schweiz in der Dressur viel erreicht. Moser, ein Schweizer Kavallerieoffizier, gewann bei den Olympischen Spielen 1948 den Grand Prix; ihm folgten Fischer und Chammartin, die ebenfalls olympisches Gold und Silber holten. Heute sind Otto Hofer und der emporstrebende Daniel Ramseier zu nennen. Für die meisten wird die Szene jedoch immer noch von der eleganten Figur Christine Stückelbergers beherrscht. Ihr Holsteiner Granat wird durch seine herrlichen, flüssigen Traversalverschiebungen und seine wunderbaren Trabverstärkungen (siehe Bildtafel 12) für immer unvergessen bleiben.

Christine Stückelbergers Erfolge sind beachtlich. Ihre erste Europameisterschaft in der Einzelwertung gewann sie 1975 in Kiew. Diesen Erfolg wiederholte sie zwei Jahre später in St. Gallen. 1978 wurde sie Weltmeisterin, und 1979 gewann sie die Silbermedaille bei den Europameisterschaften in Dänemark, gefolgt von einer weiteren Silbermedaille in Laxenburg, Österreich, zwei Jahre später. Ihre olympischen Erfolge sind genauso beeindruckend. 1976 gewann sie in Montreal die Goldmedaille in der Einzelwertung sowie die Silbermedaille in der Mannschaft. Bei der Ersatzolympiade 1980 in Goodwood wiederholte sich dieser Erfolg. Nach ihrem 2. Platz bei den Weltmeisterschaften 1982 wurde Granat vom Turniersport verabschiedet. Mit einer Silbermedaille in der Mannschaft, 1984 in Los Angeles, gehörte sie jedoch weiter der internationalen Spitze an. Schließlich gewann sie 1988 in Seoul mit ihrem neuen Pferd Gauguin de Lully die Bronzemedaille in der Einzelwertung.

Persönlichkeiten und Einflüsse unserer Zeit

Beschäftigen wir uns noch kurz mit einigen bedeutenden zeitgenössischen Persönlichkeiten, deren Einfluß, sei es als Autoren oder Lehrer, weit über ihre Heimat hinausreicht und die man im wahrsten Sinn des Wortes als international bezeichnen kann.

Einige von ihnen haben sich nicht nur mit der reinen Dressurreiterei, sondern ebenso mit der Dressur als Teil der Vielseitigkeitsreiterei und dem Springen beschäftigt. Dies schmälert ihre Leistung keineswegs, im Gegenteil, sie haben die Reiterwelt durch die Ausbildung von Reitern in allen Disziplinen um einiges reicher gemacht.

Zwei Ungarn
Zwei bedeutende Lehrer, die in diese Kategorie fallen und beide aus dem Nachkriegs-Ungarn stammen, sind der (verstorbene) Leutnant A. L. d'Endrody und Charles de Kunffy. Beide haben ihr Heimatland in Vielseitigkeitsprüfungen vertreten, und beide konnten ihre künstlerische Auffassung von der Dressur erfolgreich an ihre Schüler im Ausland, insbesondere in Großbritannien und den Vereinigten Staaten, weitergeben.

D'Endrodys Buch *Give Your Horse a Chance* enthält wichtige Informationen über den Bewegungsablauf des Pferdes, die auch für den Dressurreiter äußerst nützlich sind, obwohl sie mehr für das Springpferd gedacht sind. De Kunffys Buch *Creative Horsemanship* ist etwas flüssiger geschrieben und trägt zum besseren Verständnis der gymnastischen Entwicklung des Pferdes in den verschiedenen Stadien der Dressurausbildung bei.

Henriquet
Ein Franzose, für den die Vielseitigkeit keine Anziehungskraft besitzt, da sich sein Interesse auf eine Epoche lange vor den Tagen der wettkampfmäßigen Reiterei bezieht, ist Michel Henriquet, der in Bailly, am Rande von Paris, zu Hause ist. Er ist ein treuer Anhänger des verstorbenen Nuno Oliveira und hat viel über die *haute école* geschrieben. Als erfolgreicher Geschäftsmann, Historiker, Bücherfreund und Architekt verbringt Henriquet heute die mei-

ste Zeit damit, Pferde und seine vielen internationalen Schüler auszubilden. Trotz seiner Weigerung, an Wettkämpfen teilzunehmen, wird er häufig gebeten, seine Pferde bei internationalen Turnieren und Ausstellungen vorzustellen. Zusammen mit seiner eleganten Schülerin, Dr. Cathérine Durant, die von Kindheit an mit ihm zusammenarbeitet, ist Henriquet eine Klasse für sich. Als Meister der Eleganz und Präzision bemüht er sich, eine letzte lebendige Verbindung zwischen der Schule von Versailles und seinem Heimatland herzustellen.

In seinem Buch *L'Equitation, un Art, une Passion* erklärt Henriquet, daß die Schule von Saumur ursprünglich dem Muster von Versailles entsprach und hauptsächlich zivile Lehrer beschäftigte, sich dies nach 1855 jedoch drastisch änderte, als sie streng militärisch wurde. Von dort an bewegte sich Saumur in eine neue Richtung und brachte Pferde für die Campagnereiterei und die olympischen Dressuraufgaben hervor.

Die heutige Verwaltung von Saumur distanziert sich keineswegs von einem solchen Standpunkt, sie akzeptiert ihn vielmehr als logische Konsequenz und Notwendigkeit der heutigen Zeit. M. Henriquet wird daher von den zwei *Chef-écuyers* durchaus respektiert, und der Direktor der Schule, Oberst Durand, zeigt seine Bewunderung für ihn, indem er inoffiziell zu Fragen bezüglich der *haute école* seinen Rat einholt. Außerdem unterrichtet Henriquet eine Anzahl junger Offiziere des *Cadre Noir* in Saumur, während andere wiederum seine Kurse in Bailly, wo hauptsächlich Lusitanos als Schulpferde eingesetzt werden, besuchen. Die Schulen über der Erde werden sowohl zwischen den Pilaren als auch unter dem Sattel gelehrt.

Vielbelesen und fähig, sich klar auszudrücken, schrieb Henriquet eine Reihe von Büchern, die sein tiefes Verständnis und seine Achtung vor der französischen Reiterei vom Zeitalter der Aufklärung an zum Ausdruck bringen. Das oben bereits erwähnte Buch wird von *A la Récherche de l'Equitation*, und einigen nützlichen Lehrbüchern ergänzt. Er legt großen Wert auf einen guten Sitz, den er wie folgt beschreibt: *'Sitze breit und offen im Sattel – schiebe die Hüfte nach vorne und nach unten über ein Dreieck, gebildet aus den Gesäßknochen und dem Spalt. Versuche dir vorzustellen, daß du die Hüfte den Händen entgegenbringen möchtest, lasse die Hände unten, die Schenkel hinten und wirke mit den Beinen locker und unverkrampft ein – so wirst du bei dem Pferd alles erreichen!'*

Zwei Leiter der Spanischen Reitschule

Seit Podhajsky sind eine ganze Reihe von Weltklassetrainern und Richtern aus der Spanischen Reitschule hervorgegangen. Hierzu gehören berühmte Reiter wie Franz Rochowansky (1. Oberbereiter zwischen 1950 und 1957), jetzt in England ansässig, Ernst Bachinger und Franz Mairinger (1978 verstorben), auf den wir noch zurückkommen werden.

Der Tradition folgend haben auch die beiden Nachfolger Podhajskys, Hans Handler und Kurt Albrecht, ihren eigenen bedeutenden Beitrag zur modernen Reitliteratur geleistet.

Hans Handler fiel die wenig beneidenswerte Aufgabe zu, 1965 Oberst Podhajsky als Leiter der Spanischen Reitschule abzulösen. Als fähiger Kavallerieoffizier war er vor dem Krieg erfolgreich international für Österreich gestartet, später hatte er an der Front gekämpft, wurde Kriegsgefangener und diente schließlich mehr als ein Jahrzehnt an der Reitschule, wobei er viel Gefühl für die Traditionen der Vergangenheit bewies. Es war immer sein Ziel, die *'Kunst der Hohen Schule'* zu erhalten, damit die Spanische Reitschule *'das Mekka der Dressurreiterei'* bliebe. Leider war sein Gesundheitszustand schlecht, doch konnte er vor seinem Tod im Oktober 1974 sein Werk fertigstellen, welches 1972 auf englisch unter dem Titel *The Spanish Riding School of Vienna and the Training of the Lipizzaner* erschien. Randvoll mit Historie, technischen Erläuterungen und eindrucksvollen Fotografien erzählt es nicht nur die bewegte Geschichte dieser großartigen Reitakademie, sondern erläutert auch in verständlicher Sprache ihre ethischen Grundsätze und ihre Ausbildungsmethoden. Daher gilt es als großartiger Beitrag zum heutigen Verständnis der klassischen Kunst.

Auf Handler folgte Brigadier Kurt Albrecht, ein im Krieg mehrfach ausgezeichneter Artillerieoffizier, der die Spanische Reitschule von 1974–85 leitete. Er hatte eine ähnlich idealistische Vision der Schule wie Handler und führte sie durch eine von großen Wandlungen geprägte Zeitspanne. Während er immer die abweichenden Entwicklungen in der Turnierszene im Auge behielt, bemühte er sich um die Aufrechterhaltung der hohen Maßstäbe und des Geistes von Wien. Seine Pensionierung läßt ihm inzwischen mehr Zeit, als Lehrer und Richter tätig zu sein. Seine Rolle als internationaler Dressurrichter ermöglicht es ihm, das Verständnis seiner Richterkollegen bis zu einem gewissen Grad zu beeinflussen.

Kompromißlos um das Wohl des Pferdes bemüht, hat der *Pferdemann* Albrecht vier bedeutende Bücher in deutscher Sprache geschrieben. Das erste, das inzwischen mit dem Titel *Dogmes de l'Art Equestre* (1986) ins Französische übersetzt wurde, beschäftigt sich mit dem technischen Aspekt der Schulreiterei. Wie Handler ist auch er von der Notwendigkeit eines perfekten Sitzes als Voraussetzung für die korrekte Anwendung der Gewichtshilfen überzeugt. Er betont, daß der Reiter durch sein im tiefsten Punkt des Sattels befindliches Gesäß und ein geschmeidig mitgehendes Kreuz eine stete Verbindung zum Pferd herstellen muß.

Das zweite Buch, inzwischen unter dem Titel *A Dressage Judge's Handbook* auch auf englisch erhältlich, wurde von dem *Dressurrichter* Albrecht geschrieben. Auch dieses ist eine Bereicherung der modernen Pferdeliteratur. Leider können wir hier nur ein paar der bedeutenden Aussagen sinngemäß wiedergeben. Der Richter hat nicht nur dem Reiter, sondern auch dem Pferd gegenüber eine Verantwortung. Dazu gehört '... *sicherzustellen, daß der Sport nicht zu einem bloßen Vergleich von Pferdematerial wird, bei dem Größe und Kraft die vorherrschende Rolle spielen. Dressur muß immer eine Inspiration für alle Reiter bleiben, nämlich ausschließlich die Kunst, das Pferd so auszubilden, daß es sich anmutig und in Selbsthaltung bewegt und sofort auf die kaum sichtbaren Zeichen seines Reiters reagiert.*'

Reiter sollten für gutes Reiten belohnt werden. '*Effektivität in Verbindung mit einer diskreten Hilfengebung verdient natürlich eine großzügige Bewertung. Leider muß man sagen, daß viele Reiter einen uneffektiven Sitz haben und diese Uneffektivität durch übermäßige Bein- und Handeinwirkung kompensieren.*' In bezug auf die unteren Prüfungen hat er ähnliche Ansichten wie Wynmalen, McTaggart und Hance. '*Manche Richter sind der Meinung, eine gewisse Steifheit des Genicks sei in den unteren Prüfungen zu tolerieren, ja, sie behaupten sogar, eine etwas vorgestreckte Nase sei Ausdruck einer unverkrampften Körperhaltung ... Sie irren sich. Der Grund für ihren Irrtum liegt in den umstrittenen Themen Nachgeben im Genick und Abstoßen vom Gebiß.*'

Nun wollen wir uns den englischsprachigen Ländern zuwenden, deren Fortschritte bei internationalen Dressurwettkämpfen in den letzten zwei Jahrzehnten einer Handvoll bedeutender Persönlichkeiten zuzuschreiben sind.

Großbritannien

Nach Schließung der Kavallerieschule von Weedon 1939 wurde in Melton Mowbray, Larkhill und in den Kasernen der *Household Cavalry* in Knightsbridge und der *Royal Horse Artillery* in Nord-London die Militärausbildung als Gebrauchsreiterei fortgesetzt.

Ende der fünfziger Jahre wurde die Reiterei nicht mehr nur von Männern beherrscht. Der Umbruch fand 1952 statt, als die Olympiateilnahme nicht länger auf Armeeoffiziere beschränkt war, sondern für alle Reiter, unabhängig von Rang oder Geschlecht, offen war.

Die Turnierreiterei wurde von den britischen Amazonen mit Begeisterung aufgenommen. Vivien Machin-Goodall errang als erste Amazone 1949 in Badminton bei einer internationalen Militaryprüfung eine Plazierung. Zu den führenden Dressurreiterinnen gehörten Brenda Williams, Lorna Johnstone, Jook Hall, Joan Gold und Dominie Morgan, die alle eine klassische Ausbildung im Ausland erfahren hatten. Im allgemeinen fand die Dressurausbildung jedoch unter ehemaligen britischen Armeelehrern oder einigen angesehenen professionellen Ausbildern wie Richard Stilwell statt. Wie schon in Kapitel 4 erwähnt, war die Dressur zu diesem Zeitpunkt für die meisten lediglich ein notwendiger Teil der Vielseitigkeitsprüfung. Danach machte die Dressur in Großbritannien eine bemerkenswerte Wandlung durch.

Daß auch der Durchschnittsreiter auf die Dressur aufmerksam wurde, ist besonders einer Frau, *Dame* Mary Colvin, einer ehemaligen Schülerin von Jack Hance, zu verdanken. 1966 wurde sie Vorsitzende der „Britischen Dressur bei Pferdeleistungsschauen". Als 1973 eine eigene Dressurgruppe gegründet wurde, übernahm sie auch dort den Vorsitz. Diese Entwicklungsjahre der Dressur wurden von zwei sehr einflußreichen und beinahe als revolutionär zu bezeichnenden Ausbildern, Lars Sederholm und Robert Hall, mit geprägt. Der Dressurunterricht des gebürtigen Schweden Sederholm, eines begeisterten Vielseitigkeits- und Springreiters, basierte auf dem natürlichen Bewegungsablauf des Geländepferdes. In seinem Trainingszentrum in Oxfordshire stand stets eine Anzahl großer, rahmiger Pferde zum Verkauf. Als Schulpferde verwendete er im allgemeinen ehemalige Vielseitigkeitspferde. Seine natürlichen Ausbildungsmethoden wurden durch seine Lehrlinge, die in Waterstock gemäß den Richtlinien der *British Horse Society* ausgebildet wurden und später ihre Prüfung zum *Assistant Instructor* oder *Instructor* ablegten, ins ganze Land getragen.

Hall

Robert Hall, der Begründer eines weiteren großen Reitstalls in Fulmer, Buckinghamshire, zeichnet ebenfalls für die Ausbildung Hunderter junger Reitlehreranwärter verantwortlich. Weniger am Springreiten interessiert (obwohl auch hierfür alle Einrichtungen zur Verfügung standen), galt seine Liebe in erster Linie der Dressur. Angesichts der durch den Rückgang des Einflusses der Jagd- und Militärreiterei hervorgerufenen rückläufigen Zahl von Lehrern in dieser Disziplin war er der rechte Mann zur rechten Zeit. Direkt aus der Spanischen Reitschule in Wien kommend, wurde Hall von der britischen Reiterwelt mit Begeisterung aufgenommen. Sein Stil war von Eleganz und Leichtigkeit geprägt. Seine Ex-Frau Jook konnte ihre Trainingszeit in Wien ebensowenig verleugnen, als sie Großbritannien bei den Olympischen Spielen in Rom, Tokio und Mexiko mit ihrem Lipizzanerhengst Conversano Caprice vertrat. Auch andere talentierte Schüler sind von einer eher traditionellen Ausbildung geprägt; hierzu gehören der Trainer Pat Manning und die bekannten, international erfolgreichen Reiterinnen Diana Mason[3] und Elizabeth Joicey. Beide werden in letzter Zeit von den klassischen Ausbildern Ferdi Eilberg und Arthur Kottas unterstützt.

Halls Methode, die als die *Fulmermethode* bekannt wurde, begann sich jedoch langsam von den klassischen Grundsätzen der Spanischen Reitschule zu lösen. Da er der Meinung war, daß der Vollblüter keinen tief einsitzenden Reiter vertragen konnte, wandte er sich schließlich gegen jede Sitz- oder Rückeneinwirkung. Entgegen der jahrhundertelangen klassischen Auffassung sollten die Knie nicht am Pferd und die Arme nicht am Körper anliegen. Diese Auffassung führte in England zu heftigen Debatten, während sie in Wien Besorgnis und Verwirrung auslöste.

Britische Reitschulen

Die Philosophie von Fulmer schien sich in vielerlei Hinsicht eng an Caprilli anzulehnen, d. h. es war eine Philosophie der Nichteinmischung oder des *laissez-faire*. Die neue Methode wurde im britischen Reitschulsystem außerordentlich populär, da sie als sicherer und weniger anspruchsvoll für den Unterricht der wachsenden Zahl von Dressurbegeisterten galt und das Risiko des *'Rasiermessers in der Hand eines Affen'* (d. h. Versammlung in der Hand eines Dilettanten, siehe Chamberlin) vermied. Ende der siebziger Jahre lehrten bemerkenswert wenige britische Lehrer den Gebrauch der Sitzhilfen. Das durchschnittliche Schulpferd wurde locker geritten und sollte im allgemeinen sein Gleichgewicht durch eine Reihe von Übungen im Arbeitstrab selbst finden. Selbst bei reifen Pferden wurde wenig Wert, wenn überhaupt, auf Versammlung gelegt. Ein von vielen jungen Lehrern oft zu hörender Satz war *'... überlasse es dem Pferd, sein eigenes Gleichgewicht zu finden!'*[4]

Mit der Eröffnung neuer Reitzentren in Schottland und Yorkshire fanden Halls Methoden auch bei der Vorbereitung von Auszubildenden für die neue Prüfung zum *Assistant Instructor*, die von der *British Horse Society* durchgeführt wurde, Anwendung. Zweifellos hatte die Fulmermethode bei der Ausbildung von Anfängern ihre Vorteile. Ob sie jedoch das allgemeine Niveau der Dressurreiterei in Großbritannien verbessern konnte, steht zur Diskussion. Nicht jeder Reiter verfügt über so viel Gefühl wie Robert Hall, und leider wurden viele seiner Gedanken falsch interpretiert und von weniger erfahrenen Leuten aus dem Zusammenhang gerissen.

Andere zivile britische Reitschulen, wie *Porlock Vale* in Somerset, *Crabbet Park* in Sussex, *Moat House* in Kent und die erfolgreiche *Talland School of Equitation* in Gloucestershire, unter der Leitung der Familie Sivewright, werden konventioneller geführt. Molly Sivewrights Bücher *Thinking Riding* haben viele junge Dressurreiter bei ihrer Basisausbildung unterstützt. Die Sivewrights verknüpfen das Beste aus der englischen Tradition der Geländereiterei mit der verfeiner-

[3] Diana Mason repräsentierte Großbritannien 1989 in Seoul mit ihrem britisch gezogenen Pferd *Prince Consort*.

[4] Man vergleiche diese Theorie mit der des österr. Bereiters Riegler: *'Sich selbst überlassen, versucht das Pferd dem lästigen Gewicht auszuweichen, indem es den Rücken wegdrückt und den Kopf hochnimmt.'* (Dressage & C.T., USA, Dez. 1981)

Lorna Johnstone, die große alte Dame der britischen Dressurreiterei, auf El Farruco. Französische Dressurreiter haben, ebenso wie Lehrer aus Saumur, ihre Reitweise bewundert, da sie ihre Pferde in allen Lektionen – mit Ausnahme der Piaffe – oftmals den Kopf ein wenig vor die Senkrechte nehmen ließ und ihnen somit mehr Freiheit gewährte.

ten Arbeit der Schweden und anderer kontinentaler Schulen und haben ferner eine Reihe ausländischer Lehrer nach England gebracht. Hieraus hat sich ein ausgewogenes Verhältnis zwischen der Dressur für die Vielseitigkeit und der Dressur als Selbstzweck ergeben.

Englands erste Medaillengewinnerin

Jennie Loriston-Clarke wurde durch ihre gründliche, klassische Ausbildung im Ausland[5] zur neuen Hoffungsträgerin für die Dressurreiterei in England. Nach den ersten Wegbereitern mußte es ein neues Idol geben. Was die Reiternation England am meisten beeindruckte, war die erfolgreiche Partnerschaft zwischen Jennie und dem attraktiven Dutch Courage (siehe Bildtafel 14). Ihre 1978 bei den Weltmeisterschaften in Goodwood errungene Bronzemedaille war ein echter Beweis für ihren Erfolg in der modernen Dressur und für eine so wettkampforientierte Nation wie Großbritannien unbedingt notwendig. Zwei Jahrzehnte lang hatte sich Großbritannien im Glanz seiner Erfolge in der Vielseitigkeit und im Springen gesonnt. Schließlich war das Undenkbare geschehen: der Durchbruch in der Dressur.

Von dort an waren es hauptsächlich die Reiterinnen, die zu dieser noch nicht weit verbreiteten Disziplin strömten. Die Nachfrage nach mehr klassisch orientierten ausländischen Trainern wuchs schnell. Zu ihnen gehörten Harry Assleberg aus Belgien, von Blixen-Finecke aus Schweden, Eddie Goldmann aus Ungarn und Franz Rochowansky aus Wien. Danach kamen jüngere Männer wie der Deutsche Ferdi Eilberg und der Israeli Daniel Pevsner. Britische Trainer, wie John Lassetter, studierten in Wien, der verstorbene Anthony Crossley in Deutschland. Der wahrscheinlich einzige Trainer, der mit seinen sehr englischen Methoden überdauert, ist David Hunt, der seine enorme Turniererfahrung im Unterricht weitergibt.

Jennie Loriston-Clarke hat ihr Land inzwischen bei fünf Olympischen Spielen vertreten und ist auf dem im Familienbesitz befindlichen Gestüt Black Knoll House, am Rande des New Forest, zu Hause. Zu den gestütseigenen Hengsten gehören ihr früherer Partner Dutch Courage sowie dessen beste Nachkommen aus englischen Vollblutmüttern. Einer dieser Nachkommen ist Dutch Gold, mit dem Jennie schon viele Kür- wie auch klassische Dressurprüfungen sowie die Olympiade in Seoul bestritten hat. Im Nashua-Weltcup 1988/89 erreichten sie nicht nur die höchste Plazierung im Punktesystem der westeuropäischen Liga, sondern die höchste je dagewesene Punktsumme überhaupt. Bei den Qualifikationsprüfungen in Zuidlaren, Brüssel und s'Hertogenbosch konnten sie alle drei Grand Prix gewinnen.

Die Produkte dieser Zucht (Holländer gekreuzt mit Vollblut) sind in allen Sparten der Turnierreiterei äußerst erfolgreich. Es ist dem Idealismus von Jane Kidd und der Großzügigkeit und dem Geschäftssinn der gebürtigen Kanadierin Desi Dillingham sowie der Unterstützung der *British Horse Society* zu verdanken, daß es inzwischen spezielle Leistungsprüfungen und Meisterschaften für in England gezogene Turnierpferde gibt.

Goodwood House in West Sussex, Sitz des Herzogs und der Herzogin von Richmond and Gordon, wird inzwischen nicht mehr mit Flachrennen, sondern eher mit Dressurreiten in Verbindung gebracht. Die klassischen Linien von Goodwood House bildeten in den letzten Jahrzehnten die perfekte Kulisse für internationale und nationale Dressurmeisterschaften. Die Unterstützung aus Goodwood und des Earls und der Countess of Inchcape, die für dringend erforderliche Sponsoren und die notwendige Publizität sorgten, hat viel zur Beliebtheit dieses Sportes in Großbritannien beigetragen.

---

[5] Jennie Loriston-Clarke hat bei den folgenden internationalen Ausbildern trainiert: Gunnar Andersen, Franz Rochowansky und Willi Schultheis.

Auch die britische Vielseitigkeitsreiterei profitierte von dem verbesserten Dressurniveau. Prinzessin Anne, Mark Philips, Richard Meade und Lucinda Green setzten mit ihren brillanten Ritten in den siebziger Jahren neue Maßstäbe; die Bedeutung des ersten (Dressur-)Tages wurde von der Öffentlichkeit jedoch im allgemeinen unterschätzt. Heute ist man sich einig, daß das inzwischen stark verbesserte Leistungsniveau im Gelände und im Springen eine gute Wertnote in der Dressur absolut voraussetzt, um in dem Punktesystem am zweiten Tag überhaupt eine Chance zu haben. Virginia Lengs und Ian Starks Erfolge sind ebenso auf ihre Disziplin und ihr Gefühl im Dressurviereck wie auf ihren Mut im Gelände zurückzuführen.

Ferner seien noch Militaryreiter wie Richard Davidson und Christopher und Jane Bartle erwähnt, die so viel Talent für die Dressur bewiesen, daß sie inzwischen in beiden Disziplinen erfolgreich an Turnieren teilnehmen. Umgekehrt kommt eine andere, stets erfolgreiche internationale Reiterin, nämlich Tanya Robinson (früher Larrigan), aus dem Umfeld des Zirkus und der Hohen Schule. Diesen und anderen Reitern sowie erfahrenen Ausbildern wie Sarah Whitmore ist es zu verdanken, daß Großbritannien aufholt. Es wird immer Raum für Verbesserungen geben, besonders was den künstlerischen Aspekt und die Leichtigkeit angeht. Entgegen den früheren Einschätzungen vieler ist Großbritannien in den letzten zehn Jahren jedoch wesentlich näher an die anderen europäischen Dressurnationen herangerückt.

Kanada und die USA
Wegen der riesigen Entfernungen gibt es in den Vereinigten Staaten und Kanada kein so fest etabliertes Trainingssystem wie in den kleineren Ländern, etwa Großbritannien oder Schweden. Die Amerikaner und Kanadier haben enorm von hochqualifizierten Trainern aus Ländern wie Ungarn, Rumänien, Polen und Jugoslawien, die entweder kurz vor oder kurz nach dem Zweiten Weltkrieg ausgewandert waren, profitiert. Diejenigen, die eine starke Bindung zur Kavallerie hatten, unterrichteten in allen drei Disziplinen. Im allgemeinen war es jedoch ihre klassische Dressurarbeit, durch die sie die einheimischen Ausbilder übertrafen. Es war schon ein besonderer Schlag von mutigen Reitersleuten, die oftmals alleine und ohne einen Pfennig in die Neue Welt kamen. Ihr Einfluß auf die dortige Reiterei war so stark, daß die Amerikaner und Kanadier die Europäer inzwischen mit ihren eigenen Waffen schlagen.

1961 sprach Littauer, bei einem Vergleich der amerikanischen Reiter mit den deutschen, von einer *'besonders einheitlichen und angenehmen Reitweise'*. Da es kein zentrales Ausbildungszentrum gibt, werden die Bestimmungen für Wettkämpfe in den USA von der AHSA (American Horse Show Association) festgelegt, während das USET (United States Equestrian Team) spezielle Trainingskurse für internationale Turniere in Gladstone, N. Jersey, organisiert.

Der ehemalige Präsident des USET, William Steinkraus, hat, ebenso wie die Mannschaftstrainer Bertalan de Nemethy und Jack le Goff, hart gearbeitet, um ein höheres Leistungsniveau zu erreichen und somit viel für die USET getan. Als gebürtiger Ungar diente de Nemethy kurz vor dem Krieg als Reitlehrer in der ungarischen Kavallerie. Später nahm er für Ungarn an internationalen Springprüfungen teil, bevor er 1952 in die USA auswanderte. Der Franzose le Goff, in Saumur ausgebildet, vertrat Frankreich in der Militaryprüfung der Olympischen Spiele von Rom. Nachdem er lange Jahre die amerikanische Mannschaft trainiert hatte, ist er nun Trainer der Kanadier geworden.

Die Amerikaner Sandy Pflüger und Bruce Davidson reiten sowohl Dressur als auch Vielseitigkeit – beide haben einen sehr schönen Stil –, während Kay Meredith, Robert Dover und Carol Lavell auf die Dressur spezialisiert sind und von Trainingsaufenthalten in Europa und Besuchen von Trainern wie Theodorescu, Hinnemann und Klimke profitiert haben.

Kanada glänzt nun schon seit einigen Jahren im internationalen Dressursport. Ob dies am Talent oder an der Tatsache liegt, daß viele Reiter monatelang bei Schultheis in Deutschland trainieren, sei dahingestellt. Cindy Ishoy war mit ihrem wunderschönen Dynasty außerordentlich erfolgreich für Kanada: sie wurde in Seoul Vierte der Einzelwertung und gewann mit ihren Mannschaftskolleginnen Ashley Nicoll, Anna Maria Pracht und Gina Smith die Bronzemedaille in der Mannschaftswertung. Dynastys tragischer Tod nach einer Kolik, kurz vor Veröffentlichung dieses Buches, schockierte die gesamte Reiterwelt.

Lipizzaner in Südafrika
Aufgrund einer internationalen Vereinbarung durfte Südafrika lange nicht an Turnieren im Ausland teilnehmen, innerhalb des Landes wird die Dressurreiterei jedoch gepflegt. Eine Einrichtung, auf die die Südafrikaner mit Recht stolz sind, ist das Lipizzanerzentrum in Kyalami, nördlich von Johannesburg, unabhängig von Regierung oder Kavallerie. Es lehnt sich an die Spanische Reitschule in Wien an.

Die Grundlage für diese Einrichtung – sie wird inzwischen von privater Seite finanziert, ist jedoch ständig von Konjunkturschwankungen bedroht – wurde 1948 gelegt, als Graf Elmer Jankovich-Besan, ein ungarischer Flüchtling, mit den ersten Lipizzanern nach Südafrika kam. Auf Podhajskys Initiative hatte er eine Anzahl von Hengsten aus seinem Heimatland Ungarn durch Europa und schließlich über das Meer nach Natal transportiert. Er ließ sich dort nieder und konzentrierte sich auf die Ausbildung seiner Fahrpferde. Als er später auf einen anderen Lipizzanerliebhaber und politischen Emigranten aus Polen in der Person des hochqualifizierten Kavalleristen Major Iwanowski traf, wurde die Idee zu einer Schule geboren. Iwanowski bildete eines seiner Pferde, Maestoso Erdem, bis zur Hohen Schule aus und gewann mit ihm die nationalen südafrikanischen Dressurmeisterschaften fünfmal hintereinander.

Heute hat das Lipizzanerzentrum in Kyalami ein eigenständiges Ausbildungssystem. Die Reiter sind ausschließlich Frauen, meistens Südafrikanerinnen, es kommen jedoch ständig Schüler aus dem Ausland zu Besuch. Das Zentrum wird von Maureen Dalgleish geleitet, die seit zwanzig Jahren von Gillian Meyer unterstützt wird. Als Protegés des ehemaligen Oberbereiters Lauscha von der Spanischen Reitschule, bemühen sich diese beiden Frauen um die Erhaltung der alten klassischen Werte in Kyalami, während sie gleichzeitig eine interessante kulturelle und touristische Attraktion bieten, durch die sich die Schule auch finanziert. Wie in Wien bildet eine herrliche Reithalle mit Pilaren die Kulisse für die Arbeit am langen Zügel, die Arbeit an der Hand, die Schulen über der Erde, den Pas de Deux und die stets beliebte Schulquadrille. Die 30 Hengste der Schule sind zwischen 5 und 25 Jahre alt. Tatkräftige Unterstützung hat die Schule in den letzten 15 Jahren durch die Besuche von Lehrern aus Wien – dazu gehört auch Ernst Bachinger – erfahren.

Insgesamt gibt es in Südafrika ungefähr 100 Lipizzaner. Mit 30 Pferden in Kyalami und weiteren 30 im Gestüt der Schule in den Hügeln von Natal

204 | Reitkunst im Wandel

ist die Existenz dieser wenig bekannten reiterlichen Oase nicht gesichert. Es ist zweifelhaft, ob eine solche Einrichtung ohne Unterstützung der Regierung auf Dauer überleben kann. Kyalami ist ein deutlicher Beweis dafür, daß die Kunst auch heute noch einen Platz hat und von einer begeisterten Öffentlichkeit mitgetragen wird.

Südafrika ist eines der wenigen Länder der Welt, in dem der Lipizzaner von den Dressurrichtern mit den europäischen Warmblutrassen und Vollblütern gleichgestellt wird. Auch in Europa ist diese klassische Pferderasse unter Reitern aus Ungarn und Jugoslawien wieder häufiger zu sehen. Trotz ihres früheren Glanzes stand sie in den 70er und 80er Jahren im Schatten der massiven deutschen Warmblutrassen. Da man sich inzwischen wieder mehr auf Ideale wie Leichtigkeit besinnt, ist zu hoffen, daß ein liberaler Standpunkt der Richter alle klassischen Rassen zur Rückkehr ins internationale Dressurviereck ermutigt.

Australien

Auch Australien besaß zur Zeit von Ray Williams, der reinrassige spanische Pferde nach Perth importierte und dort weiterzüchtete, in den späten 70er und anfangs der 80er Jahre ein eigenes Zentrum für die Hohe Schule. Dort wurde unter verschiedenen spanischen Lehrern, zu denen Manolo Mendez von der andalusischen Domecq-Schule gehörte, ein sehr hohes Niveau der klassischen Reiterei erreicht. Als Williams jedoch mit seinen besten Pferden nach Amerika ging, verblaßte die Arbeit von El Caballo Blanco.

Die Australier leugnen keineswegs, daß die Dressurreiterei in ihrem Land noch sehr jung ist, sind jedoch stolz auf ihre guten, ausdauernden Pferde – zumeist Vollblüter oder Vollblutkreuzungen. Die Spring- und Vielseitigkeitsreiterei hat diesen Pferden bis jetzt wahrscheinlich eher gelegen als die höhere Dressur; man hofft jedoch, daß die Australier an ihren hervorragenden Pferden festhalten und nicht alle dem Trend zu importierten Warmblutpferden nachgeben. Der Erfolg des neuseeländischen Militaryreiters Mark Todd inspirierte die Turnierreiter Neuseelands und Australiens. Von den australischen Dressurreitern nahmen 1980 Judy Mackay[6], 1984 Margaret McIver und 1988 Erica Taylor an Olympischen Spielen teil. Es finden ständig Kurse europäischer Dressurausbilder statt. Momentan ist der Deutsche Clemens Dierks Nationaltrainer; im Gegensatz zu seinem sehr wettkampforientierten Stil steht der Einfluß Nuno Oliveiras, der in den letzten 10 Jahren seines Lebens im Halbjahresrhythmus Kurse gab und einen kleinen Kreis engagierter Schüler hinterließ.

Mairinger

Am meisten geprägt wurde die Dressur in Australien jedoch von Franz Mairinger, einem ehemaligen Bereiter der „Spanischen". Er begann seine Reiterkarriere in der berühmten Kavallerieschule von Hannover, wo er sich besonders mit der Vielseitigkeit und dem Springen beschäftigte. Nachdem er weitere zwölf Jahre in Wien studiert hatte, kam er 1951 nach Austra-

Der australische Cowboysattel ist, abgesehen von seinen flügelähnlichen Stützen zu beiden Seiten des Vorderzwiesels, manchen Dressurmodellen gar nicht so unähnlich. Die Sitzfläche ermöglicht einen tiefen und sicheren Sitz, und das Gewicht des Reiters wird im allgemeinen gut auf dem Pferderücken verteilt. Diese Sättel sind jedoch für gewöhnlich ziemlich hart, daher wird oftmals ein Schaffell über die Sitzfläche gelegt.

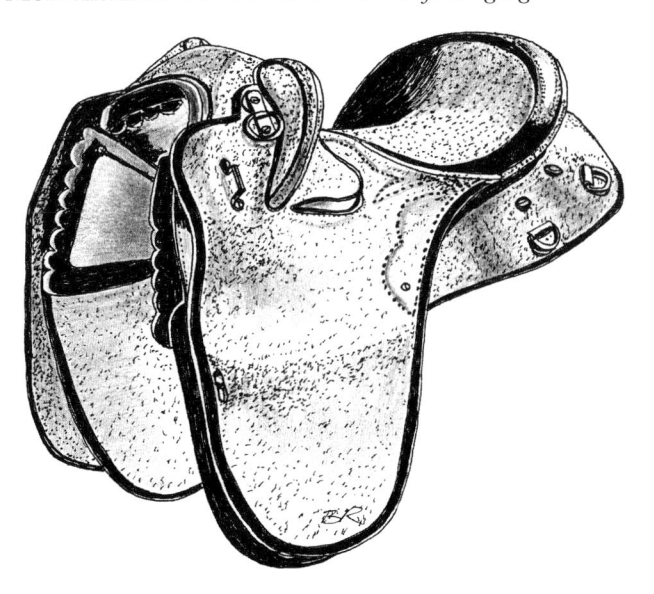

[6] Bei der Ersatz-Olympiade in Goodwood

lien. Mit seinem einzigartigen Reitergefühl und seiner Liebe zum Pferd beeindruckte er die australischen Reiter enorm. Als Trainer der Nationalmannschaft verhalf er der australischen Olympiamannschaft 1956 in Stockholm zu einem ausgezeichneten vierten Platz. Darauf folgte 1960 in Rom der Gewinn der Mannschafts-Goldmedaille in der Vielseitigkeit.

Mairingers Buch *Horses are Made to be Horses* (siehe Kapitel 1) befaßt sich vom Springreiten bis zur höheren Dressur mit allen Aspekten der Reiterei. Sein Stil ist eher philosophisch und vermittelt einen tiefen Einblick in das Feingefühl eines echten Meisters. So ist zum Beispiel seine Beschreibung, wie man dem Pferd die Piaffe beibringen soll, klar und einfach: *'Es geht so – der Reiter treibt es mit Gewicht und Schenkeln, und es [das Pferd] sagt, „Das ist zuviel Arbeit", und so versucht es mit seinem inneren Hinterfuß, dieser gymnastischen Übung auszuweichen. Der Reiter treibt es mit seinem linken Schenkel, und wieder versucht es auszuweichen. Wenn der Reiter es mit dem inneren Hinterbein nicht weg läßt, geht es mit dem äußeren Hinterbein weg. Dann könnte es breit ... schief gehen ... Schwung verlieren ... daherschleichen. Das Pferd muß dieses Maß an gymnastischer Übung annehmen – anfangs muß man es am langen Zügel haben und danach ein bißchen mehr treiben, und es macht immer noch mit, nimmt die Hilfen immer noch an. Dann treibt man es noch ein bißchen mehr und dann hat man es! Und das ist dann die Piaffe ...'*

In dem äußerst konstruktiven Kapitel über das Richten betont Mairinger, wie wichtig es ist, jedes Pferd so zu betrachten, wie wenn man es zum ersten Mal sähe. Er empfiehlt den Richtern, die Prüfung als Ganzes zu betrachten und sich nicht *'in zu vielen technischen Einzelheiten zu verzetteln ... Man darf sich nicht nur auf die Hinter- oder Vorderbeine konzentrieren, sondern muß versuchen, das ganze Pferd oder das Gesamtbild zu sehen.'*

Als frühere englische Kolonie verfügt Australien über keinen klassischen reiterlichen Hintergrund. Die australischen „Bushies" entwickelten allmählich einen Sitz, der dem der mexikanischen und westamerikanischen Cowboys ähnelte. Der australische Cowboysattel ist dem Dressursattel gar nicht so unähnlich. Er sorgt für eine gleichmäßige Gewichtsverteilung, die für das Pferd weniger ermüdend ist. Hoffen wir, daß der Anblick des australischen Buschmannes, der im Galopp in einer Staubwolke entschwindet, nicht völlig von den Hubschraubern verdrängt wird, die schon in vielen Staaten seine Aufgabe übernommen haben.

Kapitel 20

Gedanken zum heutigen Stand der Reitkunst

Wesentliche Punkte

Nach dem lebhaften Betrieb der modernen Reitsportszene mit ihrem hervorragenden Kommunikations- und Transportsystem, das die Pferde um die ganze Welt fliegen läßt, zu urteilen, haben wir uns inzwischen weit von den Anfängen der Reiterei und dem Ringreiten der west- und osteuropäischen Krieger entfernt. Aber stimmt das auch wirklich?

Pferde sind Pferde geblieben, sanft, sensibel, schreckhaft, kraftvolle Fluchttiere mit stahlharten Hufen, schnell wie der Blitz – sie sind mit das Schönste, das Gott geschaffen hat, wenn nicht das Schönste überhaupt. Die Menschen sind ebenfalls Menschen geblieben, von Natur aus aggressiv, unter zivilisierten Verhältnissen zu großer Kreativität fähig, trotz allem zwanghafte Ausbeuter ihrer Umgebung, auf etwas verstecktere Art genauso habgierig und von Macht und Erfolg besessen wie die Bürger früherer Gewaltherrschaften.

Vieles ist heute noch genauso wie früher. Wir führen zwar keine Schlachten auf dem Pferderücken mehr, genau wie zu Zeiten der Römer oder Xenophons ist die Welt jedoch nach wie vor von Revolutionen, Grausamkeiten und Hungersnöten erfüllt. In vielerlei Hinsicht sind wir heute künstlerisch und geistig wesentlich ärmer als viele Menschen früher.

Wo ist die Sehnsucht nach der von den alten Griechen so geliebten Reinheit und Schönheit geblieben? Wo der glühende Idealismus der Klassizisten, das alles überragende Bestreben, und die Kultivierung einer Kunst, die die Seele adelt und *'den Menschen zu einem soliden und ordentlichen Lebenswandel verpflichtet'*? Was würden die Kinder der Renaissance wohl denken über die teilweise schäbigen Straßen unserer Städte, die Pornoläden, unsere heutigen Bücher und die Gewalt, die jeden Abend über unsere Bildschirme flimmert?

Was würden die alten Reitmeister von unseren Hindernisrennen, unseren Vielseitigkeits- und Springparcours und insbesondere unseren Dressurprüfungen halten, deren Anforderungen unsere sensiblen vierbeinigen Freunde oftmals großem Streß unterwerfen? Kommandant Saint-Ford Paillard, ein französischer *écuyer* aus Saumur, schrieb mit schockierender Klarheit: *'Versuchen wir uns für einen Moment die Atmosphäre in einer Reithalle oder auf einem Turnierplatz vorzustellen, falls die Pferde, jedes Mal, da sie einen Schmerz empfänden, wie Hunde aufjaulen würden. Wären gewisse Springprüfungen dann nicht von Schmerzesschreien begleitet? Und wären gewisse Dressurprüfungen nicht von klagendem Wimmern untermalt? Was für ein Alptraum!'*[1]

[1] Auszug aus *Understanding Equitation*

Ein allgemeiner Überblick
Es ist wichtig, nun das breite Spektrum der Schulreiterei über die Jahrhunderte hinweg genau zu untersuchen, um herauszufinden, wo wir Fortschritte und wo Rückschritte gemacht haben. Nur indem wir absolut ehrlich sind, wenn wir diese faszinierende Kunst von ihren ersten Anfängen über ihre

große akademische Epoche, über den Wechsel von der höfischen zur militärischen Reiterei bis in das moderne Zeitalter der Reiterei für die Massen verfolgen, können wir hoffen, eine gewissen Kontinuität und Ordnung zu entdecken, die den vor uns liegenden Weg erhellt.

Es wird natürlich immer Menschen geben, die vom Alltag so beherrscht werden, daß sie sich nicht von ihm lösen können. Ihr Leben wird von Terminkalendern, ehrgeizigen Plänen und neuen Zielen bestimmt. Was hat die Vergangenheit noch für eine Bedeutung, wenn sich alles im Hier und Jetzt abspielt und das neueste Trainingsvideo darauf wartet, abgespielt zu werden? Da können die Werke der alten Meister in den Büchereien verstauben. Für die Gedanken aus der Antike ist keine Zeit und kein Platz. Nur die Gegenwart zählt noch!

Die Bedeutung der Vergangenheit
Mißachtet man die Vergangenheit, so verleugnet man Tradition und Wesen der Reitkunst. Jede Epoche, jedes Land, jede Reitlehre, die in diesem Buch zu Wort kommt, enthält mehr oder weniger Bemerkenswertes für die Gegenwart. Von der bedeutenden klassischen Reitkultur, die über einen langen Zeitraum entstanden ist, sollte auch das Pferd, unser Freund, profitieren.

Wenn die Erkenntnisse und Erfahrungen früherer Meister, die beinahe jeden Augenblick ihres Lebens im Sattel verbrachten und ihr Leben der Psychologie und Physiologie der Pferde widmeten, übergangen werden, ist das mehr als unentschuldbare Ignoranz, es ist eine Bedrohung dessen, was wir am meisten lieben.

Selbstgefälligkeit steht einer vorzüglichen Leistung im Wege. Und doch gibt es heute bekannte Persönlichkeiten in der Dressurszene, die stolz sagen, *'Ich habe diese Bücher nie gelesen'*. Unseligerweise sind es manchmal gerade diese Leute, die Ausschüsse leiten, Dressurprüfungen richten, Richtlinien neu bestimmen und die Jugend unterrichten. Ohne fundiertes Wissen geben sie ihre eigenen begrenzten Erfahrungen an andere weiter.

Eine echte Philosophie
Das alte Sprichwort „Übung macht den Meister" ist zwar lobenswert, aber nur in Verbindung mit Wissen – oder danach. Wer von uns ist schon so perfekt, daß er es sich leisten kann, nichts mehr dazulernen zu müssen? Guérinière schrieb 1729 treffend: *Jede Wissenschaft und jede Kunst hat ihre Grundsätze und Regeln, die zu neuen Entdeckungen und zur Perfektion führen. Warum sollte die Reiterei die einzige Kunst sein, für die nur Übung erforderlich ist?'*

Es gibt bestimmt keinen Reiter, der ein Pferd bis zu den höchsten Schwierigkeiten der *haute école* ausgebildet hat und dabei ehrlich behaupten kann, niemals ein Buch über das Thema gelesen zu haben. Ob man will oder nicht, die Reiterei ist in wissenschaftliche Regeln und Lehren eingebunden. Oftmals vermögen ein paar logische Erklärungen ein Problem zu lösen, das Reiter und Pferd monate- oder sogar jahrelang beschäftigt hat.

Gefühl ist für den Reiter eine wunderbare Gabe, wahrscheinlich die wichtigste; sie allein reicht jedoch nicht aus, um ein fertiges Dressurpferd zu bekommen. De Souza erklärte dies 1927 in Amerika so: *'Wie man Musik mögen kann, ohne etwas von ihrer Theorie zu wissen, wobei der Genuß wesentlich größer ist, wenn man die Theorie versteht, gilt das gleiche auch für die Reiterei und praktisch für jeden Sport, jede Kunst oder Wissenschaft. Es ist beinahe selbstverständlich, daß uns die Kunst um so mehr Freude und Nutzen bringt, je mehr wir über ihre Theorie und Technik wissen.'*

208 | Reitkunst im Wandel

Dort, wo Credo und Philosophie nicht verleugnet werden, tritt eine gewisse Demut zutage. Durch diese kostbaren Werte tritt die Reiterei in eine höhere Sphäre ein. Ohne gewissen Methoden zu folgen, ist es sehr schwierig, andere zu unterrichten, besonders wenn sie über weniger Gefühl verfügen. Ohne Selbstbescheidung wird man kaum den Respekt des Schülers gewinnen und sicherlich nicht die Liebe des Pferdes.

Aufgeschlossenheit

Engstirnigkeit ist die Folge der Mißachtung der wissenschaftlichen Lehre. Neigungen und Abneigungen, Stolz und Vorurteile sind die Folgen unserer Erfahrungen. Aufgeschlossenheit gegenüber den Sitten und Bräuchen anderer Länder und anderer Standpunkte gewinnt man jedoch nur durch Lesen, durch Studieren und durch Reisen. Das Bestrickende an der Renaissance war, daß sie sich wie ein Lauffeuer in Europa ausbreitete. Die Wiederbelebung antiker Wertvorstellungen, der Wissensdurst, das Reisen und der Informationsaustausch, das humanistische Element, die Bücher, die Anregung, die Sehnsucht nach Verbesserungen – all dies machte die Renaissance zu einer großartigen Epoche der Inspiration für die Menschheit und im besonderen für die Reiterei.

Ein Unterschied zur heutigen Zeit liegt in der damaligen Aufgeschlossenheit. Die Menschen waren gewillt, von der Vergangenheit zu lernen. Ihre Entdeckungen führten zu Nachforschungen, Verbesserungen, Vervollkommnung. Und doch war bei allen Ausschmückungen die strenge Gedankenführung der Griechen zu spüren. Xenophons auf den Naturgesetzen basierende Philosophie überdauerte die Zeit, da sie klar, logisch und gut war.

Nationale Reitakademien

Das Fehlen einer nationalen Akademie der klassischen Reiterei ist für viele englischsprachige Länder eine Tragik. Erstaunlicherweise verkennen dies viele in der internationalen Dressurszene, obwohl sie ständig beklagen, wie schwierig es ist, Dressurrichter von Format zu finden. Es ist kein Wunder, daß es auf diesem Gebiet zu Konflikten kommt, da es kein Mekka gibt, an das man sich wenden kann. Besonders in Großbritannien haben Autoren seit Generationen das Fehlen einer nationalen Schule bedauert.

1801 schrieb Philip Astley verbittert, *'Es gibt keine wissenschaftliche Reitschule in diesem Königreich, noch irgendeinen richtigen Lehrer für die Reitausbildung! ...'* Kurz darauf schrieb ein anderer Autor, J. G. Peters: *'Betrachten wir die Geschichte, findet sich kaum eine bedeutende Nation, die keine richtigen Einrichtungen für die Jugend des Hochadels, des Landadels und des Militärs aufweist, um sie in allen Sätteln gerecht zu machen, vom einfachen Gebrauchspferd auf der Straße bis*

Jane Bartle-Wilson ist eine beständige Siegerin in Musikküren. Ihre Auftritte auf dem beliebten Pinocchio waren von Charme und lebhaftem Schwung geprägt, der jedoch kaum jemals auf Kosten der Leichtigkeit ging. Dieses äußerst harmonische Paar erreichte den zweiten Platz bei den Weltmeisterschaften in Toronto (1986) sowie bei den Europameisterschaften in Aachen (1983) und Kopenhagen (1985). (Photo: Kit Houghton)

zum eleganten Schulpferd ... Seltsamerweise schauen wir uns in England, dessen immense Bedeutung von der ganzen zivilisierten Welt anerkannt wird, vergeblich nach einer solchen Einrichtung um und fragen: Wo ist sie zu finden?'

Solche Empfindungen gab es auch in den USA, Kanada, Neuseeland, Südafrika und Australien. Seltsamerweise wurde jedoch nur in den letztgenannten zwei Ländern der Versuch unternommen, eine eher idealistisch als profitorientierte klassische Schule einzurichten. Die Reiterei profitiert, wie jede andere Kunst, von einer Stätte kultureller Inspiration. Es ist kein Zufall, daß diejenigen Länder, die immer noch eine nationale klassische Reitakademie besitzen, sei sie auch noch so bescheiden, auf einem allgemein höheren reiterlichen Niveau stehen. Blicken wir zum besseren Verständnis ihres Einflusses auf die Schulen Österreichs, Frankreichs, Rumäniens, Portugals, Spaniens und Deutschlands (das immer noch von der großartigen Schule in Hannover profitiert). Die alte klassische Methode mag etwas von der neoklassischen Schule der meisten Olympiareiter abweichen, aber die Tradition einer langsamen, systematischen Ausbildung, der Festigung des Sitzes, der physischen und psychischen Entwicklung des Pferdes, seiner Zufriedenheit und Schönheit dient allen als Inspiration.

Inzwischen hat man erkannt, daß der in unserem Gehirn stattfindende Lernprozeß aufgeteilt ist in das bewußt Erlernte und das, was wir unbewußt aufnehmen. Tatsächlich findet dieser Prozeß in zwei Teilen des Gehirns statt. Im linken Teil werden Fakten gespeichert, und dort findet ein logischer Denkprozeß statt, im rechten Teil werden visuelle Bilder, wie das Erkennen von Schönheit und Formen, umgesetzt. Aus diesem „geistigen Auge" schöpfen wir unsere Intuition, Kreativität und künstlerische Leistung.

Nirgendwo ist diese doppelte Funktion des Gehirns ausgeprägter als in der Reiterei. Während der im linken Teil des Gehirns stattfindende Lernprozeß mittels Büchern, Vorträgen und Artikeln für alle nachdenklichen Reiter unverzichtbar ist, verarbeitet die rechte Seite, allein durch das Zuschauen, eine ebenso große Fülle an Informationen. In der Dressur spielt das visuelle Gedächtnis eine wichtige Rolle. Das Bild eines großen Meisters prägt sich, hat man es oft genug gesehen, fest im Gehirn ein und zieht oft spektakuläre Resultate nach sich. Für den Dressurreiter bedeutet dies eine automatische Verbesserung seines Sitzes und eine feinere Hilfengebung, beides oftmals völlig unbewußt. Ebenso wird das Auge des Dressurrichters, für den Perfektion ein äußerst seltener Anblick ist, für das wirklich Schöne und klassisch Korrekte geschärft, was ihn urteilsfähiger und seine Bewertung klarer macht.

Eine Anhebung des nationalen reiterlichen Niveaus

Fest steht, daß das durchschnittliche nationale reiterliche Niveau durch die Einrichtung einer Art nationaler Reitakademie in denjenigen Ländern, in denen die Dressur ernsthaft betrieben wird, steigen würde. Mehr Sicherheit im Straßenverkehr und im Gelände wäre ebenfalls die Folge. Hinsichtlich der Dressur wäre der Vorteil für Pferd und Reiter enorm. Vergessene Werte wie Ruhe, Güte und echte Harmonie zwischen Reiter und Pferd würden schnell wieder offenbar, wenn sie für alle zugänglich praktiziert würden.

Auffassungen, die in der Eintönigkeit der heutigen Reitbetriebe oftmals in Vergessenheit geraten, nehmen mit der Erkenntnis, daß es einen besseren Weg, eine klassischere Methode gibt, eine neue Bedeutung an. Selbst Nicht-Dressurreiter erkennen wirklich gutes Reiten. Leute, die zeit ihres Lebens noch keinen richtigen Reitunterricht erhalten haben, sind oft die ersten, die beim Anblick eines guten Reiters sagen: *'Pferd und Reiter bildeten eine Einheit.'*

Um wie viel mehr würden dann erst Turnierreiter, Lehrer und Richter von einem solchen Vorbild profitieren. Gäbe es in jedem Land eine solch lebendige Quelle der Inspiration, wurden die Worte L'Hottes: *'Die Zügel- und Schenkelhilfen erfolgten so unmerklich, daß sie mit dem bloßen Auge nicht zu erkennen waren'*[2], von vielen besser verstanden werden.

[2] Auszug aus *Questions Equestres*

Verschiedene Formen des Sitzes

Dieses Buch hat gezeigt, wie verschiedene Schulen in verschiedenen Ländern von unterschiedlichen Einflüssen, die nicht zuletzt durch den jeweils modernen Pferdetyp zustande kamen, geprägt wurden. Es wurden verschiedenartige Sitzformen und Sättel dargestellt. Es wäre töricht, gewisse nationale Unterschiede, die im allgemeinen durch den Pferdetyp und seinen Verwendungszweck bedingt sind, zu verleugnen. Jane Kidd faßte diese in ihrem Buch *Horsemanship in Europe* wie folgt zusammen: *'Ein guter Sitz wird von allen Dressurschulen als Voraussetzung für erfolgreiches Reiten angesehen, dieser Sitz ist jedoch von Land zu Land etwas unterschiedlich. Die Deutschen sitzen gerne sehr gerade, beinahe so, wie wenn sie stehen würden. Die Schweden tendieren zu einer etwas runderen Haltung, während die Franzosen die Lenden vor- und das Steißbein nach vorne-oben schieben.'*

Im Verlauf dieses Buches haben wir die Sitzformen der vielen verschiedenen Autoren aufgezeigt, wobei sich herausgestellt hat, daß für die versammelte Arbeit der Hohen Schule der auf drei Punkten basierende „Hohlkreuzsitz"[3] zuerst von Newcastle und Guérinière aufgebracht und später von Baucher, Oliveira, Frederiksen, de Kunffy und Albrecht weiterentwickelt wurde. Autoren von Dressurbüchern, die stark vom Gelände- oder Jagdreiten beeinflußt waren, tendieren eher in Richtung eines „Zweipunktsitzes" (wie in den Werken von Wätjen, Seunig, von Blixen-Finecke, Crossley und van Schaik nachzulesen). Beide Sitzformen sind als klassisch zu bezeichnen, bezieht man sie auf die jeweils an das Pferd gestellten Anforderungen.

[3] Siehe auch *„Der klassische Sitz"*

Klassische Lektionen

Was alle Schulen klassischen Ursprungs trotz ihrer offensichtlichen nationalen Unterschiede und Merkmale verband, war das Bestreben, sich der Natur des Pferdes anzunähern. Die Lehren Xenophons wurden von Guérinière und seinen Zeitgenossen immer wieder bestätigt und dienen auch heute noch als Grundlage eines klassischen Reitunterrichts.

Dennoch ist man sich oft uneins darüber, ob die verschiedenen Dressurlektionen nun als echt klassisch (d. h. natürlich) oder als unklassisch (d. h. unnatürlich) zu bezeichnen sind.

Die in Wien praktizierten Touren werden, ebenso wie alle Lektionen, die in den verschiedenen Dressurprüfungen im Rahmen der FEI verlangt werden, uneingeschränkt als klassisch (d. h. natürlich) anerkannt. Alles andere, insbesondere die früher so beliebten Zirkuslektionen, stößt auf starke Ablehnung. Während mir persönlich Lektionen wie der Galopp auf drei Beinen, für den der arme Fillis vom damaligen Establishment verdammt wurde, zuwider sind, erscheint es doch seltsam, daß auch der Spanische Schritt und Trab als unnatürlich abgestempelt werden, obgleich manche Ausbilder diese Lektionen zur Geschmeidigmachung der Schultern für durchaus sinnvoll halten. Sie sind mit Sicherheit nicht unnatürlicher als das Rückwärtsrichten.

Bestimmte Lektionen kurzerhand zu verdammen ist nicht nur gefährlich, sondern auch bezeichnend für die Vorurteile unserer Zeit. Noch vor kurzem gab es innerhalb der FEI Diskussionen darüber, ob Piaffe und Passage aufgrund ihres Schwierigkeitsgrades aus den Grand-Prix-Prüfungen gestrichen werden sollten[4]. Man fragt sich, wie lange es gedauert hätte, bevor auch diese Lektionen von zukünftigen, weniger belesenen Generationen als unklassisch und unnatürlich bezeichnet worden wären. Und was für eine Tragödie für die Reitkunst, hätte man sie dieser Lektionen beraubt, die, richtig ausgeführt, von solcher Schönheit sind.

Doch gehört dies bereits in das Reich der Wissenschaft. Aber vielleicht schulden wir es den Zirkusreitern, die auch heute noch hervorragende Reitkunst auf zufriedenen, nach dem Belohnungsprinzip ausgebildeten Pferden zeigen, diesen strittigen Punkt zu vertiefen. Wer hat schon jemals ein Pferd sich im Außengalopp auf dem Zirkel bewegen sehen? Die meisten Pferde zeigen in der Aufregung vielleicht ein paar einzelne Sprünge im Außengalopp, werden jedoch niemals freiwillig einen kompletten Kreis in diesem gestörten Gleichgewicht zurücklegen. Ebenso muß man sich fragen, ob Traversalverschiebungen und Einerwechsel wirklich natürliche Lektionen sind.

Die Aufnahme der letztgenannten Lektion in den Grand Prix wurde von der Spanischen Reitschule sicherlich mit Sorge betrachtet. Sie stellt für das Pferd eine solch enorme Anstrengung dar, daß vielen hochtalentierten Pferden nur wegen dieser einzigen Lektion die Teilnahme an schweren Dressurprüfungen versagt bleibt. Die Einerwechsel erfordern ein besonderes Maß an Gleichgewicht, das Pferden mit eher rechteckigem Exterieur wesentlich leichter fällt.

Kann man die Bemühungen anderer, die in beinahe magischer Übereinstimmung mit ihrem Pferd bestimmte Lektionen mit großer Geschmeidigkeit ausführen, einfach verwerfen? In England denkt man sofort an geduldige Ausbilder wie Mary Chipperfield oder Sylvia Stanier, Autorin von *The Art of Longreining* und Expertin für die Arbeit an der Hand und das Reiten im Damensattel. Die Schweizer Familie Knie sowie die Portugiesen und Spanier sind Meister im Galoppieren auf der Stelle, was für die letzteren für die Arbeit mit dem Stier noch praktische Bedeutung hat. Selbst in der militärischen Einrichtung von Saumur werden extravagante Touren und Sprünge praktiziert. Vielen Pferden macht diese Arbeit Freude, sie erfordert jedoch, wie alles andere auch, große Geduld und ausreichende Vorbereitung.

Verschiedene Denkweisen
Viele Wege führen nach Rom – dieses Klischee findet sich bei fast allen hier erwähnten Autoren. Dennoch herrscht Einigkeit darüber, daß gute Resultate nur zu erreichen sind, wenn die Ausbildung des Pferdes mehr auf Belohnung als auf Bestrafung basiert. Es scheint jedoch, daß diese Erkenntnis im heutigen Unterricht oftmals übersehen wird.

Glücklicherweise wissen Spitzenreiter aus Erfahrung, daß Belohnung für eine harmonische und unverkrampfte Zusammenarbeit mit dem Pferd absolut notwendig ist. (Wie schon erwähnt, bedeutet Belohnung nicht die Verabreichung von Zuckerstückchen, sondern eine sanfte Hilfengebung und ein ruhiger Sitz des Reiters.) Abweichungen hiervon treten auf den unteren Ebenen auf. Die Reiterei kann dann nicht mehr als klassisch bezeichnet werden, wenn Strafen in Form von einer unnachgiebigen, harten Zügelhand, groben treibenden Sitz- und Schenkelhilfen und einem ständigen Gebrauch der Sporen sichtbar werden. Auch bloße Unwissenheit kann zur Strafe werden –

---

[4] General Margot von Saumur hatte armselige Versuche, diese Lektion im Viereck korrekt auszuführen, so satt, daß er den einzigen Ausweg darin sah, sie völlig abzuschaffen.

ungenügende Entspannungspausen für das Pferd zwischen den Lektionen sowie das völlige Fehlen von Lob sind nur allzu verbreitet.

Natürlich gibt es Mißstände. Littauer schrieb '… *man kann das Pferd leicht auf psychische Weise mißhandeln, ohne die kleinen unbedachten Dinge, die man vielleicht unabsichtlich tut, zu erkennen … Das Weglassen von Belohnungen bei gleichzeitiger verstärkter Bestrafung kommt einer Mißhandlung gleich.*' Überforderung des Pferdes im Training gibt es überall. Die Richtlinien des Wettkampfes bieten jedoch eine gute Möglichkeit, dem entgegenzuwirken. Zuerst müssen die Menschen aber in der Lage sein, das Problem zu erkennen und einzugestehen. Am Ende dieses Kapitels werden wir hierauf nochmals zurückkommen.

Nuno Oliveira brachte in seinem Buch *Classical Principles of the Art of Training Horses* einige sehr interessante Ansichten über die verschiedenen Richtungen zum Ausdruck:

'*… in Reiterkreisen tendiert man dazu, von verschiedenen Schulen zu sprechen – der französischen Schule, der deutschen Schule, der schwedischen Schule, usw. Sinn dieser kleinen Schrift ist es, die grundlegenden wesentlichen Gemeinsamkeiten herauszufinden. Wir müssen uns der wesentlichen Unterschiede in der Technik und der Philosophie der Reiterei bewußt werden – im Gegensatz zu den Unterschieden, die sich aus den verschiedenen Pferderassen, dem unterschiedlichen Körperbau und Temperament des Pferdes ergeben.*

Die Deutschen haben, ihrem Charakter und ihrem Sinn für Organisation und Disziplin entsprechend, kräftige Pferde mit gutem Rücken und sehr korrekten, raumgreifenden Bewegungen, die sich vor allem auch temperamentsmäßig für den Dressursport eignen. Diese Pferde sind ausgeglichener und weniger erregbar als die Vollblüter und die Anglo-Araber, die in den 30er, 40er, 50er und 60er Jahren in Frankreich in Mode gekommen waren.

Wir sprechen nicht von der Überlegenheit einer bestimmten Methode (z. B. der deutschen), man muß jedoch erkennen, daß die Dressur in Deutschland sehr populär ist und daß es dort viele junge Reiter gibt, die in der Lage sind, einen Prix St. Georges zu reiten. Natürlich sind nicht alle deutschen Reiter Spitzenreiter; sie tendieren dazu, ihre Pferde mit einer gewissen Strenge und Härte zu reiten, was zu einer sehr starken Anlehnung führt.

Beobachtet man jedoch Spitzenreiter wie Schultheis, Klimke usw., bemerkt man, daß dies dort nicht der Fall ist. Sie kennen sehr wohl die „descente de main", das Ergebnis und die Belohnung für echte Versammlung …

Wenn das Pferd nicht wirklich leicht in der Hand ist, sind Lektionen wie Pirouette, Passage, Piaffe und besonders der Übergang von der Passage zur Piaffe nicht wirklich akkurat und brillant.'

Plötzlich spricht man wieder von der Leichtigkeit. Die oben beschriebene Technik findet wieder Beachtung. Sollte der französische Ausdruck für manche unverständlich sein, lassen wir Klimke zu diesem Thema zu Wort kommen: '*Das Pferd sollte lernen, soweit wie möglich alleine zu arbeiten, mit einem Minimum an Hilfen. Die Hände müssen eine „fühlende" Funktion haben, sofort nachgeben, wenn das Pferd vortritt, gefolgt von einem leichten Annehmen der Zügel, um „den Tritt abzufangen". Je sicherer das Pferd in seinen Bewegungen wird, desto mehr läßt der Druck (durch Schenkel und Zügel) nach.*'

Die auf Kraft basierende Schule

Trotz dieser ermutigenden Anzeichen dominiert in vielen internationalen Turnierställen immer noch die bloße Kraft. Selbst bei den Briten, die für ihre Liebe zum Pferd bekannt sind, herrschen allzuoft der „eiserne Handschuh" und der „eiserne Stiefel". Das Fehlen einer traditionellen, stets nach Perfektion strebenden Philosophie hat zur Folge, daß mechanischer Gehorsam und Unterwürfigkeit (selbst wenn sie erzwungen sind) für die Mehrheit der Reiter und Richter wichtiger sind als Leichtigkeit. Paillard weist mit seiner Kritik an den modernen Methoden zur Entfaltung des Schwungs auf die Härte mancher heutiger Theorien hin.

'Schwung! Schwung! Wie viele Irrtümer sind in deinem Namen begangen worden! Einer der häufigsten und schlimmsten ist der, junge Pferde in schnellem Tempo durch energische Schenkelhilfen, unter dem Vorwand, ihren Schwung zu entwickeln, vorwärtszutreiben ... Ein weiterer Irrtum ist es, das Pferd, das bis jetzt weder Schenkelnoch Zügelhilfen richtig versteht, unter dem Vorwand, eine „Spannung" für diesen berühmten Schwung zu erzeugen, „in die Hand hineinzutreiben" ... Ein solches Verhalten ist nichts anderes als ein „gleichzeitiges Treiben und Ziehen", wenn es auch oftmals mit klugen Worten umschrieben wird, um es in einem besseren Licht erscheinen zu lassen.

Bein! Bein! Reite vorwärts! Treibe das Pferd in die Hand hinein! Auf diese Weise kann man das Pferd sicherlich zwingen vorwärtszugehen ... es wird jedoch niemals schwungvoll gehen und damit seinen Gehorsam unterstreichen. Dieser Schwung ist eine Mischung aus Großzügigkeit und Fast-Freiwilligkeit ...'

Dr. Van Schaik, ein holländischer Schriftsteller aus Amerika und Verfasser des Buches *Misconceptions and Simple Truths in Dressage* sieht den Grund für den heutigen Mangel an Harmonie in der Zusammensetzung der FEI-Dressurprüfungen. Er fragt: *'Wäre es nicht möglich, Prüfungen auszuschreiben, bei denen der Schwerpunkt auf Schönheit und nicht auf Akrobatik liegt?'*

Prioritäten

'Schönheit als Schwerpunkt ...' dies muß das leidenschaftliche Bestreben eines jeden Reiters sein, der sich von den klassischen Richtlinien leiten läßt. Die heutige Situation könnte so leicht durch eine Lektion aus der Vergangenheit verbessert werden.

In den Anfangstagen der Dressurwettbewerbe gab es nur Küren. Die Reiter mußten, wie in den heutigen Musikküren, bestimmte Lektionen in bestimmten Gangarten zeigen, Anordnung und Reihenfolge blieben jedoch dem Reiter selbst überlassen. Dadurch konnten sie Gehorsam, Geschmeidigkeit und Rittigkeit ihres jeweiligen Pferdes auf natürlichere Weise demonstrieren. Die Lektionen waren nicht so sehr Selbstzweck, sondern dienten der Überprüfung des bisher erreichten Niveaus. Die Bewertung dieser Prüfungen war sicherlich nicht schwieriger als die Bewertung der heutigen Küren und zweifellos wesentlich interessanter.

Das Schöne an der Kür ist, daß sie für jedes Pferd maßgeschneidert werden kann. Die Aufgabe muß zwar erfüllt und alle Lektionen müssen gezeigt werden, ein unterschiedlicher Ablauf kommt jedoch den verschiedenen Pferden entgegen. Gegen das Reiten nach Bahnpunkten spricht, daß der Bewegungsfluß oft durch plötzliche Wechsel und Übergänge gestört wird. Die Reiter beklagen, daß vorgegebene Prüfungen eher darauf ausgerichtet sind, den Pferden eine Falle zu stellen, als Bewegungsfluß und Eleganz zu fördern. Letzteres bemängelte Oberst Podhajsky am modernen Wettkampf am meisten. Dies läßt die Kontroverse neu aufleben, ob Nicht-Reiter richten oder solche Prüfungen überhaupt festsetzen sollten.

Heute wächst bei Richtern und Turnierteilnehmern gleichermaßen das

Unbehagen an einem Bewertungssystem, bei dem es wichtiger ist, *wo* eine Lektion geritten wird, als *wie*. Besonders in den unteren Klassen sieht man nur allzuoft, daß ein harmonisches Paar mit einer ästhetischen, flüssigen und klassisch korrekten Aufgabe weit hinter einem Paar plaziert wird, bei dem die Hilfen abrupter sind und das Pferd weniger gelöst ist, wo jedoch die Bahnpunkte genau eingehalten wurden. Solange Prüfungen nach solchen Kriterien bewertet werden müssen, kann man auch den Richtern keinen Vorwurf machen. Ist es andererseits fair, die Pferde für das Vorausahnen der Lektionen zu bestrafen? Wir wissen alle, daß akkurates Reiten nach Bahnpunkten zu Verspannungen führt und die Pferde gern den Hilfen zuvorkommen. Da uns die Bahnpunkte offenbar erhalten bleiben, sollte man wenigstens jungen Pferden und Reitern etwas mehr Freiraum lassen.

Musikküren

Zum Glück ist durch die Musikküren wieder etwas mehr Freiheit im Dressurviereck eingekehrt. Es erstaunt kaum, daß diese Küren, die oftmals atemberaubend schön sind, bei den Zuschauern auf großes Interesse stoßen. Auch hier besteht jedoch die Gefahr, daß Bewegungsfluß und Eleganz unweigerlich verlorengehen, wenn die Richter Reiter bevorzugen, deren Pferde mehr oder weniger genau nach der Musik tanzen.

Die britische Autorin und Dressurrichterin Pegotty Henriques schrieb einen ebenso provozierenden wie angebrachten Artikel in *Horse and Hound* mit dem Titel *Der klassischen Kunst droht die Zerstörung durch das Kürmonster*[5]. Sie wollte damit sagen, daß die Einbeziehung von Richtern, die nicht aus Reiterkreisen stammen, katastrophale Folgen haben könnte. *'Selbst wenn ein solcher Richter über gute Kenntnisse verfügen würde, könnte er sich leicht von der Dramatik einer Vorstellung hinreißen lassen, wodurch seine Urteilskraft verlorengeht.'* Ferner äußert sie sich besorgt über zu anspruchsvolle Küren, die einem Nicht-Fachmann den Blick für offensichtliche Fehler verstellen könnten. *'Dreifach-Pirouetten sind kein schöner Anblick, wenn das Pferd dabei offensichtlich zu kämpfen hat. Trabverstärkungen im Wechsel mit Piaffe beeindrucken nur, wenn sie gut ausgeführt werden.'* Man kann nur hoffen, daß diese Worte auch gehört werden.

Auch wird der natürliche Rhythmus des Pferdes gestört, wenn zu sehr versucht wird, das Tempo nach der Musik auszurichten. Es wäre manchmal ehrlicher, solche Prüfungen eher als Theatervorstellung denn als Demonstration klassischer Dressur zu bezeichnen. Künftig müssen die entsprechenden Richtlinien Prioritäten erkennen lassen, die der derzeitigen Tendenz, die Musik mit jedem Gangartwechsel zu ändern, entgegenwirken; andernfalls wird die Qualität der Vorführung beeinträchtigt.

Wieder einmal sollte man sich ein Beispiel an der Spanischen Reitschule nehmen. In Wien ist die Musik als herrliche Untermalung für die Arbeit der

Die Piaffe ist auf diesem Photo kurz nach dem höchsten Punkt der Schwebephase aufgenommen, trotzdem bietet sich ein schönes Bild. Gemäß den klassischen Richtlinien ist das Pferd verhältnismäßig frei im Hals, der Rücken ist losgelassen und die Kruppe etwas niedriger als die Vorhand. Man beachte die Biegung des linken Fesselgelenkes. Bereiter Riegler reitet seinen Holländer Vindicator hier auf eine Weise, die leider noch nicht oft genug bei Wettkämpfen zu sehen ist.

[5] 19. Januar 1989

Pferde gedacht; sie wird niemals zum Hauptthema. Es gibt keine plötzlichen Änderungen von Melodie oder Takt zur *Vervollkommnung* der Lektionen. Statt dessen geht die beinahe spirituelle Ausstrahlung von den Pferden selbst aus. Sie tanzen, weil sie leicht und von lebhaftem, jedoch kontrolliertem Schwung erfüllt sind und nicht, weil der Reiter dem Rhythmus entsprechend die Tritte verkürzt oder verlängert! Ihre hohe Knieaktion kommt von einem losgelassenen Rücken und nicht davon, daß sie ihre Tritte der Musik anpassen! Ihre Bewegungen sind flüssig, weil sie ungezwungen sind, nicht weil dies die Musik so vorschreibt! Dies ist der eigentliche Sinn des Dressurreitens nach Musik, was niemals in Musik nach Dressur umgekehrt werden darf.

Rückbesinnung auf Xenophon

So wie dieses Buch mit Xenophon begonnen hat, so muß es auch, wenn wir unsere Pferde lieben, mit der großen humanistischen Philosophie dieses Pferdemannes schließen. Es ist an der Zeit, die Belange des Pferdes zu respektieren. Sein Wohlbefinden sollte immer oberstes Gebot sein. Dies geschieht nicht von heute auf morgen, der Weg ist jedoch klar.

Ausbildung des Reiters: Die Zukunft hängt vor allem davon ab, wie wir die Dressur der Jugend nahebringen. Von Anfang an muß der Unterricht auf Güte und Belohnung basieren. Die Jugend ist heute vom Turnierfieber gepackt, der Psychologie des Pferdes wird nur wenig Zeit gewidmet. Den meisten Leuten ist nicht bewußt, daß Belohnung für die Entwicklung der Pferde genauso wichtig ist wie das neueste Fertigfutter. Auch der eigentliche Sinn einer Dressurprüfung wird verkannt. Er liegt nicht darin, durch aneinandergereihte Lektionen eine Schleife zu gewinnen, vielmehr sollte der jeweilige Ausbildungsstand des Pferdes in einem schönen Gesamtbild dargestellt werden. Die folgende Beschreibung sollte selbst für Anfänger verständlich sein: *'In der Dressur soll der Ausbildungsstand, den du mit deinem Partner, dem Pferd, erreicht hast, dargestellt werden. Eine korrekte und ruhige Hilfengebung sollte ihm ermöglichen, die verschiedenen Forderungen stolz und aus eigenem Willen zu erfüllen.* (Das Wort *Unterwerfung* wird besser weggelassen, da es von vielen falsch interpretiert wird.)

Verhütung von Mißbräuchen: Bei jedem Turnier, auf welcher Ebene auch immer, muß den Organisatoren bewußt sein, daß sie die besondere Verpflichtung haben, bei Mißbräuchen einzugreifen. Die Richter auf den Abreiteplätzen haben auf einen zu heftigen Gebrauch des Absatzes oder des Sporns, zu enge Nasenriemen, die die Atmung behindern, und strafende Hände zu achten. Das Zaumzeug sollte überprüft werden, ein scharfes Reißen an den Zügeln den Ausschluß von der Prüfung nach sich ziehen.

Konzeption der Prüfungen: Es sollte mehr Küren, mit und ohne Musik geben. In den unteren Klassen sollte dem Reiter erlaubt werden, die Lektionen bis zu drei Tritten vor oder nach dem Bahnpunkt auszuführen. Dies wäre einem flüssigeren Bewegungsablauf förderlich, setzt allerdings die Fähigkeit des Reiters voraus, den richtigen Moment selbst zu bestimmen, anstatt das Pferd an einem bestimmten Punkt mit den Hilfen zu überfallen.

Bewertung: Es müßte mehr Wert auf die Art, wie das Pferd geritten wird, gelegt werden. Zusätzlich zu den Punkten für die Ausführung der einzelnen Lektionen wäre es ideal, wahrscheinlich jedoch undurchführbar, wenn es *während der ganzen Prüfung* zusätzlich Punkte für die ästhetischen Werte, wie Leichtigkeit, abgerundete Bewegungen, Harmonie, Ruhe und für das Gesamtbild, gäbe. Das derzeitige System, das zwar diese Eigenschaften miteinbeziehen sollte, läßt den Richter vor allem auf die Mechanik achten. Die

Punkte für das Gesamtbild werden oftmals erst, nachdem der Teilnehmer das Viereck längst verlassen hat, hinzugefügt. Ein Freund, der mit der schwedischen Kavallerie trainiert hatte, sagte einmal, daß das Richtverfahren für die Dressur eigentlich auf zwei getrennten Benotungen basieren sollte, eine für die Anklage und eine für die Verteidigung. Könnte man eine solche Bewertung einführen, ließe sich das negative Image der Richtverfahren in der Dressur sicherlich beheben.

Eine Überprüfung des Benotungssystems ist längst überfällig. Niemand ist von dem derzeitigen Bewertungssystem überzeugt, und kein Richter ist über Kritik im Falle von Ungereimtheiten erfreut. Das Gesamtniveau würde durch ein breiter gefächertes System angehoben. Unsere Spitzenreiter wären zwar immer noch eine Klasse für sich; in den unteren Klassen gäbe es jedoch weltweit einige interessante Änderungen. Die Richter hätten mehr Freiraum und müßten sich in Zweifelsfällen nicht mehr länger an den Sechsernoten festhalten.

Diese Passage von Olympiasiegerin Nicole Uphoff und Rembrandt, 1988 in Seoul, drückt Leichtigkeit und Eleganz aus. Manche hoch im Blut stehenden Pferde erfordern eine besonders sensible Reitweise, da es für sie schwieriger ist, in der Versammlung den Rücken aufzuwölben und die Hinterhand zu senken. Im allgemeinen bieten sie jedoch einen schönen, ästhetischen Anblick. (Photo: Bob Langrish)

Die Ausbildung der Richter: Es kann nicht hingenommen werden, daß die Meinungen der Richter über die korrekte klassische Interpretation bestimmter Lektionen so weit auseinandergehen. Die Richtlinien der FEI sind eindeutig, und doch herrscht Unklarheit. Selbst auf Grand-Prix-Ebene werden Lektionen wie Pirouette oder Passage, die einfach nicht den Richtlinien entsprechend ausgeführt wurden, mit einer 6 oder einer 7 benotet, während Richter in den unteren Klassen eine schwunglos ausgeführte Lektion – wobei Schwung allzuoft mit Schnelligkeit verwechselt wird – mit einer 3 oder einer 4 benoten.

Es scheint nicht allen Richtern bewußt zu sein, daß ihr Amt sie zu einer klassischen Ausbildung verpflichtet. Brigadier Albrecht sagt in seiner *Dressurlehre für Reiter und Turnierrichter* klar und deutlich, daß praktische Erfahrung allein nicht ausreicht. Routine sei zur Erweiterung der Fachkenntnisse zwar nötig, sie vermittle jedoch nicht das für das Richten so wichtige Verständnis.

Ein weiteres Problem ist die Bemäntelung der Bedeutung der Versammlung. In den unteren Klassen tendiert man dazu, ein Pferd, das stolz mit aktiver Hinterhand geht, als verspannt oder als „vorne zu hoch" zu kritisieren (wäre keine Spannung vorhanden, könnten die Muskeln auch keine Energie erzeugen). In den höheren Klassen gibt es nicht genügend Punkteabzug, wenn Lektionen wie Piaffe und Passage, die als Prüfstein der Versammlung gelten, entgegen den Richtlinien auf der Vorderhand ausgeführt werden.

Der Grand Prix ist für Pferde gedacht, die in allen Gangarten ausbalanciert und in Selbsthaltung gehen. Ebenso wie die Richter schnell dabei sind, unzureichende Verstärkungen zu bestrafen, zögern sie wiederum auch, den

Gedanken zum heutigen Stand | 217

Mangel an *zurückgehaltenem* Schwung, d. h. Versammlung und Spannung, zu bestrafen. Ferner ist die Akzeptanz mancher Richter gegenüber einer permanent straffen Zügelverbindung in Frage zu stellen. Diese unterschiedlichen Schwerpunkte haben dazu geführt, daß einige den Weg, den die moderne Dressur genommen hat, in Frage stellen und heute von zwei Schulen sprechen. Die eine ist die wirklich klassische, wobei das Pferd weit mit der Hinterhand untertreten muß, die andere die neo-klassische, wobei der Rahmen des Pferdes horizontal ist und der Reiter stets Gewicht in der Hand hat.

Podhajsky wußte jedoch von den Gefahren, die das ständige Reiten des Pferdes in horizontalem Rahmen mit sich brachte – z. B. das Forcieren der Piaffe mittels des Sporns. Er beklagte das typische „Schlurfen" im Grand Prix, wo *'die meisten Pferde mehr oder weniger zäh auf der Stelle treten ...'* und äußerst selten *'taktmäßige und erhabene Tritte zeigen'*.

Daher müssen die Richter auf die klassischen Grundlagen zurückgreifen, um den Blick für die korrekte versammelte Arbeit zu schärfen. Diese zu erkennen erfordert wesentlich mehr Verständnis als die Bewertung der augenfälligeren Verstärkungen.

Wenn auch Aufenthalte in Wien wahre Wunder bewirken könnten, muß die Ausbildung der Richter nicht unbedingt teuer sein. Das Studium der klassischen Meister ergänzt durch Lehrvideos sollte für alle Richter ab den mittleren Klassen Pflicht sein. Dies sollte weltweit wenigstens die Werke Xenophons, Übersetzungen von Guérinière, Decarpentry, Podhajsky und Oliveira einschließen. Den Engländern wären zusätzlich Wynmalen und Fillis zu empfehlen. Videos sollten Spitzenqualität haben; Mittelmäßigkeit trübt den Blick. Das Auge des Dressurrichters darf nur das Perfekte als perfekt akzeptieren. Daher können nur die wirklich klassischen Akademien, die sich seit Generationen der Reitkunst verschrieben haben, als Quelle der Inspiration dienen. Vor kurzem gab es in der Presse einige Artikel über die Unterschiede zwischen der klassischen und der wettkampfmäßigen Dressurreiterei. Und doch basiert beides auf den gleichen Grundregeln. In *Dressage*[6] erschien ein Leserbrief zu diesem Thema, in dem der Verfasser, B. A., schrieb: *'Es ist sicherlich an der Zeit, die Maske fallenzulassen und Dressur auch als Dressur und nicht als Klassische Reiterei zu bezeichnen. Dann können wir nach vorne schauen und uns bemühen, die Dressur zu verbessern, indem wir uns um diejenigen Aspekte der Klassischen Reiterei, die uns am bewundernswertesten erscheinen, bemühen. Für mich sind dies Leichtigkeit, Wendigkeit und ein tänzerisches Element, im Gegensatz zu der heute so modernen unnachgiebigen, schwerfälligen Kraft.'*

Ich persönlich bin nicht der Meinung,

Der mächtige Hannoveraner Gigolo besticht durch Schwung und Dynamik. Isabell Werth, die derzeitige Meisterschülerin von Dr. Uwe Schulten-Baumer, gewann mit ihm in Barcelona die Silbermedaille in der Einzelwertung und die Goldmedaille mit der Mannschaft und war in vielen Grand Prix erfolgreich. (Photo: Edgar Schöpal)

[6] *Dressage*, September/Oktober 1989

daß die heutige Dressurreiterei so stark von den traditionellen Werten abweicht – mit Ausnahme der unteren Ebenen, die man besser als Reitprüfungen denn als Dressurprüfungen bezeichnen sollte, und bestimmter bereits erwähnter Aspekte des Grand Prix. Die Mehrzahl der Reiter, insbesondere diejenigen, die ihre Pferde selbst ausbilden, möchten die klassische Reitweise erlernen und auch klassische Ergebnisse erzielen. Könnten innerhalb des vorgeschlagenen Rahmens einige positive Änderungen erreicht werden, ließen sich beide Schulen zur Zufriedenheit aller miteinander verschmelzen. Solange wir jedoch in unserer Teilnahmslosigkeit gegenüber dem derzeitigen Ausbildungs-, Richt- und Bewertungssystem verharren, hat dies die Trennung der beiden Systeme zur Folge.

1989 besuchte die Spanische Reitschule wieder einmal London. Zehn Reiter und 24 Pferde gaben in Wembley ihre vielleicht beste Vorstellung hinsichtlich Präzision, Geschmeidigkeit, Vielfalt der Arbeit und Harmonie zwischen Pferd und Reiter, die sich im stolzen und zufriedenen Gesichtsausdruck der Pferde widerspiegelte. Es scheint, als ob ihr Besuch die Menschen zum Nachdenken angehalten hätte. Ein ermutigender Artikel in der Weihnachtsausgabe von *Horse and Hound* von Pegotty Henriques[7] gibt Anlaß zur Hoffnung.

[7] *Horse & Hound*, 21. Dezember 1989

'Neulich abend sah ich mir das Video von der olympischen Dressurprüfung an. Ich fragte mich, ob der Weg, den die internationale Dressur eingeschlagen hat, der richtige ist.

Bei den zehn Spitzenreitern gab es zu viele Pferde mit Taktfehlern und unreinen Gängen. Zu viele Reiter, die der Anforderung, daß „alle Bewegungen ohne augenscheinliche Anstrengung ausgeführt werden sollten" (Zitat der FEI) nicht gerecht wurden. Liegt es an der Richtweise, am Wettkampfsystem, oder am Ausbildungssystem? Liegt der Erfolg ihrer Schüler den Ausbildern zu sehr am Herzen, so daß sie sich mehr an der Wettkampfreiterei orientieren?

Nimmt man sich an Heiligabend Zeit, an der Stalltür zu lehnen und dem zufriedenen Kauen der Pferde zuzuhören, sollte man für einen Moment darüber nachdenken, was man wirklich erreichen möchte und ob sich der Sport auf dem richtigen Weg befindet.'

Wenn eine internationale Richterin vom Format Frau Henriques' den Weg der wettkampfmäßigen Dressur in Zweifel stellt, ist dies für viele Turnier- und Nicht-Turnierreiter, die ihre Pferde lieben, eine Beruhigung. Ihre Kommentare unterstreichen sicherlich die Bedeutung jener Einrichtungen, auf die in unserem Buch ausführlich eingegangen wurde, und die die traditionelle Reiterei über Jahrhunderte hinweg lebendig erhalten haben. Ist die Zeit nicht reif für ein Wiederaufleben dieser uralten Werte und eine Überprüfung der derzeitigen Entwicklung? Sind die heutigen Methoden mit der Vergangenheit noch vereinbar, oder zwingt uns das Wohl des Pferdes nicht zur Umkehr?

Zur Bildung einer eigenen Meinung seien alle besonnenen Pferdefreunde an die Sätze des englischen Schulreiters Philip Astley erinnert. Er besaß Verständnis für das Pferd, diese unabdingbare, wiederholt erwähnte Eigenschaft. Aus seiner großartigen und ausführlichen Widmung[8], die er Ende des 18. Jahrhunderts für alle Pferde schrieb, habe ich die Passagen herausgegriffen, die für die heutige Reiterei besonders bedeutungsvoll sind:

[8] Veröffentlicht in Astleys *System of Equestrian Education*, London 1801, als Vorwort zu dem IKH George, Prince of Wales und Frederick, Duke of York, gewidmeten Buch.

Das Pferd

'... In den Lektionen sind sein Feuer und sein Mut unwiderstehlich. In seinen kühnsten Anstrengungen ist es dennoch versammelt und fügsam; nicht seiner eigenen Impulsivität gehorchend, werden all seine Bemühungen und Bewegungen allein von seinem Reiter bestimmt. In der Tat ist das Ausmaß seines Gehorsams so groß, daß es

Gedanken zum heutigen Stand | 219

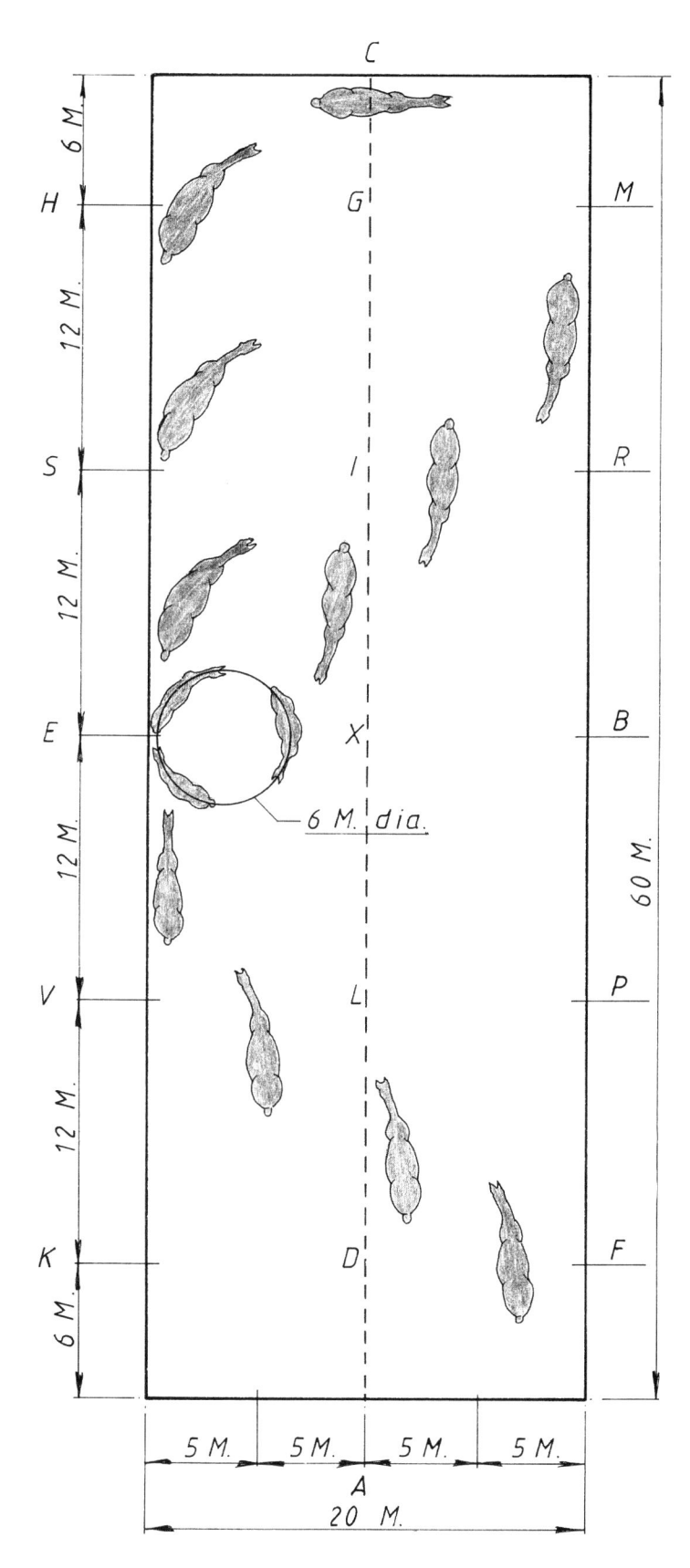

scheint, als hätte es nur den einen Wunsch, seinen Reiter zufriedenzustellen und wenn möglich schon im voraus die Wünsche und Forderungen seines Herrn zu erahnen.

... Es gibt nichts Schöneres als die Präzision, mit der es all seine Aufgaben erfüllt; es dient uns ohne Vorbehalte und scheut sich vor keiner noch so gefährlichen oder schwierigen Aufgabe. Es dient uns mit all seiner Kraft, und übertrifft sich oftmals selbst im eifrigen Bemühen, uns zufriedenzustellen, ja gibt sogar sein Leben im Dienste des Gehorsams!

... Alles, was es von uns für ein Leben unablässiger Mühsal fordert, ist unsere Fürsorge und ein wenig Zuwendung ... worin sein größtes Glück liegt, nämlich zu spüren, daß wir mit seinen unermüdlichen Bemühungen, uns zu dienen, zufrieden sind.'

'Ein wenig Zuwendung ...' das ist nicht viel verlangt. Es scheint, daß die Menschen der Renaissance recht hatten, als sie schrieben, die Reitkunst adele die Seele. Das Streben nach Schönheit und Balance in der Reiterei läßt diejenigen, die sie aus Liebe praktizieren, tief in die Herzen ihrer Pferde blicken und ihr wahres Wesen erkennen. Das edle Pferd – jawohl! Um jedoch edel und seiner Natur entsprechend sein zu können, verlangt jedes Pferd auch ein Körnchen Adel von seinem Reiter.

Wenn unsere Augen jetzt ein wenig feucht sind, wichtiger noch, wenn wir fest entschlossen sind, dieses Ziel zu erreichen, da wir nun auf der letzten Seite dieses Buches angelangt sind, dann hat sich sowohl das Lesen wie auch das Schreiben dieses Buches gelohnt.

Das moderne Dressurviereck. Das 20 x 60 m messende internationale Dressurviereck wurde 1932 mit den heute verwendeten Buchstaben allgemein anerkannt. Auf diesem Viereck mit olympischen Ausmaßen können viele Pferde gleichzeitig gearbeitet werden, ohne daß ein Gedränge entsteht. Die hier eingezeichneten Pferde zeigen Traversalverschiebungen nach rechts und links, Schulterherein und eine Volte.

Glossar spezieller reittechnischer Ausdrücke

Appui – Eine französische Bezeichnung für das Gefühl, das dem Reiter durch die Zügelverbindung zum Pferdemaul vermittelt wird, sobald das Gebiß oder Mundstück vom Pferd angenommen wird. Dabei kann das Pferd sowohl sehr leicht in der Hand sein, wie auch schwer auf der Hand liegen. Bevorzugt wurde in allen Ländern schon immer ein leichter, jedoch konstanter *appui*. Erst in neuerer Zeit kam in gewissen Kreisen der Gedanke auf, die Zügelverbindung, den *appui*, in Gewichtsangaben zu messen und festzulegen.

Ballotade – Das Pferd zieht im Sprung die Hinterbeine unter den Leib, zeigt dabei aber – im Gegensatz zur Kruppade (siehe diese) – wie zum Schlag die Eisen.

Campagnepferd – Um die Mitte des 18. Jahrhunderts beginnt sich das Ausbildungsziel weg von der Hohen Schule als Selbstzweck zu einem vielseitig einsetzbaren Pferd zu verschieben, einem Pferd, das es 'dank einer durchlässig machenden Dressur und geländefreundlicher Erziehung dem Reiter ermöglicht, sein Ziel querbeet und über Holz und Wasser auf kürzestem Wege schnell, sicher und kräftesparend zu erreichen' (FN).

Courbette – Einer der schwersten Schulsprünge: Das Pferd springt aus höchster Versammlung mit stark gebeugten Hanken mehrfach nach vorwärts-aufwärts, ohne dabei mit der Vorhand wieder den Boden zu berühren. Spezialisten in dieser Lektion bringen es auf fünf und mehr solcher Sprünge.

Curvet – Ein Ausdruck, der von englischen Reitmeistern im 16. und 17. Jahrhundert (wie z. B. Blundeville, Markham, Newcastle) häufig verwendet wurde und von dem französischen Wort *Courbette* abstammt. Ursprünglich eine Kampffigur, die für den Angriff eingesetzt wurde, entwickelte sich die *Courbette* zu einer der vielen Übungen über der Erde (*airs relevées*), die einen so wichtigen Teil der schulmäßigen Reiterei ausmachten. Sie ähnelte mehr der heutigen Levade, wobei die Winkelung der Vorderbeine weniger als 30 Grad betrug. Hierzu war ein hohes Maß an Hankenbiegung erforderlich. Das Pferd trat zunächst mit den Vorderbeinen auf der Stelle und absolvierte danach eine Reihe von kleinen Sprüngen nach vorne oder zur Seite. Diese Übung hatte keine Ähnlichkeit mit der heute in Saumur und an der Spanischen Reitschule praktizierten Courbette (siehe diese).

Descente de main et des jambes – Das Nachgeben mit der Hand und den Beinen, wobei das Pferd bei der jeweils ausgeführten Lektion gleichermaßen gebogen und auch in Takt und Rhythmus unverändert bleibt. Dies wird ausführlich in Kapitel 7 beschrieben und sollte nicht mit dem heutigen „Überstreichen" (siehe dieses) verwechselt werden.

Ecuyer – Ein französischer Ausdruck, mit dem in weiten Teilen Europas im 17. und 18. Jahrhundert ein anerkannter, oftmals adliger Meister der Reiterei, der am Hof diente, bezeichnet wurde. Heute wird der Ausdruck *écuyer* in Saumur immer noch verwendet, allerdings im Sinne des „Bereiters" der Spanischen Reitschule, ohne die monarchistische Bedeutung.

Hannoveraner Schule – Königliche Hofreitbahn bis 1866, von 1867–1936 Sitz des Militär-Reit-Instituts bzw. der Kavallerieschule, aus der dank einer breitgefächerten, gründlichen Ausbildung in allen drei Sparten der Reiterei hervorragende Turnierreiter und Olympiasieger hervorgingen. 1936 wegen Platzmangels nach Krampnitz bei Potsdam verlegt, 1945 aufgelöst.

Kapriole – Der spektakulärste der Schulsprünge: Wie zur Ballotade oder Kruppade schnellt sich das Pferd aus extrem gebeugten Hanken ab, streicht aber einen Augenblick, bevor der Körper waagrecht in der Luft liegt, mit beiden Hinterbeinen aus.

Karriere – Ein Ausdruck aus dem Kampf, der in den Tagen der Ritterturniere häufig verwendet wurde und ursprünglich von dem französischen Wort *carrière* stammt. Er bezeichnete die abgegrenzte Linie, der der

Reiter bei einer Attacke auf seinen Gegner folgen mußte. Später wurde er als Synonym für „vollen Galopp" gebraucht.

Kruppade – Eine Vorstufe der Courbette, ein Sprung auf der Stelle in der Haltung der Courbette, aber ohne deren Raumgewinn.

Levade – 'Bei der Levade wird die Gesamtlast von den tiefgebeugten Hanken getragen' (Seunig), wobei die Vorderbeine scharf angewinkelt werden. Beendet wird die Lektion durch langsames Senken der Vorhand. Vorstufe dazu ist die Pesade (siehe diese).

Manège – Dieser Ausdruck kommt ursprünglich aus dem Französischen, wurde jedoch inzwischen in andere Sprachen übernommen und bezeichnet einen Platz oder eine Bahn (Größe und Form spielen keine Rolle), in der Pferde dressurmäßig gearbeitet werden. Der Hauptunterschied zwischen den Manègen der barocken und klassischen Epochen und den heutigen modernen Dressurvierecken liegt in der Größe. Die früheren Reitbahnen (z.B. die des Duke of Newcastle, siehe Kapitel 8) waren oftmals nur halb so breit wie die modernen Vierecke, da damals mehr Wert auf Versammlung und Biegung, anstatt wie heute auf Raumgriff und Gangverstärkungen, gelegt wurde.

Mézair – siehe „terre à terre"

Pesade – Laut Waldemar Seunig ist die Pesade 'nichts anderes als eine mißlungene Levade', bei der die Hinterbeine weniger stark gebeugt sind. Trotzdem besteht noch immer ein Unterschied zum Steigen, bei dem die Hinterbeine völlig gerade sind und die Vorderbeine oft herunterhängen oder in der Luft herumfuchteln.

Romanisch – In der Reiterei wird ein Stil als romanisch bezeichnet, der von den lateinisch sprechenden Völkern übernommen wurde (siehe Kapitel 3). Dieser Stil wurde über viele Jahrhunderte hinweg gleichgesetzt mit Leichtigkeit und Geschicklichkeit, wie sie die Krieger aus Südeuropa und Nordafrika auf ihren heißblütigen Streitrossen bewiesen.

Saumur – Von 1771–1940 mit zwei Unterbrechungen Sitz der französischen Kavallerieschule mit dem Schwergewicht auf militärischer Campagnereiterei, im Unterschied zu der Schule von Versailles (1680–1830), dem Zentrum der akademischen Reiterei. Heute wieder ein Zentrum, an dem die Hohe Schule, besonders die über der Erde, gepflegt wird.

Schulen ob (über) der Erde – Darunter werden alle Schulsprünge zusammengefaßt, bei denen sich das Pferd vollständig vom Boden löst, also Ballotade, Courbette, Kapriole, Kruppade (siehe diese). Die Lektionen Pesade und Levade stellen genau genommen einen Übergang dar zwischen den Schulen auf und denen über der Erde.

Terre à terre (oder Terra Terra) – Eine Figur, auch Mézair genannt, die als Grundlage für die Schulen über der Erde angesehen wurde, die jedoch heute in der Dressur nicht mehr anerkannt wird. Das Pferd führt einen sehr kadenzierten, erhabenen Galopp im Zweitakt, oftmals an einer Wand oder zwischen Pilaren aus, entweder nach vorne, häufiger jedoch nach rechts oder links. Newcastle benutzte diese Übung zur Gymnastizierung der Kruppe und beschrieb sie wie folgt: '... *das Pferd greift immer mit den zwei Beinen innerhalb der Volte vor; seine beiden Vorderbeine sind in der Luft, wie beim Galopp, seine zwei Hinterbeine folgen, kurz bevor die Vorderbeine wieder den Boden berühren. Somit hat das Pferd gleichzeitig alle Beine in der Luft, während es einen Sprung nach vorne macht.*' Durch die weit untergeschobene Hinterhand waren die Sprünge sehr niedrig, so daß die Übung wie eine sehr kadenzierte schaukelartige Bewegung wirkte, als ob das Pferd durch kontrolliertes Aufbäumen kleine Sprünge nach vorne machte.

Tor di Quinto – Frühere italienische Kavallerieschule mit berühmt-berüchtigten Geländehindernissen wie einem Steilhang oder dem Großen Wall. Hier entwickelte Federico Caprilli seinen revolutionären „leichten Sitz" und schulte Pferd und Reiter im selbständigen, schonenden Überwinden von Geländehindernissen.

Überstreichen – 'Hierbei geht die Zügelhand ohne Rücksicht auf die Verbindung zum Pferdemaul (Anlehnung), den Mähnenkamm berührend, bis zur Hälfte des Pferdehalses vor und wieder zurück. Das Überstreichen dient der Überprüfung, ob das Pferd sich in freieren Gängen selbst trägt' („Richtlinien für Reiten und Fahren", Band 2), und ist nicht identisch mit der „descente de main" (siehe diese) der romanischen Schule.

Literaturverzeichnis

Bei den nachfolgend aufgeführten Titeln handelt es sich um das Quellenmaterial der Autorin. Mit *) gekennzeichnete Autoren sind in deutscher Sprache erschienen und teilweise als Reprints in den „Documenta Hippologica" des Olms Verlags erhältlich.

Abbate, Francesco, *Roman Art*, Peerage Books, London 1970
Adams, John, *An Analysis of Horsemanship*, Albion Press, London 1805
*) Albrecht, Brigadier, *Dressurrichter*, Orac Pietsch, Wien 1981
  A Dressage Judge's Handbook, J. A. Allen & Co., London 1988
  Dogmes de l'Art Equestre, Crepin-Leblon, Paris 1986
Anderson, J. K., *Ancient Greek Horsemanship*, University of California Press, 1961
Andrade, Manuel Carlos, *Luz da Liberal e Nobre Arte da Cavallaria*, Lissabon 1790
Andrade, Fernando de, *A Short History of the Spanish Horse and of the Iberian Gineta Horsemanship for which this Horse is Adapted*, Lissabon 1973
Andrade, Ruy de, *Alrededor del Caballo Español*, Lissabon 1954
  O Cavalo do Sorraia, Lissabon 1945
  O Cavalo Andaluz de Perfil Convexo, Lissabon 1941
Astley, Philip, *Astley's System of Equestrian Education*, London 1801
Aublet, Lt Col, *L'École de Cavalerie de Saumur*, Saumur 1986
Aure, Comte d', *Traite d' Équitation*, Paris 1847
Bacharach, René, Artikel 'Synoptique des Écuyers Français du XVI au XX Siècle', *Les Amis du Cadre Noir, Bulletin, no. 21,* Saumur Mai 1986
*) Baucher, François, *The Principles of Horsemanship*, Vinton & Co., London 1919
  Dictionnaire d'Équitation, Émile Hazan, Paris 1966
Beamish, Huldine, *Cavaliers of Portugal*, Geoffrey Bles, London 1966
Berenger, *A New System of Horsemanship from the French of Monsieur Bourgelat*, printed by Henry Woodfall, London 1754
  The History and Art of Horsemanship, printed for Davies and Cadell of London, 1771
Beudant, Étienne, *Exterieure et Haute École*, Amat, Paris 1923
Bezugloff, Ivan, Artikel 'Equestrian Olympic Games in Retrospect' in *Dressage and CT,* März 1984
Blixen-Finecke, Hans von, *The Art of Riding*, J. A. Allen, London 1977
Blundeville, Thomas, *The Four Chiefest Offices belonging to Horsemanship*, William Seres, London 1570
Bowlby, Glencairn, Artikel 'The Two Colonels', *Dressage and CT,* Dezember 1986
Bragança, Diogo de, *l'Équitation de la Tradition Française*, Le Livre de Paris, 1975
*) British Horse Society, *Dressage Rules Handbook*, 1987
Broue, Salomon de la, *Le Cavalerice François*, Paris 1646
*) Bürger, Udo, *The Easy Way to Perfect Horsemanship*, J. A. Allen, London 1986
Calthrop, Everard R., *The Horse, as Comrade and Friend*, Hutchinson, London 1921
*) Cavendish, William, Duke of Newcastle, *Methode et Invention Nouvelle de Dresser les Chevaux*, Antwerpen 1658
  A General System of Horsemanship in All its Branches, Faksimile der englischen Ausgabe von 1743
Chamberlin, Col. H. D., *Riding and Schooling Horses*, Derrydale Press, New York 1937
  Training Hunters, Jumpers and Hacks, Derrydale Press, New York 1937
Clifford, Christopher, *The School of Horsemanship*, London 1585
Coelho, Alfredo Baptista, Briefe an die Autorin und übersetzte Auszüge von Manuel Carlos Andrade, Lissabon 1985–90
Corte, Claudio, *The Art of Riding*, London 1584
Cordeiro, Arsenio Reposo, *O Cavalo Lusitano, o filho do vento,* Ediçoes Inapa, Lissabon 1989
Crossley, Col. Anthony, *Training the Young Horse*, Stanley Paul, London 1978
  Artikel 'At the Feet of the Master', *Riding,* Mai 1977
De Grey, Thomas, *The Compleat Horseman and Expert Farrier,* London 1639
Decarpentry, General Albert, *Academic Equitation*, J. A. Allen, London 1971
  Piaffe and Passage, J. A. Allen, London 1964
Dent, Anthony, *The Horse Through Fifty Centuries of Civilisation*, Phaidon, London 1974
  Cleveland Bay Horses, J. A. Allen, London 1978
Dent and Machin Goodall, Daphne, *Foals of Epona*, Galley Press, London 1962

Literaturverzeichnis | 223

Dionysius, Auszüge aus den Schriften, *Halicarnass,* um 25 v. Chr.

DOE offizielles Handbuch, *Bolsover Castle,* HMSO 1972

Dodge, Colonel Theodore Ayrault, *Riders of Many Lands,* Harper & Brothers, New York 1894

*) Dossenbach, Monique und Hans D., und Köhler, Hans Joachim, *Great Stud-Farms of the World,* Thames and Hudson, London 1978

Dwyer, Francis, *On Seats and Saddles, Bits and Bitting,* William Blackwood & Sons, Edinburgh und London 1869

*) Chenevix-Trench, Charles, *A History of Horsemanship,* Longman, London 1970

*) Eisenberg, Baron de, *Description du Manège Moderne,* London 1747

Equine Research Inc, *Equine Genetics & Selection Procedures,* Tyler, Texas, USA 1978

Enrody, Lt Col A. L. de, *Give Your Horse a Chance,* J. A. Allen, London 1976

Falkus, Christopher, *The Life and Times of Charles II,* Weidenfeld & Nicholson, London 1972

Felton, W. Sidney, *Masters of Equitation,* J. A. Allen & Co., London 1962

*) Fillis, James, *Breaking and Riding,* Hurst & Blackett, 1911 and J. A. Allen, London 1977

Fleitmann, Lida L., *Comments on Hacks and Hunters,* Scribner's Sons, New York 1921

Fox, Anthony J., übersetzte Auszüge aus *École de Cavalerie,* erhalten 1989

Frazer, Capt. William, *A Treatise upon Horsemanship translated from the original French of M. de la Guérinière,* Hircarrah Press, Kalkutta 1801

Frederiksen, A. K., *The Finer Points of Riding,* J. A. Allen, London 1969

Garsault, François Alexandre Pierre de, *Le Guide du Cavalier,* Paris 1770

*) German National Equestrian Federation, *Advanced Techniques of Riding,* Threshold, London 1986

Gibson, Geoffrey, übersetzte Auszüge aus *École de Cavalerie,* erhalten 1988

Goubaux, Armand and Barrier, Gustave, *The Exterior of the Horse,* J. B. Lippincott & Co., Philadelphia und London 1892

*) Grisone, *Gli Ordini di Cavalcare,* 1550

Gianoli, Luigi, *Horses and Horsemanship Through the Ages,* Iris Books, New York 1969

Girard, Jacques, *Versailles Gardens,* Sotheby's Publications, London 1985

*) Guérinière, Sieur François Robichon de la, *École de Cavalerie,* Paris 1733

Hance, Capt. J. E., *School for Horse and Rider,* Country Life, London 1932

*) Handler, Col. Hans, *The Spanish Riding School in Vienna,* Thames & Hudson, London 1972

Hinde, R., *The Discipline of the Light Horse,* London 1778

Hartley Edwards, Elwyn, *Saddlery,* J. A. Allen, London 1963

The Country Life Book of Saddlery and Equipment, Quarto Publishing Ltd., London 1987

Henriques, Pegotty, 'Dressage Viewpoint', Artikel in *Horse and Hound,* London, 19. Januar und 21. Dezember 1989

Henriquet, Michel, *À la Récherche de l'Équitation,* Crepin Leblond, Paris 1968

Artikel 'L'assiette', *Cheval,* Februar 1985

Henriquet and Provost, Alain, *L'Équitation, un Art, une Passion,* Editions du Seuil, Paris 1972

Herbemann, Erik F., *The Dressage Formula,* J. A. Allen, London 1980

Hery, H. J., *Reflections on the Art of Horsemanship,* J. A. Allen, London 1968

Holmelund, Captain Paul, *The Art of Horsemanship,* A. S. Barnes & Co., New York 1962

Hope, Sir William, *The Complete Horseman,* London 1717

*) l'Hotte, General Alexis, *Officier de Cavalerie,* Hazan, Paris 1958

Questions Équestres, Paris 1960

*) Hünersdorf, Ludwig, *Anleitung,* Olms Presse, Hildesheim 1973

Huyghe, René, *Larousse Encyclopaedia of Renaissance and Baroque Art,* Paul Hamlyn, London 1964

Jackson, G. N., *Effective Horsemanship,* Compton Russell Ltd., Wiltshire 1967

Jones, Gilbert H., private Veröffentlichung, erhalten 1986: 'The Earliest Ancestors of the Mustangs', Finley, Oklahoma

Jousseaume, Col. André, *Progressive Dressage,* J. A. Allen, London 1978

Jurenak, Kalman de, Artikel, *Horse and Hound,* 25. Mai 1989

Kane, Henry, *A Concise History of Spain,* Thames & Hudson, London 1973

Kellock, E. M., *The Story of Riding,* David & Charles, Devon, London, Vancouver 1974

*) Kerbrech, General Faverot de, *Dressage methodique de cheval de selle d'après les derniers enseignements de F. Baucher,* 1891

Kidd, Jane, *Horsemanship in Europe,* J. A. Allen, London 1977

Kirsch, Ivan, Artikel 'Equitation Artistique et Competition de Dressage', *Galop,* Brüssel 1976

*) Klimke, Dr. Reiner, *Ahlerich – The Making of a Dressage World Champion,* Merehurst Press, London 1987

Basic Training of the Young Horse, J. A. Allen, London 1985
Koehler, Lt. Col. G. F., *Remarks on Cavalry,* London 1798
Kunffy, Charles de, *Creative Horsemanship,* A. S. Barnes & Co., New Jersey, USA 1975
Lewis, Benjamin, *Riding, the Balanced Seat,* W. H. Allen, London 1947
*) Littauer, Vladimir, *Commonsense Horsemanship,* Arco, New York 1976
The Development of Modern Riding, J. A. Allen, London, *Schooling Your Horse,* Arco, New York 1982
Licart, Commandant Jean, *Basic Equitation,* J. A. Allen 1968
Livingstone-Learmouth, David, *The Horse in Art,* Studio Publications, London und New York 1958
Livius Titus Books XXV–XXVII, 59 v. Chr.–17 n. Chr.
Loch, Sylvia, *The Royal Horse of Europe, the Story of the Andalusian and the Lusitano,* J. A. Allen, London 1986
'The Classical Seat'. *Horse and Rider Magazine,* London 1987
Artikel 'The Dressage Dilemma', *Horse and Rider,* Juli, August, September 1986; 'Are you in Tune with your Horse?', *Horse and Rider* Februar, März, April, Mai 1989; ebenso *The Horse,* Pakenham, Victoria, Australien, Februar, März, April, Mai 1990
*) Löhneysen, George Engelhard von, *Hof-Kriegs- und Reit-Schul,* Nürnberg 1929
Loon, Ernest van, *Ruiters en Rechters,* Zuidgroep, Den Haag, Holland 1978
Machin Goodall, Daphne, *A History of Horse Breeding,* Robert Hale, London 1977
*) *The Flight of the East Prussian Horses,* David & Charles, Devon 1973
Machuca, Vargas, *Teoria y exercicios de la gineta,* Madrid 1600
McTaggart, Lt Col M. F., *Mount and Man,* Country Life Ltd., London 1925 und 1935
*) Mairinger, Franz, *Horses are made to be Horses,* Rigby, Sydney 1983
Markham, Gervase, *Cavalarice,* London, 1607
Markham's Maisterpiece, Revised, London 1688
The Compleat Horseman, Robson Books, London 1976
Melling, Jeanne, *The Complete Morgan Horse,* Stephen Greene Press, Massachusetts 1986
Montigny, Conte de, *Équitation des Dames*
Monteilhet, André, *Les Maîtres de l'Œuvre Equestre,* Odège, Paris 1979
'A History of Academic Equitation' in *The Horseman's International Book of Reference,* Hrsg. Jean and Lily Powell Froissard, Stanley Paul, London 1980

*) Müseler, Wilhelm, *Riding Logic,* Eyre Methuen, London 1965
Muybridge, Eadweard, *Animals in Motion,* Chapman & Hall, London 1925
Nagel, *Encyclopaedia of Austria,* Nagel Publishers, Genf, Paris, München 1970
Nimrod, *Remarks on the Condition of Hunters,* M. A. Pittman, London 1837 Artikel in *Horse and Hound,* 1893
*) Oliveira, Nuno, *Alta Escola, Haute Ecole,* J. A. Allen, London 1965
Reflections on Equestrian Art, J. A. Allen, London 1976
Memorias e Trabalhos de Meio Seculo dum Cavaleiro Portugues, Lissabon 1981
Notes and Reminiscences of a Portuguese Rider, Howley & Russell, Caramut, Australien 1982
Classical Principles of the Art of Training Horses, Howley & Russell, Caramut, Australien 1983
From an Old Master Trainer to Young Trainers, Howley & Russel, Caramut, Australien 1986
Horses and Their Riders, Howley & Russell, Australien 1988
Oman, Charles, *War in the Middle Ages,* 1885
*) Oettingen, Baron von, *Horse Breeding in Theory and Practice,* Sampson Low Marston, London 1909
Paillard, Colonel Jean Saint-Fort, *Understanding Equitation,* Doubleday & Co., U.S.A. 1974
Patterson, Major T. S., *Sympathetic Training of Horse and Man,* H. F. & G. Whitherby, London 1925
Pembroke, Henry Earl of, *Military Equitation, or, a Method of Breaking Horses and Teaching Soldiers to Ride designed for the Use of the Army,* London 1778
Peters, Colonel J. G., *A Treatise on Equitation,* Whittaker & Co., London 1835
Pevsner, Daniel, Artikel 'Dressage' in *Equestrian News,* 1988
Picard, Captain L., *Origines de l'École de Cavalerie,* Saumur 1890
Plinius, Gaius Secundus, *Natural History,* Bohn, London 1848
Auszüge aus *Encyclopaedia Britannica,* 1949
*) Pluvinel, Antoine de, *l'Instruction du Roy,* Griff, Paris 1976
The Manège Royal, übers. von Hilda Nelson, J. A. Allen, London 1989
Podeschi, John B., *Books on the Horse and Horsemanship 1400–1941, The Paul Mellon Collection,* Tate Gallery Publications, London 1981
*) Podhajsky, Col. Alois, *My Dancing White Horses,* George G. Harrap, London 1964
The Complete Training of Horse and Rider, Harrap, London 1967

My Horses, My Teachers, Harrap, London 1969
The Art of Dressage: Basic Principles of Riding and Judging, Harrap, London 1979
The White Stallions of Vienna, The Sportsman's Press, London 1985
Polybios, griech. Kavalleriebefehlshaber und Historiker, Auszüge aus Buch XXXV, 201–120 v. Chr.
Powell, Lily, Artikel 'The Age of Splendour' in *Equi,* London, Januar/Februar 1984
Prior, C. M., *The Royal Studs of the Sixteenth and Seventeenth Centuries,* Horse and Hound Publications, London 1935
Racinet, Jean-Claude, Artikel 'The Shoulder-in Yesterday and Today', in *Dressage and CT,* Philadelphia, USA, Oktober 1986
Read, Jan, *The Moors in Spain and Portugal,* Faber and Faber, London 1974
Rebocho, Nuno de, Artikel über Mirobriga, *O Seculo,* 27. August 1986
Reese, M. M., *Master of the Horse,* Threshold Books, London 1976
Ridgeway, W., *The Origin and Influence of the Thoroughbred Horse,* Cambridge University Press, 1905
Riegler, Johann, Artikel 'The Purpose and Meaning of Collection' in *Dressage and CT,* USA, Dezember 1986
Santini, Captain Piero, *Riding Reflections,* Country Life Ltd., London 1933
The Forward Impulse, Country Life, London 1936
Saracin, E. A., 'History of the FEI' in the *Horseman's International Book of Reference,* op. cit.
Saurel, Étienne, *Le Cheval, equitation et sport hippiques,* Librairie Larousse, Paris 1966
Histoire de l'Équitation, Stock, Paris 1971
*) Seunig, Waldemar, *Horsemanship,* Doubleday, London 1974
Meister der Reitkunst, Hoffmann, Heidenheim 1960
Am Pulsschlag der Reitkunst, Hoffmann, Heidenheim 1961
Sidney, S., *The Book of the Horse,* London 1874
*) Shakespeare, William, *Richard III,* 1597/8
*) Sind, Baron J. B. de, *L'Art du Manège,* Köln 1762
Sivewright, Molly, *Thinking Riding Book 1,* J. A. Allen, London 1979
Thinking Riding Book 2, J. A. Allen, London 1984
Snape, Andrew, *The Anatomy of a Horse,* Flesher Printers, London 1683
Solleysel, Jacques de, *The Compleat Horseman,* übersetzt von Sir William Hope, 1717
Souza, Graf Baretto de, *Elementary Equitation,* E. P. Dutton & Co., New York 1922
Advanced Equitation, John Murray, London 1927

*) Stecken, Fritz, *Training the Horse and Rider,* Arco, New York 1977
*) Steinbrecht, Gustav, *Le Gymnase du Cheval,* Epiac, Paris 1963
Timmis, Col Reginald S., *Modern Horse Management,* Cassell & Co., London, Toronto 1915
Uze, Marcel, *The Horse in Nature, History and Art,* Hyperion Press, Mailand 1954
Van Schaik, Dr. H. L. M., *Misconceptions and Simple Truths in Dressage,* J. A. Allen, London 1986
*) Vergil, *Aeneis* und *Georgica*
Vezzoli, Gary C., *Superior Horsemanship,* A. S. Barnes & Co., New Jersey 1978
*) Wätjen, Richard L., *Dressage Riding,* J. A. Allen & Co., London, 1979
*) Whyte Melville, J. G., *Riding Recollections,* London 1878
Wilkinson, Clennel, *Prince Rupert, the Cavalier,* George G. Harrap, London 1934
Willett, Peter, *The Thoroughbred,* Weidenfeld & Nicholson, London 1970
Williams, Dorian, *The Classical Riding Master, The Wilton House Collection,* Eyre Methuen, London 1979
Wynmalen, Henry, *Equitation,* Country Life Publications, London 1946
Dressage, A Study of the Finer Points of Riding, Museum Press, London 1953
The Horse in Action, Harold Starke Ltd., London 1964
Wynmalen, Julia, Briefe an die Autorin 1989–90
*) Xenophon, General, *The Art of Horsemanship,* übers. von M. H. Morgan, J. A. Allen, London 1962
Auszüge aus *Anabasis, Hipparchicus, Hellenica,* Buch II, 369 v. Chr., Peloponnesischer Krieg

Außerdem: *Encyclopaedia Britannica,* alle 24 Bände zur geschichtlichen Recherche, Ausgabe 1949; Muir's *New School Atlas of Universal History,* 17. Auflage, George Philip, Liverpool, 1947; *The Shorter Oxford English Dictionary of Historical Principles,* Bd. 1 & 2, Caledonian Press, 1978

Register

(Halbfett gedruckte Seitenzahlen beziehen sich auf Abbildungen.)

abkauen lassen **110**
Abstoßen am Gebiß 119
Abzac, Vicomte d' 74
Achal-Tekkiner 184
Adams, John 92, **114**, 116
Aguilar, Pedro 42
akademische Reiterei 61, 106
Alberti, Leone 38
Albrecht, Brigadier Kurt 11, 21, 171, 210, 197f.
Alexander der Große 32
Alexander, Robert 81
Alken, Henry **23**, **114**
Alken, Samuel **92**
Alter do Chao 79
Alter Lusitano 79
Alter Real 76, 180, **181**, **185**
Andalusien 34f.
Andalusier 42, 47, 50, 174, 187
Andalusische Schule für Reitkunst 79, 187
Andersen, Gunnar 190
Andrade, Fernando d' 33, 180
Andrade, Manuel Carlos 77
Andrade, Pedro Fernandez de 42
Anglo-Araber 212
Anglo-Luso 187
Angst 63
Anlehnung 16, **19**, 72, **131**, 148, 165, 184, 186, 212, Tafel 15
Ansell, Col. Michael 133
Appaloosa 122
appui 102, 220
Arbeitstrab 101
Arianoff, Helena 187, 194
Artilleriepferd 55, 154
Assleberg, Harry 201
Astley, John 82
Astley, Philip 90, **97**, 103, 208, 218
Athayde, Dr. José 180, **185**
Aubrey, Charles **27**
Aufrichtung 109
Aure, Comte d' 10, 74, **101**, 115
Ausbildung 63
Aussitzen 120
Außengalopp 144, 211
Ayrer, Johann Heinrich 53

Bachinger, Ernst 197, 203
Baden-Powell, Lord 133
Bahnfiguren 13, 45
Bahnpunkte 214ff.
Balance 26, 101, 114, 125, 160, **173**

Balancesitz 160
Ballotade 77, **79**, 220
Barockpferd 49 ff, 55ff., 80, 153, 193, 194, Tafeln 2 und 5
Barrier 113
Bartels, Tineke 194
Baucher, François 57f., 73, 100ff., **103**, 103 ff., 143, 164, **181** f., 183, 184, 192, 210
Baucherismus 106
Beaumount, Imbotti de 66
Becher, Rolf 114
Beizäumung 58, 124, 136f.
Belem 78
Belohnung 24, 30f., 43f., 58, 83, 148, 211, 215
Berberpferd 37, 50, 84
Berenger, Richard 72, 74, 94
Berlin 152
Bern 195
Bestrafung 211
Beudant, Oberst Etienne 142, 183
Bezugloff, Ivan 152
Biegung 26, 59, 71, **87**, 105, 108, 109, 118, 128, 136f., 144, Tafel 6
Biel, Baron G. 58
Bigne, Marquis de la 98
Blaas, Julius von **151**
Blixen-Finecke, Baron Hans von 192, 201, 210
Blundeville, Thomas 42, 82, 85
Bobinsky 160
Bodenstern 192
Boldt, Harry 156, 162
Bolsover Castle **84**, **88**
Bontje, Ellen 194
Borba, Dr. Guilherme 79, 179f., 194
Bourgelat, Claude 72, 74, 94f., **109**
Bourgelat, Richard Berengers von **14**
Bragança, Don Diogo de 42, 178, 180, Tafel 10
British Horse Society 133, 200
Brook, Col. Arthur 133
Broud, Col. Bill 133
Broue, Salomon de la 44, 63, 66f., 85
Brun, Louis-August Tafel 4
Bukephalos 32
Bürkner, Felix 152

Cadre Noir 138, 141, 197
Camargue 39
Campagnepferd 220
Campagnereiterei 55f., 118, 159, 197
Campino 122
Caprilli, Federico 92, 99, 109, 113, 131, 134, 139, 194

Cavendish, William 81
Celle 154
Chamberlin, Oberst Harry 109, 116, 118, 139, 200
Chammartin 195
Chaveau **65**
Chernizay, Menou de 64, 66
Christiansborg 191
Clam, Dupaty de 74
Cleveland Bay 125
Clifford, Christopher 82
Coimbra 178
Colvin, Dame Mary 199
Contregalopp 58
Corte, Claudio 43, 82
Costeño 122
Courbette 29, 37, 77, 79, 167, 220, Tafel 8
Coustou, G. **20**
Cowboy 122, 124, 205
Cowboysattel 122
Cox, Nicholas 91
Crawford, Jamie 133
Criollo 122
Cromarty-Oliveira, Susan 187, 194
Crossley, Anthony 201, 210
Croupade **70**
Cutting Horse 122

Decarpentry, General 110, 112, 142, **143**, 148, 165, 217
Dehnungshaltung 105
Delcampe 66
Dent, Anthony 33
descente de jambes 25, 71, 110, 158, 164, 220
descente de main 25 71f., 106, 139, 141f., **150**, 158, 164f., 183f., 212, 220
Detroyat, General 71
deutsche Schule 212
Diemont, August 138
Dierks, Clemens 204
Distanzritt 194
Dodge, Oberst T. A. 18, 94, 106, 123, 126
DOKR 156, 162
doma vaquera 79
Domecq, Alvaro 79
Donatello **41**
dressage académique 20
~ *d'obstacles* 20
~ *de manège* 20
~ *sportif* 24
Dressur 19ff.
~pferd 71, 170
~prüfung 15, 23, 129, 136f., 146, 151f., 155, 172, 213, 215, 218
~reiten 133
~reiter 23
~sattel **156**
~sport 15, 144, 155, 157, 169, 171, 212
~viereck 219
Dreux, Alfred de Tafel 7
Drift, Ray van der 187
Drummond, Bettina 187
Duarte I. von Portugal 41

Durand, Oberst 197
Durchgänger 86
Durchlässigkeit 26, 58, 118, 143
Dwyer, F. 96, **114**

Eichinger 149, 166
Eilberg, Ferdi 200f.
Einerwechsel 143, 146, 172, 185, 211, Tafeln 13 und 14
Eisenberg, Baron von 52
Endrody, Leutnant A. L: d' 196
Exaktheit 25, 112, 165

Federbaum 134
FEI 15ff., 69, 146, 216, 218
Felton W. Sidney 116, 124
Fiaschi, Cesare 42
Filatov, Sergei 189
Fillis, James 58, 99, 106, 107ff., 135, 189, 217
Finlay, Patricia 187
Fischer 195
Fischerström, Waloddi Tafel 7
Fleitmann, Lida L. 126
Flyinge 191
Fort Riley 127, 129
französische Schule 212
Frazer, Captain William 72
Frederiksborg **51**, 190f.
Frederiksen, A. K. 190, 210
Freeman, Strickland 53
Friedberger, Dick 133
Friesen 193
Frühreife 156, 170
Fuchsjagd 13
Fulmermethode 200

Galopp 16, 43, 144
Galoppwechsel 144
Galoppwechsel, à-tempi- 142
Galoppwechsel, fliegender 37, 179, Tafel 13
Gang-Sattel **127**
Gänge, Reinheit der ~ 55, 172
Gangpferd 126
Garsault, François Alexandre de 66
Gaucho 122
Gebhardt 150
Gebrauchspferd 131
Gebrauchsreiterei 115, 130, 134, 154, 199
Gedächtnis 64, 183
Gefühl 207
Gehorsam 13, 100, 125, 183f., 218
Gelände 85, 91, 99, 155
~pferd 118, 199
~reiten 94, 127, 160, 200
Gelderländer 193
Genauigkeit 153
Geraderichten 143, 148
Gerhard, Major 138
germanische Schule 112, 161, 165
Gerte 83
Gesäßhilfe 160
Gewalt 86

Gewichtshilfe 72, 105, 158, 185
Gewichtsträger 36
Giao, Guilherme 178
Gibson, William 53
Gineta-Reitweise 39, 42, **45**, 79, 122
Giraldo, Mestre 41
Giroux, A. **103**
Gleichgewicht 13, 18, 27, 37, 43, 62, 68, 71ff., 101, 109f., 123, 143, 161, 200, 211
Godeau, Alain 194
Gold, Joan 112, 192
Goldmann, Eddie 201
Gonçalves de Miranda, Joaquim 78, 179
Goodwood **185**, 201, Tafeln 12 und 16
Goubaux 113
Graciosa, Felipe 180
Grand National 134
Grand Prix 130, 146f. 153, 201, 211, 216f.
Grey, Thoma de 83
Grisone, Frederico 24, 42ff. **44**, 81f., 87
Grundausbildung 21, 163
Grunsven, Anky van 194
Guérin, Oberst 104, 141
Guérinière, François Robichon de la **13**, 25, 31, **52,** 53, 55, 67, 73, 75, 85, 87, 91, 102, 109, 143, 148 164, 179, 182, 193f., 207, 210, 217
Günther, Bubi 164
Gurey, Fürst Kader 127

Hall, Robert 199
Halsfreiheit 143
Halten 16
Hamilton, George Tafeln 2, 3 und 5
Hance, Captain 134f., 198f.
Hand 18, 31, 41, 63, 66, 71, 77f., 86, 95, 102, 105, 109, 125, 132, 172, 183f., 212, Tafel 14
Hand, Arbeit an der ~ **99,** 136, 192
Hand, auf die ~ legen 70
Hände 135, 141, 186
Handler, Oberst Hans 25, 165, 169, 197
Hankenbiegung 69, 87, 119, 165
Hannover 67, 111, 150, 156, 204, 209
Hannoveraner 152ff., **217**
Harmonie 161
Harrer **173**
Hartel, Liz 190
Henriquet, M. Michel 62, 102, 187, 196
Herold, Maritz 159
Herrenreiter 90
Heydebreck, Hans von 150
Hilfe, treibende 43, 157, 160
Hilfszügel 135
Hinde, Robert 96
Hinnemann 203
Hinterhandswendung 144
Hofer, Otto 195
Hofmund, Hasse 190
Hofreitschule, Spanische 48, 54, 56, 150, **151**, 152, Tafel 3
Hohe Schule 20, 37, 40, 48, 52, 54, 56, 58, 75, 77, 81, 85, 94, 96, 105, 107, 108, 115, **119**, 129, 133, 139ff. , 144, 146, 154, 159f., 169, 178f., **181**, **182**, 194, 197, 202, 204, 210
Hohlkreuz **72**, 105, 120, 140
Hohlkreuzsitz 210
Holbeinsberg, Holbein von 55f., 58
Holländer 201
Holsteiner 154f., 195
Howitt, Samuel **93**
Howley, Joy 187
Hufeisen 33
Hünersdorf, Ludwig 53
Hunt, David 201
Hurrell, Col. „Handy" 133
Huzard, J. 62

Indianer 123
Ishoy, Cynthia Tafel 16
italienische Schule 117

Jackson, G. N. 187
Jackson, Lucy 187
Jagdpferd 70, 77
Jagdreiten 22, 91f., 135
Jagdreiter 107, 116
Jagdsattel **92**, 96, 134
Jagdsitz 28, 92, 96, 126
Jensen, Anne-Grethe 190, **191**
Jensen, Tony 190
Jerez 80
Jockey 123
Johnstone, Lorna 133, **200**
Josipovich, Sigmund von 57, 157
Jousseaume, Col. **131**, 138

Kandare 26, **29**, 33, 63f., 105, 114, 117, 122ff., 132, 135f., **143**
Kappzaum 63, 65, 87
Kapriole 37, 77, 79, **97**, 167, 172, 220
Kavalleriepferd **47**, 51, 53, 55f., 106, **106**, 130, 144, 153f., 161, 193
Kehrtvolte 26
Kellocks, E. M. 44
Kerbrech, Baron Faverot de 104, 141
Kidd, Jane 22, 210
Kiefer, Lockermachen des ~s 158
Kindersley, Col. Nat 133
Kinnkette 63
Kirsch, M. Ivan 187
Kitts, Col, Isaac 129
Kizimov, Ivan 189
Kladruber 48
klassische Reitkunst 18
klassische Reiterei 102, 128, 147f., 165, 169f. 174, 176, 187, 217
klassische Schule 171
Klimke, Dr. Reiner 156, 162ff., 203, 212, Tafel 13
Knieaktion 119
Kopffreiheit 77
Kottas, Arthur 149, 166, 172, 174, **175**, 200
Kournakoff, Sergei 116
Kreuz 160, 185f., 198

Kreuzanspannen 160
Kreuzeinwirkung 158, 190
Kruppade 221
Kruppeherein 77
Kunffy, Charles de 190, 196, 210
Kür **131**, 213ff.
Kutschpferd 154
Kyalami 203

l'Hotte, General Alexis 104, 106, 120, 141, 144, 184, 210
La Noue, Pierre de 66
Lame, Henri 194
Lami **106**
Langbaine, Gerard 91
Langen, Freiherr von 138, 152
Lassetter, John 201
Lauscha 203
Le Goff, Jack 129, 202
Lehndorff, Siegfried Graf 150
Leichtigkeit 16, 19, 26, 30f., 35, 52, 59, 62, 70, 73, 77, 109, 112, 141f., 157, 172, 184, 186, 188, 193, 199, 204, **208**, 212, 215, **216**, 217, Tafel 14
Leichttraben 93, 126
Leistungsprüfung 154
Lesage, Major 138
Levade 29, 37, 53, 167, **173**, 180, 221
Linder 138
Linkenbach 152
Linsenhoff, 156
Linsenhoff, Ann-Kathrin 165
Lipizza 47
Lipizzaner 47ff., 56, 129, **145**, 146, **147**, 149, 153, 166, 169, 171, 174, 184, 190, 194, 199, 203, Tafel 2, 5 und 11
Lissabon 34
Littauer, Vladimir S. 87, 116, 118, 120ff., 127ff. 133, 139, 157, 202, 212
Lob 67, 83, 212
Löhneysen, Engelhart von 44, 47, 51, 191
Longe 142
Longenarbeit 139, 172
Longenstunden 155
Longieren **95**, Tafel 6
Loons, Ernest Van 194
Loriston-Clarke, Jennie 64, 201, Tafeln 13 und 14
Lörke, Otto 152, **153**
Losgelassenheit 13, 172
Lotzbeck, von 152
Lusitanien 35
Lusitano 37, 76, 121, 174, 178, 180, **181**, **182**, 184, 187, 197, Tafeln 9 und 10

Machuca, Vargas 42
Mafra 187
Mairinger, Franz 20, 197, 204
Manning, Pat 200
Mansen, Nis Valdemar 190
Marcus Aurelius 34
Marialva, Marquis von **70**, 72, 76, 109, 179, 182, Tafel 9

Marion, Major 138
Markham, Gervase **82**
Martingal 87
Marwitz, von der 151
Mathias, Jorge 187
Maultätigkeit 71
Mc Taggart, Oberst M. F. 93, 96, 107, 134, 198
Meixner 55f., 152, 159
Melfort, Drummond de 75
Mellon, Paul **67**, **87**
Menaguer, Ponz de 42
Mestre 180
Meyten, von 53, Tafel 1
Militärsattel 98, 134
Miranda, Mestre 178
Mirobriga 34
mise en main 119, 142f.
Monteilhet, André 41, 52, 194
Montigny, Graf de 25, 141
Morgan Horse 126
Morkis, Dorothy **137**
Moser 195
Müseler, Wilhelm 17, 157, 159ff., 164
Musikkür 214
Muskulatur 172
Mustang 121
Muybridge, Eadweard 113

Nachgeben 25, 31, 68, 71ff., 106, 158
Nadosy, von 56
Neapolitaner 42, **47**, 50, 84
neck reining 124
Neckermann 156
Neindorff, Egon von 164f.
Nemethy, Bartalan de 129, 202
Nestier, M. de 74, Tafel 5
Newcastle, Duke of 67f., 74, 81, 83ff., **105**, 109, 194, 210
Nichteinmischung 115, 137, 200
Niederbruch 70
Niedermayer 56
Nimrod 96
Norfolk Roadster 125
Nucio, Joao 178
Nyblaeus, Oberst Gustav 193

Oettingen, Buchard von 150
Oeynhausen, Freiherr Borries von 57
Oldenburger 154f., 193
Oliveira, Joao 180
Oliveira, Nuno 58, 68, 78, 106, 129, 161, 164f., 176, 194, 196, 204, 210, 212, 217, Tafel 10
Olson 138
Olympische Spiele 15, 130, 133, 144, 152, 155
Osma, Prospero d' 44, 82
Ostpreuße 55
Otto-Crepin, Margit 164f., Tafel 16
Oulehla, Dr. Jaromir 169f., 170

Paillard, Jean Saint-Fort 102, 213

Painthorse 122
Palha, Gebrüder 178
Parade, halbe 68, 72, 77, 118, 148
park canter 123
park riding 126
Parrocel, Charles **69**
Pas, Crispian de 64
Pasopferd, peruanisches 122
Passage 29, 69f., 131, 140, 142, **143**, **145**, 146, 158, **163**, 166, 172, 179f., 211f., 216, **216**, Tafeln 10 und 16
Paßgang 35
Pelham 117, 135
Pembroke, Earl of 18, 94, **95**, **101**, Tafel 6
Pereira Almeida 187
Perrocel, Charles 68
Pesade 29, 69, 221
Peters, Oberst J. G. 18, 96, 208
Petushkova, Elena 189
Pevsner, Daniel 161, 201
Pferde, arabische 90
~, asturische 35
~, Berber- 37, 50
~, deutsche 154, 184
~, englische 91, 97, 191
~, französische 191
~, holländische 184, 194
~, iberische 33, **36**, 39, 50, 184, 187
~, italienische **41**, 60
~, junge 111, 213
~, persische **29**
~, sardische 42
~, schwedische 193
~, spanische 37, 42, 47, 49f., 60, 64, 66, 84, 121, Tafel 5
~, türkische 90
Piaffe 29, 35, 37, 53, 58, 69f., **97**, 131, 140f., 146, 158, 172, **175**, **200**, 205, 210, 212, 214, 216 f., Tafeln 7, 9 und 16
Piber 50
Picador 40
Picard, Captain L. 91
Pignatelli 44, 63f.
Pilaren 44, 53, **63**, 64f., 77, 79, 83, 86, **99**, 107, 142, 164, 197
Pinerolo 113
Pinto 122
Pirouette 37, 56, 77, **78**, **97**, 131, 142, 144, 148, 212, 214, 216
Plinzner, Paul 150
Pluvinel, Antoine 44, 51, 54, 63, **63**, 64, 66
Podhajsky, Oberst Alois 17, 49, 57f. **131**, 138, 144, 165, 172, 180, 197, 213, 217
point-to-pointing 22
Polak 144, 152, 159
Pollay, Leutnant 138
Pony Club 133
Portugiesische Schule der Reitkunst 79, 180, 187, **185**, Tafel 9
Präzision 188, 197, 219
Prevost, Alain 62
Promenadengalopp 123

Quarter Horse 122, 125

Raabe, Hauptmann Charles 104, 141
Racinet, Jean-Claude 68
Rack 126
ramener 102, 105, 142f.
Ramseier, Daniel 195
Rasmusson, Borg 190
rassembler 66, 109f., 142
Rau, Dr. Gustav 151, 153, 155
Raumgriff 16, 102, 115
Regenthal, Johann von 52, 54
Rehbein, Herbert 164
Reitakademie 60
Reiterspiele 54
Reitverein 155
Renngalopp 123
Rennpferd 174
Rennsport 125
Renvers 148
Ribeiro Telles, Antonio **182**
Ribeiro Telles, David 178
Richter 25, 119, 146f., 164f., 169, 171, 204f., 208f., 214ff., Tafel 15
Richtverfahren 146
Ridinger, J. E.
Riegler, Johann 166, 172, 200
Ringmartingal 117
Roberts, Monty 65
Rochowansky, Franz 197, 201
Rogles, Montfaucon de 74
romanische Schule 35, 38, 73, 161, 165
Rosen, Graf von 192
Rosenberg 190
Rückwärtsgaloppieren 57, 104, **111**
Rückwärtsrichten 83, 87, 142
Ruffo, Giordano 38
Rusio, Lorenzo 38

Saddle Horse 126
Saint-Antoine 44
Saint-Fort, Jean-Paillard
Sanders Keyzer, Ann-Marie 194
Sandstrom, Oberstleutnant Bertil 138, 192
Sangor 133
Santini, Major Piero 109, **115**, 116f., 139
Sattel 51, 65, 92, **120**, 122, 179
~, englischer 126
~, portugiesischer 186
~, Schul- **52**
Saumur 10, **19**, 35, 67, 74, **75**, 107, 131, 133, 141, **143**, 157, 187f., 192, 194, 197, 202, 221
Saunier, Gaspard de 66, 83
Saurel, Etienne 91
Schiefe 65, 68, 143
~, natürliche 57
Schlaufzügel 63, 86
Schloßhof 57, 144
Schritt 16, 43, 55, 104, 128
Schule, deutsche 212
~, französische 212
~, germanische 112, 161, 165

~, italienische 117
~, romanische 35, 38, 73, 161, 165
~, schwedische 212
Schulen über der Erde 79, 167, 172, 197, 221, Tafel 8
Schulpferd 60, 107, 109, 119
Schulquadrille 79, Tafel 11
~, Große 167
Schulreiterei 63, 67, 75, 80, **82**, 85, 115, 198, 206
Schulsattel 72, **75**
Schulten-Baumer, Dr. Uwe 164, **217**
Schulterherein 53, 68f., **69**, 77, 87, 96, 128, 143, 172, 183, 219
~ auf dem Zirkel 87
Schultheis, Willi 162, 165, 203, 212
schwedische Schule 212
Schwedt 57
Schwung 16, 58, 71, 87, 124, 161, 172, 183, 186, **208**, 213, 215, 217, Tafel 13
Scipio 34
Sederholm, Lars 199
Seeger, Ludwig 57, 104, 154
Seidler 57, 104, 153
Seitengang 44, 68
Selbstdisziplin 30
Selbsthaltung 18, 53, 68, 165, 198, 216
Sensibilität 111
Seunig, Waldemar 57, 157, 210
Seydlitz, General Friedrich von 55, 154
Showsattel 126
Siglavy-Linie 50
Simon von Athen 26
Sind, Freiherr J. B. von 53
Sitz 42, 51, 53, 73f., 78, 82, **84**, 87, **95**, 97, 107, 128, 155, 157, 159f., 164, 172, 174, 179, 185 f., 190, 192, 195, 197f., 209f., Tafeln 12 und 13
~, klassischer 27, 34, 72, 92, 105, **127**, 139f., **145**
~, leichter 28, 93, 113, **120,** 129, 131ff., **134**, 140
Siveweight, Molly 200
Skythen 28
Sloan, Tod 123
Slow Gait 126
Snape, Andrew **87**
Solleysel, Chevalier Jaques de 66, 88
Sommer d'Andrade, Fernando 178
Souza, Graf Baretto de **105**,127, **129**, 207
Spanische Hofreitschule 48, 54, 56, 150, **151**, 152, Tafel 3
Spanische Reitschule 24, 68, 75, 133, 144, 153, 157f., 166, 195, 197, 199, 214, 218
Spanischer Schritt 104, **119**, 140, 210
Spitzensport 163
Sporen **41**, 43f., 58, **61**, 63, 72, 82, 122, 211
Sportgerät 163
Sportpferd 109, 114, 154, 169
Springen 13, 28, 94, **95**, 139
Springpferd 118
Springprüfung 194
Springreiten 113, 129, 133, 136, 205, Tafel 6

Springsattel 134, **134**
Sprünge über der Erde 51
St. Cyr, Major 192
Staeck, August 152
Stecken, General 162
steeplechasing 22, 134
Steigbügel 26, **27**, **33**, **52**, **61**, 92, 96, 114, 128, 132, 140, 159
Steinbrecht, Gustav 58, 109, 111, 150, **150**, 172, 194
Steinkraus, William 202
Steinriegler 149
Stensbeck, Oskar 150, 152, 158
Stierkampf 40, 178
Stierkampf zu Pferde 77
Stilwell, Richard 1d99
Strafe 24, 30, 43, 58, 67
Streitroß, griechisches 28
Strömsholm 191
Stubb, George 53
Stückelberger, Christine 195, Tafel 12
Stuhlsitz 105, 186
Szilvasvarad 56

Takt 101, 167, 172
Tapia y Salzedos, Gregorio de **45**
Teil, Lenoble du 141
Telles, Antonio Ribeiro **182**
Tempoverstärkung 95
Theodorescu, George 162, 203
Theodorescscu, Monica 165, Tafel 15
Tor di Quinto 113, **117**, 118, 221
Trab 16, 43, 119, 128, 140
~, starker 74, 101, **153**, 167, Tafeln 6 und 12
~, versammelter Tafel 6
Trabverstärkung 195, 214, Tafel 15
Trakehnen **150**
Trakehner Pferde 55, **150,** 152, 154
Traversale 144, 183
Traversalverschiebung 195, 211, 219, Tafel 12
Trench, Charles Chenevix 28, 123
Trense 26, 32, 63, 70, 89, 95, 105, 114, 117, 132, 135f., **151**
Trichter, Valentin 52
triebig 64
Tschautscher 149, 166
Turley, Jane 187
Turnierreiten 117
Turniersport 184, 188f., 194

Ugriumov, Victor 189
Unarten 86
Unterkiefer, Lockermachen des ~s 108, 141f., 148
Unterordnung 30
Uphoff, Nicole 156, 164f., **216**, Tafel 14

Valença, Luis 180
Vanderbank, John **21**
vaquero 122, 124
Veiga 178
Veiga, Gebrüder 180
Vendeuil, M. Geneval Monpoint 67

Versailler Schule 36, 60, 66f., 72, 75, 99, 102, 108, 165, 188, 197
Versailles 100, 142
Versammlung 13, 19, 26f., 31ff., 40, 55, 59, 66, 69, 71, 77, 83, 87ff., 102f., 109f., 114, 118, 124, 128, 142, 148, 160, 164, 172, 174, 183, 186, 200, 212, 216f.
Verspanntheit 25
Vielseitigkeit 136
~spferd 56
~sreiterei 202
~ssattel 134
Vilano-Rasse 39
Vollblut **19**, 104, **111**, 115, 119, 125, 141, 154, 158, 161, 200f., 204, 212, Tafel 7
~, Englisches 22, 47, 50, 58, 89f., 101, 103, **129**, 184, 193
Volte 68, 77, 83, 87, 148, 172, 219
Voltigieren 155
Vorhand **173**
Vorhandswendung 144
Vorwärtsbewegung 16
Vorwärtsreiten 87, 102, 109, 118, 148
Vouet, Simon **61**

Wahl, Georg 195
Wallhausen, Johann 51
Walzer, Julius 150
Ward, James **94**
Warendorf 156
Warmblut 60, 141, 187, Tafel 15
Warmblut, dänisches 161, 190
~, deutsches 154
~, holländisches 193
~, schwedisches Tafel 7
Wätjen, Richard 17, 152, 158ff., **159**, 210
Wattel, Oberstleutnant **111**
Wechsel, fliegender 104, 143
Weedon 133, 199

Welbeck Abbey 84, 86
Werth, Isabell 164f.,l **217**
Westernreiten 125
Westernsattel 122
Westfale 163, Tafel 14
Westfalen 154
Weyrother 56f.
Weyrother, Adam von 55
Weyrother, Maximilian von 55
Whyte-Melville, J. G. 116
Widerspenstigkeit 88, 97
Widerstand 64, 161, 163
Wien 67
Wikne, Major Hans 192
Williams, Brenda 133
Williams, Col. V. D. S. „Pudding" 133, 141
Williams, Dorian 133, 189
Winterreitschule 49, 54, **145**, **151**, 169, Tafeln 1, 2, 3 und 11
Wynmalen, Henry 71, 138, 198, 217

Xenophon 24, 26ff., 67, 72, 82, 125 215, 217

Yorkshire Coach Horse 125

Zäumung 43, 55
Ziethen, General 55
Zirkel 42, 77, 144, 148, 172
Zirkus 58, 103, 106, 108, 202
Zufriedenheit 31, 88, 164, 170
Zügel, am ~ gehen158
Zügel, am ~ stehen 16
Zügel, an den ~ stellen 172
Zügel, Arbeit am langen **95**, Tafel 6
Zügel, hinter den ~ 108
Zügelkontakt 119
Zweierwechsel 172
Zweipunktsitz 159, 210

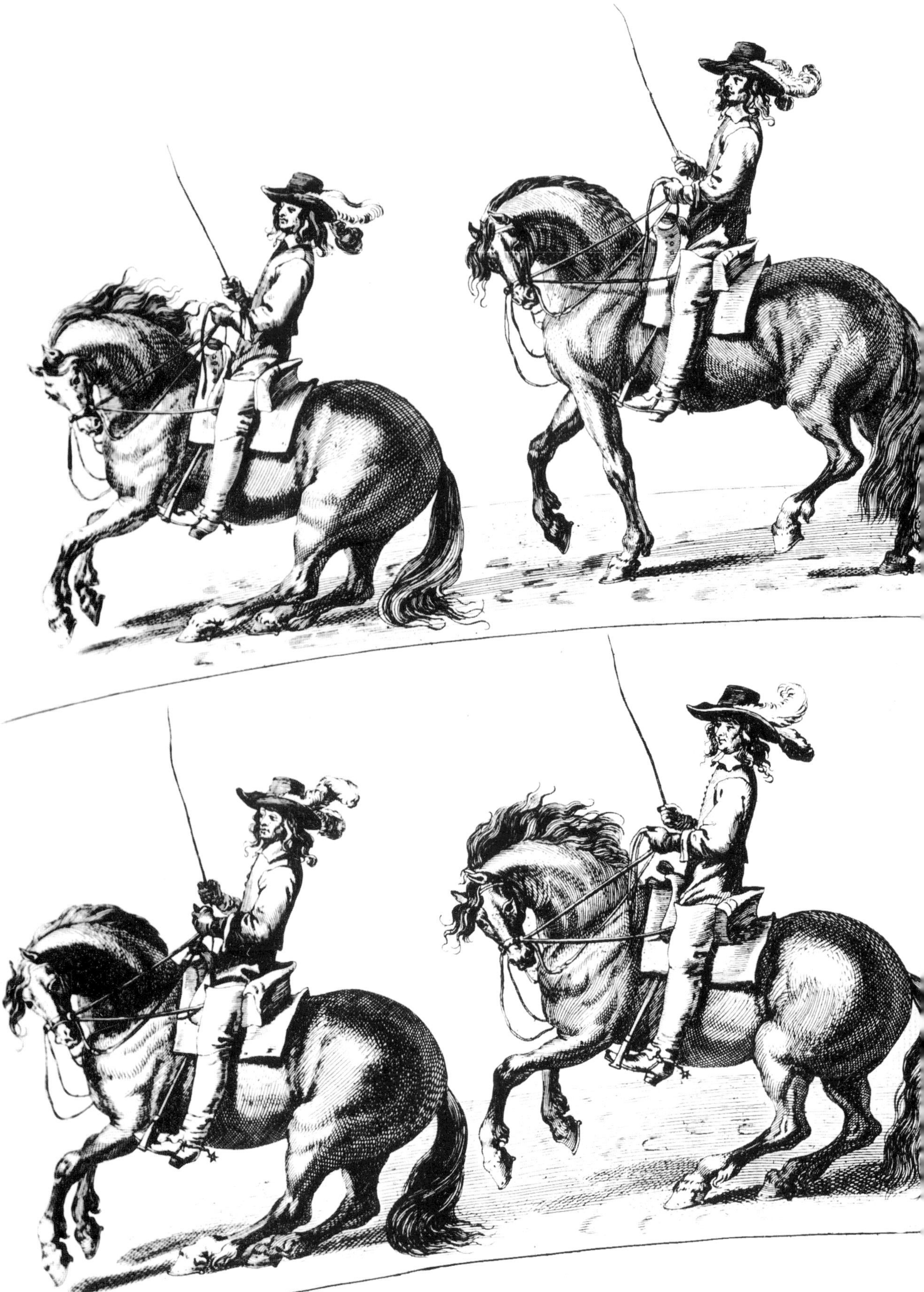